개정증보판

비교종교학 개론

개정증보판

비교종교학 개론

Introduction to the Comparative Study of Religions

김은수 지음

대한기독교서회

비교종교학 개론(개정증보)

2006년 5월 20일 초판 1쇄
2018년 9월 20일 개정증보 1쇄
2025년 2월 20일 개정증보 4쇄

지은이 김은수
펴낸이 서진한
펴낸곳 대한기독교서회

등록 1967년 8월 26일 제1967-000002호
주소 서울시 강남구 테헤란로103길 14(삼성동)
전화 출판국 02-553-0873~4, 영업국 02-553-3343
팩스 출판국 02-3453-1639, 영업국 02-555-7721
e-mail editor@clsk.org
https://www.clsk.org
facebook.com/clskbooks
instagram.com/clsk1890

책번호 2256
ISBN 978-89-511-1944-6 93230

Introduction to the Comparative Study of Religions
by Eun Soo Kim

The Christian Literature Society of Korea, Seoul
Printed in Korea

* 책값은 뒤표지에 있습니다.

• 추천사 •

오늘날 국제사회나 세계 상황에서 종교라는 용어만큼 민감하며 주목을 받는 용어를 찾기가 힘들다. 18세기 계몽주의운동 이후 종교는 현대인의 삶 속에서 사라질 것이라는 예견이 있었다. 종교 대신 윤리, 철학, 사회학 등이 그 자리를 차지할 것처럼 보였다. 그러나 몇몇 학자의 예견과는 달리 종교는 우리 사회를 움직이는 특별한 용어가 되었을 뿐만 아니라 우리가 해결해야 할 많은 문제를 제기하고 있기도 하다.

한국사회는 역사적으로 다양한 종교들이 전래되어 온 종교다원사회이다. 유럽의 대부분의 사회가 천년 이상 기독교에 의해 지배되어 오고, 아시아 대부분의 국가가 어느 특정 종교의 영향권에 있는 것에 반해 한국사회는 불교, 유교, 기독교, 무교가 함께 사회의 각 영역에서 공존하며 함께 영향력을 발휘하고 있다. 이런 점에서 한국사회는 종교를 경험하거나 이해하기에 매우 좋은 환경을 가지고 있다.

그러나 기독교 내부를 살펴보면 종교다원사회 속에 존재하면서도 다른 종교에 대한 이해가 부족함을 알 수 있다. 그 이유는 다른 종교에 대하여 부정적이며 배타적 교육을 받아 왔기 때문이다. 한국사회에서 그리스도인이 되려면 이전에 소속되었던 종교로부터 나와야 하며 그런 과정에서 과거의 종교에 대한 부정적인 판단이 주어지기 때문이다. 더욱이 기독교에 대한 열정이 강할수록 기존의 종교에 대한 부정적 배타적 태도의 정도가 강하다. 이러한 배타적 종교관으로 인해 한국교회는 성장 과정에서 타 종교와의 불협화음이 발생하곤 한다. 어떤 경우에는 기독교 선교를 타 종교와의 투쟁으로 이해하는 경향도 있다.

그러나 선교를 위해서는 타 종교에 대한 바른 이해가 선행되어야 한다. 실제 그리스도인들이 주변에서 다른 종교를 가진 사람들을 쉽게 만나면서도 그들을 거의 이해하지 못하고 있다. 차제에 김은수 박사가 전주대학교에서 십여 년간 준비하고 가르쳐 온 비교종교학을 출판하게 되었다. 본서는 제1부에서 종교의 본질을 다룬다. 종교를 떠나 인간을 이해할 수 없듯이 인간의 삶은 종교와 분리될 수 없음을 잘 보여준다. 또한 비교종교학이 하나의 학문적 영역으로 자리 잡을 수 있도록 귀중한 기여를 하고 있다. 제2부에서는 세계종교를 잘 이해할 수 있도록 체계적으로 정리해 주고 있으며, 제3부에서는 한국 종교를 시대적 배경과 아울러 다루고 있어서 보다 폭넓게 이해할 수 있도록 돕고 있다. 특히 각 종교와 관련하여 기독교와의 대화 가능성을 다루고 있어서 기존의 책들과 차별될 뿐만 아니라 선교적 비전을 보여 주고 있다.

김은수 박사가 저술한 책들의 특징은 그가 말하고자 하는 내용을 명료하게 설명한다는 점이다. 이미 『현대 선교의 흐름과 주제』(대한기독교서회, 2001)를 출판하여 신학서적으로는 드물게 베스트셀러를 낸 학자이다. 종교 간 분쟁이 주요한 쟁점으로 부상되고 있는 이때에 종교 간에 평화로운 공존을 모색하기 위해 종교에 대한 바른 이해와 태도를 제시하는 지침서가 필요하다. 선교는 평화로운 관계를 토대로 실행되는 것이다. 이러한 문제를 해결하고 바른 선교를 수행하기 위해 이 책은 종교에 대한 필요한 내용과 지침을 제시하고 있다. 한국선교신학회 모든 회원과 함께 이 책을 좋은 교재로 기꺼이 추천하게 된 것을 기뻐하며, 목회자나 신학생뿐 아니라 타 종교인과 함께 살아가는 그리스도인들에게 꼭 일독을 권한다.

2006년 4월
한국일
(장로회신학대학교 교수, 한국선교신학회장)

인류의 역사와 항상 함께해 온 것은 무엇일까? 이러한 질문에 대해 종교학자 막스 뮐러(F. Max Müller, 1823-1900)는 종교야말로 우리가 알 수 있는 세계만큼 오래전부터 있었다고 말한다.1) 그러나 사회가 과학적이고 합리적인 근대화 과정을 거치면서 종교는 점차 쇠퇴할 것이라는 전망이 이미 18세기 계몽주의 시기에서부터 제기되었다. 이러한 전망은 과학기술의 발전을 배경으로 인간의 이성을 인식과 판단의 척도로 삼고 있는 것에서 출발하였다. 그들은 종교를 사제들의 조작과 농간에 의한 것으로 보았다. 즉, 사제들이 자신들의 기득권과 위치를 지키기 위한 수단으로 종교를 이용한 것으로 원초적인 이성적 세계관의 타락이 종교라는 것이다.2) 따라서 종교는 과학기술과 인간 이성이 충분히 발달되지 못해 발생한 것이며, 인간 이성에 대한 인류의 미신의 승리가 만들어낸 산물이라는 것이다.3) 결국 이러한 종교에서 미신적인 신념들과 예식들이 제거됨으로써 종교는 머지않아 종말을 고하게 될 것이라고 하였다.4)

---

1) F. Max Müller/김구산 역, 『종교학 입문』(서울: 동문선, 1995). 뮐러는 독일 출신으로 낭만주의의 영향을 받았고, 산스크리트어를 비롯한 고전 언어에 능통한 비교 언어학자였다. 1세기 헬라의 철학자 플루타르크(Plutarch, 46-120?) 역시 "나는 정부를 조직하지 못한 백성과 도시와 법률을 가지지 않은 민족을 많이 구경하였으나 신과 신당을 가지지 않은 백성이나 민족을 본 일은 없다"고 하였다.

2) Matthew Tindal, *Christianity as Old as Creation: Or, The Gospel, a Republication of the Religion of Nature*(Forgotten Books, 2012).

3) John Trenchard, *The Natural History of Superstition*(Fb&c Limited, 2018).

4) Daniel Bell/서규환 역, 『정보화 사회와 문화의 미래』(서울: 디자인하우스, 1992),

종교의 쇠퇴나 소멸에 대한 이러한 예견은 현대 세속사회에서 종교의 변화된 위상과 역할을 본격적으로 논의한 1960년대 이후 유럽과 북미의 사회학자들을 중심으로 구체화되었다. 이들은 서구사회에서 교회와 출석 교인의 감소를 근거로 종교의 쇠퇴를 공언하면서 세속화 논의를 체계화하였다.[5] 이러한 논의의 대표적인 미국의 사회학자 피터 버거는 최근 그가 30여 년 전에 발표한 책 『사회학의 초대』[6]에서 주장한 내용을 수정하는 『사회학의 불초대?』라는 저서를 발표하였다.[7] 그는 세속화 이론과 관련하여 1960년대 사회학자들이 사회가 근대화 과정에서 세속화됨에 따라 종교가 쇠퇴할 것이라는 예견이 빗나갔음을 지적하면서 이제 사회학자들은 현대사회에도 존속하고 있는 강한 종교적 욕구를 인정하고 그들의 주장을 수정해야 한다고 주장하였다. 따라서 인류가 존재하는 한 종교는 앞으로도 존속할 것이다. 이러한 점에서 종교에 대한 연구의 중요성은 지금도 전혀 줄어들지 않았다. 도리어 오늘날 더욱 다양한 종교로 구성된 사회를 이해하기 위해서는 더 폭넓고 깊이 있는 연구가 요청되고 있다.

이러한 필요에 따라 구성된 이 책의 제1부에서는 종교에 대한 기본 이해와 근대 이후 확립되기 시작한 종교학의 발전 과정과 이와 관련된 종교의 비교 연구를 정리하고, 비교종교학의 학문으로서의 위치와 의미, 근본적인 과제와 전망을 살펴보게 될 것이다. 특히 지금까지 한국에서 출간된 비교종교학 저술의 대부분이 자신의 종교적 우월성을 나타내거나 전도(포교)의 한 수단으로 사용하기 위해 시도되었다. 이로써 종교학의 한 분야로

285-329. 사회학자 다니엘은 19세기 중엽까지 거의 모든 계몽주의 사상가들은 종교가 20세기에는 사라질 것이라고 예상했는데, 그 이유는 그들이 종교를 미신, 불신성(fetishism), 입증될 수 없는 믿음, 공포들로부터 벗어나기 위해 사용된 또 다른 형태의 공포로 이해했기 때문이라고 하였다.

5) Bryan Wilson/윤원철 역, 『현대의 종교변용』(서울: 전망사, 1984). 브라이언 윌슨은 세속화이론에 근거하여 모든 종교가 완전히 소멸할 것을 예견하는 것은 아니라고 하면서도 기존 제도교회의 쇠퇴는 돌이킬 수 없는 것으로 보았다.

6) Peter L. Berger/한완상 역, 『사회학의 초대』(서울: 현대사상사, 1977), 5.

7) Peter L. Berger, "Sociology: A Disinvitation?," *Society*, 30(Nov & Dec 1992), 12-13.

서 자리 잡는 데 큰 어려움이 있었던 비교종교학의 학문적 발전에 장애가 되었다. 따라서 이 책에서는 비교종교학의 연구가 역사와 문헌에 기초하는 객관적이고 학문적 연구가 되도록 노력하였을 뿐 아니라, 각 종교의 내적인 신앙을 알아듣는 데도 소홀히 하지 않으려는 시도를 동시에 함으로써 비교종교학의 발전에 기여하고자 하였다.

제2부에서는 세계의 외래 종교들을 소개하면서 종교의 특별한 성격을 보여 주는 경우의 항목을 제외하고는 다음의 순서에 따라 소개하였다. 즉, 기본 이해, 발생 배경과 창시자, 경전, 교리와 사상, 종교생활과 의식, 현황, 대화 가능성과 과제 그리고 참고문헌 순서로 다루었다. 세계의 모든 종교를 이 책에서 다 취급할 수 없는 관계로 여기서 소개하는 종교들은 종교의 분류에 따라 세계적으로 혹은 한국에 크게 영향을 끼치는 것들을 중심으로 선정하였고, 나열 순서는 찾아보기 쉽도록 가나다 순서로 하였다.

제3부에서는 한국의 토속종교를 소개하면서 제2부에서의 원칙을 따랐다. 다만 한국의 토속종교 대부분이 신흥종교인 점을 감안하여 발생 배경과 시대적 상황을 상세히 다룸으로써 한국에서 토속종교가 일어나게 된 연유를 이해할 수 있도록 하였다.

그리고 미리 양해를 꼭 구해야 할 것은 필자를 포함한 대부분의 독자들이 그리스도인이라는 점을 고려해서 기독교(가톨릭, 정교회, 개신교)를 다루지 않은 점과, 각 종교를 다룰 때 그 종교의 신자가 되어야만 올바르게 이해할 수 있다는 대전제에도 불구하고 여러 가지 한계로 인해 많이 부족할 수밖에 없었다는 점이다.

필자가 대학 강단에서 "비교종교학"을 강의한 지도 십여 년이 지났다. 그동안 학생들과 함께 타 종교 현장을 탐방하며 배우고 토론하였던 귀중한 경험들이 이 책의 가장 일차적인 자료가 되었다. 특히 젊은 대학생들은 물론 함께 공부하였던 많은 목회자들이 그동안 타 종교에 대해 거의 배워볼 기회를 갖지 못하였다가 타 종교들을 현장에서 접하고 공부할 수 있었던 것을 대학생활의 가장 소중한 경험으로 회고하는 것을 자주 들었다. 이들은 적절한 교재를 찾기 위해 밤새워 자료를 준비하는 수고를 아끼지 않았고,

이들의 도전정신과 협력은 이 책이 출간되는 데 결정적인 기여를 하였다. 그런 점에서 이 책은 필자와 함께 현장을 누비며 자료를 찾고 함께 공부했던 제자들에게 헌정되어야 마땅할 것이다. 그리고 매년 학생들과 함께 방문하여 배우기를 청할 때마다 이를 거절하지 아니하고 기꺼이 오래된 친구처럼 응해 주셨던 타 종교의 지도자들께도 이 기회를 빌려 진심으로 감사를 드린다.

많이 부족하고 불완전한 이 책을 기꺼이 출간해 주신 대한기독교서회 정지강 사장님과 관계자 여러분, 특히 서진한 국장님과 이준환 부장님, 섬세하게 책을 다듬어 주신 김인자 과장님께 깊은 감사를 드린다. 그리고 같은 학문의 길을 가며 이 책의 출판을 함께 기뻐하고 좋은 교재로 기꺼이 추천해 주신 한국선교신학회 모든 회원과 추천사를 써주신 한국일 회장님께 감사드리며, 평생 목회자로서 모범을 보이시며 모든 것으로 지원해 주신 아버지 김종득 목사님과 어머니 강순금 님께 감사의 표시로 이 책을 바친다. 아무쪼록 이 작은 책을 통해 비교종교학에 대한 이해의 폭을 넓히고 살아 있는 신앙인들 간의 대화에 작게나마 기여가 된다면 더없는 기쁨과 보람이 될 것이다.

2006년 4월

한국 토속종교의 중심인 모악산 줄기에서

김은수

• 개정증보판 머리말 •

감사하다는 인사를 먼저 해야 할 것 같다. 한국의 가장 오래된 기독교 연합기관이자 문서선교의 산증인인 대한기독교서회에서 우작(愚作) 『비교종교학 개론』의 개정증보판을 펴내게 된 것에 대해, 그리고 이 모든 것에 하나님의 계획하심이 있었음에…. 수많은 양서가 있음에도 『비교종교학 개론』을 교재로 채택해 주신 여러 교수님과 학회 동료들, 그리고 비교종교학을 수강한 많은 학생들에게도 감사드리며, 사랑으로 읽어 주셨기에 가능했을 수많은 격려와 조언에도 감사드린다.

초판은 나 자신의 종교적 입장에서 다른 종교를 보려는 편견에서 벗어나 그들의 내적인 신앙 이야기를 듣고자 했고, 지나친 주관주의로 기울지 않고자 노력했다. 그 결과가 『비교종교학 개론』이다. 학문적 객관성을 유지하며 비교종교학을 바르게 정립하려는 자세로 집필에 임했다. 이러한 의지와 노력에 지지와 격려를 보내 주신 수많은 분들을 일일이 호명하지 못함을 죄송하게 생각한다. 초판을 강의 교재로 사용하며 각 종교에 대한 새로운 배움과 깨달음이 있었다. 그뿐만 아니라 타 종교와의 진지한 대화의 필요성을 크게 느꼈다. 이러한 이유로 개정증보판에는 타 종교와의 대화의 가능성에 나의 학문의 결실이 될 나만의 목소리를 실었다. 당연히 이는 편향된 목소리가 아님을 말씀드리고 싶다.

진정한 의미의 종교적 대화란 상대방의 생각을 바꾸려고 경쟁하는 것이 아니라, 상대와 내가 비록 다른 종교를 갖고 있다 할지라도 같은 신앙의 인격체라는 깨달음에서 출발한다. 20여 년 동안 이웃 종교인들과 만나며 문헌에서 접할 수 없던 그들 내면의 신앙과 생각을 접하고서 나 자신의 신앙도 한층 성숙해질 수 있었다. 이러한 성숙에 대한 결실이 각 종교와의 대화 가능성에 열정을 쏟아붓게 했으며, 선교적 가능성과 접촉점을 제시할 수 있게 했다. 하지만 각 종교의 내용을 충분히 공부하고 이해하기 전에 전도를 위한 도구로 이 부분만을 이용해서는 안 될 것이다.

십년이면 강산도 변한다는 속담처럼, 초판 발행 이후 각 종교마다 많은 변화가 있었다. 그래서 개정증보판에서는 종교 현황과 통계들을 현실에 맞게 수정하고, 제1부의 종교학 부분을 이해하기 쉽도록 좀 더 보충하였다. 바라기는 심화되는 종교적 갈등과 종교적 분쟁 속에서 각 종교가 평화로운 관계를 가지며 선교와 포교가 서로의 사랑 가운데 이루어지는 데 이 책이 일조한다면 필자로서는 더 없이 감사한 일이 될 것이다.

필자를 따뜻하게 맞아 주시고 많은 가르침을 주신 이웃 종교 지도자들께 감사드린다. 우작을 아껴 주시고 교재로 널리 사용해 주신 사랑하는 동료와 친구, 선배와 후배들에게 감사드린다. 그리고 기꺼이 개정증보판을 기획하고 출판해 주신 대한기독교서회에 감사드린다. 고마운 분들이 환한 4월의 벚꽃 잎보다 많지만 다 기록하지 못함을 널리 용서해 주시길 바란다.

2018년 4월

김은수

차례

제2부 세계 외래종교

제1부

종교와 비교종교

제1장

종교의 기본 이해

1. 종교의 본질

1) 종교란?

우리가 사용하고 있는 종교(宗教)라는 용어는 서양 언어인 'religion'을 번역한 것으로 우리나라를 비롯한 한자 문화권에서 사용하고 있다. 한자로는 '마루 종(宗)'과 '가르칠 교(教)' 두 글자로 구성되어 있어서 '교육 가운데 최고의 위치, 즉 맨 위에 위치'한다는 뜻이다.[1] 'religion'은 본래 라틴어 'religio'에서 유래하였으며 로마시대부터 두 가지로 해석되고 있다. 하나는 로마 철학자 키케로(Cicero, 106-43 BC)에 의한 해석으로 're-legere', 즉 '다시 읽는다' 혹은 '삼가 경의를 표한다'는 뜻에서 나온 단어로서 반복되어 낭송되는 종교의식에 초점을 맞추어 초월자에 대한 경애심을 나타내는 말로 이해되었다. 다른 하나는 기독교 학자인 락탄티우스(Lactantius, AD 260?-340)에 의한 해석으로 're-ligare', 즉 '다시 묶는다' 혹은 '다시 결합한

---

1) 한자로 종교(宗教)란 근본 되는 가르침을 말한다. 종(宗)이란 진리를 파악한 최고의 경지를 말하고, 교(教)란 말로 가르치고 표현하는 것을 뜻한다. 따라서 오늘날 인류의 종교현상 전체를 가리킬 때 사용하는 종교와는 직접 관련이 없다.

다'는 뜻에서 나온 단어로서 신과 인간과의 관계에 초점을 맞추어 죄로 끊어진 관계를 재결합시켜 주는 뜻을 가진 말로 이해되었다.[2)]

그리스도 이전의 키케로는 사람이 자기보다 존엄한 존재에 대하여 조심하는 태도를 가지고 양심적으로 경의를 표하는 것을 종교로 본 반면, 락탄티우스는 사람이 범죄함으로써 생명의 근원이 되는 신으로부터 떨어져 나와 죽게 되었으나 중보자 예수 그리스도를 믿음으로 말미암아 생명의 본원인 신에게 재결합하게 되는 것을 참된 종교라는 기독교적인 종교적 정의를 내렸다. 즉, 키케로는 종교를 신(神)에 대한 존경심이며 그 핵심이 '경외'라는 로마인의 종교적 태도를 대변하였고, 락탄티우스는 '생명의 구원'이라는 기독교적 교의를 중심으로 해석하였다.[3)]

정리하자면, 라틴어 religio에서 유래된 종교란 신에게 대한 인간의 의무와 교제뿐 아니라 그 의무를 수행하며 교제하기 위한 여러 준비까지 포함하는 말이었다. 즉, 여러 숭배 대상을 결정하고 제사나 예배를 드리거나 자기를 반성하고 신에게 기도를 드리는 일을 종교로 보았다. 이것이 로마에 의해 기독교가 공인된 후에는 기독교에서 행하는 설교, 예배, 봉사, 전도 등 모든 행동을 religio로 보았다.

종교의 핵심을 기독교를 비롯한 유일신 전통에서처럼 절대신과 인간의 관계로 보거나 어떤 신앙 대상이나 혹은 자신이거나 간에 궁극적 실재를 향한 내적인 마음가짐으로 볼 수 있다. 이런 맥락에서 인간의 '궁극적

---

2) Marcus Tullius Cicero, *De natura deorum II*(Cambridge University Press, 1880), 28; Lucius D. F. Lactantius, *Institutiones divinae IV*(Florence, AD 303-311), 28.

3) 키케로는 로마인이었으나 구약의 예배의식이 과거 하나님의 구원행위에 대한 회상과 감사라는 의미에서 이루어진 것을 고려할 때 일맥상통하고 있다. 락탄티우스가 말하는 종교의 정의는 하늘과 땅을 연결하고 신과 인간을 매개하는 오랜 전통을 가진 무당의 역할에서 이해될 수도 있다. 그의 주장은 프랑스의 언어학자 에르누(A. Ernout)와 메일레(A. Meillet, 1966-1936)에 의해서 지지됨으로써 많은 설득력을 얻고 있다. 즉, 이들에 의하면 라틴어에 조예가 깊지 않은 사람도 religion의 그 모음(母音) 관계만 살펴보더라도 이것이 religare에서 왔다는 것을 누구나 알 수 있기 때문에 락탄티우스의 해석이 더 정당하다는 것이다.

관심'(ultimate concern)을 다루는 것이 종교라는 포괄적인 의미에서 이해할 수 있을 것이다.[4]

2) 종교의 정의

종교에 관한 정의는 쉽지 않다. 종교는 인류의 역사와 함께 시작되었고, 종교의 정의 역시 오랜 세월 동안 여러 종교학자에 의해 설명되어 왔기 때문이다. 따라서 막스 베버는 종교를 정의하는 것이 연구의 서두에서는 불가능하며 연구의 마지막 단계에서나 가능하다고 보았다.[5] 종교의 정의가 이처럼 완벽하게 정리되지 않는 하나의 시도라는 점에서 이해를 돕기 위한 정의는 여기서 필요할 것이다. 종교를 다음의 몇 가지로 분류하여 정의함으로써 정리해 보고자 한다.

(1) 심리학적(psychological) 정의

인간을 이해할 때 지(知), 정(情), 의(意) 세 가지 방향의 심리를 가진 존재로 보는 입장이다. 예를 들면, 우리가 길을 가다가 꽃이나 과일을 보고 '이것은 들국화다', '이것은 사과다' 등으로 정의를 내리는 것은 지적 인식이다. 또한 '꽃 내음이 참으로 향기롭구나', '과일이 탐스럽게 익었구나' 등은 감정적 표현이다. 그리고 '저 꽃을 사다가 병원에 있는 친구에게 선물해야지', '저 사과를 사서 부모님께 드려야지' 등으로 말하는 것은 인간의 의지를 나타내는 것이다.

이처럼 종교에 대한 인간의 의식을 같은 방법으로 분류하여 정의할 수 있다. 즉, 어떤 종교를 좋은 신앙의 대상으로 인정하고 그 종교의 경전을 읽으며 교리를 배우고 예배에 참여하는 것은 지적 의식이다. 또한 악을 미

4) 궁극적 관심이라는 용어는 신학자 파울 틸리히(Paul Tillich)가 제의한 것이며, 이것을 종교학자인 요아힘 바흐(Joachim Wach)가 받아들여 종교의 가장 무난한 작업 정의 가운데 하나로 오늘날 받아들여지고 있다.

5) Max Weber, *The Sociology of Religion*(Boston: Beacon Press, 1922), 2.

워하며 신을 경외하고, 어려움에 처한 사람이나 가난한 사람을 긍휼히 여기며 내세를 희망하는 것은 감정적 의식이다. 그리고 죄를 경계하고 선한 일을 추구하며 자신의 신앙고백을 실천하는 것은 의지적 의식이다.

이것을 철학적 사조에서 분류해 보면, 지적인 면에서 종교를 보는 자들은 주지주의(主知主義)라고 할 수 있으며, 종교를 감정의 소산으로 주장하는 자들은 주정주의(主情主義)라고 할 수 있고, 종교 역시 인간의 의지적 관점에서 보려는 자들은 주의주의(主意主義)라고 할 수 있다. 그리고 지·정·의를 통틀어 하나로 보려는 자들도 있으며, 이것은 인격이 지·정·의로 구성되어 있듯이 인격적인 관점에서 보려는 자들을 말한다.

가) 지(知)적 정의

지적 관점에서 종교를 정의하는 학자들의 견해를 소개하면 다음과 같다.

> 만일 신의 사상이 없으면 종교가 성립될 수 없다. 그러므로 하나님의 사상(寫像)은 의식적인 종교 기능의 출발점이 된다. … 모든 인간의 상호 관계와 활동과 희열과 인간의 존중히 여기는 모든 것이 다 협조되는 곳이 종교이다. 신을 의식하고 신을 논증하고 신을 연구하는 곳에 모든 것이 모여 와서 협조한다. 이런 의미에서 신은 만유의 시작이고, 만유의 마지막이며, 만유의 통일이고, 만유의 중심이다. — 헤겔(F. Hegel)

> 종교는 무한한 존재를 지각하는 것이다. 이 무한에 대한 지각은 직접적으로 인간의 덕성(德性)을 감화시킬 만한 것이다. 그러므로 종교는 인간의 도덕적 품성을 바로잡아 줄 수 있는 표현으로써 무한을 지각하는 곳에 나타난다. 우리가 만일 조용히 앉아 귀를 기울여 잘 듣는다면 모든 종교의 이면에서는 심령의 무엇을 사모하느라고 헐떡이는 숨소리를 들을 수 있을 것이다. 또 생각할 수 없는 이를 생각하느라고 애를 쓰는 탄식 소리와 무한한 이를 쳐다보고 사랑하는 속삼임이 들려올 것이다.
>
> — 막스 뮐러(F. Max Müller)

우리의 아는 것과 행하는 것, 두 가지 사이에 있는 가장 높은 조화의식을 종교라고 부른다.

—셸링(Schelling)

종교는 완전한 이를 알고 신비한 이를 사랑하는 것이다.

—스피노자(Spinoza)

신에 대한 지식은 신에 대한 신앙에서 뗄 수 없는 것이고, 신에 대한 지식과 신에 대한 신앙은 신에 대한 사랑에서 뗄 수 없다.

—라이프니츠(Leibniz)

나) 감정적 정의

신앙은 감정을 통해 가장 잘 나타난다고 할 수 있다. 흔히 느끼는 공포, 경외, 경건, 희열, 찬송, 감사, 신뢰, 자비, 긍휼 등이 종교적 감정이다. 이 감정을 순간적인 가벼운 것으로 여기는 사람들도 있으나 인간 의식에서 감정을 제외시킨다면 우리의 삶은 무미건조할 수밖에 없을 것이다. 즉, 인간의 이지적인 면만을 지나치게 강조하면 인간 사회가 경직되고 윤택한 마음과 아름다운 덕이 사라지게 된다. 반면 감정을 과도하게 중요시 여기게 되면 느낌에 따라 쉽게 좌우되거나 천박하게 된다. 그러므로 이성과 감정의 조화를 이루어야 한다. 우리가 종교에서 감정을 가볍게 여길 수 없는 것은 인간 사이에 감정이 상하게 되면 좀처럼 관계의 회복이 어렵듯이 신앙은 그 대상에 대한 좋은 감정을 가질 때 생겨날 수 있기 때문이다. 다음은 감정적 관점에서 종교를 정의하는 학자들의 주장을 소개한다.

종교는 인간의식이 본질적이며 주격적인 감정에 뿌리를 깊이 박고 있다. … 종교의 내용은 사상도 아니고 행위도 아니며, 다만 유한한 인간의 영원한 이에게 대한 직관적, 감정적 관계이다. 그러므로 신앙은 인생이 신과 교제하는 절대적 귀의(歸依)의 생활을 가리키는 것으로서 인간의 진리를 체득하는 가장 가까운 지름길이다. … 종교는 정신적 활동의 극치이다. 종교적 정서의 본질은 절대적으로 신뢰하고 귀의하는 감정에 속하는 것이다. —슐라이어마허(F. D. E. Schleiermacher)

종교란 무엇이든지 자기 이외의 것 가운데 자기보다 우월한 존재에 대하여 존경하며, 자기 자신은 그 힘의 지배 아래에 있는 줄 믿고 그 존재를 접촉하며 갈망하는 데서 성립된다. 그러므로 종교의 현상을 정밀하게 분석하면 감사, 감격에 넘치는 심정에 도달하게 된다. 이와 같이 종교의 본질은 동경과 감사에 있기 때문에 종교인의 입에서는 찬송이 그치지 않아야 한다. —틸레(C. P. Tiele)

종교는 우리 인간과 우주 전체 사이에 조화가 있다고 하는 신념에 기초를 둔 감정이다. —맥태거트(McTaggart)

종교는 영적 존재에 대한 숭경(崇敬)과 신뢰에서 성립된다.

—타일러(Edward B. Tylor)

다) 의지적 정의

심리학자 분트(W. Wundt, 1832-1920)는 의지를 이지와 감정에 대립되는 것으로 보지 않고 이 둘 모두가 의지 속에 함축되고 있는 것으로 보았다. 그는 자신을 주의주의 심리학이라고 표방하면서 의지의 중요성을 다음 세 가지를 들어 설명하고 있다.[6] 첫째, 그는 의지를 의식 전체의 대표라고 보았다. 즉, 의지는 지각, 표상, 관념, 감정 그리고 정서와 같은 것들의 결합이다. 그러므로 의지의 과정은 모든 의식적 과정을 가장 잘 대표할 수 있다는 것이다. 둘째, 의지는 의식의 모든 과정 가운데 가장 모범적인 것이다. 그는 인간의 정신을 사실이며 과정이라고 전제하고, 이것은 쉬지 않고 끊

---

6) Wilhelm Maximilian Wundt, *Völkerpsychologie. Eine Untersuchung der Entwicklungsgesetze von Sprache, Mythos und Sitte*(1900-1920, 10 vols.) 참조.

어짐이 없이 항상 움직여 지나가는 것으로 보았다. 이처럼 변화하면서 계속되는 사실은 인간의 지식이나 감정에서보다는 의지에서 가장 잘 나타난다는 것이다. 셋째, 인간의 의식은 본래 여러 가지 요소의 합성체로서 이 결합은 의지로 말미암아 이루어진다. 이처럼 의지를 통해 결합된 의식의 통일을 통각(統覺)이라고 하고, 통각에는 의식에 나타나는 모든 정신적 내용을 명료하게 의식하는 작용과 다수의 의식 내용을 통일과 조화를 이루도록 결합하는 작용이 있다는 것이다. 이처럼 분트는 인간의 의식 가운데 의지가 가장 중요한 주체가 된다고 주장하였다. 그의 심리학은 독일은 물론 영국과 미국에 영향을 끼쳤으며, 미국의 실용주의적 심리학을 건설할 수 있게 만들었다. 의지를 의식의 주체로 보고 종교에 대한 정의를 내리는 사람들을 소개하면 다음과 같다.

> 종교는 도덕과 같은 실천이성(實踐理性), 곧 의지에 기초를 둔 것이다. 그러므로 도덕에 직접적으로 관련이 없는 교회의 역사적 제도와 같은 것은 종교의 본질적 요소가 아니다.…그러므로 종교는 모든 도덕적 의무를 신의 의지이며, 신의 명령으로 받아들이는 것이다. —칸트(I. Kant)

> 종교는 도덕적 질서를 내용으로 하는 신앙을 일컫는 말이다. 종교는 인간 의식에서 일어나지만 그 근본은 신에게서 온 것이다.
>
> —피히테(J. G. Fichte)

> 종교는 거룩한 존재, 곧 인간을 초월하고 또 감히 가까이 할 수 없는 이에게 대한 신앙과 행위의 합일체이다. 그리고 이 신앙과 행위는 그것을 굳게 잡은 사람들로 하여금 교회라고 칭하는 도덕적 사회에 결합시키는 것이다. —에밀 뒤르켐(Emile Durkheim)

> 종교는 실재를 신뢰하는 도덕상의 귀의(歸依)심이다.
>
> —벨리(John Belley)

라) 인격적 정의

인간의 의식은 지, 정, 의를 각각 나누어 생각할 수 없다는 것에서 출발한다. 위의 세 가지가 온전히 합일된 통일과 조화를 이루게 될 때 온전한 인격이 되기 때문이다. 이것은 최근 윌프레드 캔트웰 스미스의 인격주의적 종교 연구를 통해 더욱 설득력을 얻고 있다.[7] 즉, 종교란 축적된 전통이 한 인간의 신앙과 만날 때 발생하는 인간 내부의 보이지 않는 독특한 사건이기 때문에 종교의 연구는 곧 인간의 연구가 되어야 한다. 종교의 실재는 신자들의 마음속에 존재하는 것이며, 따라서 인격적 연구를 통해 종교를 올바르게 이해할 수 있다는 것이다. 종교에 대한 인격적 정의들을 소개하면 다음과 같다.

> 종교는 인간의 의식 전체가 신의 계시에 대해 피할 수 없는 응답이다. …종교는 주관적으로 자기 생명에 영향을 주는 능력들과 자기와의 관계에 대한 확인이며 객관적으로 종교는 신의 실재에 대한 견해와 또 교의의 체계나 결론 가운데 신의 계시에 대한 견해까지 의미하는 것이다.
>
> —쿠이젠가(Kuizenga)

> 종교는 인간과 신 사이에 맺어진 진실하고 생명 있는 의식적 관계를 가리키는 것이며, 그것은 신이 스스로 인간에게 계시하심으로 결정된 계약이다. 또 그 표시는 예배와 교제와 봉사로 된다. 그 요건은 신의 존재와 신이 자기를 인간에게 계시하심과 또 인간이 그 계시를 받아 실행하는 것이다.
>
> —베르코프(H. Berkhof)

> 종교는 궁극적 존재자의 요구에 대한 인간의 응답이다. —파머(Farmer)

---

7) Wilfred C. Smith, "Comparative Religion: Whither and Why?," M. Eliade & J. Kitagawa(ed.), *The History of Religions*(Chicago: The University of Chicago Press, 1959); *The Meaning and End of Religion*(San Francisco: Harper and Row Publishers, 1978).

(2) 실체론적(substantive) 정의

종교를 정의할 때 성스러움과 같은 종교적 체험을 가장 기본적인 요소 내지는 종교의 실체로 보고, 이것을 종교와 종교가 아닌 것의 경계선이라고 보는 학자들을 말한다. 이들은 에밀 뒤르켐(Emile Durkheim)을 비롯해 드라 소새이(Pierre D. Chantepie de la Saussaye), 나탄 죄더블롬(Nathan Söderblom), 루돌프 오토(Rudolf Otto), 엘리아데(Mircea Eliade), 그리고 최근의 피터 버거(Peter L. Berger) 등을 들 수 있다. 뒤르켐은 종교생활의 기본 형태를 '성스러운 것(the sacred)에 대한 체험'이라고 하였다. 종교학의 확립에 공헌한 드라 소새이 역시 종교의 기본 범주를 하나님(God)보다는 '성스러움'[8](das Heilige)이라고 주장하였다.[9] '성스러움'이 종교의 기본 개념이라는 주장을 확립하는 데 크게 기여한 학자는 죄더블롬이며, 그는 신관(神觀)이 없는 종교는 가능하나 성스러움과 속됨의 분리가 없는 종교는 불가능하다고 하였다.[10]

루돌프 오토는 성스러움이란 종교의 고유한 가치와 범주로서 도덕적 완전성을 의미하지만 실제로는 성스러움에서 도덕적인 선을 뺀 것이 종교체험의 본질이라고 주장하였다. 즉, 모든 종교 안에 살아 있는 내적인 핵심으로서 체험, 가령 경외감과 허무감 등을 통해서만 알 수 있다는 것이다.

엘리아데는 초역사적 체험이나 종교의례의 반복 등을 통해 영원에 회귀하려는 것을 종교의 핵심이라고 보았다. 그는 개인의 종교체험을 중시했던 오토와는 달리 공동체의 종교의례를 강조하였다.[11] 종교의례란 신의 원

---

8) das Heilige를 직역하면 '성스러운 것', 혹은 '성스러운 개념'이지만 이것은 우리말로 개체화된 것으로 받아들여지고 있으며, 성(聖)은 속(俗)과 반대되는 개념으로 사용하기 때문에 추상적 의미의 '성스러움'으로 번역하였다.

9) *Lehrbuch der Religionsgeschichte*(Fb&C Limited, 2017).

10) Nathan Söderblom, *Encyclopedia of Religion and Ethics*(1913); James Hastings (ed.), *Encyclopedia of Religion and Ethics*, 12 vols.(Edinburgh: T. & T. Clark; New York: Charles Schribner's Sons, 1908-1922 and in des., 1926)(1955 reprinted). 그는 고대 이스라엘이 '거룩하다'(holy)라는 개념에 치중하였기 때문에 점차 도덕적인 의미의 종교, 즉 율법적인 종교가 되었다고 보았다.

초적 행위를 재현하는 것으로서 인간은 이것을 반복해서 행하여 신의 출현을 재현한다. 이것을 통해 자연적인 속된 세상의 한 부분과는 완전히 구별되는 다른 수준의 성스러움이 자신을 드러내게 된다는 것이다.[12] 따라서 성(聖)과 속(俗)은 뚜렷한 대비를 이루며, 성은 실재이고 존재이며 영원하고 공동체적인 데 비해 속은 비실재이고 변하는 우연적인 것이며 잠정적이고 개인적인 것이라고 하였다.

(3) 기능적(functional) 정의

종교의 기능적 정의란 종교와 종교가 아닌 것의 구분을 종교들이 지닌 어떤 근본적 특성이나 요소에서 찾지 않고 종교가 개인이나 사회에서 어떠한 기능을 수행하는지를 기준으로 구분하는 것을 말한다. 즉, 종교가 사회를 위해 무엇을 하는가? 세속화 사회 속에서 종교는 쇠퇴의 길을 가고 있는가 아니면 계속 발전하는가? 무엇을 위해 인간은 종교를 찾는가? 등을 묻는다.

종교의 실체론적 정의가 종교의 본질적 정의에 대한 비판에서 비롯되었다면 종교의 기능적 정의의 시작은 종교를 사회진화론(Social Darwinism)적인 입장에서 보는 자들에 대한 비판에서 비롯되었다. 즉, 종교를 '미숙한 과학'이자 무지와 착오에서 생겨난 잘못된 인식체계라고 보고 원시사회의 종교는 물론이고 유럽의 고등종교까지도 과학이 발전함에 따라 점차 사라질 것이라고 보는 사회진화론적 시각을 비판하는 자들이 종교를 기능적으로 정의하는 자들이다.[13] 이들은 원시종교는 덜 진화된 종교이고 유럽의 종

---

11) Mircea Eliade, *The Sacred and the Profane: The Nature of Religion*(New York: Harper and Row, 1961), 이동화 역, 『성(聖)과 속(俗): 종교의 본질』(서울: 학민사, 1983).

12) M. Eliade, *Image and Symbols*(London: Sheed and Ward, 1961), 84.

13) 데이비스는 사회진화론자들의 가정(assumption)과 전제(premise)는 잘못된 것으로서 종교의 사회학적 연구를 방해한다고 보았다. Kingsley Davis, "Introduction," *Religion among the Primitives*, ed. by William J. Goode(NY: Free Press, 1951).

교는 최고로 진화된 종교라는 민족주의(ethnocentricism)적 발상을 거부하고 원시인이나 현대인이나 모든 인간의 행동은 종교가 문제 해결을 위한 인간의 행동이라고 본다. 예를 들면, 종교가 자본주의의 잘못된 체제를 강화하고 유지시키고 있다고 본 칼 마르크스(Karl Marx, 1818-1883)나 자본주의의 기원과 원리가 개신교와 연관되어 있다고 보는 막스 베버 등이 이에 해당한다.

또한 말리노브스키(Malinovski)는 트리브리안 군도의 원시인의 종교 의식을 연구하고 그들의 임신, 출산, 결혼, 죽음 등 인생의 위기에서 행하는 종교 의식은 사회통합적 기능을 한다고 보았다. 그들은 자신들의 전통적 가치를 성스러운 것으로 제시하고, 그 가치를 새로운 시대에 사는 자손들에게 계속적으로 심어 주기 때문에 종교가 사회체제의 유지와 통합에 큰 기여를 한다고 주장하였다.[14)]

래드클리프 브라운(Radcliffe Brown) 역시 인류학자로서 미개사회를 연구하고 답사한 결과 믿음 체계보다는 의식 체계가 종교의 본질적 요소라고 하였다. 즉, 종교의 모든 요소는 사회적 기능을 수행하며 사회체제를 지원하고 통합하는 기능을 갖는다는 것이다.[15)]

종교의 사회적 기능과 역할이 세속화 사회 속에서 점차 축소되어 소멸되고 만다는 세속화 이론은 종교의 기능적 이해에 많은 변화를 가져왔다. 이것은 에밀 뒤르켐을 비롯해 막스 베버 등과 같은 영향력 있는 학자들의 작업에서 잘 드러나고 있다. 뒤르켐은 전(前) 산업사회에서 산업사회로 전환되면서 전통 종교의 의미와 가치는 점차 줄어들기 때문에 이를 대체할 기능적 대안물을 찾아내는 것이 사회학자의 임무라고 보았다. 베버도 세상의 탈미몽화 혹은 탈주술화라는 합리화의 확대로 종교의 사회적 정당성이 줄어들게 되어 결국은 소멸되고 말 것이라는 부정적 예측을 하였다.

---

14) Bronislaw Malinowski, *Magic, Science and Religion*(NY: Doubleday, 1954), 37-41.

15) A. R. Radcliffe-Brown, *Structure and Function in Primitive Society*(NY: Free Press, 1952), 153-177.

이러한 주장에 대해 20세기 후반 피터 버거를 비롯한 많은 사회학자에 의해 재조명되었다. 피터 버거에 따르면, 고도의 산업화와 정보화된 현대인들의 삶 속에 종교적 차원이 결코 무시될 수 없고 때로는 더 종교적이 된다는 것이다. 즉, 세속화와 함께 종교는 쇠퇴하고 만다는 주장과는 반대로 현대의 불확실하고 애매한 존재론적 위기는 사람들로 하여금 도리어 문화적 차원에서의 종교적 삶을 더욱 추구하게 만든다. 이것은 종교가 현대인에게 제도 및 조직으로서 이해되기보다는 보다 문화적이고 의미 부여적 차원에서 이해되기 때문이다.[16)]

3) 종교의 요소

종교의 구성 요소에는 주체, 객체, 주·객체의 관계 그리고 종단이 있다. 기독교의 신학자 칼 바르트는 신앙의 주체는 하나님이라고 하였다. 그는 신의 계시를 종교의 본질로 보고 있으며, 따라서 종교가 계시의 결과로 생겨났다고 주장한다. 그러나 종교학에서는 일반적으로 신앙을 가지는 인간이 주체이며, 신은 신앙의 대상인 객체가 된다.

(1) 종교의 주체

종교의 심성이나 의식은 인간이 신앙의 대상에 대한 마음가짐이나 예식을 가리키는 것이다. 종교의식은 종교적 주체의 핵심을 이루는 것으로서 종교에 따라 자력(自力)적인 것과 타력(他力)적인 것으로 나누어 볼 수 있다. 자력적 종교의식의 대표인 불교에서는 자기 자신의 정진과 수행을 통해 그 극에 달하게 되면 종교의 객체와 합일을 이루게 되어 열반의 경지에 이르게 된다. 그와 반대로 타력적 종교의식의 대표인 이슬람과 기독교에서는 종교의 주체인 인간이 객체인 신에게 절대적으로 신뢰하고 의지함으로써

---

16) Peter L. Berger, "Some Second Thoughts on Substantive Versus Functional Definitions of Religion," *Journal for the Scientific Study of Religion*, 13(1974).

구원에 이르게 된다.

또한 종교의 주체는 인간이지만 종단에 따라 종교의식에 인간에게만 제한하지 않는다. 전통적으로 이슬람이나 기독교에서는 구원의 대상을 인간에게 한정하고 있었고, 불교나 힌두교에서는 인간 외에도 천상의 선인(仙人)이나 동물이나 작은 곤충까지도 윤회(輪回)의 대상에 포함시킴으로써 구원의 대상을 확대시키고 있다. 그러나 최근의 생태계 파괴와 위기에 대하여 기독교에서는 그동안 창세기의 "생육하고 번성하여 땅에 충만하라 땅을 정복하라"(1:28)에 대한 해석이 자연의 질서를 파괴하는 잘못된 방향으로 진행되어 왔음을 반성하고, 로마서의 "피조물이 다 이제까지 함께 탄식하며 함께 고통하는 것"(8:22)을 새롭게 인식하기 시작하였다. 그리하여 모든 피조물도 하나님의 구원 대상이며 창조세계의 보전(Integrity of Creation)은 그리스도인의 중요한 과제 가운데 하나로 받아들여지고 있다.

(2) 종교의 객체

종교의 대상에는 신은 물론이고 정신적이고 물질적인 모든 것이 포함되어 있다. 원시시대에는 온갖 물질들이 신앙의 주된 대상이었으나, 점차 정신적인 것들이 많아지고 있다. 즉, 과거에는 해, 달, 별, 바위, 폭풍, 초목, 동물 등 자연물에서 신상, 성물, 호신부, 성물 등 가공품에 이르기까지 다양한 것들이 그 대상이 되었다. 또한 이것은 점차 인간을 초월하는 절대자에 대한 신앙과 훌륭한 성현이나 성자 혹은 부모를 숭배하는 것으로 확장되어 갔다. 심지어 살아 있는 인간을 숭배의 대상으로 삼거나 인간이 곧 하늘과 같은 존재로 받아들여지기도 하였다.

일반적으로 오늘날 종교의 객체는 인간이 생각하는 신비한 정신적 세력이나 인간 이상의 힘을 가진 존재라고 믿어지는 것들이 종교의 대상인 객체라고 할 수 있다. 이러한 의미에서 폴란드의 종교학자 자스트로(M. Jastrow, 1829-1903)가 말하는 종교의 세 가지 요소를 이해할 수 있다. 즉, 인간의 힘 이상을 지닌 세력, 그 세력에 절대적으로 귀의하려는 인간의 감정 그리고 그 세력과 인간 사이에 있는 상호관계라는 것이다. 같은 맥락에서 로저스(Rogers)는 말하기를 종교의 요소는 신비한 색채를 지닌 정신적 세력으로 인정되는 실재, 이 실재에 대한 인간의 신념, 그리고 이 실재와 인간 사이의 교제하는 관계라고 하였다.

(3) 종교의 주체와 객체와의 관계

종교의 두 가지 요소인 주체와 객체와의 관계는 각 종교의 교의에 따라 그 형식이 다르다. 예를 들면 객체인 신은 지극히 높고 거룩하나 주체인 인간은 지극히 낮고 보잘것없는 존재이기 때문에 인간은 신의 위엄과 그 명령과 계명에 절대적으로 복종해야 하는 종교가 있다. 그 대표적인 종교는 이슬람교이며, 아랍어 '이슬람'을 우리말로 번역하면 '복종'이라는 뜻을 가지고 있는 점에서도 잘 알 수 있다.

한편 신이 거룩하고 전능한 존재이나 인간과의 관계를 마치 아버지와 아들과의 관계처럼 사랑으로 밀접하게 맺어진 종교도 있다. 그 대표적인 종교로 기독교를 들 수 있다. 예수는 하나님을 아버지라고 불렀으며, 우리도 역시 하나님을 아버지라고 부를 수 있으며, 우리는 그의 자녀들이라고 하였다. 이러한 의미에서 기독교를 사랑의 종교로 부르기도 한다.

일반적으로 종교의 대상인 신(神)은 거룩한 존재이기 때문에 인간은 그 앞에서 부끄러움과 죄를 느끼게 된다. 이렇게 신에 대한 성스러운 태도가 신앙에 들어가게 되는 첫 단계이기도 하다. 실제 성서에 보면 거룩한 하나님을 보게 된 선지자 이사야는 죄인인 자신에게 화(禍)가 미치게 될 것이라고 말하였다. "화로다. 나여 망하게 되었도다. 나는 입술이 부정한 사람이요, 입술이 부정한 백성 중에 거하면서 만군의 여호와이신 왕을 뵈었음이로다"(사 6:5). 역시 하나님의 부르심을 받은 예레미야가 이르기를 "슬프도소이다. 주 여호와여, 보소서. 나는 아이라 말할 줄을 알지 못하나이다"(렘 1:6). 이러한 종교적 체험을 가지게 된 그들은 종교의 객체인 신과의 신앙적 관계를 일평생 유지하며 거룩한 생활로 자신을 구분하며 살고자 하였다.

다른 한편, 갑자기 임하는 신적인 체험과는 다르게 오랜 세월 동안 서서히 잠재의식과 무의식 속에서 자라나게 되는 경우도 있다. 실제 일반적인 신도들은 신앙의 대상에 대한 이러한 관계가 갑자기 체험한 관계보다도 더 오랫동안 신실하게 신앙을 유지하는 경우도 많이 있다. 그러므로 종교의 주체와 객체가 만나는 것은 신앙인의 최고 목표이기는 하지만 그 과정이나 방법은 각각 다를 뿐이지 어떤 것이 우월하다거나 열등하다고 판단할 수는 없는 것이다.

(4) 종교의 종단과 교단

어떤 특정한 개인이 홀로 가지는 신앙행위를 일반적으로 종교라고 하지 않는다. 종교에는 그 신념이나 신앙체계를 믿고 따르는 신자가 있을 때 성립되는 것이다. 이러한 신자들의 조직이나 협의체가 종단을 형성하며, 이 종단은 사회에서 구체적인 형태를 가지고 종교를 대표하여 나타나게 된다.

종단에는 일반적으로 종교의 창시자나 교주가 있다. 기독교에서는 그리스도를 교회의 머리라고 하며, 신도들은 교회의 몸을 이루는 각 지체라고 한다. 한편 오랫동안 로마 가톨릭교회에서는 교황을 교회의 수장으로서 교황 무오설을 주장하여 왔으며, '가톨릭교회 밖에는 구원이 없다'(extra ecclesiam nulla salus)는 키프리아누스의 명제를 토대로 보이는 교회의 절대적 강조와 타 종교에 대한 배타적인 태도를 가졌으나 제2차 바티칸 공의회(1962-1965) 이후 많은 변화를 가져오고 있다.

종교는 같은 신앙을 가진 사람들과 교제와 사랑을 나누며, 함께 위로하고 도와주며 격려하는 것이 무엇보다 필요하다. 이것을 충족시켜 주는 것이 종단이나 교단이며, 이것은 종교의 필수적이고 본질적인 요소가 된다고 할 수 있다.

2. 종교의 기원

종교는 인류의 역사만큼이나 오래되었다고 종교학자 막스 뮐러(F. Max Müller)는 말하였다. 역사가들은 인류가 시작되면서 돌을 사용하기 시작하였는데, 사용하기 편리한 것들을 자연이나 천연적인 것으로 이용하던 때를 구석기(舊石器) 시대라고 하며, 돌을 사람이 인위적으로 다듬고 갈고 가공하여 사용하던 때를 신석기(新石器) 시대라고 한다. 이렇게 사람들이 자연을 다듬기 시작한 때부터 종교의 흔적을 발견할 수 있다는 것이다. 물론 구석기에는 자연을 그대로 사용하였기 때문에 종교의 흔적이라고 분명히 말할 수 있는 증거는 없으나 신석기부터는 확실히 종교적으로 사용한 신상(神像)이나 제사 때 사용하던 기구와 그릇, 호신부(護身符)라고 할 수 있는 것들이 발견되고 있다.

거의 모든 나라 역사의 시작 역시 그 시초에는 신화적 색채가 강한 종교적 행사와 유래가 있다. 나라의 통치이념이나 법률도 고대에는 신의 이름으로 정치하고 법을 제정한 경우가 많이 있다. 예를 들면 히브리인들의 모세의 율법이 있었고, 인도의 마누(Manu) 법전이나 바빌로니아의 함무라비(Hammurabi) 법전 등이 다 신으로부터 인간에서 전수된 것이다. 또한 각 민족의 문화와 미술, 음악과 춤, 건축 등 다양한 예술이 거의 대부분 종교적 행사에 사용된 것들이다. 문헌의 역사를 보더라도 종교의 경전들은 문학적으로 그 당대에 가장 으뜸이 되는 작품들이다.

고대의 사회는 종교가 곧 정치이고, 정치가 곧 종교인 제정일치(祭政一致)의 사회가 대부분이었으며, 그렇지 않다고 하더라도 최소한 정치는 종교의 이념과 밀접한 관계를 가지는 신정(神政) 정치가 많았다. 그러므로 제정일치의 사회에서는 종교의 지도자가 정치의 수장(首長)이었다. 영국의 성공회는 아직까지도 국왕이 영국교회의 수장이다.

이러한 제정일치의 제도가 조금씩 변하면서 그 역할이 분화되기 시작하였다. 그러나 오랫동안 종교의 지도자가 정치의 수장보다 윗자리를 차지하고 있었다. 예를 들면 이스라엘에 판관이라고도 하는 사사(士師)를 세우거나 왕을 세울 때 제사장이 그에게 기름을 붓고 임명하거나 아니면 폐위시키기도 하였다. 인도의 경우 제사장에 속하는 브라만이 정치 지도자인 크샤트리아를 감독하고 지도하였다. 이러한 의미에서 에밀 뒤르켐(Emile Durkheim)은 "종교는 모든 문화의 큰어머니다"라고 하였다.

근세에 들어오면서 점차 모든 사물을 과학적이며 실증적으로 보고 설명하게 되었다. 그러나 그렇다고 종교가 설 자리가 없어진다거나 과학적인 사고에 적응하지 못한다는 것은 아니다. 다만 과거처럼 한 가지에 편중되거나 단편적인 종교의 형태에서 다양한 영역으로 확대되고 전문적 영역으로 분화되고 있다는 것이다. 기독교 초기에 켈수스(Celsus)가 말한 것처럼 기독교는 비과학적이며 성경은 합리적이지 않기 때문에 머지않아 종교와 경전은 사라지게 될 것이라고 주장한 것은 설득력이 없다는 것이다. 그 후 기독교는 더욱 확산되어 많은 신자가 생겨났으며, 기독교 신학과 이론은 발전되어 갔다. 도리어 켈수스가 주장한 문헌은 거의 찾아볼 수 없어진 반면 성경은 수많은 언어로 번역되어 전 세계로 보급되고 있다. 이러한 면에서 독일의 문호 쉴러(F. C. F. Schiller, 1759-1805)가 "역사(歷史)는 신(神)의 심판이다"라고 한 말을 우리는 이해할 수 있다.

인류의 역사는 종교의 역사와 함께해 오고 있음을 우리는 분명히 알 수 있다. 이것을 일찍이 1세기 헬라의 철학자 플루타르크(Plutarch, 46-120?)가 간파하였다. "나는 정부를 조직하지 못한 백성과 도시와 법률을 가지지 않은 민족을 많이 구경하였으나 신과 신당을 가지지 않은 백성이나 민족을 본 일은 없다." 인간은 사회적 동물이라는 아리스토텔레스의 말이 진리인 것처럼 인간은 종교적 동물이라고 한 사회학자 뒤르켐의 말 역시 진리임을 잘 알 수 있다.

이처럼 오늘날 현대인 역시 종교와 밀접한 관련을 맺고 있기 때문에 종교의 기원을 살펴보고 정리하는 것은 매우 유용한 작업이다. 그러나 여기서 원시적이며 진화적인 종교의 기원, 즉 서물(庶物) 숭배(fetishism: 나무나 돌 등을 예배), 정령(精靈) 숭배(animism: 강, 나무, 달, 해 등에 정령이 있다고 믿음), 주술(呪術)론(magic: 주술의 실패로 초월적 힘과 화해를 간청하는 것) 등을 다시 반복하여 언급할 필요는 없을 것이다. 이러한 시도는 종교학계에서 이미 포기되었기 때문이다. 왜냐하면 이것은 하나의 가설일 뿐 아니라 그 당시 원시인들의 경험에서 역사 이전의 상태를 알 수 있다는 전제부터 오류가 있으며, 종교를 궁극적 체험에서 보지 않고 인간의 심리적 욕구에서 인위적으로 만들어진 것이라고 보는 등 증명되지 않은 것에 근거하고 있기 때문이다. 다만 오늘날까지 영향을 미치고 있는 계몽주의 시대 이후의 이해를 바탕으로 종교의 기원을 살펴보고자 한다.

1) 자연종교의 타락

계몽주의자들은 종교를 사제들의 조작과 농간에 의한 것으로 본다. 즉, 사제들이 자신들의 기득권과 위치를 지키기 위한 수단으로 종교를 이용한 것으로 원초적인 이성적 세계관의 타락이 종교라는 것이다.[17] 계몽주의는 실재의 합리성과 인간 이성의 신뢰에 바탕을 두고 있으며, 종교 역시 그 성격이 이성적이기 때문에 종교의 기원은 궁극적으로 인간 이성의 이해와 분석에 의해 파악될 수 있다고 믿는다.

그러나 보편적인 이성적 종교에 대한 관점과 세계종교들의 다양성은 서로 일치하지 않는다. 중국의 고대 종교, 인도의 베다를 비롯한 종교 문헌, 페르시아의 종교들에 대한 서구인들의 연구가 심화되었으나 놀라울 정도로 다양한 인간의 종교적 신념과 관습들을 보편적 이성 종교의 관념으로는 파악할 수 없었다. 계몽주의자들은 경험적 증거와 씨름하기보다는 이성을 변호하는 데 더 많은 관심을 기울여 왔기 때문이다. 랄프 커트워스는 모든 종교의 공통점으로 하나의 윤리적 유일신론이 있다고 보았다.[18] 그런데 다

---

17) Matthew Tindal, *Christianity as Old as the Creation: Or, the Gospel, a Republication of the Religion of Nature*(Adegi Graphics LLC, 1999).

18) Ralph Cudworth, *True Intellectual System of the Universe*(Gould and Newman, 1837). 윤리적 유일신론이란 그 근본 성격이 윤리적이며, 기독교와 유대교의 모든

양한 세계종교가 제의 지도자나 사제들에 의해 고안되고 그들의 이익과 지위를 지키는 수단으로 전락되면서 이성적 자연종교는 타락하고 말았다는 것이다. 로마 타키투스는 이스라엘 백성이 이집트에서 추방된 뒤 종교적 결속력을 높이기 위한 수단으로 모세가 유대교의 의식들을 고안했다고 주장하였다. 초기 계몽주의자들은 이러한 이론을 발전시켜 다양한 인간적인 종교적 예식과 관습들은 과거 한 특정한 역사적 상황에 대한 반응으로 인간들에 의해 고안된 것으로 보았다.

같은 맥락에서 존 트렌차드는 종교를 인간 이성에 대한 인류의 미신의 승리라고 보았다.[19] 따라서 종교에서 미신적인 신념과 예식들을 제거함으로써 보편적이고 단순한 자연종교로의 회복이 이루어질 수 있다는 것이다. 이러한 비슷한 관념은 프랑스 계몽주의 시기에 확산되었는데, 이들은 종교를 병리학적 혼란의 한 형태라고 보고, 프랑스 대혁명은 이러한 혼란을 제거할 수 있다고 보았다. 그러나 이러한 예측이 완전히 빗나가자 종교에 대한 계몽주의의 일반적 이해는 퇴색되었다. 이와 더불어 포이어바흐의 인간 감정의 객관화로서의 종교 이해가 사람들에게 새로운 가능성으로 받아들여지기 시작하였다.

2) 인간 감정의 객관화

포이어바흐는 종교의 초자연적 신비는 매우 단순한 자연적 진리에 기초하고 있다고 전제하고 인간은 스스로 신과 종교를 창조해냈다고 보았다.[20] 즉, 인간의 열망과 필요, 공포에 대한 이상화된 관념들이 구체화된 것이 종교라는 것이다. 그는 종교적 개념들이 인간의 의식 안에서 생겨나는 방식에 대한 상세한 분석을 통해 인간이 자신의 이미지(image)와 형상(Imago)

자의적 교리들과 종교적 예식들을 결여하고 있는 단순한 자연종교를 말한다.

19) John Trenchard, *Natural History of Superstition*(Fb&C Limited, 2017).

20) Ludwig Feuerbach, *Essence of Christianity*(London: John Chapman, 1854).

대로 신을 창조했다고 주장하였다. 즉, 자기 객관화(self-objectification)와 자기소외(self-alienation)라는 헤겔의 변증법적인 관념에 근거하여 종교를 설명하였다.

그의 종교 이해에서 '의식한다'는 것은 중요한 의미를 갖는다. 즉, 어떤 대상이 있기 때문에 의식하는 것이고, 따라서 그것을 의식하는 주체와 그 대상인 객체가 있어서 서로 양태적인 관계를 갖는다. 인간이 공포나 사랑과 같은 감정들을 느끼고 의식할 때 이것들을 객관화시키고, 이 감정들을 확장(externalization)시켜서 신적인 술어로 만들게 된다는 것이다. 그에게 있어서 하나님에 대한 의식은 곧 인간의 자기의식이며, 하나님에 대한 지식은 곧 인간의 자기 지식이 된다. 하나님을 통해 인간을 알게 되고, 인간을 통해 하나님을 알게 되기 때문에 이 둘은 하나라는 것이다. 가령 과거에는 종교였던 것이 후에는 우상숭배가 되기도 하고, 신적인 것이 후에는 인간적인 것으로 인식되며, 객관적인 것으로 여겨졌던 것이 주관적인 것으로 인식되기 때문에 인간은 결국 자신의 인식에 따라 자기의 본성을 예배해 왔다는 것이다. 인간은 스스로를 객관화해 왔으나 자신이 객체라는 사실을 인식하지 못하였다는 것이다. 그는 기독교를 중심으로 종교를 설명하였기 때문에 신이 없는 종교들에 대한 설명을 할 수는 없었으나 기독교 신학을 인간학으로 환원시키는 중대한 작업을 하였다.

포이어바흐의 종교에 대한 인식론적 분석은 '종교적 감정'(feeling)을 중요하게 여겼던 슐라이어마허와 후대의 자유주의 전통에 커다란 영향을 끼쳤다. 그의 종교적 감정과 의식에 대한 상세한 분석에도 불구하고 인간의 종교적 감정이나 경험을 하나님에 대한 인식으로 단순히 해석하고 말았다. 자신의 인식을 하나님의 인식으로 해석하는 것은 잘못 이해된 자기 인식의 하나일 뿐이다. 그에 의하면 하나님의 본성은 결국 감정의 본성에 지나지 않는다. 자신의 감정에 포착된 신적 본질은 다름 아닌 인간의 감정의 본질이며, 자아도취와 자기만족의 감정에 그치고 만다.

3) 사회경제적 소외의 산물

칼 마르크스는 종교란 물질세계의 반영이며, 인간의 사회적 필요와 희망으로부터 도출된 것으로서 어떤 실재이거나 독립적인 존재를 갖고 있지 못하다고 보았다. 즉, 종교는 인간들에게 자신들의 주위를 회전하고 있는 것처럼 보이는 가상의 태양일 뿐이다. 따라서 하나님 역시 인간의 관심들을 투사함에 불과한 것이다. 인간들이 하늘의 공상적 실재 속에서 초인간적인 존재를 찾지만 결국 거기에서 다름 아닌 자신의 그림자를 발견하게 된다는 것이다. 그러나 인간은 정작 자신이 만든 종교에서 소외되어 있으며, 종교는 자신을 발견하지 못했거나 이미 또다시 자신을 잃어버린 사람들의 자기의식과 자기 평가일 뿐이다. 종교는 이처럼 자기소외로부터 일어나며, 동시에 정신적 중독의 형태로 소외를 부채질한다. 정신적 중독은 대중이 자신을 인식하지 못하게 하며, 경제적 소외를 참고 견딜 수 있도록 만든다. 따라서 종교는 일종의 위안이기 때문에 소외가 사라진다면 종교도 사라질 것이다.

칼 마르크스에 의하면 정의롭지 못한 사회적 조건이 종교를 만들어내며, 나중에는 그것이 거꾸로 종교에 의해 뒷받침된다. 그러므로 종교는 소외된 사람들의 삶의 필요에 부응하는 한 지속적으로 존재하게 될 것이다. 그는 인간의 간절한 소망의 투사로서 영혼의 발설된 슬픔의 표현이 종교라는 포이어바흐의 종교의 기원에 대해 동의하지만, 어떻게 하면 종교가 제거될 수 있는지에 대한 해답을 제시하지 못했다고 판단한다. 따라서 그는 세상을 바꿈으로써 종교의 발생 원인을 제거할 수 있다고 보았다.

4) 인간의 소원과 욕망의 충족

인간의 간절한 소망과 그 소망의 충족에 대한 이론으로 종교를 설명한 사람은 프로이트(Sigmund Freud, 1856-1939)라고 할 수 있다. 그는 환자들을 치료하는 과정에서 무의식의 세계를 들추어내면서 종교를 정의하게 되었다. 그는 노이로제 환자의 불안해소 방법이 죄의식을 씻기 위해 종교의식을 반복해야 되는 종교인의 강박관념과 비슷하다는 점에 착안하여 종교를 '보편적 강박 노이로제'(universal obsessive neurosis)라고 하였다. 즉, 종교란 '외디푸스 콤플렉스'(Oediphus complex)에서 시작한 것으로서 위로를 주며 죄를 용서해 주고 회복시켜 줄 힘을 지닌 아버지에 대한 동경과 같은 유아기의 환상을 벗어나지 못하는 노이로제로 보았다.

그러므로 종교는 성인의 삶이 되어서도 유아기적 행위의 일부가 영속화된 것으로서 아버지의 보호를 간절히 소망하며 자신의 무력함에 대한 자각에서 비롯된 미성숙한 반응이다. 즉, 아버지가 나를 지켜 줄 것이다. 아버지에게는 그럴 만한 힘이 있다. 따라서 인격적 하나님에 대한 신앙이란 유아기적 환영에 불과한 것이다. 프로이트에게 종교는 인류의 지성이 발달되지 못한 시기에는 유용하였으나 오늘날에는 인류의 성숙을 방해할 뿐 아니라 쉽게 병리학적 무질서로 타락할 수 있다는 것이다. 그러므로 프로이트는 종교를 인간의 간절한 소망을 투영한 환상(幻像)이라는 전제 아래 『환영의 미래』를 저술하였다.[21] 그에 의하면 이제 성숙한 사회에서 종교는 사라져야 하고 그 대신 합리주의와 예술적 과학이 인간을 삶을 지배해야 한다는 것이다.

5) 사회적 결속과 기능

사회적이라는 것은 곧 종교적이라는 것을 뜻하며 종교는 사회적 유대를 견고하게 한다는 주장은 에밀 뒤르켐(Emile Durkheim, 1853-1917)에서 찾을 수 있다. 그는 가장 원시적 상태인 호주 원주민의 토템 신앙(Totemism)에서 종교적 삶의 근본 형태를 보았고, 결국 종교란 사회의 '집합표상'(集合

---

21) S. Freud(tr. by James Strachey), *The Future of an Illusion*(W. W. Norton, 1961). 그는 항상 비그리스도인이었다고 고백하였듯이 그의 종교에 대한 부정적인 입장이 그의 신앙에도 큰 영향을 미친 것으로 보인다.

表象, collective representation)이 개념화된 것이라고 주장했다. 토템은 본래 어떤 종족에게 특별한 상징적 의미를 갖는 동물이나 식물을 가리키는데, 이것은 거룩한 것으로 구별되며 인간의 일상적인 삶과 구별된다. 따라서 토템은 한 사회의 중심적 가치를 대변하는 상징이 된다. 그러므로 토템에 대한 숭배와 신앙은 실제로 한 사회의 결속력을 가져다주는 것에 대한 가치를 숭배하는 것이다. 즉, 예배의 진정한 대상은 토템이 아니라 사회 그 자체다. 이렇게 예배에 수반되는 의식과 제의는 사회적 결속을 위한 필요를 반영하며, 사회의 이상을 공유하게 함으로써 그 사회와 개인에게 정체성(Identity)을 부여한다.

뒤르켐에 의하면 결혼, 장례 등 주요한 종교의식들은 한 사회의 유대와 결속을 재차 긍정하는 것이며, 한 사회의 가치란 개인의 가치보다 영속적임을 보여 주는 것이다. 그러므로 그의 사고체계에는 사회와 개인의 이원론이 깔려 있다. 즉, 사회는 지속적이고 절대적인 실재로서 규범적인 데 반해, 개인은 일시적이며 안전성이 없고 변화되는 것이다. 같은 맥락에서 그는 종교와 주술을 구별한다. 즉, 종교는 공동체를 이루나 주술은 영속적인 결속이 없는 일시적인 필요에 응하는 것이며, 종교는 사회적이나 주술은 개인적이다. 따라서 그에 의하면 과학적 세계관이 발달하더라도 종교는 한 사회를 위해 사회적 결속력을 제공하기 때문에 미래에도 중요한 역할을 하게 될 것으로 내다보았다.[22]

---

22) 예를 들면, 대통령이나 성조기라는 상징을 중심으로 하는 미국의 '시민종교'(civil religion)의 출현이나, 레닌이나 스탈린 치하의 소련에서 무신론적 '국가종교'(state religion)가 출현하게 된 것은 종교에 대한 이러한 이해를 확증시켜 준다고 보았다. 결국 그의 주장은 사회에서 종교가 시작되었다는 종교의 사회기원론에 이르게 되기 때문에 종교를 종교가 아닌 다른 현상에서 나온 부수적 결과로 보려는 환원주의(reduction)로 비판받고 있으나 종교의 통합적 기능은 종교사회학의 중요한 이론 가운데 하나가 되고 있다. E. Durkheim, *The Elementary Forms of the Religious Life* (NY: Dover Publications, INC., 2008).

6) 인간의 관심과 업적

종교는 인간이 만들어낸 업적으로서 인간의 편에서 하나님을 찾는 것이라고 규정한 신학자는 칼 바르트다. 그는 독일의 개신교가 19세기 인간의 종교성을 강조하는 '문화개신교주의'(Kulturprotestantismus)의 영향 아래에 있을 때 신학교육을 받았다. 그러나 그가 스위스 아르가우(Aargau) 지방의 광산 및 농촌 마을이었던 자펜빌(Safenwil)의 목사로 일하면서 1919년 『로마서 강해』(*Römerbrief*)[23]를 출간하였는데, 낙관주의에 기초한 신과 인간의 조화를 단호히 거부하고, '하나님과 인간 사이의 질적 차이'라는 초월적 종말론을 변증법적 방식으로 서술하였다. 그의 책에 나타난 예수 그리스도의 모습은 어둠 속을 꿰뚫고 들어오는 빛과 같은 심판자이며, 인간의 행위에 대한 종말론적 심판이며 하나님에 의한 부정(Nein)이다. 이 부정 아래 인간의 전(全) 실존과 역사는 뿌리째 흔들리는 '위기'(die Krisis)에 직면하게 되며, 이 위기는 가장 깊은 곳에서 '심판'을 의미하며, 모든 것이 하나님 말씀의 심판과 명령 아래 놓여 있음을 말한다.[24] 이 같은 소위 '위기의 신학'은 하나님의 심판과 절대적 초월성에 기초하고 있어서 모든 종교는 하나님의 심판 아래 놓여 있다. 그러므로 기독교도 역시 종교로서 하나님의 심판 아래 놓여 있다.

바르트에게 종교는 불신앙, 즉 진정한 의미에서 하나의 관심이며, 이 관심은 하나님을 모르는 인간들이 가지는 관심이라는 포이어바흐의 주장을 받아들이고 있다. 즉, 실낙원 과정에서 인간이 하나님께 대항하며 자기의 주장을 내세우고, 하나님에 대해 규정하며 그의 원하는 바를 결정하려

---

23) Karl Barth, *Römerbrief*(Zürich Schweiz: 1989, 15. Aufl.). 한국어 번역판은 조남홍, 『로마서 강해』(서울: 한들출판사, 1997 참고). 바르트는 1911년부터 1921년까지 자펜빌 교회의 목사로 일하면서 1916년부터 로마서를 연구하기 시작하여 1918년에 마치고 1919년에 『로마서 강해』 제1판을 출판하였고, 1922년에는 이를 더욱 발전시켜 제2판을 출간하였다.

24) *Ibid.*, XIII.

는 행위에서 볼 수 있다는 것이다. 이러한 종교 행위에 비해 기독교가 신앙이 될 수 있는 것은 하나님의 창조와 선택, 칭의와 성화의 '말씀'(Wort)에 기초하고 있기 때문이라고 주장하고 바르트는 종교와 신앙을 대조시키고 있다.[25)]

바르트는 그의 『교회교의학』(*Die Kirchliche Dogmatik*) 제1권 2부 17항에서 "종교의 폐지로서 하나님의 계시"(Gottes Offenbarung als Aufhebung der Religion)[26)]를 다루고 있다. 그에 의하면 '진정한 종교란 없으며'(Keine Religion ist wahr), 참된 종교란 '의인'(der gerechtfertigte Mensch)처럼 오로지 하나님에 의한 '하나의 은총의 피조'(ein Geschöpf der Gnade)일 뿐이다. 즉, 하나님 앞에 의인은 없듯이 참된 종교도 없으며, 그것들은 모두 죽음의 심판 아래 놓여 있으나, 오직 하나님의 은총 아래에서 참된 종교가 가능한데, 이 은총은 '하나님의 계시'(Gottes Offenbarung)를 말한다.[27)] 그러므로 계시를 통한 종교의 폐지란 단순히 종교에 대한 부정과 불신을 뜻하는 것이 아니라 종교는 계시 안에서만 거룩하게 될 수 있다는 것을 의미한다. 그는 종교 일반에 대한 인간의 자연적 경향성을 강조하고 있으나 기독교에 편향되어 있는 것이 사실이다.[28)]

그러나 기독교 종교 역시 '하나님의 은총을 통해서'(durch Gottes Gnade)

---

25) 이 말씀은 하나님과 인간 사이의 유일한 관계이며 그리스도 안에서 온전히 나타난 하나님의 계시(Offenbarung)이다. *Ibid.*, XIII 참조.

26) K. Barth, *Die Kirchliche Dogmatik*, I/2(Zürich, 1959), 304-397. 바르트는 이미 1925년부터 그의 교회교의학의 서론격인 '그리스도교 교의학'(Die christliche Dogmatik)을 집필하기 시작하였다. 1932년부터 그는 '그리스도적'(christlich)이란 절대적인 사용을 피하고 '교회의 학문'임을 강조하기 위해 '교회교의학'이라는 이름으로 책을 출판하기 시작하였다. 그는 위에서 언급한 논문 '증인으로서의 그리스도인'을 더욱 심화시키고 확대시켜 『교회교의학』 제IV권 3부 '화해론'(die Lehre von der Versöhnung)에서 다루고 있다.

27) *Ibid.*, 356.

28) *Ibid.*, 357. 그에 의하면 계시는 종교를 받아들일 수 있게 하고 진정한 종교로서 드러나게 해주는데, 여기에는 단 하나의 '진정한 종교'(die wahre Religion), 즉 '기독교 종교'(die christliche Religion)가 존재한다는 것이다.

살지 않는다면 하나의 '가면'(Maske)에 불과하기 때문에 기독교 종교 혹은 그리스도인들에게 유일하고 가장 우선되는 결정적인 질문은 '누가 그리고 무엇이 꾸밈없는 진실인가?' 하는 것이다.[29] 종교들의 세계 한복판에 있는 기독교 종교는 어떤 다른 종교들보다 위태롭고 무방비 상태이며 무기력하다. 기독교의 정당성은 오로지 예수 그리스도의 이름 안에서 가질 수 있으며, 그렇지 않으면 전혀 가질 수 없다. 기독교의 장점과 명성, 빛과 존경은 인간에 의해 거부되거나 누구에 의해서도 받아들여질 수 없으나 오직 선교에 대한 위임과 전권에 의해서만 가능하다.

기독교는 하나의 진실한 종교로서 모든 종교를 기독교적인 길로 방향을 유도하고 그들의 가던 길들에서 돌아서도록 확고한 믿음 속에서 초대하고 요청해야 한다.[30] 이처럼 바르트는 예수 그리스도만이 세상과 삶의 빛이라는 빛 이론(Lichtlehre)을 주장함으로써 결국 타 종교와의 관계에서 철저한 특수주의(extreme Partikularimus)를 강하게 표방하였다. 결국 그는 그리스도의 계시에 의한 신앙 외에는 모든 종교를 인간의 관심과 업적에 의한 산물로 설명함으로써, 종교를 매우 부정적으로 보는 것으로 받아들여졌다. 그 결과로 1960년대 기독교 영역에서 신 죽음의 신학이 나타나기도 하였다.[31]

위대한 종교체험들은 바르트가 이해한 것처럼 인간적인 시도로만 보기 어렵다. 도리어 초월적인 존재로부터 오는 것일 뿐 아니라, 신성한 것에 의해 변화 받는 자기 초월의 경험이라고 할 수 있다. 또한 그는 복음을 받아들이고 새로운 존재가 되는 모든 과정을 하나님의 은총으로만 해석함으로써 인간의 해석을 배제하였다. 인간은 문화를 떠나 진공상태로 존재할 수 없으며 신앙의 진리가 인간을 살리는 생명의 양식이 되기 위해서는 문화 속에 구체화되어야 한다.

---

29) *Ibid.*, 391.

30) *Ibid.*, 391f.; 제69항 '삶의 빛'(Das Licht des Lebens) 참조.

31) John Robinson 감독의 *Honest to God* 등을 들 수 있다.

3. 종교의 분류

종교의 분류는 종교학(science of religion)이 학문으로서 자리 잡은 후 체계적으로 연구되기 시작하였다. 과거에는 여러 종교에 대한 비교 연구(comparative study)가 제대로 이루어지지 않았다. 물론 대강의 분류는 영국 출신의 로저 베이컨(Roger Bacon, 1214-1294)에 의해 시도되었다. 그는 원래 프랑스 수도원의 수도사였으나 이단자로 의심받아 십여 년이나 감옥에 있었다. 아마 그는 그 당시의 시대를 앞서가는 사상을 가지고 있었기 때문일 것이다. 그는 비록 기독교의 교리를 알지 못했던 옛 사람이라고 하더라도 그중에는 가장 높은 도덕적 경지에 올라선 성자들이 있다고 보았다. 예를 들면, 플라톤이나 아리스토텔레스와 같은 철학자와 키케로와 세네카(Seneca, 4 BC-AD 65)의 가르침과 덕을 찬양하였다. 심지어 그 당시 지중해를 건너 스페인을 점령하고 발칸 반도까지 차지하면서 유럽을 크게 위협하고 있었던 이슬람교까지도 인간 사회에 공헌한 것이 많다고 말하였다. 기독교 세계에서 이슬람은 사탄의 종교이고 무함마드는 사탄으로 여기던 그때 그는 과감한 태도를 보였고, 종교의 분류를 시도하였다. 그에 의하면, 1) 제사가 없고 영혼을 다루지 않는 이방 종교, 2) 우상을 숭배하는 브라만교와 불교, 3) 주문과 마술을 중심으로 하는 종교, 4) 아라비아에서 일어난 이슬람교, 5) 율법과 예언에 의지하는 유대교, 6) 계시에 근거한 기독교로 분류하였다.

모든 종교를 포함한 과학적인 분류는 종교학을 창시한 막스 뮐러(F. Max Müller, 1823-1900)에서 시작되었다고 할 수 있다. 그는 종족(tribe)을 중심으로 분류하였는데, 이처럼 종족이나 언어의 계통에 따라 분류한 것을 계통적 분류하고 할 수 있다. 또한 진화론적인 관점에서 보는 발달사적 분류를 들 수 있다. 즉, 미개인의 종교에서 문화인의 종교로, 자연종교에서 윤리 종교로 혹은 초자연적 종교로 발전되어 가는 것으로 보는 분류다. 끝으로 종교의 형태를 가지고 분류한 형태학적 분류를 들 수 있다.

1) 계통적 분류

계통적 분류는 막스 뮐러가 가장 널리 알려져 있다. 그는 종교학의 시작에서도 소개되지만, 독일 출생으로 라이프치히 대학에서 고대 인도어인 산스크리트어를 배우고 베를린 대학에서 비교언어학과 형이상학을 공부하다가 프랑스 파리로 건너가 비교종교학 연구를 시작하였다. 그 후 그는 23세에 영국으로 건너가 세상을 떠날 때까지 그곳에 살면서 옥스퍼드 대학의 교수 등 비교언어학자와 동양종교학자로 명성을 날렸다. 1875년 영국 옥스퍼드 대학 교수직을 그만둔 후 『동양의 성전(聖典)들』(*The Sacred Books of the East*)이라는 50권에 달하는 방대한 번역 총서를 편집하는 데 심혈을 기울였다. 이 총서는 힌두교, 불교, 자이나교, 이슬람교를 비롯한 경전을 1880년대와 1890년대에 영어로 번역하는 대대적인 작업이었다. 그는 이 작업 가운데 가령, 인도인은 언어나 종족에서 페르시아 및 소아시아계 그리고 헬라, 로마 및 게르마니아인과 같은 계통이라는 것을 알게 되었다. 그는 종교 역시 종족과 언어의 계통에 따라 분류하였는데, 아래와 같다.[32)]

I. 아리안계(인도, 게르마니아계)
- 1. 동방 아리안계
  - 1) 인도계: 베다교, 브라만교, 불교, 자이나교
  - 2) 페르시아계: 조로아스터교, 마니교
  - 3) 소아시아계: 프르기아교
- 2. 서방 아리안계
  - 1) 헬라 고대인의 종교
  - 2) 로마 고대인의 종교
  - 3) 게르만 고대인의 종교
  - 4) 스칸디나비아 고대인의 종교

---

32) F. Max Müller, *Introdution to the Science of Religion* (Fb&C Limited, 2018), 63ff.

5) 켈트인의 종교

6) 슬라브 고대인의 종교

II. 셈계

1. 남방 셈계

1) 사비아인(아라비아 반도 서반부에 있는 Sabeans)의 종교

2) 아라비아 고대인의 종교

3) 이슬람교(회회교, 무함마드교)

2. 북방 셈계

1) 아람인(지금의 시리아)의 종교

2) 소아시아 고대인의 종교

3) 블레셋인(지금 이스라엘의 서남부)의 종교

4) 페니키아인(지금의 레바논)의 종교

5) 가나안인의 종교

6) 히브리인의 종교: 이스라엘의 고대종교, 모세의 율법교, 예언자들의 종교, 유대교

III. 튜라니안(Turanian)계

1. 북방 튜라니안계

1) 샤먼교

2. 남방 튜라니안계

1) 도교

2) 유교

IV. 아프리카계

1. 이집트 고대인의 종교

2. 아카디아인(고대 서아시아의 Acadians)의 종교

3. 그 외 아프리카 고대인의 종교

V. 아메리카계

1. 에스키모인(캐나다 북부)의 종교

2. 마야인(멕시코)의 종교

3. 잉카인(페루)인의 종교

VI. 대양주계

1. 말레이인(인도네시아)의 종교
2. 멜라네시아인(오스트레일리아 동북부)의 종교
3. 오스트레일리아 원주민의 종교
4. 미크로네시아인(태평양 서북부)의 종교
5. 폴리네시아인(태평양 동부)의 종교

2) 발달사적 분류

종교학의 확립에 기여하였던 네덜란드의 코르넬리우스 틸레(Cornelius P. Tiele, 1830-1902)는 종교역사에 대한 연구에 많은 힘을 기울였다. 그는 인류가 진보함에 따라 종교도 진보하면서 개별적인 종교 형태들이 없어지기도 하지만 종교 자체는 남아서 진화한다고 보았다. 따라서 단순한 역사적 사실을 아는 데 머무르지 않고 종교가 어떻게 발달하고 진화하는지에 많은 관심을 가지고 있었으며, 종교 역시 그러한 관점에서 분류하였다.[33)]

I. 자연종교

1. 정령숭배(animism)
2. 짐승이나 사람 모양을 숭배하는 다신교: 중국, 이집트, 페르시아, 아라비아의 고대종교
3. 사람 비슷한 모양을 숭배하는 다신교: 인도 베다교, 이란 조로아스터교 이전의 종교, 바빌로니아인, 아시리아인, 페니키아인, 가나안인, 켈트인, 게르마니아인, 로마인의 고대종교

II. 윤리 종교

---

33) *Elements of the Science of Religion*, 2 vols.(New York: Charles Schribner's Sons, 1897).

1. 민족적, 율법적 종교: 유교, 도교, 브라만교, 초기 불교, 자이나교, 조로아스터교, 모세 종교, 유대교
2. 세계적 종교: 불교, 이슬람교, 기독교

에드워드 타일러(Edward B. Tylor, 1832-1917)도 종교를 발달사적 관점에서 분류하였다. 그의 분류를 소개하면 다음과 같다.

I. 미개인의 종교
  1. 신념의 정령숭배
  2. 행위의 주술
  3. 조상숭배
II. 반(半) 미개인의 종교
  1. 다신교
  2. 이원신교(二元神敎)
  3. 교체신교(交替神敎)
  4. 유일신교(唯一神敎)
III. 문화인의 종교
  1. 윤리적 종교
    1) 율법적 종교: 브라만교, 원시 유대교
    2) 도덕적 종교: 이스라엘 예언자 종교, 조로아스터교, 이슬람교
  2. 보편적 종교
    1) 불교
    2) 기독교

슐라이어마허(Fredrich Schleiermacher, 1768-1834)는 발달사적 시각에서 교조가 누구인지 잘 알 수 없는 자연종교(브라만교 등 각국의 민족종교)와 교조가 있어서 그 전통을 알 수 있는 교조종교(불교, 이슬람교, 기독교) 등으로 분류하였다.

3) 형태적 분류

앞에서 소개한 로저 베이컨의 분류처럼 각 종교의 형태에 따라 분류하는 방법이다. 이러한 형태학적 분류 가운데는 독일의 철학자 헤겔(G. W. E. Hegel, 1770-1831)의 분류를 들 수 있다. 그는 역사의 발전을 정(正), 반(反), 합(合)의 변증법에 근거하여 보았다. 종교 역시 이에 기초하여 논리적으로 분류하려고 하였고, 여기에 일치하지 않을 때는 역사의 착오로 인정하고 정반합의 삼분법에 맞추어 보았다.

I. 자연종교(인류의 유년기)
- 1. 직접적 종교
  - 1) 마법
  - 2) 주술
  - 3) 서물숭배(fetichism)
- 2. 범신교(汎神教)
  - 1) 법규의 종교: 공자교
  - 2) 공상의 종교: 브라만교
  - 3) 실상의 종교: 불교
- 3. 자유의 종교
  - 1) 광명의 종교: 조로아스터교
  - 2) 비애의 종교: 시리아교
  - 3) 비의의 종교: 이집트교

II. 심령종교(인류의 청년기)
- 1. 히브리인의 주권적 종교
- 2. 헬라인의 예술적 종교
- 3. 로마인의 오성적 종교

III. 절대종교(인류의 성년기): 기독교

이상의 분류는 각각의 장점이 있음에도 불구하고 한계점이 있다. 특히 자연적 종교와 윤리적 종교 그리고 계시적 종교의 구분이 명확하지 못할 때가 많으며, 진화적 관점에서 절대종교 혹은 고등종교로 발전해 간다는 설명도 많은 모순을 안고 있다. 따라서 이 책에서 소개하는 세계종교들은 이상의 세 가지 분류를 참고로 하되 다음과 같은 원칙에 근거하여 제2부에서 소개하였다.

먼저, 보편적이지 않은 종교는 가능한 배제하였다. 어느 특정 지역이나 소수의 민족에 한정된 종교는 지면상 다 소개할 수가 없기 때문이다. 둘째, 여러 곳에 산재해 있고 여러 민족 가운데 분포된 종교라고 하더라도 지금 현격하게 쇠퇴하고 있거나 인류에게 거의 영향을 끼치지 못하고 있는 종교는 배제하였다. 셋째, 유사종교나 세계종교에서 명확하게 이단(異端)이라고 규정하는 종교는 소개하지 않았다. 가령 기독교 유사종교를 개략적으로 소개하더라도 한 권 분량은 족히 넘을 것이다. 이러한 원칙에 따라 찾기가 용이하도록 가나다순으로 소개하였다.

제3부에서는 한국의 토속종교를 중심으로 소개하였다. 이 책의 독자가 대부분 한국인이라는 것과 한국인으로서 한국의 종교를 누구보다 잘 이해해야 한다는 점 때문이다. 따라서 한국인들 가운데 널리 퍼져 있는 종교를 중심으로 소개하였고, 여기에도 위에서 언급한 세 번째 원칙을 따라 가나다순으로 소개하였다.

제2장

종교학

1. 종교학의 시작

종교학이 하나의 학문적 영역으로 확립되어 현대적 의미에서 종교 연구가 이루어지기 시작한 시기를 대체로 막스 뮐러에게 두고 있다.[1] 그는 1823년 12월 6일 독일 데싸우(Dessau)에서 문인이었던 아버지 빌헬름 뮐러(Wilhelm Müller)의 아들로 태어났다.[2] 아버지를 일찍 여윈 그는 후견인의 도움으로 라이프치히 대학에서 문헌학을 공부한 후 18세에 같은 대학의 인도어 강사가 되었다. 뛰어난 언어능력은 그가 고대 인도의 정신문화와 산스크리트어를 연구하는 데 도움이 되었고, 1843년 "스피노자의 윤리학 3

---

1) 뮐러는 독일 출신으로 낭만주의의 영향을 받았고, 산스크리트어를 비롯한 고전 언어에 능통한 비교언어학자였다. 그를 출발점으로 보는 종교역사가들은 다음과 같다. Eric E. Sharpe, *Comparative Religion: A History*(New York: Charles Schribner's, 1975); Jan de Vries, *Perspective in the History of Religions*(Harcourt: Brace & World, 1967) 참조.

2) 그의 아버지는 널리 알려진 "보리수", "아름다운 물방앗간 아가씨", "겨울 나그네" 등을 작사한 서정 시인이었으나 33세에 요절하였다. 그때 막스 뮐러는 고작 네 살이었으나 아버지의 재능을 이어받았는지 "독일인의 사랑"(Deutsche Liebe)이라는 꽤 널리 알려진 소설을 발표하기도 했다. 이길용, 『종교학의 이해』(서울: 한들출판사, 2007), 109-111.

권에 대한 연구"로 철학박사 학위를 받았다. 학위 후 그는 베를린 대학으로 옮겨 인도 게르만어 연구와 고대 인도인의 세계관 연구에 몰두하였다. 1845년 파리로 건너가 뷔르누프(Eugene Burnouf)의 '리그베다' 강의를 듣고 큰 감동을 받아 총 네 권의 '리그베다'를 독일어판으로 펴냈다. 1848년, 그는 당시 이방세계로 힘을 뻗치며 종교학을 연구하기에 최적의 조건을 갖추고 있던 영국의 옥스퍼드로 건너갔다.[3)]

영국 옥스퍼드 대학의 교수로 활약하면서 종교학의 독자적인 영역을 개척하였던 그는 비교종교학, 비교문헌학, 비교신화학이라 불리는 새로운 근대 학문을 태동시켰다. 그는 종교학 연구를 위해서 무엇보다 세계의 모든 종교들을 우선 구체적으로 알아야 한다고 주장하였다. 그는 1870년 런던 왕립 연구소에서 행한 연설에서 종교학의 새로운 분야의 필요성을 처음으로 주장하였다. 그는 그리스도인들인 그 당시 청중들을 설득하기 위해 종교의 과학적인 비교 연구가 전통적 신앙을 결코 위협하지 않을 뿐 아니라 기독교에 유용하다고 강조하였다.

> 종교과학(the Science of Religion)은 인간이 노력해야 하는 마지막 학문의 분야일지도 모른다. 그러나 이것이 확립되기에 이르면 세상의 모습이 달라질 것이고 기독교에게도 새로운 생명력을 줄 것이다. 교회의 교부들은 이교도들의 고대종교에 위험할 정도로 가까이 살고 있었지만 기독교와 다른 종교를 비교하는 것이 유용하다는 것을 인정하였다. … 종교과학은 세계종교들 가운데서 기독교가 지닌 위치를 비로소 밝혀 줄 것이며 때가 찼다는 것이 무엇을 뜻하는지 참으로 보여줄 것이다.[4)]

그는 자신이 믿는 종교를 역사적이며 비판적인 연구의 대상으로 하기

---

3) *Ibid.*, 111-114.

4) "Plea for a Science of Religion," Jacques Waardenburg(ed.), *Classical Approaches to the Study of Religion*(The Hague: Mouton, 1973), 86.

를 두려워하는 사람들은 신앙이 약한 자라고 하였다. 그러므로 용기와 신뢰를 가지고 세계종교를 비교 연구하여 자기가 믿는 종교의 모습을 객관적으로 볼 것을 요청하였다. 그는 비교언어학을 통하여 비교 연구를 하는 것을 종교학의 열쇠로 보고, 성서의 히브리어는 인류 최초의 언어가 아니기 때문에 아랍어, 시리아어, 고대 메소포타미아어들과 비교 연구함으로써 히브리 텍스트를 좀 더 잘 이해할 수 있다고 하였다. 그는 종교 연구의 원칙을 괴테(Goethe)의 말을 빌려서 표현하였다. 즉, "하나만 아는 사람은 아무것도 모르는 사람이다"(He who knows one, knows none).

뮐러는 종교의 객관적인 연구를 학문의 최고봉이라고 하였으며, 가장 중요하고 자랑스러운 작업이 될 것이라고 주장하였다. 진리의 탐구는 종교학적 연구를 통하여 새로운 생명력을 얻고 더욱 분명해질 것이라고 확신하였다. 그는 연설 마지막 부분에서 새로운 학문의 시작을 예고하면서 여기에 동참할 것을 호소하였다. "인류가 경험한 모든 사건 중에서 가장 중요시되어 온 종교들에 대한 공평하고 참으로 과학적인 비교 연구에 기초를 둔 종교과학이 이제 머지않아 탄생하게 될 것이다. … 따라서 세계의 대종교들을 그 원어로 연구하면서 종교 자체를 존중하며 그 가치를 높이 평가하고 있는 여러분은 참된 학문의 이름으로 이 새 분야를 차지하기를 바란다."[5] 뮐러는 모든 종교의 경전이 각 종교의 시초를 가장 순수하게 지니고 있다고 보았다. 따라서 그는 인도 최초의 경전인 리그베다를 직접 번역하였고 친구들에게도 종교 경전들을 번역하도록 격려함으로써 종교 연구의 붐을 조성하였다.

그의 경전주의적 경향은 종교 연구의 불균형을 가져오게 되었다는 비판을 받기도 하였으나 경전의 편찬 사업을 통해 많은 학자가 종교학의 시작에 참여할 수 있게 되었다. 종교학에 대한 그의 공헌은 체계적인 이론의 확립에 있는 것이 아니라, 그의 통찰력과 확신으로 종교학이 학문의 새로운 분야로 자리 잡게 하였고 서구 학계에 종교학에 관한 관심을 불러일으

---

5) *Ibid.*, 94–95.

킨 것이다.

이를 계기로 19세기 말부터 유럽 대학에는 종교학 교수직이 설치되기 시작하였다. 1873년 제네바 대학에 전임교수직이 신설되었고, 1877년 라이든 대학, 1878년 암스테르담 대학에 종교학 교수직이 신설되었으며, 파리 대학에는 1879년에 종교학 강의가 시작되었다. 특히 식민 활동을 통해 얻어진 문화적 이해를 바탕으로 네덜란드는 학파를 형성할 정도로 종교학 확립에 큰 역할을 하게 된다.

2. 종교학의 확립

1) 틸레(Cornelis Petrus Tiele, 1830-1902)

틸레는 뮐러에 이어 종교학의 확립에 선구자적 역할을 한 학자이다. 그는 자유주의적 경향을 가진 개신교 목사의 아들로 태어나 신학을 공부한 후 종교학에 몰두하였다. 그는 메소포타미아와 이집트의 종교들을 연구하였고, 라이든(Leiden) 대학에 종교학 교수직이 신설되면서 부임하였다. 그는 교수 생활 20년 뒤에 『종교학의 요소들』(*Elements of the Science of Religion*)을 저술함으로써 종교학을 하나의 학문으로 정립하는 데 기여하였다. 그는 종교학의 대상이 초자연이 아니라 그에 대한 인간의 신앙이기 때문에 종교를 역사적이고 심리적이며 사회적인 인간현상으로 연구하는 일이 되어야 한다고 하였다.

그는 언어학의 예를 들어 독립된 학문의 분야가 되기 위한 조건으로 위트니(Whitney)가 제시한 네 가지 조건을 종교학은 모두 충족시킬 수 있다고 보았다. 즉, 충분한 범위, 다양한 사실을 포용하는 통일성, 내적인 연결과 분류에 근거한 결과, 그리고 인류의 중요한 진리탐구에 이바지할 것이 그것이다. 따라서 종교학자의 태도는 종교 간의 우열을 따지는 것이 아니라 진리를 찾는 객관적 입장을 가져야 한다고 주장하였다.

틸레는 뮐러가 주장하는 역사적 연구의 절대적 필요성을 인정하였으나 종교적 사실을 아는 것만으로는 부족하기 때문에 종교학의 우선적 임무는 진화적 관점에서 종교의 진화 과정을 밝히는 것이라고 하였다. 그의 이러한 태도는 그 후 비판을 받게 되지만 19세기의 진화론적인 사조를 반영하는 것이었다. 찰스 다윈(Charles Robert Darwin, 1809-1882)이 1859년 발표한 『종의 기원』은 종교를 객관적으로 이해하려고 했던 학자들에게 큰 영향을 끼쳤기 때문이다.[6]

틸레는 종교학을 독자적인 학문으로 확립시키는 데 기여하였고, 종교학자는 적어도 두 가지 이상의 종교전통을 원문으로 연구할 수 있어야 한다는 주장을 함으로써 지금도 많은 종교학자들에게 도전을 주고 있다.

2) 드라 소새이(Pierre D. Chantepie de la Saussaye, 1848-1920)

소새이는 틸레와 더불어 종교학의 확립에 공헌한 네덜란드 학자이다. 그는 신학을 공부한 후 그리스와 독일의 종교를 연구하였고, 암스테르담 대학에 종교학 교수직이 신설되면서 부임하였다. 그는 종교 연구를 종교철학과 종교역사로 구분하였다. 종교철학은 종교 연구의 기본으로서 본질적인 것을 다루는데, 여기에는 심리적 주관적 연구와 형이상학적 객관적 연구가 포함된다. 종교역사는 기록이 없는 민속학적 연구와 기록을 수집하고 체계화하여 발전 역사를 살피는 것이 포함된다. 그러나 기록만으로는 종교의 기원을 찾아낼 수 없기 때문에 종교 형태를 진화적인 이론으로 설명하

---

6) 다윈의 『종의 기원』의 정식명칭은 "자연 선택에 의한 종의 기원에 관하여"(On the Origin of Species by Means of Natural Selection or the Preservation of Favoured Race in the Struggle for Life)이다. 종교학은 진화론적인 구도에 맞추어 낮은 단계의 종교에서 고등한 종교로 질서 있게 순서화할 수 있다는 신념을 가지게 되었다. 이에 근거한 '잔류이론'(survivals theory)을 타일러(Edward Tylor, 1832-1927)와 마레트(Robert Marett, 1866-1943)가 발전시켰으며, 종교의 기원을 찾는 데 적용하였다. 이길용, 59-61.

는 데 틸레보다 신중하였다.

그는 처음으로 "종교현상학"(phenomenology of religion)이라는 용어를 소개하였고, 종교현상학이 종교 연구의 한 분야가 되어야 한다고 주장하였다.[7] 이 종교현상학은 종교역사와 종교철학 사이의 중간 단계 또는 경계적 학문으로서 종교역사가 제공하는 자료들을 분류하여 인간의 내적 의식인 종교현상을 이해하고 체계화하는 중간 지점이라는 것이다. 그의 관심이 조직신학으로 기울어지면서 종교현상학에 대한 더 이상의 연구가 없었으나, 그가 지적한 현상학적 연구의 가능성은 후에 종교학의 중요한 부분이 되었다.

그는 종교학과 신학의 관계에도 관심을 가졌다. 이 두 분야는 독립적으로 발전되어야 할 학문이지만 신학과 종교학은 서로 돕는 위치에 있어야 한다고 보았다.[8] 특히 신학을 제대로 하기 위해서는 종교학적 소양이 필수적이라고 하였다. 이러한 관계 속에서 그는 종교학의 기본 범주가 '성스러움'(das Heilige)이라고 하였다. 이 '성스러움'은 기독교의 하나님(God)보다는 중립적이고 더 보편화된 개념이기 때문에 인류의 공통적인 종교성을 설명하는 기본 범주로 채택되고 있다.

3) 나탄 죄더블롬(Nathan Söderblom, 1866-1931)

'성스러움'의 개념을 확립하는 데 가장 큰 역할을 한 종교학자는 스웨덴의 나탄 죄더블롬이다. 그는 매우 독특한 이력을 가졌는데, 35세에 웁살

---

7) *Lehrbuch der Religionsgeschichte*(Fb&C Limited, 2017).

8) 종교학과 신학은 많은 차이점이 있다. 먼저 신학은 특정 종교의 분명한 신앙'고백'을 지키고 유지하는 데 관심이 있는 반면, 종교학은 가급적 객관적인 시각으로 인간의 다양한 문화현상 속에서 '종교적' 특정한 요소와 현상들을 검증하고 이해하는 데 집중한다. 종교학은 다양성 속에 있는 구체적 종교들을 가지고 역사적이고 검증적인 방법을 통해 그 종교의 총체적 시스템과 다양한 것들의 일반적 결론을 도출하는 귀납법(induction)을 사용하고, 신학은 보편명제에서 특수명제를 이끌어내어 추론하는 연역법(deduction)을 사용한다. 이길용, 17-19, 93-101.

라 대학의 종교학 교수가 되어 후학을 가르쳤고, 1930년 세계대전 종료 후 국제사회의 화해를 위한 공로가 인정되어 '노벨평화상'을 받았다.[9] 또한 세계교회협의회(WCC) 창설에도 지대한 공헌을 하여 학계, 교계 그리고 일반 사회에서도 크게 활동한 인물 가운데 하나이다.

그는 1866년 1월 15일 스웨덴 트뢰뇌(Trönö) 지역의 루터교 목사 요나스(Jonas Söderblom)와 덴마크 출신 소피(Sophie Söderblom) 사이에서 태어났다. 웁살라 대학에 진학하여 철학과 신학을 전공하고 1893년 루터교회 목사가 되었다. 1년간 병원에서 활동한 후, 1894년 파리로 건너가 스웨덴 공사관의 목사로 일했고, 같은 해 안나 포르셀(Anna Forsell, 1870-1955)과 결혼했다. 그는 소르본 대학 개신교 학부에서 철학자이자 신학자였던 오귀스트 사바티에(Auguste Sabatier, 1839-1901)에게 큰 영향을 받았고, 1901년 "조로아스터교의 내세관"(La vie future d'après le Mazdéisme)이라는 제목의 박사학위 논문을 제출하였다. 그는 1901년부터 14년 동안 웁살라 대학에서 종교학을 강의하였다.[10] 1913년 『종교와 윤리 백과사전』(*Encyclopedia of Religion and Ethics*)에 "성스러움"(Holiness)이라는 논문을 게재하였는데, 종교 안에서 신(神)의 개념보다도 더 본질적인 단어는 성스러움이며, 신관(神觀)이 없는 종교는 있을 수 있으나 성스러움과 속됨의 분리가 없는 종교는 없다고 하였다.[11]

그 이유는 첫째, 성스러움은 신의 원초적 성격을 형성하기 때문에 경외를 불러일으키지 않는 신은 종교적이라고 할 수 없다. 둘째, 성스러움은 일상적인 것에서 구별되고 분리되어야 하는 금기(禁忌, tabu)적 성격을 지

---

9) 개인적으로 노벨과 친분이 두터웠던 죄더블롬은 노벨의 장례를 직접 주관한 사람 중의 하나였다. *Ibid.*, 128.

10) *Ibid.*, 131-134.

11) James Hastings(ed.), *Encyclopedia of Religion and Ethics*, 12 vols.(Edinburgh: T. & T. Clark; New York: Charles Schribner's Sons, 1908-1922 and in des., 1926)(1955 reprinted). 고대 이스라엘에서는 '거룩하다'(holy)라는 개념에 치중하여 점차 도덕적인 의미가 큰 비중을 차지하게 되었고, 조로아스터교의 경우 '정결하다'(pure)라는 개념이 중심을 이루게 되었다.

닌다. 셋째, 성스러움은 생명과 풍요함의 원천이 되는 신비로운 힘(Mana)을 나타낸다. 결국 그는 성스러움의 유무(有無)가 종교의 유일한 기준이 된다고 단정하였다.[12)]

종교학에 관한 그의 또 다른 공헌은 사료를 대하는 그의 태도다. 그는 종교를 대할 때 아주 진지하였고, 단순히 조직신학적으로나 과학적 대상으로 다루려고 하지 않았다. 즉, 직접적인 용어를 사용하지 않았으나 종교현상학적 태도를 지니고 있었다고 할 수 있다. 그는 그리스도인이며 루터교회의 대감독으로서 역사적 과정을 통해 하나님이 자신을 나타내 보이시며 그리스도 안에서 그 과정이 절정에 달한다고 확신하였고, 종교에 대한 모든 참된 연구는 우리를 진리로 이끈다고 보았다. 그는 비교종교학과 신학을 조화시킨 좋은 모범을 보였으며, 현상학적 접근 태도를 보임으로써 후에 종교현상학을 발전시킨 반 델 레에우의 가장 존경받는 스승이 되었다.

4) 루돌프 오토(Rudolf Otto, 1869-1937)

오토는 독일 하노버의 파이네(Peine)에서 알코올이 없는 맥주를 만드는 경건한 루터교 가정에서 1869년 9월 25일 태어났다. 12세에 힐데스하임(Hildersheim)으로 이사하였고, 그해 아버지를 여의었다. 1888년 5월 에어랑겐(Erlangen) 대학에 입학하였으나 얼마 후 괴팅겐(Göttingen) 대학으로 옮겼다. 당시 괴팅겐 대학은 보수적인 에어랑겐과는 달리 종교사학파의 중심이었다. '루터의 성령론'으로 1898년 박사학위를 받은 그는 사강사(Privatdozent)가 되기 위한 강연에서 '칸트의 종교 개념'을 주제로 선택하였고, 8년간 강사생활 후 1906년 괴팅겐 대학의 원외교수가 되었다. 1915년 브레슬라우(Breslau) 대학의 조직신학 교수로, 1917년 마르부르크(Marburg)

---

12) 죄더블롬은 당시 많은 동료가 기독교 이외의 종교들을 상당히 열등한 것으로 가치판단을 하였으나, 그는 '사상 그 자체로!'(Zur Sache selbst!) 보려는 자세를 가지고 개별 종교들의 본질적 특성을 중시하였다. 이것이 바로 '성스러움'이며, 이것은 인간의 본성 안에 뿌리박힌 '선험적'인 것이라고 하였다. 이길용, 138-140.

대학의 조직신학 교수로 부임하였다.[13)]

오토는 죄더블롬과 함께 논리적 합리성을 초월하는 종교의 성격을 성스러움에서 확인한 학자였다. 그는 마르틴 루터의 연구 등 신학자로서 활동하였으나 죄더블롬처럼 슐라이어마허의 영향을 받고 1911년부터 1912년까지 인도를 방문하여 범어(Sanskrit)를 배우면서 비교종교학자로서의 길을 걷기 시작하였다. 특히 힌두교와 기독교의 비교 연구에 초점을 두었고, 1917년 『성스러움의 의미』(*Das Heilige*)를 출간하여 제1차 세계대전 이후 인간 이성의 한계를 느낀 서구 학계에 큰 호응을 얻었다.[14)]

오토는 자신을 그의 고별 강연에서 '경건한 루터교인'이라고 할 정도로 루터에게 깊은 영향을 받았다. 그는 루터가 가톨릭의 성사주의(sacramentalism)에 반대하여 성령의 내적 가르침(intus docere)을 강조하고, 재세례파(Anabaptists)에 반대하여 성서적 말씀의 객관성과 형제적 질책으로서의 설

---

13) *Ibid.*, 143-146. 오토는 건강상의 이유로 1929년 3월 조기은퇴하였으나, 학문적 작업은 계속하여 1931년 윤리에 대한 논문집을 출판하였다. 1937년 3월 6일 폐렴으로 마르부르크에서 숨을 거두었다.

14) Rudolf Otto, *Das Heilige, Über das Irrationale in der Idee des Göttlichen und sein Verhältnis zum Rationalen*(München: Breslau, 1917). 이 책은 길희성에 의해 『성스러움의 의미』(왜관: 분도출판사, 1987)라는 제목으로 번역되었다. 제1차 세계대전 이후 독일 대학생에게 가장 큰 인상을 남긴 두 신학자의 저서는 칼 바르트의 『로마서 주석』과 오토의 『성스러움의 의미』라고 할 수 있다. 두 책 모두 이해하기 어려운 책이지만, 바르트의 주석서는 선풍적인 반응을 일으켜 곧 바르트 학파라는 말이 생겨나고 30년 이상 지대한 영향을 끼쳤다. 이에 반해 오토는 학파를 형성한 적은 없으나 그의 책을 읽은 사람들에게 큰 감명을 주었다. 그는 뛰어난 신학자로서 존경을 받았고, 그의 엄격함과 신비감으로 인해 그의 강의를 듣던 학생들로부터 '성스러운 분'(Der Heilige)이라는 말을 들었는데 그 이유는 그의 저서 *Das Heilige*('성스러운 것')를 직역한 것에서 유래하였다. 그의 책은 1936년 25판을 거듭하기까지 다양한 언어로 소개되어 그의 박학한 지식과 힘 있고 독창적인 글이 세계에 소개되었다. 이 책의 부제가 "신 관념의 비합리적인 요소와 그것의 합리적 요소와의 관계에 대하여"라는 것에서 보듯이 신적인 것이라고 인식하는 것들이 가지고 있는 비합리적인 요소들을 밝히려는 매우 까다로운 책이다. 성스러움이란 다른 말로 신론(神論)이며, 그것이 가지는 비합리적인 요소는 자연적인 감정과는 전혀 질적으로 다른 어떤 비밀(mysterium)로 보았다. 이길용, 21, 38, 154-155.

교를 강조하는 데 동의하였다. 즉, 단순한 역사적 신앙(fides historica)이나 주관적 영감은 배척되어야 한다는 것이다. 오토는 루터의 신적 체험과 숨어 계시지만 자비로이 자신을 나타내시는 하나님을 선포하였던 위대한 예언자로서의 루터의 인격이 그의 전 생애를 매혹시켰다. 이것은 오토 당시 합리주의적 신학과 이성에 기초를 두고 종교와 기독교의 본질을 정의하려는 피상성에 반발하였던 것과 그 맥을 같이한다. 당시의 지나친 지성주의에 대항하여 문자는 사람을 죽이지만 성령은 생명을 주신다는 바울의 말씀을 그는 지키려고 하였다.

루터 다음으로 오토의 사상에 영향을 준 사람은 칸트였다. 칸트는 계몽주의에 뿌리를 박고 과학적으로 탐구가 가능한 분야에서 형이상학과 종교를 제외시켰으나 종교적 판단의 신빙성을 다른 면에서 보여줌으로써 인간의 요구를 만족시켰다. 칸트는 자신의 고유한 방법으로 종교체험의 영역을 보호하기는 하였으나 종교체험의 본질을 만족할 만큼 해명하지는 못하였다. 이러한 칸트의 영향을 받아 종교를 이해하려고 하였던 네 사람의 사상가는 오토의 종교이론에 중요한 역할을 하였다.[15]

---

15) 계몽주의의 유산들은 진화론, 유물사관, 심리주의, 과학과 발전주의 등이며, 이것들은 유럽의 기독교가 직면했던 문제들이었다. 계몽주의를 적극적으로 받아들인 리츨(Albrecht Benjamin Ritschl, 1822-1889)과 트뢸치(Ernst Troeltsch, 1865-1923)는 기독교의 절대성을 포기하고 상대성의 울타리에서 평가하기 시작하였다. 종교를 야만인들의 주술적 습관 정도로 치부해 버리는 계몽주의에 만족하지 못한 오토는 슐라이어마허(Friedrich D. E. Schleiermacher, 1768-1834)의 작업에서 해답을 찾아갔다. 슐라이어마허는 당시 합리성을 강조하며 종교를 비웃는 교양인들에게 그것을 뛰어넘는 '절대의존의 감정'을 가지는 합리적이고 규범적인 성격을 말했다. 하지만 오토는 종교의 본질적 요소가 절대성에 대한 원초적 감정이지만, 철저한 자기 비움(kenosis)이 전제되는 자기부정의 속성을 가진 '비합리적인 것'이라고 보았다. 따라서 오토는 칸트의 비판정신을 이어받아 종교의 기원이 도덕에 근거하지 않는다고 보는 프리스(Jacob Friedrich Fries, 1773-1843)를 선택했다. 프리스는 더 나아가 칸트의 선험적 인식의 한계를 넘어 '경험적 진리'만을 인정하며 지식, 믿음, 직관의 인식방법을 통해 종교성을 설명하였다. 이러한 신학 여정을 통해 오토는 성스러움의 연구를 계속하였다. 이길용, 148-153.

오토에게 성스러움이란 종교의 영역에만 있는 고유한 가치와 범주로서 일반적으로는 '거룩하다'라는 말로 도덕적 완전성을 뜻하는 말로 사용되고 있지만 이 도덕적인 선은 부차적인 것이다. 오히려 성스러움에서 도덕적인 선을 뺀 부분(X로 명명)이야말로 종교체험의 본질로서 라틴어 누멘(numen, 神적인 것)을 사용하여 설명한다. '누멘적인 것'(das numinoese, the numinous)이란 말로 표현될 수 없는(in-effable) 것이지만 모든 종교 안에 살아 있는 내적인 핵심으로서 체험을 통해서만 알 수 있는 것이다. 따라서 각자의 마음속에 자신의 경험을 되살려 스스로 깨닫도록 일깨우는 방법을 통해서만 알 수 있다.

오토가 말하는 종교체험은 비록 윤리적 체험이나 미적 체험 등 다른 체험들과 연결되어 나타나기는 하지만 근본적으로 다른 것으로서 독자적 평가범주(Bewertungskategorie)를 이룬다. 즉, 성스러움은 신비(mysterium)라는 객관적 성격을 지니고, 거기에 성스러움을 체험하는 주관적인 인간 마음의 상태에서 경외감을 일으키는(tremendum) 성격과 매혹시키는(fascinosum) 성격이 첨가된다. 중요한 것은 경외감을 느끼는 인간의 주관적인 느낌이 객관적인 실재의 무서운 힘에 대한 반응이며, 매혹을 느끼게 되는 것 역시 현상세계에서 경험되는 모든 반대 개념에 조화를 이루는 궁극적 실재의 위대함을 체험하는 데서 오는 것이다. 인간이 신을 대하였을 때 자신이 피조물임을 깨닫게 되듯이 죄란 절대자 앞에서 인간이 느끼는 자신의 허무함이라고 오토는 보았다. 즉, 누멘적인 체험에서 무한한 가치를 보게 됨으로써 자신의 허무함을 절실히 깨닫게 되어 '당신 홀로 거룩하십니다'라고 고백하는 것에서 성스러움이 무엇인지 알게 된다는 것이다.[16)]

---

16) 오토는 기존의 신학적 용어인 '신'(Gott)을 포기하고 대신 '성스러움'이라는 중립적 용어를 선택했다. 성스러움을 통한 그의 신학(theology)은 신정통주의자들의 비판에 직면했다. 이들은 계몽주의의 도전을 극복하려는 목적은 같았으나, 그 방법론은 서로 달랐기 때문이다. 바르트(K. Barth)는 오토의 성스러움을 자연의 힘을 추상화시킨 것에 불과하며, 기독교적 구원의 독특성과 유일성을 희석시킨다고 보았다. 브루너(E. Brunner) 역시 오토의 성스러움은 인격을 지닌 성서에 계시한 거룩한 하나님은

오토는 인간의 종교역사 전체를 통해 여러 다른 문화와 종교권에서 이루어진 누멘적인 체험을 볼 수 있게 하였고, 성스러움이 종교의 핵심이며 이 거룩함에 얼마나 충실한가에 따라 그 종교의 가치를 측정할 수 있는 척도가 된다고 보았다. 이러한 과정의 최고 상태에 오른 것을 오토는 성령의 충만함 그 자체인 그리스도의 모습 안에서 보았다. 그리스도 안에서 우리는 성스러움을 가장 정확하게 볼 수 있다는 그의 신앙 때문에 그 책의 마지막 문장은 '하나님의 아들'을 가리키는 것에서 끝나고 있다.

5) 브레데 크리스텐센(W. Brede Kristensen,1867-1953)

그는 노르웨이에서 루터교회 목사의 아들로 태어나 신학을 공부한 뒤 이집트어, 아베스타어, 범어 등을 연구하였다. 틸레 교수에게서 이집트 종교에 있어서 죽음의 개념에 대한 박사학위 논문을 썼고, 틸레의 후계자가 되어 1901년부터 1937년까지 라이덴 대학의 교수로 일했다. 그는 고대 지중해 세계의 종교들을 깊이 연구하였고, 네덜란드 학파를 형성하여 고대인의 신앙체험을 공감하도록 가르쳤다. 그는 모든 인간이 생에 대해 근본적으로 같은 감정을 가지고 있기 때문에 현대인이라도 5,000년 전에 같은 종교적 추구를 했던 사람들을 이해할 수 있다고 보았고, 직관을 중시하였다.

그는 틸레의 진화론적 관점을 배격하고 종교들의 합리화된 표현 뒤에 감추어진 신비를 찾는 것이 종교학의 임무라고 하였다. 이를 위해 그는 종교를 연구하는 사람이 가져야 할 태도를 다음 네 가지로 제시하였다. 첫째, 자신이 연구하려는 종교전통의 언어를 배워야 하고, 둘째, 그 전통 안에서 발견되는 가능한 모든 사료를 통달하도록 해야 하며, 셋째, 사료 자체가 말하도록 귀를 기울여서 그 안에서 어떤 것이 필수적이고 어떤 것이 부수적인지를 판별하고, 넷째, 여러 자료를 연결시켜서 전체로 볼 수 있는 통찰력

아니며, '숨어버린 하나님'(deus abconditus)이라고 보았다. 불트만(R. Bultmann)은 하나님이 질적으로 다른 존재라는 것은 동의하지만, 인간이 경험할 수 있는 신적 존재로 상정하지는 않았다. 이길용, 156-157.

또는 직관력이 필요하다고 보았다.

그는 『종교의 의미』를 저술하였는데, 서론에서 '종교현상학'이란 종교 역사를 체계적으로 다루는 것이라고 정의하고, 종교적 연구가 제공하는 여러 잡다한 자료들을 구분하고 분류하여 유기적인 관계에 따라 체계화함으로써 종교 내용과 그 가치가 전체적으로 보이도록 하는 것이라고 하였다.[17] 종교역사는 각 종교의 특수성을 알려주고 한 종교에 대한 전체적인 역사적 안목을 제공하는 데 비해, 종교현상학은 다양한 종교현상을 비교하고 체계화하여 인류의 공통된 종교성을 이해함과 동시에 그 이해에 힘입어 각 종교 안에 애매한 것들을 더 잘 이해하도록 돕는 것이라고 하였다.

그는 1880년 이후 '비교종교'(comparative religion)라는 용어가 그 당시 종교 형태들의 가치 우열을 가려서 진화적 유형 안에 집어넣으려는 경향을 가졌었기 때문에 '현상학'이라는 말로 자신의 연구를 표현하였다. 그에 의하면 종교 연구에는 두 가지의 방법이 있는데, 하나는 다양한 종교와 그 내용에 상대적 가치를 부여하려는 진화론적 비교 연구이고, 다른 하나는 평가가 포함되지 않고 사실을 그대로 보고하고 알리려는 현상학적 자세다. 그는 이 두 가지 자세의 차이를 분명히 하고자 하였다. 즉, 종교학자들이 매겨 놓은 가치에 따라 우열의 순서를 배열하려는 진화론적 접근과 비역사적인 개념으로 이루어진 애매한 종교의 기원을 찾는 것을 배제하고 개별 종교의 독자적인 가치를 인정해야 한다는 것이다.[18]

그에 의하면 종교현상학의 임무란 여러 종교에서 발견되는 비슷한 현상들을 모아서 종교적 내용과 그 안에 포함된 가치들을 종합적으로 볼 수 있게 하는 데 있으며, 여러 종교의 유사한 종교현상들과 사실들을 그 역사적 환경에서 뽑아 함께 그룹으로 모아서 연구하는 것이다. 이를 통해 자연히 종교의 비교 연구가 이루어지는데, 그 목적은 서로 대응되는 사료들 밑

17) W. Brede Kristensen, *The Meaning of Religion*, tr. by John B. Carman(The Hague: Martinus Nijhoff, 1960).

18) *Ibid.*, 18–20.

에 깔려 있는 종교적 사상과 개념 및 필요성을 알게 되고 종교적 주제들을 더 깊고 정확하게 파악할 수 있기 때문이다. 그러므로 그에게 종교의 비교 연구는 다른 종교의 사상을 이해하는 데 필요한 하나의 보조 수단이기는 하지만 이상적인 방법은 아니었다. 예를 들어 많은 종교에서 나타나는 제사, 기도, 정화의식, 신탁, 왕권사상 등에 대한 사료를 수집하여 부수적인 것들은 버리고 각 종교가 지니는 공통된 의미를 찾으려고 하였다.[19)]

그는 밖으로 드러나지 않는 공통된 의미를 파악하기 위한 직관의 역할을 중요시하면서도 동시에 종교현상학은 어디까지나 역사적 학문으로 남아 있어야 한다고 보았다. 종교의 연구는 서로 보충적으로 결합되어야 한다고 보았는데, 가령 역사학은 각 종교의 가장 핵심적 요소가 무엇인지를 알려주고, 현상학은 보편적인 유형을 찾기 때문에 역사학은 현상학적 연구를 위한 사료를 제공하며 현상학은 이런 사료를 체계화한다는 것이다. 또한 여기에 종교철학까지 포함하여 서로 의존적 성격을 가진다는 것이다. 종교철학은 어떤 것이 종교적 현상이냐 하는 전제로부터 시작하여 종교의 본질을 규명함으로써 현상학 연구의 길잡이를 제공하고, 종교철학은 현상학이 제공하는 구체적이고 체계화된 종교체험을 바탕으로 이론을 전개하게 된다. 그는 종교 연구의 보완성을 분명히 함으로써 종교학의 학문적 발전을 견고하게 하였다.

크리스텐센은 현상학적 종교 연구에서 '믿는 자의 입장'이 가장 중요한 접근 태도라고 보았다. 즉, 종교학자는 자기 자신의 종교관을 자기가 연구하는 종교에 강요하지 않도록 조심해야 하고, 믿는 자들 자신은 자기들의 신앙에 부여한 의미와 가치를 이해하려는 노력을 기울여야 한다. 어느 누구도 다른 종교를 완전히 이해하게 된다는 것은 불가능하기 때문에 우리는 오직 근사치로써 그들을 이해할 수 있을 뿐이다. 종교의 핵심은 지성으

---

19) *Ibid.*, 1-2, 19, 21. 일반적으로 '제사'(sacrifice)는 신들에게 드리는 선물로서 존경과 예배의 표시라고 생각하지만, 그리스, 로마, 이집트 종교의 제사 개념을 분석해 보면 제사는 신들에게 드리는 선물이 아니라 제사의 제물은 곧 신의 상징이며 이미지로 여겨졌다.

로 따져서 알게 되는 것이 아니라 체험이기 때문에 남의 체험을 이해하기 위해서 우리 자신의 종교체험을 매개체로 해야 한다. 따라서 종교학에서 직관력은 계속하여 어느 정도 필요한 것이다.[20] 슐라이어마허 역시 모든 연구에서 무엇보다 가장 필요한 것은 통찰력(Anschauung)으로서 영적 실재를 파악하는 능력이라고 하였다.

결국 크리스텐센에 의하면 종교 연구에서 가장 중요한 것은 우리 자신에 대한 칭찬이나 평가 없이 신자 자신이 말하도록 하는 것이며, 다른 신앙에 대해 공감적이고 사랑에 찬 이해하는 태도를 가지는 것이다. 어떤 종교의 신자도 자신이 믿는 종교를 진화적 발전의 한 단계로 보지 않기 때문에 그는 진화론적 관점을 단호히 거부하였던 것이다. 종교현상학적으로 볼 때 종교적 실재란 곧 믿는 자의 신앙 이외의 다른 것이 아니기 때문에 종교현상은 믿는 자의 입장에서 이해되어야 한다는 것이다. 이처럼 종교현상에 대한 가치판단을 보류하게 함으로써 종교 연구에 대한 객관성을 확보하는데 그는 크게 기여하였다.

3. 종교학의 발전

1) 반 델 레에우(Gerardus van der Leeuw, 1890-1950)

그는 네덜란드의 칼빈 교인으로 태어나 라이덴 대학에서 크리스텐센 지도 아래 종교학을 공부한 뒤 1918년부터 1950년까지 크로닝엔 대학교의 종교학 교수로 일했다. 그는 그의 저서 『종교현상학』에서 자신의 종교학적 이론을 전개하였다.[21] 현상학이란 나타나는 그대로의 현상을 찾는 것으로

---

20) *Ibid.*, 10, 23-24. 종교적 감정을 중시하는 종교현상학자들의 견해에 대해 종교사회학적 연구가들은 이들에게 종교학자보다는 차라리 구도자가 되라고 비판하기도 한다. 같은 종교체험에 대한 양 진영의 차이를 보여주는 대목이다.

21) Gerardus van der Leeuw, *Phaenomenologie der Religion*(1933), J. E. Turner에 의

서 나타나는 쪽과 나타나는 것을 관찰하는 쪽의 입장을 다 포괄하기 때문에 단순한 대상도 주체도 아닌 주체에 연결된 대상이며 대상에 연결된 주체다. 따라서 그는 관찰자로서 외부에 서서 나타나는 그대로를 보려는 현상학적 입장을 가졌으며, 종교현상에 대한 순수한 이해에 도달하기 위한 현상학적 연구 방법을 다음의 네 가지 작업으로 나누어 설명하였다.

첫째 작업은 나타난 현상에 이름을 지어 주는 것으로 각각의 유형에 따라 제사, 기도, 신화 등으로 분류한다(assigning names). 둘째 작업은 단순히 이름을 붙인 것만으로 그 현상을 대상화해서는 안 되기 때문에 자신의 내면에서 그 종교현상을 다시 체험하도록 감정의 이입을 시도한다(empathy). 곧 공감적(sympathetic) 체험에 의하여 그 종교현상과의 연결점을 자신의 의식 속에서 발견하려는 것이다. 그러므로 현상학적 이해는 과학보다는 예술로서 훌륭한 연극배우의 역할과도 같은 것이다. 셋째 작업은 편견을 배제하기 위하여 판단을 중지하거나 보류하는 것이다(restraint). 이를 위해 그는 에포케(epoche)라는 철학적 현상학 용어를 사용한다. 에포케란 나타나는 현상 그대로를 이해하기 위하여 어떠한 형이상학적 전제나 주관적인 판단이나 가치평가를 괄호 안에 넣고 실재를 대하는 인간의 전체적인 태도와 특성을 말한다. 그는 편견을 막기 위해 지적인 판단 보류를 사용하지만 동시에 관찰만으로는 종교생활의 내면성을 다 파악할 수 없으므로 자신의 신앙을 매개로 사용해야 한다는 것이다. 따라서 둘째와 셋째 작업은 동시에 이루어지는 것으로서, 관찰자의 주관성이 지니는 장점과 단점을 지적하고 있다. 넷째 작업은 해명(clarification)하는 것이다. 즉, 현상의 전체적 구조를 파악하여 분명하게 하는 일로서 첫 작업(이름을 주는 것)을 다시 확인하고 심화하는 일이다. 이렇게 함으로써 구체적인 현상이 보편적인 틀 속에서 자리 잡게 되어 서로 간의 유형적인 관계성을 알게 된다. 이렇게 구체적 개별 현상과 보편적 개념을 동시에 파악하는 것을 형상직관(eidetic

---

해 1948년 영어로 처음 번역되었고, *Religion in Essence and Manifestation: A Study in Phenomenolgy*(Princeton Legacy Library, 1986)라는 제목으로 출판됨.

vision)이라고 한다.

이상의 네 가지 작업이 이루어졌을 때 현상에 대한 진정한 이해에 도달하게 되고, 현상학자는 비로소 각 사건을 그 자체의 순수한 가치와 나타난 그대로의 의미를 증거할 수 있게 된다. 반 델 레에우는 종교현상학이 의미를 파악하는 데 가치가 있음을 인정하는 한편, 간접적인 접근의 방법론으로 인한 그 한계성도 인정하였다.

그는 크리스텐센과 함께 네덜란드 학파를 형성하였다. 종교현상학을 주도한 네덜란드 학파의 특성은 종교 자체에 대한 긍정적이고 인문주의적 성격을 지닌 것이었다. 크리스텐센의 후계자인 헨드릭 크래머는 현상학적 방법론이 진리를 소홀하게 다룰 위험성이 있음을 간파하고, 종교 연구의 마지막 단계는 신학적 문제로만 해결될 수 있다고 보았다. 그는 종교 간의 대화의 필요성을 주장하였고, 종교학자인 동시에 선교신학자로서 교회일치운동에 크게 기여하였다.

2) 크래머(Hendrik Kraemer, 1885-1965)

그는 종교학자이자 선교신학자로서 많은 학문적 업적을 남겼을 뿐 아니라 에큐메니컬 세계선교운동에도 큰 기여를 하였다. 그는 1928년 예루살렘 IMC 이래로 적극적으로 참여하였으며 그의 두드러진 역할은 1938년 탐바람 IMC에서 나타났다. 그는 이 대회가 열리기 전인 1936년 IMC로부터 중요한 과제를 부여받았는데, 그것은 현대 세계에서 증인으로서의 기독교 교회 및 신앙의 근본적인 위치에 대해 진술해 달라는 요청이었다. 이 같은 과제는 그리스도인들의 타 종교에 대한 태도 및 비기독교 신앙들에 대한 복음의 연속성을 포함하는 여러 가지 복합적인 문제와 관련된 것이었다.

그가 이와 같은 과제를 부여받게 된 배경에는 1928년 예루살렘에 온 미국 대표들이 하버드 대학의 교수 윌리엄 호킹(William Hocking)의 지도하에 비기독교 종교들과 과감히 동맹을 맺자고 호소하고 다른 종교들과의 연합이 결코 기독교에 손해될 것이 없다고 주장한 것에서 비롯되었다. 이들은 미국과 캐나다에서 온 평신도들로서 동양에서 기독교 선교 사역을 조사하여 해외선교 평가위원회에 보고하였다. 그 내용은 이들의 대표인 윌리엄 호킹이 제출한 1932년 『선교의 재고』[22]라는 책에 나타나 있다. 호킹은 몇 년 뒤 『살아 있는 종교들과 세계의 믿음』이라는 책을 통해 우리의 목적은 진실한 세계의 믿음에 있으며, 현재 기독교는 타 종교들이 가지고 있는 모든 것을 포함하고 있지 않기 때문에 기독교를 비롯한 그 어떤 종교도 그럴 만한 자격이 없다고 주장하였다.[23]

호킹으로 대표되는 평신도 해외선교 평가위원회의 보고서에 대해 심

---

22) William E. Hocking, *Re-thinking Missions: A Laymen's Inguiry after One Hundred Years*(New York: Harper & Brothers, 1932). 이 보고서는 예수를 부처와 무함마드와 함께 종교의 위대한 창설자들 가운데 하나로 보고, 이들 위대한 지도자들은 자신들의 백성을 가르치면서 그들에게 큰 영향력을 끼쳤고, 경계선을 넘고 넘어서 계속 꾸준히 전진하고 있기 때문에 오직 예수 그리스도만이 유일한 길이라고 주장하는 것은 낡은 견해라고 주장하였다. 그러므로 선교란 교리를 문자적으로 전달하는 것이 아니라 동양의 종교적인 삶을 채워 주는 것이며, 그리스도인들은 자신들의 메시지 전달자로서가 아니라 비기독교 종교들과 함께 공동의 추구에 동참하는 형제들이 됨으로써 모든 종교의 공통적인 기초를 찾고 그 위에 서야 한다고 보았다. 따라서 선교사는 궁극적 목표인 가장 완전한 진리 안에서의 연합을 향해 서로가 상대방의 성장을 자극하면서 다른 종교들의 파멸보다는 기독교와의 계속적인 공존을 기대해야 한다고 말하고, 선교의 목적은 예수 그리스도를 통하여 우리가 배운 것을 삶과 말로 표현하면서 또한 세상의 삶 가운데서 그리스도의 정신을 실행하기 위하여 노력하면서 참지식과 하나님의 사랑을 다른 나라 사람들과 함께 추구하는 것이라고 정의하였다.

23) William E. Hocking, *Living Religions and a World Faith*(New York: Macmillan, 1940), 196-197. 그에 의하면 세계의 믿음에 이르는 길은 세 가지가 있다. 첫째, 한 종교가 모든 다른 종교를 대신하는 철저한 배격, 둘째, 모든 종교를 한데로 몰아서 혼합하는 합병, 셋째, 재개념으로서 호킹이 주창하는 방법이다. 즉, 각 종교는 그 고유의 특성, 기본적 본질, 본질적 특성을 가지고 있으며, 따라서 타 종교들의 본질적 신조에 비추어서 자신들의 신조들을 재고하고 재개념화하여야 한다는 것이다. 이렇게 되면 모든 종교의 본질적인 특성이 포함되면서도 서로가 다른 새로운 세계의 믿음이 산출되고, 이와 같은 과정을 거치는 동안 종교들 간의 평화로운 공존 및 예배와 봉사에 함께 협력할 수 있게 된다는 주장이다.

각한 위기를 느끼게 된 IMC의 임시위원회는 크래머에게 IMC의 입장을 대변할 수 있는 글을 1938년 탐바람 대회에서 제출해 줄 것을 요청하였고, 이 요청에 따라 크래머는 1937년 『비기독교 세계에 있어서 기독교 메시지』[24] 라는 제목의 책을 저술하였고, 1938년 이것을 출간하였다. 그는 그의 저서에서 칼 바르트(Karl Barth)의 계시의 신학을 선교신학에 적용하였고 기독교 계시를 오직 자신을 드러내신 하나님과 예수 그리스도 안에서 새롭게 창조된 계시의 영역 안에 한정시킴으로써 이와 배치되는 여타의 시도들을 거부하였다. 그에 따르면 계시를 바르게 이해하기 위해서 인간에 대한 이해가 선행되어야 하며 인간의 기본적 위치는 하나님의 뜻에 따라 하나님에 의해 지음을 받은 피조물인 동시에 하나님의 모든 피조물과 그의 자녀들의 주인으로서 지명받은 것이다.[25] 따라서 하나님과 인간의 관계는 순종과 사랑의 관계이다. 이 기본적인 관계가 깨진 것은 인간의 타락 때문이며, 이는 하나님에 대한 인간의 반역이자 하나님과 같이 되려는 욕망이었다. 그러므로 인간의 타락은 하나님에 대한 인간의 상태를 완전히 뒤바꾸어 놓고 말았다.[26]

이처럼 타락된 인간이 하나님과의 본래적 관계를 회복할 수 있는 길은 무엇인가? 그것은 오직 속죄로 화해하는 길이며, 인간은 타락된 존재이므로 선을 이룰 수 없고 오직 하나님이 시작하시고 주도하셔야 한다. 따라서 타락하고 하나님과의 교제에서 멀어진 인간은 하나님의 용서 외에는 희망이 없다.[27] 즉, 인간은 타락하였기 때문에 어떠한 선교적 동기를 추구

---

24) Hendrik Kraemer, *The Christian Message in a Non-Christian World*(London: The Edinburgh House Press, 1938); 독일어판은 *Die christliche Botschaft in einer nichtchristlichen Welt*(Evangelischer Verlag Zollikon-Zürich, 1940); 한국어는 『기독교 선교와 타 종교』(최정만 역). 여기서 인용된 쪽수는 영문판을 뜻한다.

25) H. Kraemer, *The Christian Message*, 75.

26) *Ibid.*, 75-76.

27) *Ibid.*, 76. 이것은 1932년 4월 11일에 개최된 독일교회의 '브란덴부르크 선교대회'에서 '신학과 현대 선교'라는 제목으로 행한 칼 바르트의 강연에서 밝힌 선교의 동기와도 일치한다. Karl Barth, "Die Theologie und die Mission," 189-215.

하더라도 올바른 동기를 결코 찾을 수 없으며 오직 속죄에서 그 길을 찾아야 한다.

크래머는 하나님의 주도에 의한 화해의 사건으로서 성육신(Incarnation)을 들고 있다. 이 하나님의 주도적 사랑의 행위조차도 그를 드러내지 않고는 인간에게 알려질 수 없기 때문에 계시를 크래머는 종교의 핵심적 개념으로 보고 있다. 그러나 그는 오랫동안(1922-1928, 1930-1935) 인도네시아에서 직접 선교사로 일하였고 또한 여러 종교를 연구한 종교신학자로서 이 계시 자체를 기독교적인 개념만으로 보지는 않는다. 그러나 크래머는 성경의 범위 밖에서의 '일반 계시'가 복음의 실현에 대한 종교적 성취나 준비를 암시하는 것은 아니며, 이 용어가 다른 종교들을 이해하는 문제와 관련하여 혼선을 가져올 위험성이 있음을 지적하였다.[28] 즉, 그들이 사용하는 '계시'가 유일한 하나님의 진리와 연관되어 사용될 수 있으며, 특히 자연신학자들이 이 용어를 사용하여 '자연종교'에 대한 철학적 정당성까지 주장하는 것은 부당하다고 지적하였다.[29]

크래머는 계시가 기독교적 개념만이 아니라는 사실을 인정하지만 이 계시는 신앙과의 종합적인 이해를 통해서 기독교적 계시관에 이를 수 있다고 보았다. 그에게 있어서 신앙은 계시를 이해는 유일한 길이자 기독교가 말하는 계시의 특성을 드러내는 것이다.[30]

그는 '성서적 실재주의'(Biblical Realism)[31]에 입각하여 성서적 계시는 특별한 것이며 인간을 향한 신적인 선언이자 하나님 자신의 노출이라고 보

---

28) "모든 종교는 계시되고 계시를 통하지 않고는 알 수 없다는 신화들에 대하여 말한다. 이것은 계시의 조명, 순간적인 직관적 통찰, 명석한 생각 또는 소위 말하는 불가사의한 사실로 통하게 될 때 계시라는 말이 매우 쉽게 그리고 부당한 의미로 너무 자주 사용되었다는 사실을 인정하게 된다"(H. Kraemer, *The Christian Message*, 69).

29) *Ibid.*, 121; H. Kraemer, *Religion and the Christian Faith*(London: Lutterworth, 1956), 341-346, 352-354.

30) *Ibid.*, 69-70.

31) *Ibid.*, 40, 143. '성서적 실재론'은 크래머의 종교신학을 묘사하는 핵심적 용어로서

았다. 그에 의하면 성서는 유일한 하나님의 자기 노출 활동의 기록이기 때문에 성서만이 종교들을 진단하는 참된 자료이며 기초가 된다. 그러므로 종교에 대한 진단은 오직 성서적 계시의 영역 안에서 그의 독자성(sui generis)에 근거할 때만 가능하다.[32] 이처럼 크래머는 종교를 구분하는 데 계시와의 관계가 우선되는 점에서는 바르트와 일치하고 있으나, 바르트처럼 계시가 모든 종교를 폐지하며 따라서 기독교만이 유일한 계시의 종교라고 주장하지는 않음으로써 종교학자로서의 면모를 보여주었다. 그는 종교의 현상학적 방법론이 진리를 소홀하게 다룰 위험성이 있음을 간파하고, 종교학의 이러한 문제는 오직 신학적으로 해결될 수 있다고 보았으며, 종교 간의 대화의 필요성을 주장하였다.

3) 요아힘 바흐(Joachim Mendelssohn-Bartholdy Wach, 1898-1955)

그는 부모님이 모두 독일 유대계 후손이며, 캠니츠(Chemnitz)의 루터교 집안에서 태어났다. 아버지는 법학박사였고, 할아버지 아돌프 바흐(Adolf Wach)는 라이프치히의 저명한 법률가로서 음악가 멘델스존의 후손인 릴리 멘델스존-바르톨디(Lilly Mendelssohn-Barthody)와 결혼하였다. 이로써 치밀한 법학적 사고와 심미적 예술가의 감수성을 물려받았고, 유대인 루터교인으로서 종교적 관용의 분위기에서 자랐다. 그는 라이프치히로

그가 자주 사용하였으나, 그 자신은 이 용어에 대하여 뚜렷하게 설명한 적이 없다. 그는 다만 이것을 '근본적인 기독교의 가치' 혹은 '총체적 실재에 대하여 완전하게 정직하게 여는 것'이라고 말하였고, 복음 자체가 '신적 실재론의 예표'라고 하였다. 다만 문맥상 성경적 실재론이 아닌 현상들을 나열함으로 그 뜻을 유추할 수 있다. 가령, 창조론에서 우주의 기원을 '무로부터의 창조'라고만 생각한다면 성경적 실재론을 무시한 오해라는 것이다. 즉, 이것은 그리스 철학을 배경으로 하는 자연주의적 전제를 벗어나지 못하는 것이다. 성경의 실재론은 추상적이고 철학적인 무로부터의 창조에 관심이 있는 것이 아니라 하나님의 주권적인 창조행위를 말하려는 것이다.

32) H. Kraemer, *Religion*, 237-238, 449.

옮겨와 김나지움을 마치고 장로교전쟁에 참여한 후 1916년 라이프치히와 뮌헨 대학을 거쳐 프라이부르크 대학에서 후설(Edmund Hussel, 1859-1938)을, 베를린 대학에서 하르낙과 트뢸치를 만나서 그들의 영향을 받았다. 그 후 라이프치히로 돌아와 신학, 철학과 동양학을 연구하여 1922년 박사논문 "구원사상의 현상학적 기초들"(Grundzüge einer Phänomenologie des Erlösungsgedankens)을 제출하여 학위를 받았다. 1924년부터 1935년까지 라이프치히 대학에서 강의를 하다가 나치의 압력으로 1935년 교수 지위를 박탈당하고 미국 브라운 대학의 초빙교수로 건너갔다. 그는 1945년 시카고 대학교 종교학 주임교수로 초빙되어 10년간 미국의 종교학 확립에 공헌하였다.[33)]

바흐는 미국 체류 동안 새로운 종교 환경을 체험하면서 종교학에 대한 시각이 변화되었다. 그는 1924년 교수자격(Habilitation) 논문으로 "종교학: 학문이론적 토대를 위한 서설"(Religionswissenschaft: Prolegomena zu ihrer wissenschaftstheorethschen Grundlegung)을 제출하여 종교학을 철저하게 검증적 근대 학문으로 독립시키고자 노력했다. 1955년 8월 스위스에서 휴가 중 심근경색으로 갑자기 세상을 떠난 후, 종교체험의 보편적 요소를 밝힌 현상학적 연구 혹은 비교종교학자로서의 결실이라고 할 수 있는 『비교종교학 연구』(*Vergleichend Religionsforschung*)가 유고집으로 1858년 출간되었다.[34)]

바흐는 오토의 성스러움의 개념을 받아들였으며, 그 기초 위에서 역사적 사료를 광범위하게 수집하여 그 자료로부터 고전적인 개념을 유출하는 유형론적인 방법에 의한 결과를 서술하는 것이 종교역사가의 과제라고 보았다. 특히 그는 종교학자도 현상학적 방법을 통해 진리의 문제에 접근할 수 있으며, 종교체험의 공통성을 유출함으로써 종교학적 연구가 진리 추구

---

33) 이길용, 163-166.

34) Joachim M. Wach, *The Comparative Study of Religions*, ed. by J. M. Kitagawa (New York: Columbia University Press, 1958), 서론 참조.

에 공헌할 수 있다고 보았다.

그는 1952년 인도의 초청 강연에서 종교에 관한 자신의 세 가지 관심사를 이야기하였다. 첫째, 우리가 어떻게 다른 종교를 이해할 수 있을 것인가의 문제이다. 둘째, 종교체험의 본질과 그 표현들을 연구하여 체험의 성격을 밝힘으로 종교의 특성을 파악하는 것이다. 셋째, 종교사회학적 연구를 통해 종교 공동체와 사회의 관계 및 상호 영향을 밝히는 것이다. 종교사회학적 연구를 통해 종교적 의미, 가치, 진리의 문제를 이해할 수는 없으나 종교의 공동체적 중요성을 알려주고 종교 공동체의 기원, 조직, 영향력 등을 밝혀 줄 수 있기 때문이다.[35)]

바흐는 보편적 종교체험 안에서 종교의 전모를 보기 위해 종교체험의 표현은 다양하지만 종교체험 자체는 다음의 네 가지 고유한 특성을 가진다고 보았다. 첫째, 종교체험이란 궁극적 실재(ultimate reality)로 체험된 것에 대한 인간의 반응(response)이다. 즉, 우리 존재 구조 안에는 궁극성(ultimacy)을 요구하는 면이 있다는 파울 틸리히(Paul Tillich)의 주장에 동의하면서 이것을 종교체험의 기초로 삼는다.[36)] 인간은 궁극적 실재로부터 오는 자극에 대해 지속적인 반응을 하는 경향이 있기 때문에 일단 이 관계가 확립되면 인간은 이 통교를 계속 확보할 수 있을 때까지 안정을 얻지 못한다는 것이다.

둘째, 종교체험은 궁극적 실재로 파악된 것에 대한 인간 전(全) 존재의 전체적 응답(total response)이다. 즉, 인간의 마음, 정신, 감정, 의지 등이 포함된 총체적 인격체로서 전체적으로 반응하는 것이다.

셋째, 종교체험은 인간에게 가능한 모든 체험 중에서 가장 강렬한 경

35) *Ibid.*, 서론 참조.

36) 틸리히의 이 말은 이미 폴 존슨의 종교심리학에서 사용되고 있다. "인간의 의식 안에는 실재에 대한 느낌, 곧 객관적인 그 무엇이 현존한다는 감정이 있어서 이 느낌은 현대 심리학이 발견해낸 인간의 어떤 감각이나 느낌보다도 더 깊고 전체적인 '그 무엇'이라고 부를 수 있는 것을 파악한다." Paul Johnson, *Psychology of Religion* (New York: Abingdon Cokesburg Press), 36.

험(intense experience)으로 다른 모든 헌신을 능가한다. 이 헌신이 종교적 성격을 가질 때에는 다른 모든 가치에 대한 충성을 극복한다.

넷째, 종교체험은 실천적(practical)이어서 인간을 행동(action)하게 하는 힘, 곧 헌신하게 하는 명령과 규범성을 가진다.[37]

바흐가 말하는 이상의 네 가지 요소는 종교현상을 판정하는 규범이 되며, 네 가지 요소 모두가 충족되었을 때 종교적 체험과 비종교적 체험이 구별될 수 있다. 여기서 유사종교(pseudo-religious) 체험과 반(半) 종교(semi-religious) 체험을 분류할 필요가 있다. 유사체험은 비종교적이며 종교의 표현을 이용한 종교인 행세를 하는 것이며, 반종교적 체험은 첫째 요소의 궁극성을 지니지 못하는 것이다. 즉, 애인이나 민족에게 숭배에 가까운 희생을 바친다고 하더라도 그 충성의 대상이 유한한 가치이기 때문에 우상이 되고 말기 때문에 보편적(universal) 종교체험이 될 수 없는 것이다.

바흐의 종교 연구 방법론은 종합적인 것으로서 역사학적, 심리학적, 사회학적 연구를 우선 필요한 것으로 인정하고, 이 세 접근방법에 보충적 역할을 하는 현상학적 연구를 통해 의미를 파악하는 단계에 이르러야 한다고 보았다. 그는 서양학자들이 서양의 논리적 방법의 한계성을 인식하고 동양인의 직관적 깨달음을 통해서만 가장 높은 지식인 진리의 자각에 도달할 수 있다는 직관을 중시하는 해석학적 노력에 동감하였다.

4) 엘리아데(Mircea Eliade, 1907-1986)

그는 루마니아 출신으로 어려서부터 일기를 써서 사랑, 황홀, 발견의 순간을 포착하여 재현하였고, 신화, 우표, 동식물을 수집하여 분류하는 취미를 가졌다. 부카레스트 대학에서 철학을 전공한 후 1928년부터 1932년까지 인도에 건너가 범어와 인도철학을 공부하고 마지막 6개월은 히말라

37) *Ibid.*, 28ff.; J. Wach, *Types of Religious Experience: Christian and Non-Christian* (The University of Chicago Press, 1951), Chap. 2.

야에 있는 아쉬람에서 요가의 이론과 실천을 배웠다. 그 후 부카레스트 대학, 소르본 대학, 로마 등에서 가르치다가, 1957년 갑자기 숨을 거둔 바흐(J. Wach)의 후임으로 시카고 대학에 초대되어 은퇴까지 요가와 샤머니즘 등에 대한 많은 책을 썼다.

그가 집중적으로 연구한 요가와 샤머니즘은 엑스터시(ecstasy)에 들어가서 시간과 역사를 초월하여 영원한 삶을 현존케 하는 종교라고 생각하고, 서구의 지나친 역사주의를 수정하려고 하였다. 그는 샤먼(shaman)과 요긴(yogin)들의 초역사적 체험, 종교의례의 주기적 반복으로 영원에 회귀하려는 것이 종교의 핵심으로 보았다.[38)]

엘리아데는 저서 『성과 속』에서, 오토의 저서 『성스러움의 의미』의 가치가 상실된 것은 아니지만 이미 40년이 지났음을 지적하면서 자신의 새로운 관점에서 성스러움의 성격을 표현하려는 의지를 밝히고 있다.[39)] 그는 오토와 상당한 입장의 차이를 보이고 있는데, 오토는 개인의 종교체험을 중시하는 데 비해 그는 공동체의 종교의례 연구에 집중하였다. 오토에게 나타나지 않았던 성(聖)과 속(俗)의 뚜렷한 대비로 종교현상을 해석하는 구조를 제공하였다. 즉, 성과 속은 상반된 개념으로서 성은 실재이고 존재이며, 영원하고 공동체적인 데 비해 속은 비실재이고 변하는 우연적인 것이며, 잠정적이고 개인적인 것이다. 따라서 속은 성에 의해 의미와 질서를 부여받는다.

그는 종교의례가 신의 원초적 행위를 재현하는 것으로 보고, 인간은 이것을 반복해서 행하는 것이라고 보았다. 즉, 모든 종교행위는 신의 출현

---

38) 엘리아데는 고대인들의 자기이해와 세계이해를 연구주제로 삼았는데, 고대인들에게 역사는 공포의 대상이었다. 흘러가는 시간을 제어하거나 붙잡을 수 없었기 때문이다. 시간의 축적이 곧 인간의 소멸로 이어지기 때문에 인간은 시간을 잊고자 한다. 따라서 시간을 거슬러 생명력 넘치는 최초의 시간으로의 복귀, 곧 영원으로 회귀하려는 노력을 통해 시간의 저주와 공포에서 벗어나고자 했다. 이길용, 186.

39) Mircea Eliade, *The Sacred and the Profane: The Nature of Religion*(New York: Harper and Row, 1961), 이동화 역, 『성(聖)과 속(俗): 종교의 본질』(서울: 학민사, 1983).

을 재현하는 것으로서 이것을 그는 성현(聖顯, hierophany)이라고 하였다. 성현이란 성스러움이 자신을 나타낸다는 뜻으로, 자연스러운 일상적 공간에 전혀 낯선 다른 수준의 성스러움이 등장하는 것이다. 일상적 시공을 침투하여 성스러움의 힘이 드러난 장소와 시간은 거룩한 것이 되어 종교의례의 반복을 통하여 그 힘을 다시 체험할 수 있게 되고 질서가 확립된다. 성현에 의해 성과 속이 결합됨으로써 성의 영역이 점차 확대되어 우주 전체에 미치게 된다는 그의 보편적 구조에 대한 주장은 '성현의 변증법'으로 불린다. 이것은 종교현상인 성현이 현실적인 삶의 세계에서 스스로 지니고 있는 그 나름의 존재 구조라고 할 수 있다.[40]

엘리아데가 주장하는 성현의 변증법이란 인식의 대상으로서의 자료는 인식 주체와의 관련 속에서 비로소 그 실재성을 주장할 수 있게 된다는 것이다. 즉, 성현이란 어떤 사물을 성의 현현으로 경험할 때 비로소 서술 가능한 현상이다. 따라서 종교현상이란 단순한 객관적 실재이기보다는 주관적인 의식의 현상이라고 할 수 있다. 성(聖)의 실재란 경험적 실재로서 인식의 주체에 의하여 '의도된 관계물'(intentional correlate)이다.[41]

엘리아데의 견해는 경험의 주체인 인간에게 주목할 수밖에 없다. 즉, 인간은 처음부터 종교를 경험할 수 있는 존재이며, 자신이 스스로 의식하든지 못 하든지 '종교적 인간'(homo religious)임을 전제로 하는 것이다. 그러므로 종교적 존재인 인간의 종교경험이란 특정한 대상의 경험이 아니라 본래적으로 지니는 의식인 것이다.

엘리아데가 말하는 종교현상인 성현이 결코 환원될 수 없는 종교적 자료임이 전제되지 않는다면, 종교현상은 합리주의자들의 주장처럼 착각의 현상이거나 진화론자들이 주장하듯이 어느 역사적 단계의 현상이거나 일부 심리학자나 사회학자들의 주장과 같이 인간의 환상이나 사회적 집단 표상으로서 사회생활의 부수적인 현상으로 이해될 수밖에 없을 것이다. 그러

---

40) M. Eliade, *Image and Symbols*(London: Sheed and Ward, 1961), 84.

41) Sinha, *Studies in Phenomenology*(The Hague: Martinus Nijhoff, 1969), 65-66.

므로 엘리아데에게 종교학의 자료 수집은 다름이 아닌 성현의 수집인 것이다. 이 성현은 돌이거나 사람이거나 무엇이든지 그 형태의 차이만 있을 뿐 허다한 성현이 인지될 수 있다.

성현들은 다양하게 드러나면서도 어떤 보편적인 개념으로 표상화될 수 있으며, 그에 대한 서술과 이해의 논리가 구축될 수 있다. 이러한 체계의 구성과정은 두 가지 중요한 사실의 발견에 근거하고 있다. 하나는, 모든 성현은 원형(archetype)이라고 할 수 있는 본질적인 구조를 지향한다는 사실이고, 다른 하나는, 이와 관련하여 그러한 원형으로부터 유형이나 구조가 비롯하면서 그것이 일정한 체계(system)를 지향한다는 사실이다.[42] 즉, 성현이 그 기원과 형태에 따라 각각 다를 수밖에 없으나 제각기 지니고 있는 원형과 구조는 응집된 하나의 체계를 구성하면서 의미를 전달해 주고 있다는 것이다.

따라서 성현은 형태적 다양성뿐만 아니라 의미의 다의성을 지니며, 이러한 성현에 대한 이해를 의도적 형태(intentional mode)에 대한 이해라고 할 수 있다. 왜냐하면 현상은 의도의 구체화라고 할 수 있기 때문이다. 엘리아데는 의도적 형태의 이해를 위해서 상징(symbol)이나 상징체계(symbol system)라는 사실과 개념을 사용하였다. 왜냐하면 상징은 성현의 변증법을 통해 성현화(hierophanization)되기 때문에 성현 자체로 간주될 수 있기 때문이다. 성현은 종교현상을 지각하는 것이고, 상징은 지각된 종교현상을 이해하고 해석하는 개념이다. 따라서 엘리아데에게 종교학이란 종교현상을 기술하고 설명하는 '창조적 해석학'이다.

종교상징은 필연적으로 여러 가지 의미를 가질 수밖에 없지만 그 상징 자체의 논리에 의하여 기능하고 있다. 즉, 상징이란 특정한 역사적 조건이나 시간의 요인과는 상관없이 지속성과 보편성을 지니기 때문에 그 구조는 동일한 것으로 지속된다. 왜냐하면 성현이 상징으로 전이된 현상 속에서

---

42) M. Eliade, *Patterns in Comparative Religion*(New York: Merdian Books, 1963), 8-9, 446-447.

드러나는 것은 그 성현의 지속적인 구조인 공시적 체계를 갖기 때문이다. 이러한 엘리아데의 이론은 그의 종교현상의 형태론에서 잘 나타난다.[43] 그의 형태론의 설정은 종교상징의 구조적 체계의 본성으로부터 도출해내고 있기 때문에 자율성과 규칙순응성(conformity)을 지닌 보편적 상징연합의 체계에 근거하고 있다고 할 수 있다.

엘리아데는 성현의 지각으로부터 상징체계 그리고 종교현상의 형태론에 이르는 연구를 통하여 종교현상을 주제별로 분류하는 유형적(typological) 연구 경향의 절정을 이루었으며, 활발한 저술활동을 통하여 종교학을 널리 보급시키는 데 가장 큰 역할을 하였다.

그러나 그의 유형적 연구는 역사 속에 살아 움직이는 종교 그 자체를 이해하기에는 너무나 정체된 모습을 보여준다는 약점 때문에 종교역사학적 연구를 종교현상학적 연구와 하나로 합해야 한다는 라파엘 페타조니의 주장이 설득력을 얻게 되었고, 더 나아가 방법론에 지나치게 의지함으로써 종교 연구의 비인격화가 가속화되고 있음을 지적하며 종교학의 인격적 접근을 주장한 윌프레드 켄트웰 스미스의 주장에 점차 귀를 기울이게 되었다.

4. 종교현상학과 종교역사학

1) 라파엘 페타조니(Raffaele Pettazzoni, 1883-1959)

그는 이탈리아 출생으로 볼로냐 대학에서 종교학을 전공하고, 로마 대학과 볼로냐 대학에서 가르쳤다. 세계종교학회 회장을 지냈으며, 종교역사학과 종교현상학의 결합을 강조하였다. 종교역사가들은 특정 종교의 역사

---

43) 엘리아데는 하늘과 하늘신, 태양과 태양예배, 물과 물-상징, 성석(聖石)-땅-여성-풍요, 식물-재생의 의례와 상징, 농경과 풍요제의, 성소(聖所)-사원-중심, 신성시간과 영원회귀의 신화 등을 구분하면서 그의 형태론을 설정하고 있다. M. Eliade, *Patterns* 참조.

적 사실들을 분석하는 일에만 전념하기 때문에 객관적이고 과학적인 사료 확정에는 도움이 되지만 사료의 과학적 연구만으로는 종교의 성격 그 자체 때문에 종교현상을 제대로 이해할 수 없다. 반면에 종교현상학자들은 종교 현상의 구조에만 관심을 가지고 시간과 공간 내지는 주어진 문화적 환경을 거의 고려하지 않고 보편성만을 추구하기 때문에 특정 종교의 연구는 역사가들에게만 맡기고 있다. 따라서 그는 두 분야의 결합을 호소하면서 이를 통한 종교의 내적 체험과 외적 표현의 두 면을 온전히 이해할 수 있기 때문에 종교학의 새로운 활로를 찾을 수 있다고 하였다.

실제 두 영역은 상호 의존하는 도구 혹은 종교학의 두 가지 형태라고 말할 수 있다. 종교현상학은 종교역사학이 아니라는 반 델 레에우의 말을 그냥 반복만 해서는 안 된다는 것이다. 반 델 레에우는 그 당시 종교현상학의 연구 방법을 제시하면서 종교현상학을 하나의 분야로서 확립하려는 시기였음을 고려하여야 한다. 따라서 이제는 서로 분리하여 연구하기보다는 서로 가까이 협조하는 관계가 되어야 할 것이다. 종교역사학은 근원적이고 보편적인 기초를 다루며, 종교현상학은 다양한 형태를 다룸으로써 두 면이 결합되는 과정 속에 있는 것이다. 이런 점에서 독일어권에서는 종교현상학을 '종교체계학'(Systematische Religionswissenschaft)이라고 부르며, 종교역사학이 제공해 준 다양한 역사적 연구 결과물들을 가지고 '비교'라는 또 다른 해석학적 작업을 통해 다양한 결과물들을 분류하고 구분한다. 그리고 이 결과물들에 대해 '이름 짓기'를 통해 일종의 구조화 작업을 함으로써 성급한 비교나 해석학적 반성이 없는 유비를 통한 일반화의 오류를 막고 있다. 결국 종교역사학의 통시적인 연구와 '종교체계학의 공시적인 연구가 두 개의 바퀴처럼 조화로운 작업을 함으로써 종교학의 올바른 발전을 가져올 수 있다는 것이다. 두 영역의 결합을 강조한 페타조니의 주장은 점차 종교학계에서 호응을 얻고 있다. 실제 두 영역의 학자들 사이에서 상당한 설득력과 진전을 이루고 있다.

2) 윌프레드 캔트웰 스미스(Wilfred Cantwell Smith, 1916-2000)

종교학의 인격적인 접근을 주장한 학자로서 캐나다 출신이며, 토론토 대학에서 공부한 뒤 영국 캠브리지 대학으로 건너가 해밀턴 깁(Hamilton Gibb)에게서 아랍어와 이슬람을 배우고 연구하였다. 미국 프린스턴 대학에서 박사학위를 받은 뒤 제1차 세계대전 중에는 인도의 라홀(Lahore) 대학에서 가르쳤고, 그 후 캐나다 맥길(Mc Gill) 대학과 하버드 대학에서 이슬람교와 종교학을 강의하였다. 맥길 대학 이슬람연구소와 하버드 대학 세계종교연구센터에서 대화를 통한 종교 이해의 길을 시도하였다.

그는 이슬람교 전문가로서 종교학적 이론과 접근에 대한 새로운 면을 개척하였다. 저서 『종교의 의미와 목적』(*The Meaning and End of Religion*)에서 종교를 축적된 전통(cumulative tradition)과 신앙(faith)으로 구분하였다. 축적된 전통이란 산 세대에서 다른 세대로 전승되는 외부에서 볼 수 있는 모든 것을 지칭하는 말이며, 한 종교의 의례, 신조, 경전, 신학, 제도, 관습, 법, 문화적 유산 전체를 가리키는 상징의 역할을 한다. 즉, 보이지 않는 표상으로서 신앙을 불러일으킬 수 있는 힘을 소유하고 있다. 반면, 신앙이란 종교생활의 내면을 지칭하는 말로서 초월자에 대한 개인의 신앙, 곧 누멘의 느낌, 사랑과 경외, 예배, 봉사하려는 헌신, 가치관 등 실존성을 포함하는 종교체험을 말한다. 이러한 종교체험은 인간의 의식, 무의식, 감정 안에서 가장 인간적인 것을 드러내며 고양시킨다. 이 신앙을 스미스는 '보편적인 인간적 자질'(universal human quality)이라고 정의하고 개별적인 종교체계나 상징제도를 초월한다고 보았다.[44]

---

44) Wilfred Cantwell Smith, *The Meaning and End of Religion: A New Approach to the Religious Traditions of Mankinds*(New York: Macmillan, 1963), 161. 스미스는 사물화(事物化, Reification, Verdinglichung)된 종교로는 본질적인 종교의 가치를 찾을 수가 없고, 오직 신앙(fides)에서 찾아야 한다고 주장한다. 따라서 그리스도인은 기독교라는 조직체의 일원이기에 앞서 그리스도적 신앙의 고백자들이라는 것이다. 이길용. 25.

축적된 전통은 역사적이지만, 그 안에 있는 인간의 정신은 초월에 개방되어 있기 때문에 역사는 폐쇄되어 있는 제도가 아니며, 따라서 인류의 종교역사를 상징의 역사로만 보아서는 안 되고 그 상징을 믿는 사람들에게 가지는 의미를 파악하여 그 사람들의 신앙을 이해할 수 있어야 한다. 따라서 스미스는 종교의 역사를 개별적 전통에 따라 구분되는 것이라기보다는 계속되는 하나의 흐름으로 보았으며, 사료의 수집과 분석은 물론 사회적, 해석학적, 비교 연구를 통한 일반화의 과정까지 포함하는 신앙의 역사라고 주장하였다.

종교가 축적된 전통이라기보다는 인간 내부에 일어나는 사건이라는 말은 종교의 연구가 곧 인간의 연구라는 것을 의미한다.[45] 그러므로 종교학은 인간이해를 추구하는 인문학의 일부라고 할 수 있다. 종교의 상징도 인간과 떼어 놓는다면 이미 상징으로서의 기능을 상실하고 말기 때문에 우리가 상징을 연구하는 이유는 그 상징 자체를 이해하려는 것이 아니라 그 상징을 통하여 영원한 세계를 바라보고 있는 인간들, 곧 그들의 믿음과 희망, 그들의 삶의 의미와 태도 등을 이해하기 위한 것이다. 이것이 스미스의 인격주의적 종교 이해이며, 종교 연구의 목적은 종교적 인간의 이해인 것이다.

스미스에게 종교현상이란 신자의 입장을 떠나서 생각할 수 있는 고정된 객관적 의미는 존재하지 않는다. 즉, 타인의 종교현상의 의미를 연구하는 데 그것이 나에게 의미하는 바를 고집하는 것은 무의미하다. 왜냐하면

---

45) 스미스는 종교가 개개인의 '신앙적 경건함'과 '절대자에 대한 성실한 태도'를 지칭하는 것이기 때문에 종교를 표기할 때 객관화되고 실체화된 외부의 역사적 전통의 조직체로서의 '명사'가 아니라 '형용사'로 이해되어야 한다고 주장한다. 하지만 17-18세기 이후 서구는 유럽 이외의 종교적 전통들을 '종교'라는 객관화되고 폐쇄적인 공동체의 집단으로 사용하였다고 지적한다. 가령, 힌두교는 서구인들에 의해 잠정적이고 작위적인 이름으로 붙여진 것이고, 힌두교라고 불릴 만큼 공통적인 그 무엇이 존재하지 않는다. 따라서 인도 종교전통과 역사 전체를 아우르는 포괄적 개념으로 이해되어야 한다는 것이다. 기독교 역시 18세기 이후 뚜렷하게 등장하는 것이라고 주장한다. 이길용, 24-25.

신자가 자기의 종교를 문제 삼는 것이 아니기 때문이다. 가령, 이슬람 신자들이 이해하는 것이 이슬람교이기 때문에 아무리 학자라고 하더라도 비이슬람 신자가 이슬람교의 객관적 의미를 왈가왈부할 수 있는 권리는 없다. 종교는 신자들의 마음속에 존재하고 있는 것이므로 인격적 종교 이해가 필요하다는 것이다.

스미스는 타인의 세계를 이해하는 데 대화가 중요함을 강조하면서 다른 종교현상의 의미에 대해 그 진술이 타당한 것이 되기 위해서는 반드시 그 종교 신자들의 동의를 얻을 수 있어야 한다고 하였다. 이러한 대화적 종교학의 원칙에 근거하여 비교종교학의 임무를 적어도 두 전통 내에서 동시에 이해 가능한 종교에 관한 진술이어야 한다고 하였다. 그의 인격주의적 종교 의미론은 많은 사회과학자로부터 학문적 객관성을 포기하는 것이라는 비판을 받을 수도 있으나 오늘날 객관주의는 종교현상을 이해하는 데 더 이상 적합하지 않다는 문제점만은 분명히 하였다. 인간은 결코 하나의 객체(object)가 될 수 없으며, 연구자 역시 객관적 사물을 대하는 것과 같은 초연한 관찰자로서의 주체는 될 수 없다. 따라서 스미스는 인간의 내면세계를 다루는 데 필요한 것은 주관주의나 객관주의를 넘어서 한층 더 심화된 학문으로서 '공동체적 비판적 자아의식'(corporate critical self-consciousness) 혹은 '합리적 인격주의'(rational personalism)가 필요하다고 주장하였다.[46)]

종교적 진리는 그것을 믿고 실천하는 인격을 떠나서는 결코 그 자체의 진위를 논할 수 없기 때문에 어떤 특정한 인격과의 관계 속에서 진리가 되기도 하고 되지 않기도 하는 것이며, 이것을 스미스는 '인간적 진리관'(a human view of truth)이라고 하였다. 결국 그에게 진리란 어떤 진술이나 명제 자체에 속하는 속성이라기보다는 인간에 속하는 속성인 것이다. 그

---

46) Wilfred Cantwell Smith, "Objectivity and the Human Sciences," *Religious Diversity: Essays by Wilfred Cantwell Smith*, ed. by Willard G. Sxtoby(New York: Harper and Row, 1976), 163, 180.

러므로 인간을 떠나서 어느 한 종교나 그 교리적 진술의 진위를 객관적으로 논한다는 것은 무의미하고 불가능한 일이다. 스미스는 서양 철학의 오랜 전통인 객관주의적 진리론에 도전하면서 그들의 철학이 다른 모든 종교전통들 위에 진리의 심판자로서 군림할 수 없다고 주장하였다. 그는 살아 있는 역동적인 인간의 현실 속에서 구체적으로 종교를 이해하려고 노력하였다.

스미스는 사회과학적 연구 방법론에 대해 부정적이었으나 체계적인 종교학적 연구 과정을 다음의 세 가지로 나누어 제시하였다.[47] 첫 단계는, 언어를 습득하고 텍스트의 연대 측정 및 정확한 본문을 확정하며 종교의례와 사회구조를 연구하는 등 많은 자료를 수집하고 분석하여 전체를 보는 역사적 연구를 하는 과정이다. 두 번째 단계는, 역사적 연구의 사실들이 신자들에게 가지는 의미를 해석하는 과정으로서 그들이 보는 것과 같이 세상을 볼 수 있도록 상상적인 공감력을 동원하여 내적 신앙을 알아듣는 작업이다. 마지막 단계는, 위의 두 단계의 이해에 기초를 두고 비교 연구를 통해 일반화(generalization)하는 일이다. 즉, 다양한 형태 속에서 지속되는 요소를 찾아서 인간의 종교성이 지니는 보편적 자질을 추구하는 작업이다. 그는 이러한 학문적 방법론은 일단 익힌 뒤에는 잊어야 하며, 방법론에 대한 지나친 강조는 오히려 종교 연구를 저해한다고 하였다.

그러나 스미스의 주장 가운데 축적된 전통을 모두 신앙의 표현으로 전제하고 있는 점과 신앙인들의 의식 속에 잡히지도 않고 인정조차 할 수 없는 의미의 해석까지 사실로 간주할 수 있는 문제점은 극복되어야 할 것이다.

우리는 지금까지 '종교과학'(science of religion)이 종교의 학문적 '비교 연구'(comparative study)에서 출발하여 어떻게 발전되어 왔는지를 살펴보았다.[48] 종교의 비교 연구가 단순히 종교 간의 우열을 따지는 데 있지 않

---

47) *Ibid.*, 102-114.

48) F. Max Müller, *Introdution* 참조.

기 때문에 그 학문적 용어를 점차 '종교현상학'으로 표현하게 되었다. 그리고 이것을 종교역사 및 종교철학과 구분지으면서 학문성을 잃지 않는 객관적인 연구가 되도록 노력하였다. 그러나 종교의 본질은 '성스러움'이며, 이것은 '체험'을 통하여 알 수 있게 된다는 점에서 객관적인 연구의 한계를 드러내게 되었다. 종교는 결국 단순한 '대상'으로만 취급되어서는 안 되며, 그 종교의 신자의 입장에서 바르게 이해될 수 있다. 즉, '주체'로서 연결된 인격적 접근이 필요하며 종교 간의 인격적 대화가 이루어져야 한다. 따라서 종교를 바르게 비교 연구할 수 있기 위해서는 적어도 두 종교의 경전을 가능한 원어로 이해하고 그들의 내적 신앙을 알아들을 수 있어야 한다. 동시에 지나친 주관주의에 빠지지 않으면서 학문적 객관성을 유지할 수 있어야 한다.

제3장

비교종교학

1. 학문적 위치와 의미

종교학의 발전 과정에서 살펴보았듯이 종교 간의 비교 연구를 근거로 한 '비교종교연구'(comparative religious studies)란 엄격한 의미에서 종교 그 자체의 본질과 내용을 말하는 것이 아니라 하나의 연구 방법이자 종교 현상에 대한 접근 양식이다. 따라서 아무리 잘 연구된 비교종교적 결과물이라고 하더라도 그 연구 대상이 된 종교들에 의해 공히 다 함께 그 결과가 공정하고(fair) 객관적이며 자신들에 대해 올바르게 서술되었다고 받아들여지기는 어렵다. 일반적으로 각 종교단체나 대학에서 비교종교를 다루는 것은 다른 종교를 자신의 입장에서 보다 잘 이해하고 그들을 선교(포교)적으로 보다 용이하게 접근하기 위해서 이루어지고 있다. 그러므로 비교종교는 근본적으로 모든 종교를 객관적으로 공정하게 다룰 수 없는 태생적 한계를 지닐 수밖에 없다.

이러한 점에서 비교종교를 '학문'(science)의 영역 가운데 하나인 '비교종교학'(comparative study of religion)으로 정립한다는 것은 매우 어려워 보인다. 종교학에서는 학문성을 확보하고 보다 폭넓은 연구를 위해 종교역사, 종교현상학, 종교심리학, 종교사회학, 종교철학 등 다양한 분야로 분류하고 있어서 그 가운데 하나로 자리매김할 수도 있을 것이다. 그러나 비교

종교학에서 '비교'라는 의미 자체가 역사, 심리학, 사회학, 철학 등과 같이 하나의 학문으로서 인정되는 도구를 사용하고 있지 않기 때문에 더욱 어려움이 있다. 설령 하나의 학문으로 인정하더라도 비교하는 위치에서 각 종교의 진정한 의미와 메시지, 신앙과 기풍을 결코 바르게 이해할 수 없다고 보기 때문이다. 하나의 종교를 제대로 이해하기 위해서는 그 종교에 귀의하여 신자로서 그들과 함께 나누는 신앙적 체험과 헌신을 경험하지 않고는 제대로 설명할 수 없는 것들이 많이 있기 때문이다.

그러므로 비교종교학이 학문의 한 영역으로 자리 잡기 위해서는 각 종교에 대한 선입관을 버리고 공정하고 객관적으로 접근할 수 있어야 함과 동시에 그 종교에 헌신된 신자와 같은 종교체험을 통해 그 의미를 깨달아야 하는 서로 상반된 이중적 어려움을 동시에 안고 있는 것이다. 이러한 어려움 때문에 학문적 작업으로서는 많은 고충이 있으나 바로 그 어려운 만큼 중요하고 가치 있는 일이기도 하다. 더구나 선교적이지 못한 종교는 이 땅에서 사라지고 말았기 때문에 그 존립 자체를 위해 종교가 있는 한 비교종교학은 학문성의 하나인 객관성이 의문시되더라도 계속 시도될 것이다. 특히 기독교회는 선교를 통해 존재해 왔기 때문에 선교적 비전을 가진 교회라면 비교종교학은 가장 필요하고 귀중한 학문적 작업이 될 것이다.

2. 비교종교학의 중심 과제

비교종교학을 취급하면서 부딪치게 되는 가장 주된 과제는 종교혼합주의와 살아 있는 다른 신앙인과의 대화, 그리고 복음과 비기독교 신앙과의 연속성 문제다.

1) 종교혼합주의(syncretism)

'종교혼합주의'란 일반적으로 신학자들에 의해 부정적인 의미와 연관되어 사용되고 있으나, 종교학에서 그 본래적 의미는 가치중립적인 개념으로서 순수하게 현상기술적인(deskriptiv-phänomenologisch) 용어다. '종교혼합주의'는 헬라어에서 유래된 것으로 신학에서는 교리와 종교들의 '혼합'(Vermischung), 즉 계시되고 전승되며 훈련된 순수한 종교 혹은 복음을 해치거나 순수하지 못하게 만드는 것으로서 하나의 '혼합된 종교'(Bastard-religion)를 만드는 것을 말한다.[1] 따라서 신학에서는 기독교의 정체성이 손상되지 않는 것을 일반적으로 토착화라고 하며, 기독교의 정체성이 심각하게 훼손되는 것을 종교혼합주의로 부르고 있다.

모든 신앙적 체계는 서로 다른 종교와 문화의 근원에서 비롯된 요소들로 구성되어 있어서 다른 문화권에 전파될 때 토착화나 종교혼합주의의 과정을 거치게 된다. 따라서 종교혼합주의는 새로운 것이 아닌 하나의 우주적인 현상으로 보는 자들도 있다. 그렇다면 계시의 종교인 기독교도 종교혼합주의인가? 이에 대해 남미 신학자 보프는 기독교 역시 '하나의 거대한 종교혼합주의'(ein grandioser Synkretismus)[2]라고 전제하고, 하나의 종교가 혼합적인 형태를 가졌을지라도 그것이 그 종교의 정체성을 바르게 나타내주기만 한다면 문제가 될 것이 없으며 얼마든지 긍정적으로 평가할 수 있다는 것이다.

종교혼합주의에 있어서 정체성(Identity)의 문제는 베르너에 의하면 두 가지의 방향에서 제기되는데 하나는 종교적 조직의 정체성 상실이고, 다른 하나는 종교인들의 정체성 상실이다.[3] 즉, 전자는 서로 다른 종교들 사이의 경쟁관계에서 밀려남으로써 조화적 상대화를 이루게 되는 '조직-종교혼합주의'(System-Synkretismus)이며, 후자는 종교인들이 자신이 의식하든지 혹은 의식하지 못하든지 타 종교의 요소들을 수용하여 자신의 신앙을 변환시키게 되거나 자신의 신앙과 일치시켜 용해함으로써 '요소-종교혼합주

---

1) Klaus E. Müller, *Synkretismus*, Thesen Papier(Frankfurt), 1.

2) Leonardo Boff, *Kirche: Chrisma und Macht*(Düsseldorf, 1985, 5. Aufl.), 169f.

3) Ulrich Werner, *Religion und Identität*, Thesen Papier(Hamburg), 1-3.

의'(Element-Synkretismus)를 이루게 된다. 정체성의 확보에 관해 보프는 기독교의 정체성이란 이론(Theorie)이 아니라, 하나의 삶의 여정이며 경험(Erfahrung)이라고 말한다. 이 경험은 살아 있으며 십자가에 죽었고 부활한 나사렛 예수와 연결되어 있어서 하나님은 그 자신이 그리스도의 십자가에서 함께하셨듯이 연약한 우리 인간의 삶 속에서도 전체적이고 최종적으로 함께하시기 때문에 그를 경험할 수 있다는 것이다.[4)]

'종교혼합주의'는 1세기의 플루타르크(Plutarch, 50-125?)가 지중해의 크레타 섬 사람들에게 처음 적용하였다. 그는 크레타인들이 공동의 적으로부터 자신들을 방어하기 위해 서로 다른 종교적 전통의 요소들을 연결시킴으로써 통일되지 못한 개체 공동체를 이룬 것을 적대적인 의미로 지칭하였다. 17세기 그리스도인들은 신앙 논쟁에서 적대적인 관계에 있는 자들에게 사용하였다. 칼릭투스(G. Calixtus)와 그의 신학도들은 그들과 신앙고백이 다른 자들을 가리켜 '종교혼합주의자'(Synkretisten)라고 불렀다. 오늘날 선교와 관련하여 종교혼합주의를 경계하게 되는 경우는 복음이 선포되는 지역의 문화가 원래 종교적인 의미를 내포하고 있어서 기독교적 요소와 뒤섞이게 되거나 타 종교와의 대화를 불신하게 될 때 주로 일어난다고 할 수 있다.[5)]

기독교의 종교혼합주의의 형태는 크게 두 가지로 구분된다. 하나는 예수 그리스도가 여러 신적인 존재 가운데 하나이며, 따라서 인간은 영지적인 방법으로 신적인 빛을 가져올 수 있다고 보는 것이고, 다른 하나는 예수 그리스도가 순수한 인간으로서 이상적인 인간, 위대한 마술사 혹은 혁명가로서 이 땅 위에 하나님의 나라를 실현시키기 위해 투쟁한 선한 모든 사람의 지도자였다고 주장하는 것이다.[6)] 비교종교학과 관련해서는 둘 이상의

---

4) Leonardo Boff, *Kirche*, 190f.

5) J. Aagaard, "Synkretismus," H. Krüger(Hrg.), Ökumene Lexikon(Frankfurt am Main, 1987), 1151-1152; H. Rzepkowski, *Lexikon der Mission*(Graz: Styria, 1992), 393-394.

6) 기독교 종교혼합주의의 두 형태에 관한 자세한 내용은 김은수, 『현대 선교의 흐름

카트만두 스와양부타트(티벳불교와 힌두교의 혼합)

종교를 함께 다루기 때문에 주로 후자와 관련되기도 한다. 인도의 지도자 마하트마 간디(Mahatma Gandhis)의 경우 힌두교 내부의 종교개혁 운동을 주도하면서 모든 종교의 일치를 추구하였다. 그는 많은 형태의 기도와 수많은 신의 이름을 하나로 묶어 '하나의 카스트, 하나의 종교, 하나의 신'(eine Kaste, eine Religion, ein Gott)이라는 슬로건을 내걸었고, 인도의 자유와 독립을 위해 투쟁하면서 이를 위한 모든 선한 세력과의 협력의 필요성을 느끼고 국제적인 영향을 끼치고 있었던 종교들을 혼합하는 경향을 가지고 있었다.[7]

기독교에서는 오늘날 긍정적인 형태의 종교혼합주의를 찾아보려는 시도가 있다. 왜냐하면 종교혼합주의에 대한 평가는 관찰자의 위치와 입장에 따라 다르기 때문이다. 이런 점에서 순더마이어는 두 가지의 개념으로 종교

과 주제』(서울: 대한기독교서회, 2015, 개정증보 3쇄), 356-358을 보라.

7) J. Aagaard, "Synkretismus," 1151-1152; H. Rzepkowski, *Lexikon*, 394.

완주 송광사 삼성각(한국 민간신앙과 불교의 혼합)

혼합주의를 구분한다.[8] 하나는 '공생적 종교혼합주의'(der symbiotische Synkretismus)로서 삶의 저변에 오랜 세월 동안 전해져 내려오고 있는 전통적인 종교와 그 후에 이차적으로 들어온 세계종교가 서로 수직적인(vertikal) 관계를 갖는 형태이다. 예를 들면 아프리카 토속종교가 하부구조를 이루고 그 위에 기독교가 상부를 이루게 될 때 혼합의 형태가 일어나게 되며 이중적 감정(ambivalent)을 지니게 된다. 왜냐하면 전통사회의 사회성과 종교는 서로 분리되기도 하지만 문화적 종교적 교환이 언제나 함께 일어나기 때문이다. 즉, 교회의 축제 주기가 이스라엘의 축제력에 의해 영향을 받은 것처럼 이스라엘의 축제력 역시 그 이전에 있었던 종교에 의해 영향을 받게 된다. 다른 하나는 '합성적 종교혼합주의'(der synthetische Synkretismus)로서 비슷한 종교체계가 서로 수평적(horizontal)으로 만나는 것을 말한다. 예를 들

---

8) Theo Sundermeier, "Inkulturation und Synkretismus, Probleme einer Verhältnisbestimmung," *Evangelische Theologie* 52(1992), 197–200.

면 태국의 불교는 힌두교와 브라만교가 함께 뒤섞여 있고, 네팔의 힌두교는 티벳불교와 혼합되어 있어서 이들 사이에 언제나 서로의 '교환'(Austausch)이 일어나고 있다(사진 참조). 특별히 정체성(Identity)을 상실할 위험성이 적은 신비종교(뉴에이지운동)나 종교들의 조화를 추구하는 종교(통일교)에는 합성적 종교혼합주의가 쉽게 일어난다.

순더마이어는 공생적 종교혼합주의를 토착화의 한 형태로 보고 있어서, 그의 글에는 아직도 토착화(혹은 문화순응)와 종교혼합주의에 대한 구별이 분명하지 못하다.[9] 또한 순더마이어는 공생적 종교혼합주의에 대한 그의 글에서 제3세계에서 서구식민주의에 의해 자주 저질러져 왔던 토착종교에 대한 기독교의 폭력에 관해서는 고려하지 않고 있다. 육체적인 폭력을 동반하는 강압선교(Zwangsmission)는 특수한 반응을 일으킬 수 있고, 이와 같은 현상은 종교들이 서로 만날 때(encounter) 발생할 수 있으며, 종교교육 과정 및 종교혼합주의 과정에서도 일어날 수 있기 때문이다.

그와 달리 보프는 강압선교에 의한 종교혼합주의를 잘 알고 있을 뿐 아니라 이것을 진지하게 다루고 있다. '아프리카 지향적 브라질인들'[10]은 가톨릭 신앙과 아프리카 토속적 제의가 혼합되어 있다. 그 첫 번째 이유는 포르투갈의 폭력적인 기독교화이며,[11] 두 번째 이유는 가톨릭 사회의 차별화로 인해 이들은 적어도 외형적으로 가톨릭 교인이 될 수밖에 없었기 때문이다.[12]

---

9) Theo Sundermeier, 207-208. 가령 1991년 캔버라 세계교회협의회에서 행한 정현경의 강연을 두고 많은 사람은 종교혼합주의라고 비난하였다. 그러자 정현경은 자신의 강연이 종교혼합주의임을 인정할 뿐만 아니라 모든 현존하는 각 지역의 기독교회는 어떤 식으로든 다소간의 종교혼합주의를 피할 수 없다고 하였다. 반면 순더마이어는 정현경의 강연이 "하나의 분명한 토착화 신학의 예"(ein deutliches Beispiel einer Inkulturationstheologie)라고 말하였다.

10) Eduardo Hoornaert, *Kirchengeschichte Brasiliens, aus der Sicht der Unterdrückten: 1550-1800*(Mettingen: Brasilienkunde Verlag, 1982), 27.

11) R. Flasche, *Geschichte und Typologie afrikanischer Religiosität in Brasilien*(Marburg, 1973), 18.

이러한 상황을 고려한 보프의 종교혼합주의에 대한 인식은 크라우스 뮐러가 내린 가치중립적인 개념에서 출발하고 있다. 그는 종교혼합주의를 불가피한 악(惡)이나 종교 병리학이라기보다는 지극히 정상적인 종교역사적 현상이며 신앙과 종교적 경험을 풍부하게 해준다고 평가한다. 즉, 토착화의 과정에서 일어날 수 있는 서로의 의견 차이를 없애고 적대적인 관계를 해소하는 창조적이고 다이내믹한 힘이며 오해와 갈등을 해소하는 적합한 도구라는 것이다. 따라서 그는 종교혼합주의를 부정적인 네 가지와 긍정적인 두 가지의 형식으로 분류하고 있다.[13)]

먼저 네 가지의 부정적인 형식은 다음과 같다. 1) 부가(Addition): 서로 다른 종교의 모임에 번갈아 참여하며 이들 종교의 요소들이 뒤섞여 있는 것, 2) 순응(Anpassung): 피억압자가 자기의 종교를 억압자의 압력에 순응시키는 생존전략에 의한 것, 3) 뒤섞임(Vermischung): 로마의 판테온(Pantheon) 신전처럼 여러 신을 함께 모신 것으로서 함께 뒤섞이거나 해체되는 것, 4) 조화(Harmonisierung): 두 가지 형태의 믿음이 전제되는데, 하나는 신적인 계시가 단 한 번만 주어진 것이 아니라 신에게 나아갈 수 있는 방법은 여러 다른 길들이 있다고 믿는 것이고, 다른 하나는 하나의 우주적 종교에는 각기 다른 종교적인 표현 양식이 존재한다고 믿는 것이다.

두 가지의 긍정적인 형식은 다음과 같다. 1) 번역(Übersetzung): 그들의 사신(Botschaft)을 전달하고 번역하기 위해서 다른 종교의 범주 및 예전적 활동이나 전승들을 이용하는데, 이때 종교들은 다른 종교의 요소들이 자신의 정체성에 일치되거나 이에 상응하는 요소들만을 통합하게 되는 것, 2) 용해(Einschmelzung): 번역에 비해 용해는 오랜 시간에 걸친 느린 과정을 통해 이루어지는 것으로서 다른 종교의 요소들을 수용하고 변혁하면서 자신의 정체성에 적합하도록 만들어 가는 것이다. 이 과정은 생체기관이 음식을 소화시키는 것처럼 오랜 시간에 걸쳐 일어나기 때문에 자기의 정체

---

12) Eduardo Hoornaert, 42.

13) Leonardo Boff, *Kirche*, 166-169.

성에 맞추어 흡수하고 해석하는 긴 역사 과정을 포함한다.

이처럼 보프는 종교혼합주의를 종교의 생명을 이어가는 필수적인 과정으로 전제하고 어떤 종교혼합주의가 기독교의 정체성을 잘 표현하는지에 관심을 집중하고 있다. 이에 대해 그는 다음 두 가지의 기준점(Kriterien)을 제시한다.[14] 첫째, 신앙과 종교가 주어와 형용어의 관계로서 이것이 결코 뒤바뀌거나 서로 분리되지 않아야 한다. 즉, 신앙은 종교의 내용으로서 주어를 이루고 종교는 그 신앙을 잘 표현할 수 있도록 꾸며 준다. 둘째는 기독교의 자기이해로서 다음의 세 가지 규범에서 주어진다. 1) 철저한 자녀됨과 깊은 형제애 안에서 경험되고 표현되는 기독교적 정체성, 2) 하나님만을 위하고 자신의 안위를 추구하지 않는 영적인 예배의 삶, 3) 하나님을 사랑하고 이웃을 사랑하라는 그리스도의 두 가지 계명과도 같이 영적인 예배와 더불어 윤리적인 의무를 다하는 삶이다.

보프가 추구하는 종교혼합주의의 태도에도 몇 가지의 문제점이 있다. 그가 긍정적인 종교혼합주의의 형태로 보는 용해의 경우에 소화의 비유를 들어, 기독교를 절대 불변의 위로, 타 종교와 문화들은 가변적인 음식물로 보고 있다. 그러나 이 같은 인식은 기독교의 절대주의에 입각한 선교적 우월주의이며, 소화기관 자체가 병들었는지 아니면 생명력을 잃었는지를 묻지 않는다. 또한 그는 기독교의 정체성이 형제 됨과 자녀 됨의 느낌(Gefühl) 안에 기초한다고 주장하나 이러한 경험으로부터 어떤 신앙, 가르침 그리고 윤리를 따라야 하는지가 분명치 못하며, 그가 말하는 느낌이란 인간의 감정이기 때문에 학문적으로 객관화하기가 어렵다.

정현경은 1991년 오스트레일리아의 캔버라에서 열린 제7차 세계교회협의회(WCC) 총회에서 주제 강연을 하였다. 그 강연 내용은 세계적으로 종교혼합주의에 대한 논의를 크게 불러일으켰고, 그 평가도 정반대로 엇갈렸다. 가장 대표적인 토착화 신학의 하나라고 평가하는 한편, 종교혼합주의의 극치라고 혹평하면서 이것을 묵인한다면 더 이상 WCC에 참여하지 않

---

14) *Ibid.*, 182ff.

겠다고 경고하기도 하였다.[15)]

정현경은 "성령이여 오소서－만물을 새롭게 하소서"라는 제목의 강연에서 성령을 아시아적 여성 신과 관련지음으로써 정교회와 개신교회의 신학자들, 심지어 많은 정통적인 여성들에 의해서까지 종교혼합주의로 비난받았다. 즉, 여성적 그리스도의 표상으로서 고난과 지혜의 여성 신(神), 관음보살과 관련지은 것은 명백한 종교혼합주의라는 것이다. 또한 그리스도 안에서 만나게 되는 함께 고난받은 자비의 표상을 관음보살 안에서도 찾고 있다는 것이다.[16)]

정현경이 종교혼합주의라는 비판에 개의치 않고 신학적 작업을 계속하고 있는 배경에는 그의 삶과 신학적 사상에 근거하고 있다. 먼저 그의 삶의 경험, 무엇보다 씨받이였던 친어머니와 30년 만의 만남이 그녀의 신학적 열쇠가 되었다.[17)] 생존과 해방을 향한 어머니의 영성이 모든 종교에 대한 결정적인 척도가 되었고, 정현경은 어머니에 대한 사랑과 연대에서 신학을 하는 것이다.

둘째, 한국종교의 모태이며 종교적 심성의 근간을 이루는 샤머니즘(무교)이다. 많은 무당은 자신의 극한적인 삶의 고통과 의학적인 그 무엇으로도 치유되지 않는 '신병'을 통해 되는 강신무들이다.[18)] 강신무의 대부분은 여자인데, 이것은 남성 위주의 봉건주의 사회에서 가난, 질병, 억압으로 인해 '한' 맺힌 자들의 대상이 주로 여자이기 때문이다. 따라서 한국 여성들은 그리스도가 '한'을 풀어 주는 사제로서 이해될 수 있으며, 여성적인 표상과

---

15) 강연 내용 전문(全文)은 Hyun-Kyung Chung, "Komm, Heiliger Geist-erneure die ganze Schöpfung," Evangelisches Missionswerk in Deutschland(Hrg.), *Evangelium & Kultur*(Hamburg, 1993), 7-13 참조.

16) E. Raiser, *Una Santa* 46; Friedrich Huber, "Quia apud Dominum miserecordia," *Deutsches Pfarrerblatt*, Oktober 1991, 403.

17) 그녀의 생애에 대해서는 Hyun-Kyung Chung, *Schamanin im Bauch, Christin im Kopf*(Stuttgart, 1992), 46-53.

18) 김은수, "토속종교의 치유이해", 한국선교신학회 편, 『치유와 선교』(서울: 다산글방, 2000), 161-184.

강하게 연결될 수 있다는 것이 정현경의 주장이다.[19)]

셋째, 고난받는 아시아 여성의 경험은 정현경에게 해석학적 열쇠가 된다. 경험은 조직신학적 범주에서 분석되는 것이 아니라 이야기되는 것이기 때문에 사회 분석보다도 먼저 고려되어야 하는 것이 억압받고 고난받는 여성들의 이야기이다. 따라서 억압받고 착취당하는 자들을 위한 정의와 평화를 추구하는 아시아 여성들의 영성이 중요하며, 이러한 아시아 여성의 사회 정치적 경험이 여성적 하나님의 표상으로서 정현경의 성령이해의 근거가 된다. 그 대표적인 예를 필리핀의 '이나'(INA)에서 찾고 있다.[20)]

결론적으로 보프는 기독교를 하나의 거대한 종교혼합주의로 전제하면서도 기독교의 정체성을 예수 안에서의 신앙과 계시에 근거한 기독론에서 찾고 있으나,[21)] 정현경은 그리스도 중심에서 생명 중심으로 나아갈 것을 강조하고, 해방지향적 종교혼합주의는 언제나 허용해야 한다고 보았다. 순더마이어는 공생적 종교혼합주의를 토착화의 한 형태로 보고 있어서 종교 간의 대화를 중요시한다. 그러나 종교 간의 대화를 불신하게 될 때 종교혼합주의라는 비판이 주로 일어나고 있어 종교 간의 만남과 대화를 통해 연구되는 비교종교학에서 피할 수 없는 문제가 된다. 이것은 비교종교학의 다음 과제가 무엇인지를 미리 보여주는 것이기도 하다.

2) 살아 있는 다른 신앙인들과의 대화(dialogue among various living religious believers)

기독교 복음과 다른 신앙인과의 관계는 가톨릭적 이해의 한 부분에서 그 논의의 출발점을 삼을 수 있다. "교회 밖에는 구원이 없다"(Extra Ecclesiam Nulla Salus)라는 전통적인 가톨릭의 명제가 제2차 바티칸 공의회 이후 새

---

19) Hyun-Kyung Chung, "'Han-pu-ri': Doing Theology from Korean Women's Perspective," *The Ecumenical Review* 40, 1988, 27-36.

20) Hyun-Kyung Chung, "Komm, Heiliger Geist," 11.

21) L. Boff, *Kirche*, 203-204 참조.

롭게 이해되고 있다. 한스 큉(Hans Küng)은 교회 밖에 있는 것이 무엇이냐고 물어서는 안 되고 하나님과 하나님의 구원 계획의 밖에 있는 것이 무엇이냐고 물어야만 한다고 주장한다. 왜냐하면 하나님은 모든 사람이 구원받고 진리에 도달하기를 원하시기 때문에 여기에는 밖(extra)이 아니라 오직 하나의 안(intra)만 있기 때문이다.[22] 이와 같이 하나님의 구원 은총이 세계 역사 속에서도 일어난다고 이해될 때 비로소 타 종교와의 대화가 가능하게 된다.

개신교 영역에서 다른 신앙을 가진 사람들과의 대화(dialogue)가 중요한 주제가 된 것은 1963년 '세계선교와전도위원회'(CWME) 멕시코 총회에서였다. 여기에서 대화에 대해 두 가지 근본적인 태도가 대두되었다. 그 하나는, 하나님은 다양한 방법들 심지어는 다른 종교들을 통해서도 역사하시기 때문에 우리는 그들에게 복음을 선포할 권한(Recht)을 가지고 있지 않으며 따라서 그들과 대화를 나누는 것이 반드시 필요하다는 주장이다. 다른 하나는, 다른 종교들은 근본적으로 사탄 활동의 표출이므로 철저히 이들을 배격하고 대화를 거부해야 한다는 입장이었다. 이러한 갈등을 해소하기 위해 멕시코 대회는 다른 종교의 체계보다는 다른 종교의 사람과의 대화를 시도함으로써 종교와 사람을 구분하려고 하였다. 그러나 종교는 사람이 직접 경험하기 전에는 확실히 표현될 수 없으며, 반대로 사람은 진공 상태의 공허함 속에서 살 수 없기 때문에 종교의 개념과 관습으로부터 완전히 벗어날 수 없다. 그러므로 이 같은 인위적인 구분은 대화 문제의 근본적인 해결을 주지 못한다. 그러나 이 대회는 여느 선교대회보다 대화가 진지하게 다루어졌고, 다만 종교혼합주의나 종교적 상대주의는 반드시 피해야 한다고 주장하였다.[23]

이러한 분위기에서 인도의 토마스(M. M. Thomas)는 대화와 관련하여

---

22) Hans Küng, *Christenheit als Minderheit*, 1965, 36.

23) Bishop Anastasios of Androussa, "Mexico City 1963: Old Wine into Fresh Eineskins," IRM, July 1978(Nr. 267), 356-357.

다음과 같이 주장하였다. "기독교 신앙과 다른 살아 있는 종교 및 세계관들과의 관계는 새로운 단계에서 연구해야 할 때가 되었다. 왜냐하면 이들은 서로 같은 사회에서 함께 살아가고 있을 뿐 아니라, 공동의 세속사회와 문화의 교육을 받고 함께 일하고 있기 때문이다. 이같이 함께 공존하고 함께 일하고 있는 상황 속에서 인간의 가장 깊은 본성의 뿌리와 최종적인 진리의 본질에 도달될 수 있기 때문에 우리는 가장 최선의 대화를 나눌 수 있게 된다."[24] 이처럼 삶의 한 부분이 되어버린 대화에 있어서 정체성을 상실하지 않으면서도 동시에 상대주의에 빠지지 않는 길은 없는가? 마이어(H. Meyer)는 그의 강연에서 이에 관한 하나의 가능성을 제시하였다. 그에 의하면 우리는 다른 신앙을 가진 자들에게 하나의 거지가 다른 거지에게 어느 곳에 가면 빵을 얻을 수 있는지를 말해 주듯이, 병에서 나은 자가 다른 환자에게 어디에 가면 훌륭한 의사가 있는지를 가르쳐 주듯이, 그리고 처벌에서 풀려난 자가 다른 피의자에게 어디에 가면 공정한 재판관이 있어서 풀려날 수 있는지를 말해 주는 것과 같이 해주는 것이 올바른 대화라고 주장하였다.[25]

진정한 대화는 상대방의 인격을 나의 인격처럼 아주 소중히 여기는 것에서 시작된다. 따라서 대화의 본질적인 요소는 상대방에게 들으려는 태도와 서로가 이해하려는 마음이다. 마르틴 부버(Martin Buber)는 인격적이고 심오한 대화에 대해 분석을 하였다. 즉, 참된 대화의 전제조건은 대화의 상대자에게 자신의 확신을 동의하도록 요구하는 것이 아니라 내가 그에게 동의하는 것이며, 서로 양자가 협상하려는 것이 아니라 내가 그의 뜻에 호의를 가지고 그를 이해하려는 것이다. 따라서 상대방은 나를 위한 대상(Es)이 결코 아니며 나(Ich)와 동일한 인격의 너(Du)로서 대해야 하는 것이다. 우리는 이런 점에서 대화를 두 가지의 '아님'(not)으로 정의할 수 있을 것이다.

---

24) M. M. Thomas, "Die Welt, in der wir Christus predigen," T. Müller Krüger(Hrg.), *In Sechs Kontinenten: Dokumente der Weltmissionskonferenz Mexico 1963*(Stuttgart, 1964), 33.

25) "Begegnung mit Menschen anderer religionen," *ibid.*, 87.

즉, 대화는 상대방을 개종시키기 위한 수단 혹은 미끼가 '아니며'(not), 동시에 편안한 담소와 대담도 '아니다'(not). 왜냐하면 대화는 상대방의 인격에 대한 존경에서 출발하기 때문에 나의 목적을 이루기 위한 수단이 결코 될 수 없기 때문이며, 동시에 자신의 정체성(Identity)을 포기하는 것이 아니라 진실하고 진지하게 자신의 신앙을 고백하는 증언이기 때문이다.

"알라는 신이다"라는 글귀 위의 그리스도(모스크가 예배당이 된 헝가리의 한 교회)

대화의 중요성은 사회 속에서 교회의 본질과 연결될 때 더욱 분명해진다. "다른 신앙과 이념을 가진 우리의 이웃들에 관한 실체를 파헤치기 위해서 대화가 필요한 것이 아니라 우리 자신을 돕기 위해서 대화가 필요하다. … 그러므로 우리는 대화를 사회 속에서 우리의 기독교적 봉사의 한 기본적인 부분으로서 인식한다."[26] 대화는 다원화 종교의 세계 안에서 교회의 사명을 감당하는 일이며, 더불어 살 수 있는 길이라는 것이다.

그러나 세계종교의 상황은 언제나 협력과 동반자의 관계만 있는 것이 아니라, 서로의 관용과 이해의 촉구에도 불구하고 종교 간의 분쟁도 심각하며 심지어 확대일로에 있기도 하다. 따라서 타 신앙인과의 진정한 대화는 삼위일체 하나님의 선교에서 특별히 성령의 구원하시는 활동과 연결하여야만 한다. 그리스도의 선교 위임령에는 성령의 약속이 따른다(요 20:21-22; 행 1:8). 모든 삶의 자리(Sitz im Leben)에서 우리가 살아 있는 다

26) Anastasios of Androussa, *ibid.*, 362.

십자가 모양의 사찰 종각(완주 송광사)

른 신앙인들을 만날 때에도 성령이 함께하신다. 우리와 함께하시는 성령의 자유로운 활동은 모든 한계를 극복하고 막힌 담을 허무는 하나님의 능력으로 나타나기 때문에 그리스도인을 대화로 이끈다. 그러므로 우리는 두려움 없이 대화의 영이신 성령의 능력에 의지하여 다른 신앙인들을 사랑하며 인격적인 대화를 할 수 있다. 종교학의 인격적 접근을 시도한 스미스의 말은 우리에게 대화의 용기를 준다. "우리가 가지고 있는 가장 값진 유산인 믿음을 버리지 않고 지금까지 찾아서 길러 왔던 그 전통을 무시하지 않는다면 힌두교나 호텐토트(Hottentot)를 사랑할 수 없다고 어리석게 생각해서는 안 된다."[27] 우리는 우리의 신앙과 정체성을 포기하지 않으면서 동시에 다른 신앙인들을 진정으로 받아들이고 이해할 때 올바른 대화에 도달하게 된다.

---

27) W. Cantwell Smith, *The Faith of Other Men*(New American Library, New York: New English Library, London, 1965), 87.

3) 복음과 비기독교 신앙과의 연속성 문제(Problem of Continuity between the Gospel and non-Christian faith)

크래머로 대표되는 기독교의 복음과 비기독교 신앙과의 불연속성 주장은 그의 계시이해에 바탕을 두고 있다. 그는 계시를 인간에 대한 신적인 선언이자 진리의 유일한 기준으로 이해하고 있으며 이것은 계시와 타 종교와의 어떠한 접촉점도 부정하는 바르트의 신학을 수용한 결과였다.

크래머는 그리스도의 성육신이 성서적 계시의 성격을 이해하는 핵심적 열쇠이며, 하나님의 계시 활동의 초점이 그리스도의 인격 안에 나타나고 있다고 보았다. 이처럼 그는 철저한 기독론 중심의 계시관에 근거하여 성서에 계시된 예수를 다른 종교들의 판단 기준으로 보았다.[28] 따라서 종교적 삶의 모든 영역은 하나님의 진리이며 계시인 그리스도의 인격에 의해 평가된다. 그는 이러한 복음의 배타성과 계시의 독점성에 입각하여 복음과 비기독교 신앙과의 연속성은 존재하지 않는다고 결론지었다.[29] 즉, 다른 종교들뿐 아니라 종교성에 관한 어떠한 인간적 노력도 기독교 계시의 빛 안에서만 그리스도에 도달할 수 있다는 것이다.

그러나 자신이 선교사였던 크래머는 선교사들의 노력을 무위로 만들어 버릴 수 없었기 때문에 복음의 메시지에 있어서 신축성을 가져야 한다고 보았다. 즉, 복음은 인간들을 도구로 하여 전달되기 때문에 교리적이기보다는 기능적이어야 한다는 것이다. 종교란 하나의 살아 있는 실체이며 따라서 이 실체들에 대한 선교는 기독교와 타 종교와의 유사점들에 기초한 접촉점(Anknüpfungspunkt)의 목록에만 의존할 수 없다. 왜냐하면 이 목록들은 종교에 대한 과학적인 산출에 근거하고 있기 때문에 이에 근거한 '유사점들'이란 그리스도 안에 있는 계시의 빛에 비추어 볼 때 오히려 '상이점

---

28) Hendrik Kraemer, *Religion and the Christian Faith*(London: Lutterworth, 1956), 237, 353, 363; H. Kraemer, *The Christian Message in a Non-Christian World* (London: The Edinburgh House Press, 1938), 76.

29) H. Kraemer, *The Christian Message*, Chs. 8. & 9.

들'이 될 수도 있기 때문이다.[30] 그러므로 그는 과학적이고 지적인 접촉점보다는 선교사 자신의 인격, 즉 '선교사의 입장과 태도'(Einstellung und Haltung des Missionars)가 선교지의 상황에서 복음의 유일한 하나의 '접촉점'을 제공할 수 있다고 보았다.[31] 즉, 복음과 비기독교 신앙의 연결점은 종교 체계들 사이가 아니라 사람들 가운데 있다는 것이다.

그의 이러한 태도는 칼 바르트의 신학을 선교사적 입장에서 상황적으로 해석하여 적용한 것으로 평가된다. 이것은 크래머가 그의 저서의 서문에서 밝혔듯이 그는 그 당시 상대주의, 세속주의 그리고 과학주의의 영향 아래 있었던 명목적인 서구 기독교로부터 참된 기독교를 구별하고자 하였던 점에서는 바르트를 따르고 있으나, 그의 궁극적 목적은 바르트의 신학을 한 단계 넘어서서 비기독교 종교들을 향한 기독교 메시지를 전달할 수 있는 가능한 길들에 관하여 선교적 차원에서 서술하는 것이었다.[32] 결국 크래머는 바르트의 변증법적 신학을 선교신학적 문제와 관련하여 재해석함으로써 바르트의 신학이 현대 선교신학적 논의에 기여할 수 있게 하였고, 다른 한편으로는 그를 한 단계 넘어서서 선교적 상황 속에서 제기되는 문제들에 대해 실질적인 해답을 찾는 데 공헌하였다.

그러나 그의 주장에는 몇 가지 문제가 있다. 그는 종교가 인간의 사색과 사상, 철학, 견해, 경험의 산물이라고 전제하고, 기독교는 신의 계시에 기초하는 절대적이고 최종적인 진리이기 때문에 타 종교와 서로 비교한다는 것이 불가능하다고 보았다. 그러나 비기독교 신앙이 기독교 복음을 위한 준비도 아니며, 구원을 이루기 위한 수단도 아니다. 또한 모든 비기독교 신앙의 체험이 바르트가 이해한 것처럼 인간적인 시도라기보다는 초월적인 존재로부터 오기도 하며, 신성한 것에 의해 변화받는 자기 초월의 경험이기도 하다. 그리고 그는 복음을 받아들이고 새로운 존재가 되는 모든 과

---

30) *Ibid.*, 136.

31) H. Kraemer, *Die christliche Botschaft in einer nichtchristlichen Welt*(Evangelischer Verlag Zollikon- Zürich, 1940), 128.

32) *Ibid.*, v. 참조.

정을 하나님의 은총으로만 해석함으로써 인간의 해석을 배제하였다. 인간은 문화를 떠나 진공 상태로 존재할 수 없으며 복음이 인간을 살리는 생명의 양식이 되기 위해서는 문화 속에 구체화되어야 한다. 이때 복음과 문화는 역동적인 관계를 가지기 때문에 복음이 어디에나 그대로 이식(pflanzen) 되는 것이 아니라 성령의 내적 조명을 받아 인간의 해석학적 응답을 통해 유기적으로 일어나게 된다.

문화의 실체가 종교라는 사실에 비추어 보았을 때 그의 가장 큰 문제점은 복음과 문화를 서로 뗄 수 없는 하나의 실체로 보기보다는 주체와 객체, 심판자와 대상, 영원과 가변적인 것으로 나누는 이원론적인 사고다.[33] 즉, 복음을 불변하는 항구적인 주체로 문화를 가변적인 객체로만 보는 것이다. 이로 인해 결국 복음 스스로가 지닌 역동성과 생명력을 제한하고 있다. 복음과 문화는 생명력을 가진 살아 있는 분명한 실체이기 때문에 이 둘은 창조적이고 상호(inter) 관계적이다. 따라서 이 둘 사이에 대한 창조적 관계 유형이 필요하다.[34]

창조적 관계 구조란 하나님이 온 우주의 창조주이듯이 이 세상 가운데도 역시 하나님은 활동하고 계심을 전제하는 것이다. 즉, 문화가 여전히 세속적 성격을 지니고 있음에도 불구하고 하나님은 그 속에서 활동하시고 섭리하셔서 창조적인 질서를 만들어 가신다는 새로운 인식에 바탕을 둔 것이다. 따라서 문화 속에 창조주 하나님의 섭리가 있는지 혹은 복음과의 접촉점이 있는지 조심스럽게 살펴야 한다. 또한 서로 각기 다른 문화가 만나게 될 때 그것이 단지 각기 다를 뿐이지 어느 것이 더 악하거나 어느 것이 더 선하다고 쉽게 판단할 수 없다.

문화는 인간의 삶 속에 오랫동안 밀접한 연관을 가져왔기 때문에 언제

---

33) P. Tillich, *Theology of Culture*. ed. by Robert C. Kimball(New York: Oxford Uni. Press, 1964), 42-43.

34) 복음과 문화의 유형론적 연구는 김은수, 『문화와 선교』(전주: 전주대학교출판부, 2015, 중쇄), 13-34 참조. 필자는 지금까지의 유형을 다섯 가지로 분류하여 비판하고 새로운 대안으로 '창조적 관계유형'을 제시하였다.

나 객관적인 대상으로만 결코 취급될 수 없으며 세속문화 속에서도 하나님의 활동은 제한되지 않는다. 기독교 역시 문화와 단절되지 않기 때문에 이 둘 사이를 명쾌하게 둘로 구분 지을 수 없을 뿐 아니라 그렇게 나누어질 수도 없다. 비록 복음이 지닌 초월성에도 불구하고 그 초월적인 신성조차도 비초월적인 형태로 표현되기 때문에 문화와 단절되지 않는다. 복음은 그 본질적인 성격에 있어서 어떤 문화와 사회 계층에도 예속되지 않는 하나님으로부터 기원된 문화 초월적인 면을 지니고 있음과 동시에 그리스도의 성육신 사건에서 보듯이 문화를 전면 부정하거나 분리하여 나타날 수 없고 문화적 형태로 드러난다.

선교가 이루어질 때 역시 복음과 문화는 상호(inter) 영향을 주고받기 때문에 이분법적인 주객도식이 아닌 창조적 관계 구조를 가져야 한다. 그러므로 선교에는 양면성, 즉 겸손함과 담대함이 유지되어야 한다. 한편은 문화에 대한 독선적이고 배타적인 태도를 버리고 겸손해야 한다는 것이다. 왜냐하면 복음은 물론 문화 역시 하나님의 선물이기 때문에 그저 나누는 것이다. 다른 한편 복음을 다른 종교들 가운데 하나로 상대화시켜 버린다면 자기 정체성을 잃어버리게 되고 선교의 정당성을 상실하고 만다. 그러므로 기독교 선교는 계시의 말씀을 있는 그대로 증언하는 것이므로 확고한 신앙고백 위에서 담대하게 선포됨과 동시에 그 확신이 결코 교만한 태도로 나타나서는 안 된다. 예수 그리스도의 복음은 선교사의 업적물이 아니라 하나님의 은혜로 주어지기 때문에 겸손해야 한다. 거저 받았으니 거저 주는 것이지 여기에 어떠한 우월 의식이 개입되어서는 안 된다.

그러므로 그리스도인은 그리스도 안에서 그리고 동시에 자신의 문화와도 단절됨 없이 그 정체성이 확보되어야 한다. 문화와 단절된 개인은 존재하지 않기 때문에 기독교의 정체성의 문제는 문화적 정체성의 문제와 밀접하게 연결되어 있다.[35] 따라서 기독교의 정체성 확보와 문화적 게토화는

---

35) 김은수, 『현대 선교의 흐름과 주제』, 258-260; P. Potter(Hrg.), *Das Heil der Welt heute*(Stuttgart & Berlin, 1973), 181-182.

변증법적인 관계 속에서 언제나 비판적으로 검토되어야 한다.

복음과 문화의 창조적 관계 역시 변증법적 긴장 속에 존재한다. 복음은 하나님의 계시이기 때문에 인간이 마음대로 더하거나 뺄 수 없음과 동시에 문화 속에서 표현되기 때문에 복음의 수신자 상황이 충분히 고려되어야 한다. 선교적 태도 역시 분명한 신앙고백 위에서 복음이 바르게 선포되어야 함과 동시에 다른 사람을 진정으로 사랑하고 존경하는 마음에서 이루어져야 한다. 하나님이 인간을 사랑하여 구원하셨듯이 사랑은 샘솟는 선교의 원천이며, 이 사랑은 동정이 아닌 하나님의 성육신을 통해 구체적인 문화 속에 드러난 계시에 근거한다.[36] 그러므로 기독교는 말로만이 아닌 삶과 뒤따름으로 각 문화 안에서 사랑을 나누게 될 때 복음과의 연속성이 주어지고 문화 안에서 복음으로 자리 잡게 될 것이다.

3. 현실과 전망

종교를 비교 연구함으로 무엇을 얻을 수 있는가? 이것은 첫 종교학자였던 막스 뮐러 이후 계속 제기된 문제였다. 그는 많은 차원 높은 지식이 비교에 의해 얻어지기 때문에 이것을 주저할 이유가 없다고 말했다. 동시에 그는 기독교를 높이기 위해 혹은 기독교를 격하시키기 위해 다른 종교를 비교하는 것은 위험한 일이라고 경고하였다.[37] 이러한 맥락에서 '종교학'은 '신학'으로부터의 해방을 처음부터 시도해 왔다. '비교종교학' 역시 이 같은 노력을 함께 해왔으며, 동시에 종교학 안에서 연구의 자율성을 유지하려고 노력해 왔다.[38] 따라서 비교종교학은 신학으로부터 동시에 종교

---

36) 사랑과 선교의 관계에 대해서는 김은수, 『사랑·선교·청년』(전주: 전주대학교출판부, 2002, 3쇄), 15-31.

37) F. Max Müller, *Introdution*, 32, 45.

38) Louis Henry Jordan, *Comparative religion: Its Genesis and Growth*(Edinburgh: T. & T. Clark, 1995), 7ff.; Joachim Wach, *Religionswissenschaft, Prologomena zu ihrer*

학으로부터 학문적 자율성과 독자성을 확보해야 하는 이중적 과제를 안고 있었다. 신학으로부터는 과학적 연구의 전제 아래 모든 종교를 같은 선상에 두고 비교 연구함으로써 기독교의 절대성을 상실한다는 비난과 함께 혼합주의의 위험이 항상 지적되어 왔다. 종교학으로부터는 학문적 객관성을 유지하기 어렵다는 비판 때문에 종교현상학과 종교역사학의 틈바구니 안에서 하나의 새로운 학제간의 연구(interdisciplinary study)로 자리매김되어 왔다.

이제 비교종교학은 종교학의 아류나 하나의 돌연변이가 아니라 종교학의 시작이었으며 종교학의 발전을 이끌어 온 가장 중요한 학문적 분야로서의 위치를 회복하여야 할 것이다. 그러나 지금까지 비교종교학의 학문적 영역을 바르게 세우기 위한 연구는 너무 빈약할 뿐 아니라 자신의 믿는 종교의 우월성을 드러내고자 하는 수단으로 인식됨으로써 이제는 종교학의 한 분야로서도 인정받기 어려운 상태에 이르고 말았다.[39] 그러므로 이제 비교종교학의 연구가 적어도 역사와 문헌에 기초한 과학적이고 비판적인 학문적 연구가 되어야 한다. 그렇다고 종교를 철저히 이성적인 중립성(neutrality)에서 연구할 수 있다는 것은 아니다. 다른 종교를 바르게 이해하는 데 적절한 감정적 조건(emotional condition)이 반드시 요구되기 때문이다.[40] 종교는 지·정·의를 갖춘 전체적 인간의 관심사다. 따라서 자신이 과연 하나의 종교의 정신 속으로 들어가기 위해서 얼마나 준비되어 있는지를 항상 살펴

Grundlegung(Leipzig, Hinrichs, 1924).

39) 예를 들면, 한국의 대표적인 비교종교학 저술 가운데 채필근은 다른 종교를 비판하는 데 너무 빈약하고 기독교를 변호하고 내세우는 데도 부족했기 때문에 그의 『비교종교론』(대한기독교서회)에서 머리말 대신 사과의 말씀을 썼고, 최정만은 타 종교인들에게 전도할 때 필수적인 참고가 되는 필독서로 『비교종교학 개론』(이레서원)을 저술하였고, 이훈구는 타 종교의 무가치성을 지적하고 기독교만이 인간에게 참 행복과 구원을 주는 참 종교임을 알리기 위해 『비교종교학』(은혜출판사)을 출간하였으며, 황보갑은 한국의 비교종교에 대한 책이 빈약하고 기독교의 결정적 독특성의 언급이 미약하여 『비교종교학』(기독교문화사)을 펴내게 되었다고 말한다.

40) Joachem Wach, *The Comparative Study of religions*, ed. by Joseph M. Kitagawa (NY and London : Columbia Uni. Press, 1958).

보고 그들의 내적인 신앙을 알아듣도록 함과 동시에 지나친 주관주의에 빠지지 않는 과학적이고 학문적인 자세가 비교종교학을 연구하는 모든 사람에게 필요하다. 이러한 노력들이 계속된다면 비교종교학의 미래는 밝아질 수 있을 것이다.

참고문헌

Karl Barth. *Römerbrief.* Zürich Schweiz: 1989(15. Aufl.). 한국어 번역판은 조남홍. 『로마서 강해』. 서울: 한들출판사, 1997.

______. *Die Kirchliche Dogmatik I/2.* Zürich, 1959.

Daniel Bell/서규환 역. 『정보화 사회와 문화의 미래』. 서울: 디자인하우스, 1992.

Peter L. Berger/한완상 역. 『사회학의 초대』. 서울: 현대사상사, 1977.

______. "Sociology: A Disinvitation?" *Society,* 30(Nov. & Dec. 1992).

______. "Some Second Thought on Substantive Versus Function Definition of Religion." *Journal for the Scientific Study of Religion,* 13(1974).

Leonardo Boff. *Kirche: Chrisma und Macht.* Düsseldorf, 1985(5. Aufl.).

______. *Kleine Sakramentslehre.* Düsseldorf, 1984(7. Auf.).

______. "Kirche als Sakrament im Horizont der Welterfahrung." *Konfessionskundliche und Kontroverstheologische Studien.* Paderborn: 1972.

______. *Jesus Christus der Befreier.* Freiburg/Basel/Wien: 1986.

______. *Der dreieinige Gott.* Düsseldorf: 1987.

______. *Und die Kirche ist Volk geworden-Ekklesiogenesis.* Düsseldorf: 1987.

______. "Theologische und ekkesiologische Forderungen an eine neue Evangelisierung." *Zeitschrift für Missionswissenschaft und Religionswissenschaft,* 72. Münster: 1988.

Piere D. Chantepie de la Saussaye. *Lehrbuch der Religionsgeschichte.* Fb&C

Limited, 2017.

Hyun-Kyung Chung. "Komm, Heiliger Geist-erneure die ganze Schöpfung." Evangelisches Missionswerk in Deutschland(Hg.), *Evangelium & Kultur-Ein Lese- und Arbeitsbuch für Gemeinde und Unterricht*. Hamburg: 1993, 7-13.

______. *Schamanin im Bauch, Christin im Kopf*. Stuttgart: 1992.

______. "Opium oder der Keim der Revolution?" Schamanism: Frauenorientierte Volksreligiotät in Korea, *Concilium* 24(1988).

______. "Han-pu-ri": Doing Theology from Korean Women's Perspective. *The Ecumenical Review* 40. 1988, 27-36.

Ralph Cudworth. *True Intellectual System of the Universe*. Gould and Newman, 1837.

Kingsley Davis. "Introduction." *Religion among the Primitives*. ed. by William J. Goode. NY: Free Press, 1951.

E. Durkheim. *The Elementary Forms of the Religious Life*. NY: Dover Publications INC., 2008.

Mircea Eliade/이동화 역. 『성(聖)과 속(俗): 종교의 본질』. 서울: 학민사, 1983.

M. Eliade. *Image and Symbols*. London: Sheed and Ward, 1961.

______. *Patterns in Comparative Religion*. New York: Merdian Books, 1963.

Ludwig Feuerbach. *Essence of Christianity*. London: John Chapman, 1854.

R. Flasche. *Geschichte und Typologie afrikanischer Religiosität in Brasilien*. Marburg: 1973.

S. Freud(tr. by James Strachey). *The Future of an Illusion*. W. W. Norton, 1961. James Hastings(ed.). *Encyclopedia of Religion and Ethics*, 12 vols. Edinburgh: T. & T. Clark; New York: Charles Schribner's Sons 1908-1922 and in des., 1926(1955 reprinted).

Paul G. Hiebert/김동화 외 역. 『선교와 문화인류학』. 서울: 죠이선교회, 1999(5쇄).

William E. Hocking. *Re-thinking Missions: A Laymen's Inguiry after One Hundred Years*. New York: Harper & Brothers, 1932.

William E. Hocking. *Living Religions and a World Faith*. New York: Macmillan, 1940.

Eduardo Hoornaert. *Kirchengeschichte Brasiliens, aus der Sicht der Unterdrückten: 1550-1800.* brasilienkunde Verlag Mettingen, 1982.

Friedrich Huber. "Quia apud dominum miserecordia." *Deutsches Pfarrerblatt.* Oktober 1991.

Paul Johnson. *Psychology of Religion.* New York: Abingdon Cokesburg Press, 1959.

Brigitte Kahl. "Hat Frau Chung Totengeister beschworen?" *Junge Kirche,* 52. Jg./ 1991.

Hendrik Kraemer. *Die christliche Botschaft in einer nichtchristlichen Welt.* Evangelischer Verlag Zollikon- Zürich, 1940.

______. *Religion and the Christian Faith.* London: Lutterworth, 1956.

W. Brede Kristensen. *The Meaning of Religion.* Tr. by John B. Carman. The Hague: Martinus Nijhoff, 1960.

M. R. M. Koch-Weser. *Die Yoruba-Religionen in Brasilien.* Bonn: 1976.

H. Krüger(Hrg.). Ökumene Lexikon. Frankfurt am Main: 1987.

Lucius D. F. Lactantius. *Institutiones divinae IV.* Florence, AD 303-311.

Francis N. Lee. *The Central Significance of Culture.* Philadelpia: Prpco, 1976.

Gudrun Löwner. "Kontextuelle Theologie: Herausforderung für die Mission?" Das Referat von Frau Chung in Canberra. *Junge Kirche,* 52. Jg./1991.

Bronislaw Malinowski. *Magic, Science and Religion.* NY: Doubleday, 1954.

J. Moltmann(Hrg.). *Minjung-Theologie des Volkes Gottes in Südkorea.* Neukirchen Vluyn: 1984.

Klaus E. Müller. *Synkretismus.* Frankfurt: Thesen Papier.

F. Max Müller/김구산 역. 『종교학 입문』. 서울: 동문선, 1995.

W. Müller-Römheld(Hrg.). *Zeichen des Heiligen Geistes-Bericht aus Canberra 1991.* Frankfurt am Mainz: 1991.

Rudolf Otto. *Das Heilige, Über das Irrationale in der Idee des Göttlichen und sein Verhältnis zum Rationalen.* München: Breslau, 1917.

P. Potter(Hrg.). *Das Heil der Welt heute, Ende oder Beginn der Weltmission?, Dokumente der Weltmissionskonferenz Bangkok 1973.* Stuttgart & Berlin: 1973.

A. R. Radcliffe-Brown. *Structure and Function in Primitive Society*. NY: Free Press, 1952.

H. Rzepkowski. *Lexikon der Mission*. Graz: 1992.

Eric E. Sharpe, *Comparative Religion: A History*. New York: Charles Schribner's Sons, 1975.

Sinha. *Studies in Phenomenology*. The Hague: Martinus Nijhoff, 1969.

Wilfred C. Smith. "Comparative Religion: Whither and Why?" M. Eliade & J, Kitagawa(ed.). *The History of Religions*. Chicago: The University of Chicago Press, 1959.

______. *The Meaning and End of Religion*. San Francisco: Harper and Row Publishers, 1978.

Nathan Söderblom. *Encyclopedia of Religion and Ethics*. Edinburgh: T. & T. Clark, 1955.

Theo Sundermeier, Inkulturation und Synkretismus, Probleme einer Verhältnisbestimmung, *Evangelische Theologie*, 52. Jg./1992, 192-209.

Willard G. Sxtoby(ed.). *Religious Diversity: Essays*. New York: Harper and Row, 1976.

Cornelius P. Tiele. *Elements of the Science of Religion*, 2 vols. New York: Charles Schribner's Sons, 1897.

P. Tillich. *Theology of Culture*. ed. by Robert C. Kimball. New York: Oxford Uni. Press, 1964.

Matthew Tindal. *Christianity as Old as the Creation: Or, The Gospel as a Republication of the religion of Nature*. Adegi Graphics LLC, 1999.

John Trenchard. *Natural History of Superstition*. Fb&C Limited, 2017.

Marcus Tullius Cicero. *De natura deorum II*. Cambridge University Press, 1880.

Gerardus van der Leeuw. *Phaenomenologie der Religion*. Tr. by J. E. Turner. *Religion in Essence and Manifestation: A Study in Phenomenology*. Princeton Legacy Library, 1986.

Jan de Vries. *Perspective in the History of Riligions*. Harcourt: Brace & World, 1967.

Joachim Wach. *The Comparative Study of Religions*. ed. by Joseph M. Kitagawa.

New York: Columbia University Press, 1958.

J. Wach. *Types of Religious Experience: Christian and Non-Christian*. The University of Chicago Press, 1951.

Jacques Waardenburg(ed.). *Classical Approaches to the Study of Religion*. The Hague: Mouton, 1973.

Max Weber. *The Sociology of Religion*. Boston: Beacon Press, 1922.

Ulrich Werner. *Religion und Identität*. Hamburg: Thesen Papier(Hamburg).

Bryan Wilson/윤원철 역. 『현대의 종교변용』. 서울: 전망사, 1984.

김은수. "종교학의 발전과 비교종교학의 과제." 「선교신학」 8/2004, 265-299.

______. "토속종교의 치유이해." 한국선교신학회 편. 『치유와 선교』. 서울: 다산글방, 2000, 161-184.

______. 『문화와 선교』. 전주: 전주대학교출판부, 2015(중쇄).

______. 『현대 선교의 흐름과 주제』. 서울: 대한기독교서회, 2018(개정증보 4쇄).

서남동. 『민중신학의 탐구』. 서울: 한길사, 1983.

이길용. 『종교학의 이해』. 서울: 한들출판사, 2007.

제2부

세계 외래종교

제1장

도교(道教)

1. 기본 이해

도교는 중국의 옛 민간신앙에서 발달한 것으로 내용과 형식은 둘로 구별된다. 하나는 도사의 교단조직을 가진 성립도교(成立道教: 教會道教 혹은 教團道教)이며, 다른 하나는 민간에서 행해지는 일체의 도교적 신앙을 총칭하는 민중도교이다. 마치 인도인들의 삶의 총체인 힌두교나 일본의 신도(神道)와도 같이 도교는 중국인들의 철학·사상·종교·미신, 민중의 생활·풍습·관행·도덕·문학·예술·과학 등이 포함된 복합체로서 중국 사회의 모든 계층, 특히 서민층의 요구를 반영한 종교이다. 관료들도 사적으로는 도교를 신봉하였고, 관직에서 물러나 민간이 된 지식인이나 학문과 덕행이 있으면서 재야의 묻혀 살던 사람들은 도교의 교리를 정리하였다.[1] 도교는 처음부터 '도교'라는 명칭으로 시작된 것이 아니라 '도가'라는 이름에 신선도(神仙道)와 천사도(天師道)를 혼합하고, 거기에 민간신앙의 다신(多神), 무축(巫祝)의 장초법(章醮法)을 종합하여 유교의 도덕사상과 불교의 인과응보 사상과 경전, 교단 조직들을 융합시킨 것이다.[2]

---

1) 사까이 다다오(酒井忠夫) 외/최준식 역, 『도교란 무엇인가』(서울: 민족사, 1990), 15-18, 70.

현대에 와서 도교의 연구는 1930년대 일본이 중국을 침략하기 위해 시작하였고, 중국에서는 공산당 집권 이후 종교는 아편이라는 관점에서 도교를 철저히 미신으로 여겼으나, 최근에는 도교의 핵심 사상이 농민 대중의 사상과 남녀평등의 근대적 개념을 반영하고 있다는 점에서 중국철학의 핵심을 이루며 활성화되고 있다.[3] 오늘날 화교(華僑)가 중심을 이루는 아시아의 곳곳에서 도교가 신봉되고 있음을 볼 수 있듯이 세계종교 인구조사에서도 중국 민속종교라는 이름으로 도교신도가 2012년 기준으로 세계 인구의 5.9%, 3억 9,400만 명으로 조사되었다.[4]

2. 발생 배경과 창시자

도교는 중국 역사상 극심한 혼란기의 마지막 무렵인 2세기에 장도릉(후한시대에 패국의 풍읍에서 태어남)에 의해 창시되었다. 그는 유교 경전을 읽으며 성장한 문인이었으며, 초기에 오경을 공부하다가 만년에 장생도를 배우고 금단법을 터득한 뒤 곡명산에 들어가 도서 24편을 짓고 신자를 모았다. 책을 통한 지식이 영원한 삶에는 무용하다고 생각한 장도릉은 불멸의 도를 배우기 위해 떠나기로 작정한다. 고행을 거듭하던 어느 날 그는 신비한 어린아이로부터 유일하고 새로운 도교의 경전을 얻게 되었다. 그리

---

2) 사까이 다다오(酒井忠夫) 외, 16-18. '도가'와 '도교'는 중국인들 사이에서는 동일하게 사용되나 엄격히 구별한다면 도가는 Philosophical Taoism이고, 도교는 Religious Taoism이다. 이용주, 『생명과 불사—포박자 갈홍의 도교사상』(서울: 이학사 2009), 12.

3) 윤찬원, 『도교철학의 이해—태평경의 철학체계와 도교적 세계관』(서울: 돌베개, 1998), 17-18.

4) 2012년 위키피디아(Wikipedia)의 세계 종교인구는 기독교 31.5%(21억 명), 무슬림 23.2%(15억 명), 힌두교 15%(10억 명), 불교 7.1%(4억 7,600만 명. 조사 기준에 따라 최대 12억 명), 중국 민속종교 5.9%(3억 9,400만 명), 유대교 0.1%(1,400만 명)이다. http://en.wikipedia.org/wiki/List_of_religious_populations

하여 그는 믿음을 통해 만병을 고치고 수천 명의 제자들을 거느리게 되었으며, 그의 문하에 들어오는 사람들이 모두 쌀 다섯 말씩을 바쳤기 때문에 오두미도(五斗米道) 또는 미적이라고도 불렸다.[5] 처음에 도교는 기원전 770-476년에 전개된 철학이었는데, 차츰 종교로 발전하였다.

2세기 도교 창시자 장도릉

1) 노자(기원전 571-471경)

도가 사상의 시조는 철학자인 노자로서 성은 이(李), 이름은 이(耳), 자호(字號)는 백양, 그의 시호(諡號)는 담(聃)으로 공자보다 조금 연장자이다. 「현묘내편」에는 노자의 어머니가 나이 81세 때에 이수(李樹) 밑에서 거닐 때에 이미 임신한 지 오래되었던 아기가 어머니의 왼편 겨드랑이를 터뜨리고 출생하였는데 갓난 아기가 벌써 백발이 되었으므로 노자라고 칭하였다고 기록하였다.

도교 시조 노자상

공자와 노자의 시대는 주대(周代) 왕통(王統)이 벌써 600여 년이나 된 만큼 매우 노후하였고 또 춘추시대가 거의 다 지나가고 전국시대가 되어

---

5) 사까이 다다오(酒井忠夫) 외, 40-43. 오두미도는 후에 천사도(天師道)라고도 일컬어졌다. 장릉(張陵 혹은 장도릉)의 아들과 손자 장로(張魯)에 의하여 계승되었고, 장로는 가난한 농민들의 불만을 이용하여 독자적 군대를 만들고 독립국가를 세워 교세를 확장하다가 그 후 한나라의 조조(曹操)에게 항복하였다. 5세기 초 오두미도를 개조하여 북천사도와 남천사도가 세워졌고, 수(隋), 당(唐)을 거치면서 남, 북의 천사도가 합쳐졌다. 그 후 여러 파와 점차 통합되어 정일도(正一道)로 불렸다. 우리나라는 7세기경 고구려에서 성행하였다는 기록이 있다.

가는 만큼 국가의 정치가 문란하고 사면에서 전란이 일어나 제후들끼리 밤낮 싸움만 하였다. 그런 시대에 출생한 공자는 어떻게 하든지 나라를 건지고 백성을 살리려고 치국, 평천하의 왕도를 역설하였다. 그러나 노자는 이와 반대로 국가 사회는 벌써 기울어져 건잡을 수 없으니 내 한 몸이나마 바로 간수하여 잘 살겠다고 하는 독선주의를 가지고 출발하였다.

노자는 중앙 정부의 수장리(守藏吏)가 되어 많이 적치된 도서를 보관하고 감독하는 직무를 보았다고 한다. 그러다가 왕정이 날로 틀려가고 민심이 점점 더 소란해 가는 것을 비판하여 관직을 사절하고 둔세(遁世)의 길을 택하여 산중에 물러가 숨기로 결심하였다. 노자는 물곡관의 관령 윤회가 백성을 불쌍히 보아 도덕의 교훈을 남겨 놓기를 간청하여 5,000여 말을 기술하여 윤회에게 주었는데, 이것이 곧 노자의 『도덕경』이란 책이다.[6]

2) 장자(기원전 369-289경)

장자는 성은 장(莊)이요, 이름은 주(周)인데 송나라 몽(蒙)이란 땅에서 났다. 맹자, 혜자와 같은 시대의 사람인데, 맹자와 만났다는 기록은 없으나 혜자와는 친하게도 지내고 또 혜자의 비루한 것을 조소하기도 하였다. 장자에 대하여서는 '호접몽'(蝴蝶夢)의 이야기와 '고분지탄'(叩盆之嘆)의 이야기가 유명하다. 호접몽이란 것은, 한번 꿈에 나비가 되어 보았는데 공중으로 펄펄 날아다니면서 여기저기를 구경하니 어찌 시원하지 모르겠고 그러다가 아름다운 꽃을 보면 그 꽃 냄새를 맡고 그 꽃 진을 빠는 맛이 참 좋았다고 한다. 그래서 장자는 자기가 꿈에 나비가 되었었는지 나비가 꿈에 장자가 되었었는지 어느 것이 장자이고 어는 것이 나비인지 알 수가 없다고 말하였다.

'고분지탄'이란 아내의 정절을 시험해 보려는 생각으로 장난을 하다가 아내가 부끄럽게 되어 자살을 하였다. 그러자 가정 살림이 말이 아니었다.

---

6) 노자(老子) 원전/오강남 풀이, 『도덕경』(서울: 현암사, 2009).

그러므로 아내가 물을 긷던 동이를 뎅뎅 두드리면서, "인간에게 있어서는 나고 죽는 것도 또한 큰일이다"라고 탄식하였다는 것이다. 장자는 생사에 대하여 크게 깨달아 '인간 생활은 큰 꿈이요, 죽음이야말로 큰 깨달음'이라고 하고 '사는 것은 싫어할 만한 것이요, 죽는 것은 즐거워할 만한 것이다. 사는 것은 혹과 같고 죽는 것은 혹을 떼고 시원하게 되는 것'이라고 생각하였다. 이와 같이 장자는 염세주의를 가지고 생사일여(生死一如)의 관찰에서 한 걸음 더 나아가 생사를 초월하는 지경에 들어가고자 하였다.

3. 경전

도교는 후한(25-220)의 태평도와 오두미도에서 시작되는데, 이것을 원시 도교라고 한다. 태평도에는 『태평경』이 있고, 오두미도에는 『도덕경』이 대표적이다. 최초의 도교 경전인 『태평경』 이후에도 경전은 계속 저술되고 있다.[7] 특히 도교는 특별한 교조나 창시자가 분명하지 않다. 따라서 도교의 실체를 파악하는 일은 결코 쉬운 일이 아니다. 이런 점에서 경전은 종교의 실체를 이해하고 파악하는 데 매우 중요한 기준이 된다. 이것은 도교도 마찬가지이다.

1) 태평경(太平經)

『태평경』은 명(明) 영종(英宗) 정통 9년(正統九年, 1444년)에 편찬한 도장 태평부 외부전훈입(道藏 太平部 外受傳訓入)의 『태평경』 119권과 입하(入下)의 『태평성군비지』(太平聖君秘旨) 1권이 수록되어 있는 전적을 말한다. 이것을 도장본 『태평경』이라 하며, 현존하는 유일한 판본이다. 그 안에는 『태평경초』(太平經鈔) 10권과 『태평경』 잔본(殘本) 57권이 있다. 원래의

---

7) *Ibid.*, 70-106.

『태평경』은 170권으로 전해지지만, 현존하는 것은 『태평경초』와 『태평경』 57권뿐이다. 이 『태평경』은 민간도교를 대표하는 기본 경전이다.[8)]

(1) 태평경의 성립

『태평경』에 관한 최초의 언급은 『후한서』(後漢書) 「양해전」(襄楷傳)이다. 「양해전」에 의하면 후한 순제(順帝, 126–144 재위) 때 낭사(琅邪) 사람 궁숭(宮崇)이 신서(神書) 170권을 황제에게 헌상하였는데, 그것이 『태평청령서』(太平淸領書)라는 것이다. 당(唐)나라 때 이현(李賢)은 여기에 주석을 붙여 "신서란 지금 도가의 『태평경』이다. 그 경은 갑, 을, 병, 정, 무, 기, 경, 신, 임, 계의 10부가 있고 각각 17권으로 되어 있다"고 하였다. 이로 미루어볼 때 신서란 『태평청령서』이고, 이는 곧 오늘날의 『태평경』임을 알 수 있다.

원래 '태평경'이란 명칭은 전한(前漢) 말기에 제(齊)나라 사람 감충가(甘忠可)가 지었다고 하는 『천관력포원태평경』(天官歷包元太平經) 12권에서 유래한다.[9)] 『태평경』의 성립 시기에 대하여 여러 견해를 총괄하여 명확하게 정리한 사람은 왕명(王明)이다. 그는 다른 학자들의 주장을 대부분 인정하면서도 『태평경』의 주요한 내용과 골격이 모두 후한시대라고 주장한다. 그는 그 근거로 『태평경』에 사용되고 있는 용어, 지명 등이 한대에 사용되는 것들이라는 점, 인간을 9등급으로 나누는 경향, '원기'(元氣)나 '오행설'(五行說) 등에 대한 철학적 개념 등을 제시하며, 한대에 쓰여진 것임을 입증하였다.[10)]

---

8) 윤찬원, 45–48; 정재서, "태평경의 성립 및 사상에 관한 시론", 『한국도교와 도가사상』(한국도교사상연구총서 5)(성남: 아세아문화사, 1991), 80. 중국에서는 도교를 단정파(丹鼎派)에서 유래한 관방도교(官方道教)와 부록파(符籙派)에서 유래한 민간도교(民間道教)로 나누는데, 『포박자』(抱朴子)는 관방도교의 기본 경전이라고 할 수 있다.

9) 중국 도교사에서는 『태평경』 170권이 한 지역, 한 사람에 의하여 만들어진 것이 아니라는 주장이 제기된다. 비밀류전의 원시 도교에서 많은 사람들과 축적 과정을 거쳐 집성되었기 때문이라는 것이다. 윤찬원, 45–48.

10) *Ibid.*, 50–54. 인간을 9가지 등급, 즉 ① 무형위기지신인(無形委氣之神人), ② 대신

(2) 태평경의 시대 배경

중국사에서 전한(前漢, 204 BC-AD 8)과 후한(後漢, 25-220)을 합쳐 양한(兩漢)이라고 한다. 무력이 강했던 초기의 후한은 6대 안제(安帝, 107-125 재위) 이후 왕조가 조금씩 쇠퇴하기 시작했다. 후한의 허약화는 주로 외척의 전횡과 환관의 횡포에 기인했다. 8대 순제(順帝, 126-144 재위) 때 천자 옹립의 공으로 환관 19명이 후(侯)에 봉해졌는데, 이때부터 환관 세력은 날로 신장했다. 이후 외척과 환관들의 횡포는 11대 환제(桓帝, 147-167 재위) 때 극에 달했다. 당시 환관들은 환제의 임명권을 삭탈했으며 매관매직을 성행시켰고, 지방자치제 향제(鄉制)를 붕괴시켰으며, 호족세력과 결탁하여 토지를 자신들의 소유로 집중시켰다. 중앙 권력층은 극도로 사치했고, 이를 위하여 과중한 조세를 부과하여 백성들을 더욱 궁핍하게 했다. 경제력의 집중으로 실권을 가진 귀족과 그렇지 못한 계층으로 분화되었고, 이로 인해 강한 불만이 표출되었다.[11]

당시 현실 비판은 몇 가지 유형으로 나누어진다. 첫째는 현실정치에 직접 참여하여 위기를 극복하려 했던 부류로서 좌웅(左雄) 같은 인물은 관직에 있으면서 그들의 추악한 행태를 폭로했다. 둘째는 『잠부론』(潛夫論)의 저자 왕부(王符) 같은 인물로, 은거하여 저술 활동을 통해 정치풍토의 폐단을 지적하며 위기가 완화될 것을 희망했다. 셋째로 『태평경』의 편찬자인 간길과 궁숭 같은 인물은 타락한 현실정치에 불만을 품고 새로운 종교론을 창출하여 태평이라는 정치적 이상을 표방했다. 그들은 여러 지역에서 민중과 같이하여 그들의 고통을 이해하고, 농민의 희망을 반영하고자 했다. 이것이 『태평경』의 근본 동기였다.[12]

인(大神人), ③ 진인(眞人), ④ 선인(仙人), ⑤ 대도인(大道人), ⑥ 성인(聖人), ⑦ 현인(賢人), ⑧ 범민(凡民), ⑨ 노비(奴婢)로 구분하는 것은 한대의 9등급 인물평을 도교적으로 각색한 것이라는 것이다.

11) *Ibid.*, 57-60.

12) *Ibid.*, 60-64.

(3) 태평경의 사상적 배경

『태평경』은 사상적으로 다양한 경향을 직접 또는 간접적으로 포섭하여 하나의 철학적 체계를 갖추고 있다. 여기에는 원시종교의 여러 요소들을 포함하여 양한(兩漢)에 걸쳐 보편화되었던 여러 사상이 포함된다.

먼저, 황로사상은 한초에 등장한 도가학파의 사상이다. 황로란 황제와 노자사상을 결합한 것으로 개인의 태도로서는 무위무책(無爲無策), 청정이라는 노자적 입장을 취하고 통치행위에서는 고대의 전설적 성황인 황제의 통치술, 그리고 '작은 나라 적은 백성'(小國寡民)이라는 노자의 이상향을 따른다. 황로사상의 주요 표제는 곧 무위의 통치술이다. 황로학파에 의하면 이상적인 정치란 군주가 백성을 직접 통치하지 않아도 저절로 다스려지는 '아래의 백성이 위의 왕 또는 군주가 있는지 없는지 모르는' 상태이다.[13)]

또한, 『회남자』(淮南子)는 회남왕(淮南王) 유안(劉安, 179-122 BC)이 도가적 입장에서 우주적 원리를 정리한 책이다. 『회남자』는 모두 21편으로 하늘과 땅, 사람에게 통하는 우주적 원리로서의 도(道)와 천변만화하는 현상의 사(事)를 통괄하여 체계화한 것으로 독특한 자연관과 인간관을 보여준다. 즉, 도는 시공을 초월하여 만물을 성립시키는 근본 원인이며 무한한 존재이다. 도로부터 우주가 나오고 우주는 기(元氣)를 생성하며, 기로부터 하늘과 땅, 그리고 음양이 나오며, 음양으로부터 사계절(四時)이, 사계절에서 만물이 나온다. 또한 인간은 형(形), 기(氣), 신(神) 셋으로 이루어지는 존재이며, 기가 인간을 형성케 하는 것이라면 인간은 결국 형과 신의 이원적 구조를 갖는 존재이다. 형은 형체로서 인간의 신체를, 신은 인간의 정신을 의미한다. 인간의 정신은 정(靜)으로서 무욕의 특징을 갖지만, 신체는 좋아하고(好) 싫어하는(憎) 감정의 주체이다. 이것이 『회남자』의 형신이원론적 사고이다.[14)]

---

13) *Ibid.*, 65.

14) *Ibid.*, 67-69. 인간에 대한 도교의 형, 기, 신은 기독교의 히브리적 사고에서 말하는 혼, 육, 영과 비견되는 동양적 삼일성(三一性)의 사고라고 할 수 있다. 이 책 대화의 가능성을 참조하라.

특히 왕충(王充, 27-97)의 기철학은 도교사상의 배경을 이룬다. 그에 의하면 만물이 기에서 생성되듯 인간도 기로부터 태어난다. 삶과 죽음이란 기의 뭉치고 흩어짐에 불과하다. 사람의 정과 신은 기의 이합집산에 따른다. 그러므로 사람이 죽으면 영혼(鬼神)은 있을 수 없다. 기는 어떤 것이 시켜서 운동하는 것이 아니라, 자체의 자발성, 즉 무위를 통하여 활동함으로 만물을 형성시킨다.

왕부는 화제(和帝, 89-105 재위), 안제(安帝, 107-125 재위) 시대 무렵에 출생하여 환제(桓帝, 147-167 재위)와 영제(靈帝, 168-189 재위) 때 사망한 것으로 추정되는 인물로서 평생 관직에 나아가지 않고 은거하면서 저술로써 시정을 비판한 진보적 사상가다. 그는 『잠부론』(潛夫論)에서 당시의 정치, 경제, 사회풍속 등 본말이 전도된 사회문제에 대하여 예리하게 비판했다. 그는 부귀한 자가 현인이고 가난한 자가 소인이라는 당시의 세속적 기준을 비판하며, 천자가 노예보다 반드시 고귀한 것은 아니라는 했다. 그는 올바른 사회를 위한 방안으로 법치, 예치, 덕화를 말하며, 덕이 최고이고, 예가 다음이며, 법은 그다음이라고 말했다. 법의 기능은 탈선행위를 방지하기 위한 가장 소극적인 것일 뿐이며, 예의에 의한 교화는 사회가치관의 교육이며 사회적 행위규범의 교육으로서 백성들 상호 간의 감정이 융합하고 서로 친하게 되며 사랑하게 되는 것이라고 했다. 왕부는 법가, 유가, 도가의 한계를 뛰어넘어 각 학파의 장점들을 종합하여 사회개혁적인 사상을 주장했다.[15]

(4) 태평경과 노자의 관계

노자를 도교의 개조로 삼았던 사람은 오두미도(五斗米道)의 장도릉이었다. 원시 도교와 달리 노자는 귀신을 믿지 않았던 것으로 보이지만, 그 안에는 도교가 이용할 사상이 적지 않게 있었던 것이 사실이며, 태평경에는 노자의 이름을 사용하지 않았지만 노자의 사상이 상당 부분 반영돼 있다.

---

15) *Ibid.*, 71-73.

먼저, 태평경의 도에 관한 형이상학적 발언은 다분히 노자의 철학을 반영한다. 『태평경』에서 도는 사물 발전의 동력 혹은 규율을 의미하는데, 그것은 노자의 반영이다. 또한 우주생성론 또한 노자철학의 영향이라 할 수 있다. 노자에서 말하는 일과 『태평경』에 나타나는 일의 의미 간의 유사성에서 찾을 수 있다. 셋째, 청정무위와 양생을 강조하는 점에서 노자적 경향을 따른다. 『태평경』의 수일사상은 노자에 보이는 일의 관념이 도덕과 양생에 적용되는 것으로 나타난다. 넷째, 『태평경』은 노자에 있는 신비사상의 요소를 이용하는 것으로 보인다. 도교의 사상연원으로 본다면 비록 『도덕경』 중의 어떤 신비사상을 이용하였으나 무술, 신선방술, 음양오행설과 참위학이 서로 결합되어 산출된 것이라고 할 수 있다.

(5) 태평경과 원시종교와의 관계

중국 고대종교 사상의 특징은 정령신앙(animism)을 토대로 조상신과 하늘(天)에 대한 숭배이다. 당시 귀신과 교통하는 남자는 격(覡), 여자는 무(巫)로 불렀고, 무는 원시종교로서 이것을 담당하는 자들을 사(史)와 축(祝)이라 했다. 이러한 신앙형태는 중국의 민간종교를 근간으로써 후대의 도교에 수용되었다. 후대 도교는 또한 방기를 이용하여 불로장생술의 원리로 삼았다.[16] 그 근본원리는 기를 생명의 근원으로 인식하는 것에서 출발하는데, 방기 가운데 하나인 신선술은 도교의 궁극적 목적인 동시에 중국 고대인들의 이상적 삶의 형태를 그린다.

중국 고대인들은 사람이 죽으면 그 혼(魂)은 하늘로 올라가고(昇天), 백(魄)은 땅에 남는다고 믿었다. 춘추전국시대에는 육체의 불멸과 영속을 신앙하는 불사의 사상이 있었고, 그 이상적 상태는 신선과 직결된다. 신선술은 '늙지도 않고 죽지도 않는'(不老不死) 신선이 되기 위한 방술을 행하는

16) 『한서』 「예문지」에 의하면 선진시대의 서적들은 크게 육예, 제자, 시부, 병, 술수, 방기(方伎)의 6과로 분류된다. 이 가운데 방기는 도교와 가장 밀접한 것으로 의경(醫經), 경방(經方), 방중(房中), 신선(神仙)의 4과로 구별된다.

것이다. 이처럼 신선이 되고자 하는 경향은 두 가지 입장으로 나뉘어졌다. 하나는 신선이 되기 위해 신비한 선약, 즉 단약을 복용하는 외단설이고, 약물을 의존하지 않고 도덕적 실천과 종교적 수행을 통하여 신선이 될 수 있다는 내단설이다.[17]

2) 그 외의 경전들

(1) 태상감응편(太上感應篇)

송대 이창령(李昌齡)이 「포박자」(抱朴子)에서 초록(抄錄)한 것이라고 하며, 진덕수(眞德秀)가 서(序)를 지었다. 이 책에서 태상(太上)이라는 용어를 쓴 이유는 신인감응(神人感應) 사상 및 신군(神君)이 선은 상을 주고 악은 벌한다는 사상을 훈계하고 널리 알리기 위함이었다. 천상에는 '사과지신'(司過之神)이 있어 수시로 모든 사람들의 언행을 몰래 기록하기 때문에, 결국 선악으로 사람의 수명과 화복이 결정된다고 설명한다. 화와 복에는 문(門)이 없으며 오직 인간 같다고 여긴다. 아울러 널리 행해야 하는 좋은 일과 마땅히 하지 말아야 하는 악행을 열거함으로써, 사람들에게 여러 악한 행위를 금하도록 하며 선한 행위는 행하도록 권하는 것이다. 여기에서 선악의 구분은 전적으로 유가의 윤리와 도덕을 기준으로 한다. 원나라의 오견(吳堅)은 이 책을 위해 도설(圖說)을 지었으며, 청나라의 혜동(惠棟)과 유월균(俞均)의 주(注)가 있다. 이 책의 문체는 간명하고 통속적이며 이해하기 쉬워 오랫동안 중국 민간에 광범위하게 전해져 왔다.

(2) 황정경(黃庭經)

중국 위·진(魏晉) 시대의 도가들이 양생(養生)과 수련의 원리를 가르치고 기술하는 데 사용했다. 원래 명칭은 「태상황정외경옥경」(太上黃庭外景玉經)·「태상황정내경옥경」(太上黃庭內景玉經)이다. 그 밖에 후서로 「태

---

17) *Ibid.*, 76-82.

상황정중경경」(太上黃庭中景經)이 있다. 일반적으로 「중경경」은 「황정경」에 포함되지 않는다. 「황정경」은 「포박자」(抱朴子) 하람(遐覽) 편에 이미 수록되어 있으며 7언가결(七言歌訣) 형식으로 쓰인 초기 도교 경전이다. 황정(黃庭)은 인간의 성(性)과 명(命)의 근본을 가리키는 것이며, 구체적으로는 뇌(上黃庭)·심장(中黃庭)·비장(下黃庭) 등을 말한다.

양생과 수련의 요지는 명리(名利)를 탐내는 마음이 없는 담박한 상태(恬淡)와 무욕(無欲), 허무자연(虛無自然)에 이르는 데 있다. 또한 거기에 이르는 방법은 기욕(嗜慾)을 단절시키고 호흡을 조절하며 수진(漱津, 타액을 삼키는 것)하고 신성(神性)을 길러, 정(精)·기(氣)·신(神)을 '황정'에 응집시키는 것이다. 「내경경」(內景經) 36장과 「외경경」(外景經)은 내용 면에서 비슷한 부분이 많다. 「황정경」의 주해서는 많은 편이며 그중 양구자(梁邱子)와 무성자(務成子)의 영향이 비교적 크다.

(3) 음부경(陰符經)

「황제음부경」(黃帝陰符經)이라고도 한다.[18] 상편은 수련성선(修煉成仙)의 도를, 중편은 부국안민(富國安民)의 법을, 하편은 강병전승(强兵戰勝)의 기술을 논하고 있다. 인간의 희망과 행동이 음양오행의 변화를 통해 모름지기 객관적인 법칙에 부합되어야만 비로소 "하늘과 인간이 함께 발(發)하고 온갖 변화가 그 기본을 정한다"고 설명했다. 냉정한 관찰과 분석으로 시기(時機)를 파악할 것을 주장했다. 전반적인 내용은 도가사상을 위주로 하면서도 종횡가(縱橫家) 및 병가(兵家)의 사상도 나타나고 있다. 문장은 간결하며 깊은 뜻이 담겨 있어서 이해하기 어렵다. 역대로 주석본이 많은데, 당대 이전의 것과 장과로(張果老)의 주석이 가장 유명하다.

---

18) 본래 황제가 지은 것으로 되어 있으나 위작임이 분명하다. 또는 도교의 확립자인 북위(北魏) 때의 도사(道士) 구겸지(寇謙之)가 지어서 명산(名山)에 숨겨 놓고 후세에 전했던 것을 당대(唐代)의 이전(李筌)이 숭산(崇山)의 석실(石室)에서 발견했다고도 하나 이에 대한 확실한 증거는 없다. 「음부경」은 당대초의 저수량(遂良)과 구양순(歐陽詢)이 쓴 사본이 있기 때문에 당연히 수대(隋代) 이전에 지어졌을 것이다.

(4) 도덕경(道德經)

“도덕경”이라는 이름은 한대(漢代, 206 BC-AD 220)에 처음 사용되었으며, 그때까지는 이 책의 저자로 여겨지는 노자(老子)의 이름을 따서 “노자”라고 했다.[19] 중국 최초의 위대한 역사가인 사마천(史馬遷)은 노자가 기원전 6세기에 주(周)나라 조정에서 장서를 관리하는 사관(士官)이었다는 사실을 확인했다. 그러나 노자는 도가의 창시자로 더 잘 알려져 있다. 그의 도가는 도(道)를 강조한 여러 학파들 중에서 유일하게 ‘도가’라는 이름으로 알려지게 되었다.

『도덕경』은 온통 혼란으로 고통을 겪고 있던 나라에 다시 화합과 평안을 가져오기 위한 삶의 길을 제시하고 있다. 자신의 이익만을 탐하는 지배층의 무절제한 낭비를 비판하고, 유교 윤리의 특징인 추상적 도덕주의와 형식적인 예의에 바탕을 둔 사회적 행동주의를 경멸했다. 『도덕경』에서 말하고 있는 ‘도’는 이해하기 어렵고 신비주의적인 의미를 갖고 있기 때문에 매우 다양하게 해석되어 왔으며, 철학과 종교의 기본 개념이 되어 왔다. 『도덕경』에서 말하는 도의 이론은 다음과 같다. 본질적으로 도는 ‘무위’(無爲)로 이루어져 있으며, 무위는 자연스러움, 즉 모든 일이 본성대로 흘러가도록 내버려두는 불간섭(‘아무것도 하지 않으면 모든 것이 이뤄진다’)을 의미한다. 그렇게 하면 도가 도전받지도 않고 도전하지도 않으면서 자연스럽게 흘러갈 수 있기 때문에, 혼란은 끝나고 싸움도 끝나며 독선적인 불화도 사라진다. 도는 하늘이나 땅보다 먼저 존재했고 무궁무진하고 인위적이지 않으며 볼 수도 없고 들을 수도 없으나 도로부터 이 세상에 존재하는 모든 것이 나온다.[20]

---

19) 노자는 오랫동안 『도덕경』의 저자로 알려져 왔으나, 19세기에 들어와 크게 흔들리게 되었고 일부 학자들은 노자의 실존 여부까지 의심케 되어 『도덕경』의 저자 문제는 아직 해결되지 않았다. 더구나 『도덕경』에는 이 책이 쓰인 연대를 알려 주는 단서가 될 만한 책이나 인물, 사건이나 장소가 전혀 언급되어 있지 않다. 따라서 저술 연대에 대한 학자들의 의견은 기원전 8-3세기에 걸쳐 폭넓게 퍼져 있다.

20) 도교의 도(道)는 중국의 모든 고전 가운데 가장 차원이 높은 신론(神論) 가운데 하나

백성에게 '도'의 원리를 가르치면, 통치자는 모든 불평불만의 원인을 제거하여 나라를 지극히 평온하게 다스릴 수 있다. 『도덕경』의 인기는 엄청나게 많은 주석서가 잘 나타내주고 있다. 중국어로 쓰인 주석서가 1,500여 권에 달하고, 현존하는 것만도 350권이 넘고, 일본어로 쓰인 것도 약 250권이나 된다. 1900년부터 지금까지 40권이 넘는 영어 번역본이 출판되었다.[21)]

4. 교리와 사상

우주의 본체는 모든 것의 근원이며 이것을 '도'라고 말한다. 이것은 무이고 무에서 1이 생긴다. 1에서는 삼원→삼기→삼재로 변하여 만물이 생겼다는 것이다. 즉, 인간은 나약하여 무위청정의 생활을 행하면 도교의 목적인 도에 귀일할 수 있고, 이렇게 되면 천지와 같이 장생한다고 설파하고 있다. 이 목적을 달성하기 위하여 다음과 같은 방법을 실천하도록 요구하고 있다.

1. 절식과 벽곡법
2. 복약 또는 식양생인 복이법
3. 태식이라는 일종의 심호흡법
4. 마사지와 같은 도인법
5. 성교에 관한 설명이 있는 방중법

로 꼽힌다. 『도덕경』 첫째 장의 "도가도(道可道), 비상도(非常道), 명가명(名可名), 비상명(非常名)"을 해석하면, '말로 설명된 진리는 영원한 진리가 아니다. 불가불 진리를 도라고 해보지만 이 이름도 영원한 이름이 아니다. 이름도 영원히 변하지 않은 절대적인 이름은 없다.' 이것은 마치 모세가 하나님에게 이름을 묻자, 하나님은 자신의 이름을 무엇으로도 규정할 수 없다는 뜻의 '야웨'(YAWEH), 즉 '스스로 있는 자'(I am I)라고 한 것과 비견된다.

21) 노자(老子) 원전, 『도덕경』, 8.

6. 평생 덕을 쌓는 법
7. 재액을 피하고 장수를 유지하는 점술법
8. 복을 얻고 귀신을 제거하는 법
9. 기도로써 액을 떼는 법

이 가운데 세상에 널리 알려진 방중법과 도교사상의 기본 틀을 이루는 세계관을 살펴보자.

1) 도교의 방중법

금주(禁呪)나 부록 등 방술을 행하는 것이 도교의 두드러진 특징이다. 즉, 특정한 날과 시간에 목욕재계하면 치아가 튼튼해진다든지, 명경(明鏡)이나 호부(護符)를 차고 다니면 요괴(妖怪)를 피할 수 있다는 따위가 방술이다. 또한 도교에서는 장생불사(長生不死)를 염원하면서 이를 이룰 수 있다는 여러 가지 방법을 실천하는데, 대표적인 것으로는 태식법(胎息法)으로 충화기를 받아들여 장생하는 수련인 내단, 황금, 수은과 약물들을 복용하거나 몸에 주입하는 외단(外丹), 음기(陰氣)를 취해서 양기(陽氣)를 충만하게 하는 방중술(房中術) 등이다. 도교에서는 이러한 수련 결과, 상자는 허공에 올라가 우주에 소요하는 천선(天仙)이 되고, 중자는 36동천(洞天)과 72복지(福池)에서 사는 지선(地仙)이 되며, 하자는 혼백이 육체로부터 분리되어 신선(神仙)이 된다고 말한다. 그러나 전적으로 이와 같은 연단술만을 닦는 것이 아니라 적덕행선(積德行善)하고 계율을 지켜야 진선(眞仙)이 된다고 하여 도덕적 측면을 강조하기도 하였다.

2) 도교의 세계관

도교는 중국 민간신앙에 기초하여 재래의 여러 사상을 종합한 것이기 때문에 복합적인 종교라 할 수 있고, 시대에 따라 여러 모로 변하고 여러

홍콩 윙타이신 도교사원

파로 갈렸다. 따라서 도교의 우주관을 정리하기란 쉽지 않다. 도교는 현세적인 이익을 추구하는 종교이기 때문에 이를 믿는 신도들은 장수무병(長壽無柄)하고 소원 성취하여 신선이 되기를 갈구한다. 그리고 마침내는 원시천존(元始天尊) 또는 옥황상제의 세계로 가기를 바란다. 이것이 도교의 하늘나라의 개념이고 세계관이라고 할 수 있다. 곧 도교에서의 하늘나라는, 천지 만물을 일(一, 도)로부터 생(生)하고, 일이 나누어져 삼원(三元)이 되고, 삼원이 삼기가 되고, 그로부터 만물이 갖추어진다는 것이다.

이와 같은 하늘나라의 구성은 마치 인간 세계의 궁중 조직이나 행정 체제와도 같다. 따라서 현세인이 이런 세상에 가기 위해서는 이승에서 선을 행해야 하며, 악을 행하면 반대로 풍도(酆都) 지옥에 빠진다고 했는데, 이는 불교의 영향을 받은 것이다. 따라서 질병 치료의 수단으로 생겨났던 도교는 점차 유불(濡佛)의 영향을 받아 윤리 도덕을 강조하는 생활 종교가 되고 또 교단을 형성하여 국가나 제왕의 진호(鎭護)와 건강을 비는 호국도교로까지 발전하였다. 그래서 주로 국가나 통치자의 안위에 관계한 교단

마카오 콜로안 탐쿵 도교사원. 도교사원에는 항상 초와 향 연기가 가득하다.

도교(校壇道敎)와 백성들 개인이나 가정의 행복을 비는 민중도교로 나누기도 한다.

5. 의식

유교의 제사, 불교의 불공, 기독교의 예배 형식과 같이 도교에도 의식이 있다. 이를 재초라고 한다. 이 재초는 육조시대부터 생겨났다고 하는데, 원래는 재(齋)와 초(醮)가 구별되었던 것이다. 재는 심신을 깨끗이 하고 부정한 일을 멀리하는 재계(齋戒)를 뜻하는데, 「수서」, 「경적지」에 보면 재를 거행하는 절차가 기록되어 있다. 먼저 3층의 단을 쌓고 주위를 목화로 꼰 줄로 빙 둘러치고 한쪽을 출입문을 낸다. 그 속으로 들어가 재를 올리는 사람은 제한이 되어 있는데, 이들은 줄을 서서 양손을 뒤로 묶고 얼굴만 내놓고 신에게 자기가 지은 죄를 고백한다. 이런 자세로 주야를 계속해서 1주일 또는 2주일 동안 계속한다. 이때 밖에 서서 절만 하는 사람들은 재객(齋客)이라 불렀다. 이 재의 의식은 도사가 되는 의식인 결재에서 비롯되었는데, 도사가 될 사람이 일정 기간의 수행을 마치면 이를 증명하는 법록(法籙, 증서)을 수여했다. 첫 단계의 수행을 마치면 '오천문록', 다음에는 '삼동록', 다음은 '동현록', '상청록' 순으로 수여했다. 이때 법록을 받아 도사가 된 자는 법록을 수여한 스승에게 금반지나 기타 예물을 증정했다. 이렇게 도사를 임명하는 형식의 결재가 나중에는 조상들에 대한 공양이나 국가의 안녕을 비는 형식으로 발전했다.

한편 초는 오늘날의 제사 형식으로 양재기복(禳災祈福)을 바라는 의식이었다. 따라서 폐백이나 음식물을 제수로 차려 놓고 향을 사르며 제문을 읽으면서 복을 빌었다. 이때 그 제문을 푸른 종이에다 썼으므로 그것을 청사 또는 초재문이라 하였다. 그래서 초가 재보다 더 직접적인 기원의 방법이었으니 후대에 와서는 재초가 혼합되어 하나의 행사로 동일화된 것으로 여겨진다. 그래서 중요한 재초로는 금록대재·황록재·명진재·삼원재·팔절재·도탄재·자연재·개복신초·청명초·본명초·진병초·삼계초 등 많은 재초가 생겨났다. 그러나 세월에 따라 교파에 따라 이 재초의 의식은 변질되어 완벽한 정형이 없는 것으로 여겨진다.

6. 도교의 신들

도교에서 받드는 신들은 시대에 따라 새로이 생기기도 하고 없어지기도 한다. 일반적으로 가장 널리 제사 지내는 신에는 원시천존(元始天尊) 또는 옥황상제(玉皇上帝)가 있고, 이는 다시 무형천존(無形天尊), 무시천존(無始天尊), 범형천존(梵形天尊)으로 변신하기도 한다. 그리고 교조인 노자, 곧 노군(老君)도 원시천존의 화신(化身)이라고 믿는다. 도교가 자리를 잡아 감에 따라 태상노군이라 불리며 노자가 신격화되어 갔다.

1) 삼청천존 : 옥청 원시천존(옥황상제), 상청 영보천존, 태청 도덕천존

옥황(玉皇) 또는 옥황상제(玉皇上帝, 玉皇大帝)는 도교의 최고신이다. 원시천존의 봉축일은 정월 초하루로서, 도교 종원으로 손에 혼원주를 들고 있으며 대전 가운데에 거한다. 상청 영보천존 역시 도교 종원이며, 손에 여의주를 들고 있고, 하지에 신도들이 도관에 참배하며 복록과 수명과 소원을 빌며 봉축한다. 태청 도덕천존은 도교 종원으로 원시천존 우측에 거하고 손에 깃털 부채를 들고 있으며, 태상노군 노자(老子)이다. 태청 도덕천존의 봉축일은 2월 15일이며, 신도들이 액운을 멀리 쫓고 가정에 화평과 국태민안을 기원한다.

2) 서왕모(西王母)

중국 신화에 나오는 여신으로 곤륜산에 산다고 한다. 성은 양(楊), 이름은 회(回)였다고 한다. 옥황상제의 부인이라는 서왕모는 30세를 약간 넘어선 성숙한 미모의 여인이며 절대권력을 가진 여선의 우두머리이며 불사약을 가졌다는 모습으로 표현되어 왔지만, 원래 서왕모는 중국 변방(서쪽 곤륜산 근처)의 이민족 이름이었다. 서왕모는 복을 나누어주며 아들을 점지해 주는 신으로 알려져 있다.

3) 관제

관우(關羽, ?-219)는 중국 삼국시대의 촉한의 무장이다. 수장(壽長) 또는 장생(長生)이라는 자를 썼으나 나중에 운장(雲長)으로 바꿨다. 유비를 오랫동안 섬기며 촉한 건국에 많은 공로를 세웠다. 관우의 충성심과 의리, 당당한 성품으로 인해 동아시아에서 가장 잘 알려진 장수로 손꼽힌다. 의리의 화신으로 민담이나 전승에서 널리 이야기되었고, 나중에는 신격화되어

관제묘가 세워졌다.

4) 팔선

팔선(八仙)은 중국 신화의 전설적인 도교 선인으로서 맏형 격인 종리권(鍾離權), 병자들을 돌봐주는 이철괴(李鐵拐), 악공들을 지켜주는 한상자(韓湘子), 악극을 후원하는 조국구(曺國舅), 이발사들을 돕는 여동빈(呂洞賓), 노인들을 지켜주는 장국로(張國老), 꽃꽂이의 선인 남채하(藍采何), 유일한 여성인 하선고(何仙姑)를 가리킨다. 종리권은 한(漢)나라, 이철괴는 시대 불명, 조국구는 송(宋)나라, 나머지는 모두 당(唐)나라 사람이다. 이와 같이 당나라 시대의 은사(隱士)가 많으며, 이들이 팔선으로 정리된 것은 원(元)나라 무렵이다.

이외에도 토지신, 성황, 삼관, 종규, 청비낭낭, 육정육갑, 귀사이장, 사대원수, 진무대제, 풍백, 전모, 뇌신 등 많은 신선이 있다.

7. 한국도교의 역사와 현황

도교가 중국에서 한국으로 전래된 것은 삼국시대(624, 고구려 영류왕 7년)이다. 신라와 백제에도 비슷한 시기에 전래되었으나 도교신앙은 고구려에서만 성행하였다. 그것은 천재·무속·산악·신앙 등 지리적 여건으로 종교적 의식이 강했기 때문이기도 하지만, 정책적으로 국가에서 적극 수용 권장한 데 그 원인이 있다. 백제와 신라에서는 종교적 신앙보다는 노자, 장자의 서적을 통한 무위자연(無爲自然) 사상을 자연스럽게 받아들여 자체 사상과 융합하면서 선도·선풍(仙風) 의식을 심화시켜 나가는 양상을 보였다. 그러나 신라가 통일한 이후에는 당(唐)나라 유학을 하고 돌아온 사람들 중에 양생(養生) 보진을 도모하는 사람이 있어 단학의 성격을 가지는 수련

(修鍊)도교의 양상을 드러내는 현상도 없지 않았다.

도교가 가장 성행했던 시기는 고려시대라고 할 수 있다. 중세에 해당하는 고려시대는 신앙의 시대, 종교의 시대라고 할 만큼 신(神) 중심의 나라였다. 불교가 그 중심 종교이기는 했지만 귀신·영성·산신(山神) 그리고 무속(巫俗)과 더불어 도참(圖讖) 사상이 병존하여 모든 것이 기복종교의 현상을 띄는 것이 이 시대의 특색이라고 할 수 있다. 도교 역시 여러 민간신앙과 섞이게 되면서 불교 도참사상과 함께 하여 현세이익(現世利益)을 희구하는 양재기복(禳災祈福)의 기축(祈祝) 행사가 성해, 그 풍습이 민간생활에까지 뿌리를 내렸다. 국가적으로는 호국연기를 바라는 재초 행사가 크게 행하여졌으며, 특히 예종(睿宗, 1105-1122)은 복원궁이라는 도관(道觀, 도교 사원)을 건립하는 등 도교를 크게 진작시켜 불교보다 더 중시하였다. 예종은 복원궁을 건립하기 이전에도 그의 즉위 2년에 연경궁 후원에 있는 옥청정(玉淸亭)에 도교의 최고신인 원시천존상(元始天尊像)을 모시고 달마다 초제(醮祭)를 지냈고 청연각(淸燕閣)에서 노자 『도덕경』을 강론토록 하였다. 이러한 도교의 성행은 민간에 수경신이라는 도교습속(道敎習俗)까지 낳게 하여 그 풍습이 오늘에 이른다. 한국의 도교는 중국으로부터 전래된 이후 크게 의식도교와 수련도교의 두 맥을 이루면서 종교사상은 물론 문학·예술 등 생활 전반에 걸쳐 많은 영향을 끼쳤다.

특히 오늘날 도교는 신앙보다는 심신의 수련으로 받아들여지고 있다. 그 가운데 많은 관심을 끄는 것은 단전호흡의 붐과 관련해서 조선조 도맥이라 할 수 있는 수련도교 전통이다.[22] 최근 소설로도 나와 많은 사람의 관심을 끈 조선시대 최고의 도인이라 할 수 있을 토정 이지함과 같은 인물을

22) 단전호흡은 1980년대 들어서 우리나라에 명상 계통의 책이 소개되기 시작한 후 사회적인 공식 단체로 인정받고 전문 잡지를 낼 정도로 굳건히 뿌리내린 수련법이다. 아울러 각지에 숨어 살던 도인, 도사들이 다시 나타나고, 의과대학에서 기 공술을 가르치고, 기 공술로 병을 고치는 과(科)가 생겨나고, 세계 각지에서 중국의 놀라운 기 공술을 배우러 사람들이 쇄도하는 등 중국 대륙의 도교 붐은 전 세계적으로 큰 관심을 모으고 있다.

통해 보면, 조선조에도 많은 사람이 산 속에서 도교식 수행을 했었다는 것을 간접적으로 알 수 있다. 지금도 지리산 속에 들어가서 단독 혹은 집단으로 수행하는 사람들이 수백 명에서 수천 명이 된다고 한다.

8. 대화의 가능성과 선교 접촉점

1) 도교와 기독교의 대화 가능성[23)]

도교를 비롯한 동양종교의 사유와 존재 방식은 삼위일체적 구조를 가지고 있다. 이것은 이치의 옳고 그름을 판단하는 이원론적 세계관에 기초한 서구의 뉴턴 데카르트적 사고와는 다르다.[24)] 이런 점에서 동양의 히브리적 사고에서 출발한 기독교의 진리와 동양종교의 대화는 매우 유익할 것이다. 서구의 과정철학자 화이트헤드(Alfred North Whitehead)에 의하면 현실적 존재(actual entity)는 과거와 미래, 물극(physical pole)과 심극(mental pole)이라는 두 양극의 만남을 통해 주체적인 방향으로 완결(completion)되어 간다고, 삼위일체적 구조를 가지고 설명하였다.[25)] 화이트헤드의 현실적 존재와 동양의 실재에 대한 이해가 삼위일체적이라고 해서 이것을 전통적인 기독교의 삼위일체에 그대로 대입할 수는 없다. 그럼에도 불구하고 이러한 동양적 사유가 오랜 동양적인 전통 안에서 살아온 사람들에게 복음을 전달하기에 유용하다는 면에서 선교적 의미가 매우 크다고 할 수 있을 것이다.

---

23) 이 부분은 김은수, “선교확산을 위한 동양종교와 기독교의 접촉점 연구 – 도교(道教)와 불교(佛教)를 중심으로”, 「구약논단」 53(2014), 44-70의 내용을 재정리한 것이다.

24) 이세형, “성령론에 대한 기철학적 이해”, 「선교신학」 15(2007), 208, 211.

25) Alfred North Whitehead, *Process and Reality*, ed. David Ray Griffin and Donald W. Sherburne(New York: The Free Press, 1978), 18.

먼저, 기독교의 삼위일체와 도교의 삼일성(三一性)을 생각해 보자. 도교에서 생명은 궁극적으로 삼일적이다. 『도덕경』 42장에 보면, "도(道)가 하나를 낳고 하나는 둘을 낳으며 둘은 셋을 낳는다. 그리고 셋에서 만물이 나온다. 그러므로 만물은 음(陰)과 양(陽) 기운을 동시에 간직하고 있으며 그 두 기운이 조화를 이루는 유기적 통일체로 존재한다."[26] 여기서 만물이 음과 양을 동시에 간직한다는 것은 밀도가 가장 짙은 물체의 상(相)으로부터 밀도가 가장 엷은 사고(思考)에 이르는 모든 유상을 말한다. 그런데 이 유상은 나타나서 자라고 성숙하면 쇠퇴하는 순환운동이기 때문에 이 운동은 무상에서 유상으로 그리고 다시 무상으로 진행한다. 이러한 운동 양식이 근본으로 돌아가는 것이며 영원한 진리인 도를 따르는 것이다. 만물이 '양'을 품는다는 것은 우리가 눈으로 볼 수 있는 '유상'(有相)을 말하며, '음'은 모든 유상의 '배후'로서 볼 수 없는 '무상'(無相)을 말한다. 이러한 음과 양, 무상과 유상은 '기'(氣)가 충만한 움직임(動)이기 때문에, 음과 양 그리고 움직임, 이 셋은 하나로서 만물을 구성하는 삼일성(三一性)을 가진다. 이 삼일성이 무상과 유상의 생명운동으로 '도'가 하나를 낳는다는 것은 만물이 나름대로의 상(相)을 가지며, 이것이 태극도형으로 표현되어 태극기의 가운데 원에 반영되어 있다. 여기서 생명의 맨 처음은 '유'(有)로서 하나이며, 첫 번째이다. 이 유상은 그다음에 무상이 되며, 이것을 유상에 더하면 '둘'이 된다. 이 둘은 생명으로서 항상 움직인다. 그러므로 만물은 모양이 없는 음과 모양이 있는 양이 움직임으로 삼일성(三一性)을 가지고 존재한다.

기독교에서 하나님의 존재 양식은 삼위일체로서 도교의 삼일성과 유비될 수 있다. 음은 만물의 근원으로서 우리가 눈으로 볼 수 없는 하나님 아버지(성부, 聖父)이며, 양은 보이지 않은 하나님을 우리에게 보여주신 아

26) 이순연·Thomas G. Hand/이희정 역, 『여기에 물이 있습니다 – 도교와 불교의 눈으로 살펴본 기독교』(서울: 대한기독교서회, 2010), 196; 노자(老子) 원전, 『도덕경』, 183.

들 예수 그리스도(성자, 聖者)이다. 예수님은 "나를 본 자는 아버지를 보았다"(요 14:9)고 하셨다. 우리는 아들을 통해 아버지를 볼 수 있게 된 것이다. 이 아버지와 아들의 영(靈, 도교의 氣)이 우리 가운데 충만한 움직임(動)으로 존재하며, 이 삼위일체 하나님의 움직임(動)이 성령(聖靈)이시다.[27] 삼위일체의 성령은 진리의 영이다. "내가 아버지께로부터 너희에게 보낼 보혜사 곧 아버지께로부터 나오시는 진리의 성령이 오실 때에 그가 나를 증언하실 것이요"(요 15:26). 삼위일체의 영이신 성령은 진리를 가르치시며 그 진리를 따르도록 그리스도가 가르치신 것을 구체적으로 생각나게 하신다. "성령 그가 너희에게 모든 것을 가르치고 내가 너희에게 말한 모든 것을 생각나게 하리라"(요 14:26). 도교에서 삼일성은 생명운동으로 결국 진리(道)를 깨닫게 하고 이 진리의 길을 따르는 것이다. 영원한 진리인 도를 따르는 것은 곧 자연의 흐름을 따르는 것이므로 도는 영원하며, 도를 따르는 사람은 육신이 소멸된다 하더라도 결코 죽지 않는다.[28] 또한 도는 만물을 생성하는 원기가 지켜야 할 규칙과도 같은 것이다. 이 원기(元氣)를 『태평경』에서는 '기의 으뜸'(氣之元) 또는 '기의 처음'(氣之始)으로 원초의 기라고 말한다. 원기는 만물이 그것으로부터 생성되어 나오는 세계의 본체이다. 따라서 세계 안의 사물은 모두 하나의 원기로부터 생성된다.[29] 창세기는 하나님

---

27) "보혜사 곧 아버지께서 내 이름으로 보내실 성령"(요 14:26, 15:26)은 아버지와 아들로부터 오는 성령을 말하고 있으며, "하나님이 보내신 이는 하나님의 말씀을 하나니 이는 하나님이 성령을 한량없이 주심이니라"(요 3:34)와 "바람이 임의로 불매 네가 그 소리는 들어도 어디서 와서 어디로 가는지 알지 못하나니 성령으로 난 사람도 다 그러하니라"(요 3:8) 등의 말씀은 성령이 움직임(動)이라는 것을 잘 보여준다.

28) 노자(老子) 원전, 『도덕경』, 16장, 79-82.

29) "故天地未分之時, 積氣都合爲一. 分爲二, 成夫婦. 天下施於地, 懷妊於玄冥, 子爲甲子"(고천지미분지시 적기도합위일 분위이 성부부. 천하시어지, 회임어현명, 자위갑자): "하늘과 땅이 나뉘지 않았을 때에는 쌓인 기(積氣)가 모두 하나로 합하여 있었으나 나뉘어 둘이 되고 부부를 이루었다. 천하가 땅에 베풀어 어둠(현명, 玄冥)에서 잉태하니, 이름하여 갑자(甲子)라 하였다." 『太平經』(태평경) 권102, '經文部數所應訣'(경문부수소응결), 463. 윤찬원, 『도교철학의 이해 - 태평경의 철학체계와 도교

의 영에 대해 말하기를 "태초에 하나님이 천지를 창조하시니라 … '하나님의 영'(루아흐 엘로힘)은 수면 위에 운행하시니라"(1:1-2). 이 '루아흐'가 때로는 "기운"(창 7:22)이나 "바람"(창 3:8)으로 해석됨으로써 도교에서 음과 양의 움직임의 근원인 기(氣)와도 일맥상통한다.

다음으로, 도교의 인격신 황천(皇天)과 기독교의 야웨(YHWH)를 살펴보자. 『태평경』에서 황천(皇天)은 약 99회 언급될 정도로 매우 빈번하고 중요하다. 황천에 대한 언급은 진인(眞人)이 묻고 천사(天師)가 대답하는 형식으로 서술되었고, 그 내용은 황천의 존재와 지위, 인격성, 역할 등이 다루어지고 있으며 다음과 같이 요약된다. 먼저, 황천의 지위는 자연의 생성과 변화의 주재자로서 세계를 지배한다. 황천은 천도의 담당자이며 이 세상에서 가장 신령한 존재다. 하지만 '천'은 '도'를 두려워하고, '도'는 스스로 그러함(自然)을 두려워하는데, 그 이유는 스스로 그러한 자연의 상태(自然而然)가 초자연적인 신의 의지에 지배당하지 않기 때문이다.[30] 놀라운 것은 이러한 무신론적인 개념이 『태평경』에서는 의인화되어 목적론적 세계관으로 나타나고 있다는 점이다. 이러한 맥락에서 『태평경』은 황천이 철저히 인격적인 존재로 표현되고 있다. 즉, '황천의 마음'(皇天心 또는 皇天之心), '황천의 뜻'(皇天意), '황천이 불안하게 생각한다'(皇天不安), '황천을 감동시킨다'(感動皇天) 등 황천이 인격적, 의지적 존재로 나타난다. 따라서 황천은 세상의 무리들을 교화시키는 위대한 스승 또는 밝은 스승으로 간주되고, 세상의 모든 사물들에 생명을 부여하며 다스리는 신적 존재이다.[31] 그는 세계의 질서를 바로잡을 수 있도록 천사(天師)를 시켜 참된 글과 책을 보내어 인간

적 세계관』, 94에서 재인용.

30) "天畏道, 道畏自然. 夫天畏道者, 天以至行也"(천외도, 도외자연. 부천외도자, 천이지행야), 鈔(초) 任部(임부) 권137-153, 701. 윤찬원, *ibid.*, 100에서 재인용.

31) "夫皇天, 乃是凡事之長, 人之父母也, 天下聖賢所取象也"(부황천, 내시범사지장, 인지부모야, 천하성현소취상야): "대저 황천은 무릇 일의 스승이자 어른이고 사람의 부모이며 세상의 성현들이 본보기를 취하는 바이다." 권117, '天咎四人辱道誡'(천구사인욕도계), 658. 윤찬원, 110에서 재인용.

과 사물이 황천의 의지를 따르게 하였다는 것이다.[32] 이처럼 황천은 인격성을 가진 절대자이며 자연의 생성과 변화의 주재자로서 하늘과 땅, 사람(天·地·人)의 삼합상통(三合相通)의 조화를 보면서 감격하기도 하고 즐거워하기도 한다.

이것은 성경에서 하나님이 천지만물의 창조자이며, 주재자로서 피조물과 철저하게 인격적인 관계를 맺으시는 분으로 나타나고 있음을 연상하게 한다. 특히 창세기에서 하나님이 이 세상을 창조하신 후 매우 좋아하시는 모습을 여러 차례 언급하고 있음에서 잘 알 수 있다. "하나님이 보시기에 심히 좋았더라"라는 표현이 창세기에만 일곱 번 강조되고 있다(창 1:4, 10, 12, 18, 21, 25, 31).

셋째, 성경의 로고스(logos)가 중국에서 도(道)로 번역됨을 유의해 보자. 『태평경』에서 원기(元氣)가 만물을 생성하는 세계의 실체라면, 도는 원기가 세계를 생성하는 데 지켜야 할 규칙과 같은 것이기 때문에 세계 안에 있는 사물의 생성과 소멸은 필연적으로 도를 따른다. "원기가 도를 지켜서 생겨나는 것은 이와 같다. 자연은 도를 지켜 운행하며 만물은 모두 그 할 바를 얻는다. 하늘이 도를 지켜서 운행하니 신묘하여 일정한 모습이 없다. 위로는 사람의 군주와 어버이를 본받아 변화를 제어하지 못하는 것이 없으니, 실로 '도의 뜻'(道意)을 얻게 된다."[33] 여기서 '도의 뜻'이란 도의 의지로서 도의 법칙이 우발적이나 우연적인 것이 아니라 필연적인 세계법칙이란 의미이다. "천도(天道)에는 바른 법이 있어 우연히 서로 모이는 것은 없다."[34] 그러므로 개개 사물들이 도를 따르지 않으면 천도(天道)에 반하는 것이다.

---

32) *Ibid.*, 109-111.

33) "是元氣守道而生如此矣. 自然守道而行, 萬物皆得其所矣. 天守道而行, 卽稱神而無妨. 上象人君父, 無所不能制化, 實得道意"(시원기수도이생여차의. 자연수도이행, 만물개득기소의. 천수도이행, 즉칭신이무방. 상상인군부, 무소불능제화, 실득도의). 초(鈔) 乙部(을부) 卷18-34, '安樂王者法'(안락왕자법), 21; 윤찬원, *ibid.*, 102에서 재인용.

34) "天道有格法, 運非際會也"(천도유격법, 운비제회야). 초(鈔) 丁部(정부) 권56-64; 윤찬원, *ibid.*, 103에서 재인용.

이처럼 도는 만물을 생성하게 하는 힘으로서 그 힘이 미치지 않는 사물은 이 세계 어디에도 존재하지 않는다. 도는 최고의 존재인 황천의 명령을 받으면서 동시에 그 자체의 자발성으로 원기로 하여금 만물을 생성케 한다.

요한복음에서는 태초에 말씀(로고스, logos)이 있었다고 한다(요 1:1). 그 말씀이 하나님과 함께 계셨고 말씀이 곧 하나님이라고 말한다. 로고스는 태초에 하나님과 함께 계셨고, 만물이 그로 말미암아 지은 바 되었으니, 로고스 없이 이루어진 것은 하나도 없다고 증언한다. 따라서 중국에서는 로고스를 도(道, Dao)로 번역한다. 즉, 로고스가 육신이 되어 우리 가운데 거하셨다는 것은(요 1:14) 중국에서는 도가 성육신(incarnation)하여 오신 것이고, 그가 곧 그리스도이자 도(道)라는 것이다. 바울도 그리스도의 진리를 도로 표현하였다. "십자가의 도(道)가 멸망하는 자들에게는 미련한 것이요 구원을 받는 우리에게는 하나님의 능력이라"(고전 1:18).

넷째, 도교의 '人取象於天'(사람은 하늘의 상을 취한다)은 '하나님의 형상'(Imago Dei)과 대화할 수 있다. 『태평경』은 '상'(象)을 중요하게 여긴다. 사람은 본보기(象)를 하늘로부터 취하고 하늘은 본보기를 사람으로부터 취한다는 것이다(人取象於天, 天取象於人).[35] 이 말은 하늘과 인간의 관계가 일방적이 아닌 쌍방 간의 관계라는 것이며, 서로 간의 관계성을 나타낸다. 인간은 도에 따라 원기로부터 생명을 부여받는다. 그러므로 사람은 대자연의 축도(縮圖)이다. 머리가 둥근 것은 하늘을 본받은 것이며, 발이 모난 것은 땅을 본받은 것이다. 사지는 사계절을 본받은 것이며, 오장은 오행을 본

---

35) "故人取象於天, 天取象於人. 天地人有其事, 象神靈, 亦象其事法而爲之 … 此三者, 天地中和之疾使, 隨神氣而動作, 應時而往來, 絕洞而無間, 往來難知處"(고인취상어천, 천취상어인. 천지인유기사, 상신령, 역상기사법이위지 … 차삼자, 천지중화지질사, 수신기이동작, 응시이왕래, 절동이무간, 왕래난지처): "사람은 본보기(象)를 하늘로부터 취하고 하늘은 본보기를 사람으로부터 취한다. 하늘과 땅, 사람은 각각 일을 하며 신령을 본받고 일의 본보기(事法)를 본받아 한다. … 이 셋은 천과 지, 중화가 다투어 부리는 것으로 신비로운 기를 따라 움직여 일어나며, 때에 응하여 오고 가고, 텅 빔을 끊어 사이를 없애니, 오고 감에 바른 장소를 알기 어렵다." 권118, '천신고과구교삼합결'(天神考過拘校三合訣), 673; 윤찬원, *ibid.*, 127에서 재인용.

받은 것이다.

창세기는 하나님께서 인간을 만드실 때 '하나님의 형상'(Imago Dei)에 따라 지으셨다고 말한다. "하나님이 이르시되 우리의 형상(첼렘, Imago Dei)을 따라 우리의 모양(데무트, Imago Dei)대로 우리가 사람을 만들고 그들로 바다의 물고기와 하늘의 새와 가축과 온 땅과 땅에 기는 모든 것을 다스리게 하자 하시고, 하나님이 자기 형상(첼렘) 곧 하나님의 형상(셀렘 엘로힘)대로 사람을 창조하시되 남자와 여자를 창조하시고"(창 1:26-27). 여기서 '닮았다'는 히브리어 '데무트'와 '형상'이라는 '첼렘', '셀렘'은 역사적으로 여러 가지로 해석되어 왔으나 인간은 외형적으로나 인격을 형성하는 내적인 모습이 하나님을 닮은 신적인 기원을 갖는 존재라는 것이다.[36] 그리고 그 인간은 하나님의 말씀(도교의 道)으로부터 생기(루아흐, 도교의 元氣)를 받아 생명을 부여받았다(창 2:7). 그리고 도교의 人取象於天, 天取象於人처럼 하나님께서도 인간과 계속적으로 관계를 맺으시며, 일방적이 아닌 쌍방간의 언약을 통해 그 관계성을 유지하신다(아담, 노아, 아브라함, 모세, 다윗 언약 등). 그들이 하나님 말씀(로고스, 道)을 청종하고 그의 명령과 규례를 지키면 그들을 기뻐하시며 복을 주시며(신 30:9-10), 그렇지 않으면 그들이 반드시 망할 것이라는 것이다(신 30:18).

끝으로, 도교의 태평(太平)과 기독교의 샬롬(Shalom)의 대화 가능성이다. 태평은 『태평경』의 핵심 사상으로 천·지·인 삼통이 이상적으로 조화를 이룬 상태로서 현실세계에서 조화를 이루어야 한다는 조화사상이다. 모든 존재들의 조화가 최고도로 발현되는 상태가 태평이며, 이러한 조화를 이룰 때 즐거움에 이르게 된다. 이처럼 만물이 즐거움의 상태에 이르는 것을 '태화'(太和)라고 하는데, 태화는 태평의 다른 이름이다. 태평에서 '태'는 '크다'(太)는 것이며, '평'이란 '바름'(正)을 의미한다. 즉, 태평은 '크게 바름'을 의미하는 것으로 현실세계가 원초적 상태의 바름으로 되돌아가는 것을 가리킨다. 결국 태평은 하늘, 땅, 사람, 이 세 가지가 조화를 이루는 상태로서 천기, 지

---

36) 김은수, 『사회복지와 선교』(서울: 대한기독교서회, 2014), 23-29.

기, 중화기의 세 기가 조화의 상태를 이루어 '셋이 합하여 서로 통하는' 삼합상통(三合相通)이다.[37] 이것이 태평의 적극적 의미이다. 한편 태평의 소극적 의미는 세계 안의 모든 사물이 상하거나 병든 것이 없는 상태를 가리킨다. 태평의 이념은 근본적으로 원기로부터 주어지는 모든 생명이 존엄하다는 생명 중시의 사상을 보여준다. 이것은 또 이러한 생명들 중에서도 인간의 생명은 더욱 귀중한 것이라는 인간관을 시사한다.[38]

성경에서 평화, 또는 평안을 의미하는 샬롬은 하나님의 임재의 결과인 완전한 충족의 상태를 말한다. 하나님은 하나님의 백성에게 '평안'의 언약을 약속하셨으며(민 25:12), 전통적인 축복기도의 전형에도 '평안'을 위해 빌도록 하셨다(민 6:24-26). 성경에서 말하는 샬롬은 하나님의 뜻이 성취되는 가운데 이루어지는 인간 삶의 모든 전망들이 '바르게 됨'을 의미한다. 그런 점에서 정의, 진리, 공동체 그리고 평안, 화평 등으로 불려진다. 미가에서는 장차 나타날 메시아를 "평강"(Shalom)이 될 사람이라고 했으며(미 5:5), 바울은 메시아를 "화평"(Shalom)이라고 부르며(엡 2:14), 복음을 "평안"(Shalom)의 복음이라고 하였다(엡 6:15). 특히 '하나님의 선교'에서 선교의 목표인 하나님 나라의 내용이 샬롬이며, 이 샬롬은 헬라어의 평화(eirene)가 내포하고 있는 마음속의 평안으로 해석되지 않고 사회적인 사건으로 그

---

37) 삼합상통에서 삼이란 전통적 삼재사상을 반영함과 동시에 도교적 세계관의 특징이다. 세계를 셋으로 나누어 파악하는 방식은 『태평경』이 최초이다. 이러한 삼분법적 세계 파악은 후대의 선구적 역할을 한다. 예를 들면 오두미도의 천·지·수라는 삼관사상(三官思想), 후기 도교의 삼일신(三一神), '삼원'(三元), '삼시'(三尸), '삼천'(三天), '삼시'(三始), '삼황'(三皇), '삼청'(三淸) 등의 사상 및 육수정(陸修靜, 406-477)의 도교 경전 분류 방식인 '삼통'(三洞) 등은 『태평경』의 삼에 의한 삼분법적 사고의 영향을 받은 것이다. 윤찬원, *ibid.*, 131-136.

38) "『태평경』의 기본 사랑은 실제로 태평의 시대를 이루기 위하여 태양·태음·중화, 하늘·땅·사람, 해·달·별, 산·내·평지, 부·모·자, 군·신·민, 도·덕·인 등 삼자로 이루어지는 서로 다른 영역들 간의 조화로운 소통이 필연적임을 단언한다. … 세 요소들이 … 상호 소통하는 하나의 가족을 형성할 때 세 기는 태평의 기가 이루는 위대한 조화로 통일되어 태평을 성취한다." Max Kaltenmark, *The Ideology of the T'ai-P'ing ching*, 26-27. 윤찬원, *ibid.*, 135에서 재인용.

리고 인간 사이의 사건으로 이해된다.[39] 또한 샬롬의 내용은 미래에 다가올 희망의 세 가지 지평, 즉 생명(Leben), 정의(Gerechtigkeit), 하나님의 나라(Reich Gottes)이다. 따라서 샬롬은 인간 사이의 관계에서 일어나는 사건이며 인간과 더불어 사는 사회적 사건이다.[40] 이것은 도교에서 말하는 하늘, 땅, 사람이 온전한 조화를 이루는 태평의 적극적 의미와 일맥상통하며, 또한 천기, 지기, 중화기의 세 기가 조화의 상태를 이루어 '셋이 합하여 서로 통하는' 삼합상통(三合相通)의 사회적 사건이자 공동체적 태평과도 비교될 수 있다.

2) 선교 접촉점

노자는 도(道)를 하나의 우주 법칙으로 보고 형이상학적 실재로 만물의 근원이며, 우주 운행의 원리로 보았다. 도는 인식적 대상이 아니며, 다만 우리에게 느껴질 뿐이며 체험되는 것이다. 또한 도는 형체가 없으므로 무라고 하는데, 여기서 만물이 생겨나므로 만물의 근원이라는 것이다. 이것은 앞에서 살펴본 바와 같이 기독교에서 신(神)과 비견될 만큼 심오한 개념이다. 그러므로 우리가 도를 이해하지 않고는 인류(人類)의 가장 많은 부분을 차지하고 있는 중국인과 화교를 이해하거나 복음을 전파하기 어려울 것이다.

또한 도교에서 말하는 조화와 질서, 그리고 영원한 길로서의 도의 궁극점은 하늘(天)임을 직시할 필요가 있다. 도에 순응하지 않으면 사악한 사람인 것과 같이 기독교에서의 궁극적인 목표가 하나님의 뜻을 따르고 그 뜻이 이 땅에 이루어지는 하늘(天)나라라는 점에서 같다고 볼 수 있다. 그러나 그 인식의 폭에 있어서 중국의 자생종교로서의 도교에 비해 기독교는

---

39) Ökumenischer Rat der Kirchen, *Die Kirche für andere und Die Kirche für die Welt im Ringen um Strukturen missionarischer Gemeinden*(Genf: 1967), 17.

40) J. C. Hoekendijk, *Kirche und Volk in der deutschen Missionswissenschaft* (München: 1967), 347.

동양에서 발생하여 서양을 거쳐 다시 동양으로 들어온 창조주 하나님의 무한성에서 본다면 모두 포용될 수 있다는 것을 인식할 필요가 있을 것이다. 창조 속에 존재하는 피조물들의 다양성과 독특성을 인정하면서, 자신의 것을 버리거나 없애는 것이 아닌 합일점을 추구해 나가는 것이 중요하다는 것이다.

그리고 도교는 한국에서 종교적 의미보다는 수행으로 받아들여지고 있는 점에서 기독교는 보다 적극적으로 선교할 필요가 있다. 이에 관해서는 매우 중요한 전통을 가지고 있는데, 그것이 바로 한국교회의 새벽기도다. 새벽기도회는 한국교회의 독특한 특성이자 폭발적인 성장과 활력을 가져다 준 요소이기 때문이다. 1905년 새벽기도회를 처음 시작한 사람은 평양에서 목회하고 있었던 길선주 목사(1869-1935)이다.[41] 그는 원래 선도(仙道)를 공부하는 도교 신자로서 19세 때 진리와 영생을 찾으러 산 속에 들어가 도교의 주문을 일만 번씩 외울 정도로 심신을 수련하는 데 열심이던 자였고, 기독교로 개종한 뒤에도 예전처럼 새벽 일찍 일어나게 되었다. 그는 새벽에 일어나 도교의 방식으로 수련을 하는 대신 기도하기 시작했다. 그 후 점차 신도들이 그의 기도회에 참석하기 시작했고, 이 새벽기도회는 한국교회의 신도들에게 영성훈련으로서 그리고 열성적인 기도운동으로서 자리 잡게 되면서 한국교회의 가장 보편적인 모임이자 의식으로 자리 잡게 되었다. 특히 새벽기도회가 해외의 기독교회에도 알려지면서 한국교회의 수적인 성장과 신도들의 신앙훈련에 가장 크게 기여한 요소로 평가받고 있다. 도교의 영성수련이 한국교회 영성훈련으로 토착화된 대표적인 사례가 아닐 수 없다. 이러한 복음의 토착화는 기독교가 더 이상 외래종교가 아닌 한국의 종교로 뿌리내리는 데 가장 중요한 일이 될 것이다.

---

41) 그는 한때 도교의 일파인 관우를 섬기는 관성교에 심취했던 초기 한국교회의 목사로서 대표적 복음전도자이자 부흥사였다.

참고문헌

Roger T. Ames. "The Meaning of Body in Classical Chinese Philosophy." Self As Body in *Asian Theory and Practice*. New York UP, 1993.

Kenneth Dean. *Taoist Ritual And Popular Cults of Southeast China*. Princeton UP, 1993.

J. C. Hoekendijk. *Kirche und Volk in der deutschen Missionswissenschaft*. München: 1967.

Henri Maspero/신하령 · 김태완 역. 『도교』. 서울: 까치, 1999.

Robert G. Orr. *Religion in China*. NY: Friendship Press, 1980.

Ökumenischer Rat der Kirchen. *Die Kirche für andere und Die Kirche für die Welt im Ringen um Strukturen missionarischer Gemeinden*. Genf: 1967.

Michael Saso. *The Rite of Cosmic Renewal*. Washington UP, 1972.

Alfred North Whitehead. *Process and Reality*. ed. by David Ray Griffin and Donald W. Sherburn. New York: The Free Press, 1978.

구보 노리따다 외/조성을 역. 『중국종교사』. 서울: 한울아카데미, 1996.

노자(老子) 원전/오강남 풀이. 『도덕경』. 서울: 현암사, 2009.

사까이 다다오(酒井忠夫) 외/최준식 역. 『도교란 무엇인가』. 종교문화연구원 종교학 총서 1. 서울: 민족사, 1990.

원가/전인초 · 김선자 역. 『중국신화전설』. 서울: 민음사, 1998.

홈스 웰치 · 안나 자이델 편저/윤찬원 역. 『도교의 세계－철학, 과학 그리고 종교』. 서울: 사회평론, 2001.

이순연 · Thomas G. Hand/이희정 역. 『여기에 물이 있습니다－도교와 불교의 눈으로 살펴본 기독교』. 서울: 대한기독교서회, 2010.

김은수. 『사회복지와 선교』. 서울: 대한기독교서회, 2014.

_____. "선교확산을 위한 동양종교와 기독교의 접촉점 연구－도교(道敎)와 불교(佛敎)를 중심으로." 「구약논단」 53(2014), 44-70.

도광순. 『도가사상과 도교』. 서울: 범우사, 1994.

문화공보부. 『한국의 종교』. 서울: 문화공보부, 1989.

윤찬원. "태평경에 나타난 도교윤리." 『도교의 한국적 변용』. 한국도교사상연구총서 10. 성남: 아세아문화사, 1996, 129-160.

_____. 『도교철학의 이해 - 태평경의 철학체계와 도교적 세계관』. 서울: 돌베개, 1998.

_____. "태평경에 나타난 생명관." 『도교와 생명사상』. 도교문화연구 12. 서울: 국학자료원, 1998, 63-104.

윤찬원 외. 『태평경 역주 1-5』. 한국연구재단 학술명저번역총서 동양편. 서울: 세창출판사, 2012.

이세형. "성령론에 대한 기철학적 이해." 「선교신학」 15(2007), 205-238.

정병조. 『한국종교사상사』. 서울: 연세대학교출판부, 1992.

정재서. "태평경의 성립 및 사상에 관한 시론." 『한국도교와 도가사상』. 한국도교사상연구총서 5. 성남: 아세아문화사, 1991, 79-102,

차용준. 『종교문화의 이해 제3권』. 전북: 전주대학교출판부, 2002.

차주환. 『한국도교사상연구』. 서울: 서울대학교출판사, 1983.

최준식. 『한국의 종교이야기』. 서울: 한울, 1995.

한국도교문화학회. 『도교사상과 한국도교』. 서울: 한국자료원, 1997.

한국도교사상연구회. 『한국도교사상의 이해』. 성남: 아세아문화사, 1990.

http://en.wikipedia.org/wiki/List_of_religious_populations

제2장

불교(佛敎)

1. 발생 배경과 시대적 상황

불교는 인도의 계급 제도(카스트)와 힌두교의 끝없는 윤회의 속박에서 벗어나기 위해 발생되었다. 기원전 5세기경 정통파 바라문교에서는 우주의 창조주와 본질인 '범'(brahman)이라는 천신(天神)에 대한 절대적인 신앙과 공양으로 바치는 희생을 통해서 인간의 모든 문제가 해결된다고 가르쳤다. 하지만 이 계통에서도 우파니샤드(upanisad) 철학자들은 인간의 자아(아트만)와 범(梵)은 동일하다는 범아일여(梵我一如)를 통해서만이 인간은 생사윤회로부터 벗어날 수가 있다는 가르침을 전수하고 있었다.[1] 이러한 우파니샤드 철학자들의 철학적 사유와 높은 종교적 실천 가운데에서도 의례와 제사는 여전히 중요한 의미를 지니고 있었다. 하지만 그동안 만능으로 여겨 왔던 제사의 한계를 깨닫고 이를 넘어서기 위한 다양한 사상적 노력이 많아졌다. 기원전 600-500년경에 바라문의 사상에 맞서 새로운 우주·인생관을 제시하면서 자유로운 사상활동을 실천하는 사람들이 출현하는데, 이들은 사문(沙門, Sramana)이라고 불렸다.[2] 붓다 역시 사문

1) "불교의 체계적 이해 – 교설의 특질", http://compassion.buddhism.org/main2/0601.htm

가운데 한 사람이었다.[3)]

2. 창시자

붓다의 성은 고타마(Gautama)이고 본래의 이름은 싯다르타(Siddhartha)이다.[4)] 붓다는 샤카족이 세운 왕국 카필라바스투(Kapilavastu)의 성주 숫도다나(Suddhodana)와 마야(Maya) 왕비의 외아들로 태어났다. 전승에 따르면 싯다르타의 아버지는 싯다르타가 인도 전체의 군주가 되기를 바랐다고 한다. 그러나 재간이 비범하고 지혜가 충족했던 싯다르타는 본성이 심히 인자하고 온유하며 세상만사를 귀하게 여기지 않고 모든 쾌락과 행복을 꿈과 같이 여겼다. 한 날은 아버지와 함께 교외에 나갔다가 백성들이 농사하며 노동하기에 땀을 흘리며 고생하는 것을 보고 눈물을 떨구면서 슬퍼하였다. 부왕은 싯다르타를 위로하기 위하여 서둘러 이웃나라의 야쇼다라(Yasodhara) 공주와 결혼을 시켰다. 그러나 싯다르타는 궁중생활보다는 본질적인 문제들에 관해 깊은 사색에 잠기는 일이 많았다. 인생의

---

2) 사문이란 '노력하는 사람' 혹은 '몸을 괴롭게 하는 사람' 정도를 의미한다. 이들은 바라문의 법전에서 규정하고 있는 네 가지 생활 단계를 그대로 따르지 않았다. 네 가지 생활 단계란, ① 스승 밑에서 학습하는 청년 시절의 범행기(梵行期), ② 가정에서 생활하며 가장으로서의 의무를 다하는 가주기, ③ 가정과 재산을 아들에게 물려주고 숲속에 들어가 은거하는 임서기, ④ 숲속의 거처를 버리고 완전히 무소유로 걸식, 편력의 생활에 들어가는 유행(遊行)기의 사주기(四柱期)를 말한다. 사문들은 이러한 규정에 얽매이지 않고 편리한 시기에 출가하여 무리 지어 숲속에 은거하거나 홀로 편력하였다.

3) 불교교재(편), 『불교사상의 이해』(경북: 동국대학교 불교문화대학, 1997), 45.

4) 붓다(Buddha)라는 말은 '진리를 깨달은 사람'이라는 뜻이다. 중국에서는 '불타'(佛陀)로 적거나 '각자'(覺者)라고 번역했고, 우리는 '부처님'이라고 한다. 고타마 싯다르타가 진리를 깨달은 후부터 붓다로 불리었다. 샤카무니(Sakyamuni)라는 명칭은 샤카족 출신의 '성자'(聖者, muni)라는 뜻이다. 그 밖에 여래십호(如來十號)라 하여 십여 개의 다른 명칭으로 불리기도 한다. *Ibid.*, 51.

여러 가지 문제 가운데서도 특히 그를 괴롭히는 것은 생로병사와 같은 삶의 근본적인 문제들이었다. 결국 그는 출가를 결심했고 불전문학은 사문유관(四門遊觀)의 전설로서 그것을 묘사하고 있다.[5] 그때 그의 나이 29세였다.

출가한 그는 바가바(Bhagava), 사화외도(事火外道)의 승려,[6] 알라라 칼라마(Alara Kalama), 우드라까 라마뿌뜨라(Udraka Ramaputra) 등의 스승을 만났으나, 그들의 가르침에 만족하지 못한다. 이에 싯다르타는 우루벨라(Uruvela) 마을의 네란자라(Neranjara) 강 근처의 숲속에 들어가 자리를 잡았다. 고행림(苦行林)으로 불리던 이곳은 현재의 보드하자(Bodhagya) 동쪽이었다. 여기에는 그동안 수행 중에 그를 따르던 다섯 명의 수행자[7]도 함께 있었다. 그러나 싯다르타는 극심한 고행으로도 해탈을 얻을 수가 없었다. 여기서 그는 극단의 육체적인 고행 역시 즐거움이나 쾌락만큼 무익함을 깨닫고 네란자라 강물에 몸을 씻는다. 그는 정신 집중을 위한 수정(修定)에 이어 육체를 괴롭히는 고행(苦行)까지 버림으로써 당시 전통적인 수행 방법을 모두 떠난 셈이 되었다. 결국 그는 혼자서 네란자라 강을 건너 서쪽 언덕 가까운 곳에 그늘이 무성한 한 보리수(Pippala) 나무 밑에 자리를 잡았다. 그러던 어느 날 새벽, 마침내 싯다르타는 진리를 깨달았다. 그가 깨달은 사람, 붓다(Buddha)가 된 것은 왕궁을 떠나 출가하여 구도 수행에 온지

---

5) 카필라바스투의 동, 남, 서쪽 성문 밖으로 산책을 나간 싯다르타는 도중에 각 성문 밖에서 몹시 쇠잔하고 추해진 노인과, 괴로움으로 신음하는 병자와, 슬픔의 장례 행렬을 차례로 목격한다. 여기서 그는 늙고, 병들고, 죽는 인생의 괴로움의 문제를 새삼 실감하게 된다. 그리고 그는 다시 북쪽 성문 밖으로 나갔다가 나무 아래 단정히 앉아 수도하는 한 수행자를 만난다. 이 만남으로 싯다르타는 인생의 문제를 해결하기 위해 출가, 수행의 길을 결심한다. *Ibid.*, 54.

6) 우위가섭, 나제가섭, 가야가섭의 삼형제는 500명의 제자들을 거느렸는데, 붓다는 그들의 교설을 듣고 그것 역시 자신이 닦을 만한 수행이 아니라고 판단하였다. *Ibid.*, 56.

7) 부왕이 보낸 수호자들을 의미한다. 채필근, 『비교종교론』(서울: 대한기독교서회 1996), 305.

6년 만이었고, 그의 나이 35세 때였다. 그는 인간을 괴롭게 하고 자유를 구속하는 것은 결코 외부의 어떤 것이 아니라 각자의 내심(內心)에 그 원인이 있다고 보았다. 그래서 안으로 눈을 돌려 그 무한한 자유와 무고안온(無苦安穩)의 행복을 자신의 마음에서 찾으려고 했던 것이다. 그는 생로병사에는 근본적인 원인이 있으며, 그 원인은 다름 아닌 인간의 마음 깊숙이 깃들여 있는 무명(avidya), 즉 진리에 대한 무지와 그것 때문에 발생하게 되는 욕망이라고 하였다. 이러한 깨달음을 얻은 뒤에도 붓다는 자신이 깨달은 내용을 고요히 음미하며 계속 깊은 법열(法悅)에 잠겨 있었다. 그러나 그 순간에도 사람들은 끝없이 늙고 병들고 죽어가는 고통 속에서, 무엇이 행복이며 어떤 것이 괴로움인지조차 모르고 살고 있는 것이 또한 현실이었다. 이에 붓다는 법열의 자리로부터 모든 괴로움으로부터 세상 사람들을 구제해야 한다는 자비의 빛을 움직이기 시작하였고, 입멸(入滅)하는 80세까지 45년간 교화활동을 펼쳤다.

인도 사르나트의 다멕 스투파(붓다의 첫 설법지)

3. 경전

석가는 살아 있을 때 자신의 주장을 직접 집필하지 않았으므로 남긴 것이 하나도 없다. 그럼에도 불구하고 결집이란 말은 불교 경전의 편찬을 가리킨다. 석가가 죽자 그 후 제자들이 교단을 통솔하고 부처의 교범과 계율을 정리하고 전할 필요를 느껴서 기원전 477년 여름 500명의 제자들이 왕사 성에서 가까운 칠엽굴에 모여서 마하가섭, 우바리, 아난다의 세 제자가 상좌부가 되어 경·율·논의 삼장을 결집하여 대중이 이들의 결집을 부처의 말씀으로 승인한 것이다.

1) 경·율·논의 삼장

불교경전이라 하면 보통 삼장(三藏)을 일컫는다. 그러나 엄격하게 구별해 보면 경전은 삼장을 이루는 한 부분이다. 삼장이란 첫째, 제1차 결집 때 아난존자가 암기해낸 부처님의 가르침, 즉 교리를 내용으로 하는 경장(經藏), 둘째, 우바리존자가 구술한 출가자의 계율과 승단의 규율 등이 담긴 율장(律藏), 셋째, 경장에 대한 해석과 연구를 체계화한 논장(論藏)의 세 가지를 가리킨다.

2) 경전의 결집

제1차 결집 후 100년이 되어 제2차 결집이 있었다. 부처의 교설이 많이 빠진 것이라 하여 비구 700명이 배새리 성에서 아난다 문하생인 아리바가미를 상좌로 하여 결집하는데, 이것을 배사리 결집 혹은 칠백 결집이라 한다.

배사리 결집 후 100년을 지나 기원전 244년 아쇼카 왕은 불법을 지극히 존중하였으며 불교를 많이 포교하고자 부처의 교설이 유실되지 않도록 제3차 결집을 하였다. 상좌 1,200명이 화씨 성에 모여 논장의 주석을 정리했다.

아쇼카 왕 후에 대율씨 국의 가니쉬카 왕이 500명의 비구를 카습미라에 모아 바느미트라를 상좌로 현존조로 음, 법구, 각친 등 대아리안들을 참석, 경장주석 10만 송을 합하여 30만 송의 큰 주석을 제4차로 결집했다. 대왕은 이것을 동판에 새겨 석함에 넣어 큰 탑에 간직하고 사람들이 지키게 하고 열람하고자 하는 학자가 있으면 탑 속에 들어가 고찰하게 했다. 이 결집을 카습이라 한다.

오늘날까지 불교의 경전이 남아 있는 것은 대단히 많다. 본래 경전은 산스크리트 방언으로 되어 있지만 중국에 들어와 한문으로 되었고, 이것이 일본으로 들어가 1885년 일본에서 축쇄판으로 출판한 대장경이 1,220부, 8,537권이다. 소장경이 321부, 778권이고 대장경이 450부, 2,290권이고 율장까지 합쳐 101부, 545권이요 논장과 잡부들 1,504부, 4,923권이 내포되어 있다고 한다. 그러므로 아무리 불교를 전공한 학자라 할지라도 경전을 전부 다 읽은 사람은 없다고 한다. 가령 불타가 12년 동안 설법한 「대반야바라밀다경」이 600권이 되어 성경 신·구약의 18배 이상이나 된다. 모든 종교 중에서 경전이 제일 많은 것이 불교이다.

3) 반야심경(般若心經)

「반야심경」(般若心經)은 총 262자로 구성된 불교 경전 중 가장 짧은 경전이다.[8] 반야사상이 모두 포함된 우수한 경전으로서 우리나라의 불교행사 때에 제일 많이 읽히는 경이다. 「반야심경」은 반야 중도 해탈의 세계를 중심으로 말씀하고 있다.

* 반야(般若): 프라즈냐(prajna)의 음사어, 지혜라는 뜻.
* 심(心): 흐리다야(hrdaya)의 음사어, 심장·정수라는 의미.
* 경(經): 수트라(sutra), 성전이라는 의미.

8) "마하반야바라밀다심경 관자재보살 행심반야바라밀다시 조견오온개공 도일체고액 사리자 (중략) 시무등등주 능제일체고진실불허 고설 반야바라밀다주 즉설주왈, 아제아제 바라아제 바라승아제 모지 사바하(세 번)." 마지막 부분을 해석하면 "건너가는 이여, 건너가는 이여, 저 언덕을 건너가는 이여, 저 언덕을 다 건너가신 이여, 지혜 이루어지이다"이다.

4) 금강경

「반야심경」과 함께 널리 독송되고 있는 「금강경」은 교종과 선종을 비롯하여 고등 교과인 사교과(四敎科)의 주요 경전으로 교육되고 있으며, 그 완전한 이름은 「금강반야바라밀경」(金剛般若波羅蜜經) 또는 「능단반야바라밀경」이다.[9] 「금강경」의 금강(金剛)은 금강석 곧 다이아몬드로서 세상에서 가장 단단하여 무엇이든지 부술 수 있고, 가장 예리하기에 무엇이든지 자를 수 있으며, 가장 반짝이기에 어둠을 밝게 비출 수 있는 금강석과 같은 부처님의 가르침, 반야의 지혜로 비유한 것이다. 금강석처럼 단단하고 예리하고 반짝이는 완전한 반야의 공지(空智)로 보살행을 수행하면 열반을 성취하여 성불할 수 있다는 가르침을 담은 매우 귀중한 경전이란 뜻이다. 바라밀(PARAMITA)은 범어(Sanskrit, 梵語)로서 고대 인도의 고전적 문어체의 파라미타를 음역한 것으로 '도'(度) 또는 '도피안'(到彼岸)으로 번역된다. 즉, 미혹으로 가득한 이 세상 언덕의 현실로부터 깨달음의 저편 언덕인 부처님의 세계로 건너가게 해주는 실천을 말한다.[10] 여기에는 보시, 지계, 인욕, 정진, 선정, 지혜(반야)의 여섯 가지 구체적인 실천항목이 들어 있어서 이것을 '육바라밀'이라고 한다.

「금강경」의 핵심 사상은 다른 반야부 계통의 경전과 같이 공사상(空思想)이다. 철저한 공사상으로 일체의 번뇌를 멸함으로써 반야지혜를 얻어 대각을 얻을 수 있음을 말한다.[11] 「금강경」을 보면 '모양과 음성으로 여래

---

9) 「금강반야바라밀경」은 고성훈 편, 『불자독송집』(서울: 우리출판사, 불기 2545), 156-230 참조.

10) (재)불교전도협회, 『불교성전』(부산: [주]보진재, 2005), 674.

11) 「금강경」의 주인공으로 등장하는 인물은 부처님의 십대 제자 중 공사상에 가장 밝은 해공제일(解空第一) 수보리 존자이다. 즉, 수보리는 부처님께 "세존이시여, 최고의 진리를 배우고 닦으려는 마음을 낸 선남선녀는 마음 자세가 어떠해야 하며(어떻게 수행해야 하며), 뜻대로 되지 않을 때는 어떻게 마음을 다스려야 합니까?"라고 질문하였다. 이에 부처님이 대답하였고, 수보리의 질문과 그에 대한 답 형식으로 엮여 있다. 이재창, 『불교경전의 이해』(서울: 경학사, 1998). 반야지혜의 핵심 어구는

를 볼 수 없다'고 말하는데, 여기에서 말하는 모양과 음성은 눈, 귀, 코, 혀, 몸, 의식의 여섯 가지 감각기관인 6근과 모양, 음성, 향기, 맛, 촉감, 법칙의 여섯 가지 감각 대상인 6경을 말한다. 부처님을 진실로 보려고 한다면 반야의 지혜로써 진리의 몸인 여래를 직관할 수 있다는 것이다. 진리를 보는 눈은 육신의 감각기관이 아니라 '금강반야'라고 하는 무너지지 않는 지혜의 눈이라는 것이 「금강경」의 핵심이다.

5) 화엄경

「화엄경」은 부처님께서 깨달으신 내용과 깨달음을 성취한 부처님의 광대한 공덕에 대해 설한 경전이다. 따라서 「화엄경」의 전체적인 주제는 한마디로 여래의 해탈세계와 보살의 실천으로 요약된다.

6) 법화경(묘법연화경)

불교 경전 가운데서 가장 널리 애호된 것으로 문학적 가치가 높으며, 특히 중국에서 한역된 후 수(隋)의 천태 지의에 의해 이 경에 담겨 있는 사상이 교학적으로 정리됨에 따라 더욱 유명해졌다. 이 경의 중심 사상은 붓다가 되는 길이 누구에게나 열려 있다는 '회삼귀일'과 붓다의 수명이 한량없고 그의 몸은 상주불멸하다는 '구원성불'로 요약할 수 있다.

'응무소주이생기심'의 여덟 자로, 그 뜻은 '마땅히 머무르는 바 없이 그 마음을 일으켜라' 또는 '일체의 것에 집착함이 없이 그 마음을 운용하라'는 것이다. 즉, 무집착의 마음을 강조하고 있다.

4. 교리와 사상

붓다의 가르침은 문서가 아닌 구전(Oral tradition)으로 전해 오다가, 기원전 1세기경 오늘날과 같은 형태의 교설로 자리 잡는다. 현존하는 가장 오래된 경전은 「아함경」으로 붓다의 가르침을 직접적으로 전하는 유일한 경전이다. 「아함경」은 '빨리 5부'와 한역의 '4아함경'으로 되어 있고, '빨리 5부'의 제5부(꾸다까 나까야)는 다시 15개의 경전으로 구성되어 있다. 이들 여러 경들을 통해 거의 공통적으로 붓다의 사상으로 받아들여지는 사상은 연기법(緣起法), 사성(四聖)제, 삼법인(三法印), 오온(五蘊), 무아설(無我說)이다.

1) 연기법(緣起法)

(1) 의미

연기법이란 "모든 존재(存在)는 여러 가지 원인에 의해서 생기게 되고, 그 원인들이 소멸되면 존재도 사라지게 된다"는 것이다. 모든 존재는 그것을 성립시키는 여러 가지 '원인이나 조건 때문에 생기며, 형성된다는 것'이다. 연기법에서는 모든 존재는 서로 의지하는 관계를 가짐으로써 존재할 수 있는 것이고, 그 관계가 깨어질 때 존재도 사라지게 된다. 그러므로 연기법을 존재의 '관계성의 법칙'또는 '상의성(相依性)의 법칙'이라고 말할 수 있다.

중생이 생사(生死) 유전(流轉)의 고통을 받는 경우의 연기를 유전연기, 수행하여 해탈로 가는 연기를 환멸연기라고 한다. 4제설(四諸說)도 일종의 연기설로서 고(苦)·집(集)은 유전연기, 멸(滅)·도(道)는 환멸연기를 나타낸다. 「아함경」(阿含經)에서 "연기를 보는 자는 법(法)을 보고, 법을 보는 자는 연기를 보고, 연기를 보는 자는 불(佛)을 본다"라고 설(說)한 것과 같이 연기는 법(法)과 동일한 불교의 중심 사상이다.

(2) 12연기설(十二緣起說)[12)]

연기설의 일반적 형태는 12연기(十二緣起)다. 12연기설을 이해하기 위해서는 윤회(輪廻)의 이론을 알아야 하는데, 윤회란 일체 중생이 아득한 과거로부터 무궁한 미래에 이르도록 끝없이 삼계(三界)와 육도(六途)에 나고 죽는 것이 구르는 수레바퀴와도 같다는 뜻이다. 끝없이 윤회함에는 반드시 윤회의 주체가 있어야 한다. 만일 그 주체가 상주불멸(常主不滅)하는 것이라면 나고 죽음이 없을 것이고, 주체(主體)가 없는 것이라면 죽고 나는 것이 없으므로 윤회는 성립될 수 없다. 상주불멸의 실체를 인정하지 않고 불교에서는 모든 중생은 어떤 실체가 따로 있는 것이 아니라, 오온(五蘊)이 화합(和合)해서 이루어진 것으로 설명한다. 이 오온을 결합시키는 힘이 업

---

12) 12연기설: (1) 무명(無明): 명이 아닌 것, 명이 없는 것으로 실재가 아닌 것, 또는 실재성이 없는 것을 실체로 착각한 망상을 말한다. 주어진 존재의 일시적 형체를 나로 집착한 어리석음이나 진리에 대한 무지라고 말할 수도 있다. (2) 행(行): 결합하는 작용으로 무명에 의해 집착된 대상을 실재화하려는 작용이다. 형성 작용이라고도 하며 인간 존재를 유지하고 있는 가장 근원적이고 힘든 자기 형성의 업이 지어지는 것이다. (3) 식(識): 행에 의해 개체가 형성되면 육근을 통해 받아들인 모든 것을 인식하고 판단하는 것이다. (4) 명색(名色): 명은 비물적인 것을 가리키고, 색은 물질적인 것으로, 비물질적인 것이 물질적인 것과 결합하여 인식작용에 의해 일체의 존재가 형상적으로 나타남을 말한다. (5) 육처(六處): 명색이 있게 되면 그것을 자각하는 6처(시각, 청각, 후각, 미각, 감촉, 지각기능)가 발생하는 것을 말한다. (6) 촉(觸): 접촉한다는 뜻을 갖고 있다. 6근과 6경과 6식이 화합하는 것이다. (7) 수(受): 감수작용으로, 괴로움, 즐거움, 그리고 괴로움도 아니고 즐거움도 아닌 중간 느낌의 세 가지 종류를 감지하여 받아들이는 것이다. (8) 애(愛): 끝없는 욕망인 갈애(渴愛)를 뜻하며 즐거움의 대상을 추구하는 맹목적인 욕심으로 불교에서는 번뇌 중에서 가장 심한 것으로 보며, 수도에 커다란 장애가 된다고 한다. (9) 취(取): 취득하여 병합하는 작용으로, 애에 의하여 추구된 대상을 소유화하며 업을 짓는 일이라고 볼 수 있다. (10) 유(有): 있다, 된다는 의미로 생사의 존재가 형성된 것이다. 유(有)에는 욕계, 색계, 무색계의 삼계가 있으며, 삼계는 생사를 벗어나지 못한 곳이다. (11) 생(生): 형성되어 존재한다는 의미이다. (12) 노사(老死): 생이 있으므로 노(老), 사(死), 우(憂), 비(悲), 고(苦)가 있게 된다. 육체적 생사만이 아니라, 자신이 나고 죽는다는 생각에서 오는 정신적인 괴로움도 포함하고 있다. 불교교재(편), 『불교사상의 이해』, 84-88.

(業)이다. 이 업(業)으로 말미암아 생멸(生滅)이 연속되는 것이다.

12연기설은 모든 중생이 업력(業力)에 의해서 과거, 현재, 미래의 삼세(三世)에 걸쳐 끊임없이 생사 윤회하는 양상(樣相)을 12단계로 나누어 관찰한 것이다. 따라서 12연기설은 생사윤회의 근본이 되는 무명(無明)을 끊으라는 것이다. 사물과 존재에 대해 일으킨 잘못된 생각만 끊으면, 해탈이며 열반에 이르는 길이 된다는 것이다.

2) 삼법인(三法印)

'법인'(dharma mudra)이란 '법의 표지(標識)'라는 불교의 특징을 가장 단적으로 나타내기 때문에 '불교의 깃발'이라고도 한다. 이것은 불교를 다른 종교나 사상과 구별하기 위한 하나의 기준이 된다. 삼법인은 각 법인을 따로 떼어서 생각할 수도 있지만 연결된 하나의 실천이론으로 볼 수 있다.

(1) 제행무상인(諸行無常印): 변하지 않는 것은 없다

'제행무상'이란 '모든 존재는 항상함이 없이 변화하는 것이다'라는 의미이다. 이러한 설명은 현대 과학에서 하고 있는 주장과 같다. 물질은 겉으로 보기에 고정되어 있는 것 같지만 실제로는 끊임없이 움직이고 있는 에너지의 흐름에 지나지 않는 것이다. 물질의 최소 단위인 원자는 원자핵을 중심으로 해서 전자(電子)와 중간자(中間子)의 결합으로 이루어진 운동체다. 이와 같은 원자로 구성되어 있는 물질 역시 고정불변한 것일 수는 없고 무상한 것이다. 제행무상인 불교가 모든 존재를 보는 관점이므로 불교의 존재관(存在觀)이라고 할 수 있다.

(2) 제법무아인(諸法無我印): 나라고 하는 것은 없다

'제법무아'는 '모든 존재에는 고정 불변하는 실체적인 아가 없다'라는 의미이다. 역시 그것은 '실체적인 아가 아니다'라는 뜻이기도 하다. 여기에서 주의해야 할 것은 제법무아라고 해서 현상적인 존재까지 부정하는 것은 아니라는 점이다. 부정하고 있는 것은 단지 '고정불별하는 실체적인 아(我)' 일 뿐이다. 제법무아인은 실체관(實體觀)이라고 할 수 있다. 또한 불교만이 가르치고 있는 가장 독특한 것이다.

(3) 열반적정인(涅槃寂靜印)[13]: 고요함에 의한 편함

생사가 윤회하는 고통에서 벗어날 것을 강조하며 모든 존재의 원래 상태인 고요함, 적정이 인간이 추구할 최고 행복인 열반이라는 것이다. 인간의 어리석음은 자기의 주관과 객관을 절대시하는 고정관념을 만들어 애착을 갖고 애착이 고를 낳는다. 따라서 주관도 객관도 결국은 무상이요, 무아라는 사실을 인식하고, 집착이 없을 때 고(苦)를 면할 수 있다. 이것은 죽음의 상태나, 소극적 지멸(止滅)의 상태가 아니라, 새롭게 순화된 자각과 실천행으로 무상을 넘어선 생명의 활동에서 나오는 가치전환의 즐거움을 말한다.[14] 불교의 가르침은 결국 이 열반을 얻기 위한 것이다. 따라서 열반적정인은 불교의 이상관(理想觀)이라고 할 수 있다.

3) 사성제(四聖諦)

사성제의 가르침은 불교의 궁극 목표인 '고(苦)에서의 해탈'을 위해 만들어진 가장 구체적이면서도 간단한 교리다. 의사가 먼저 병을 진단하듯이 붓다는 인생의 실상인 '고'를 말하고(고성제), 병의 원인을 찾아내듯이 고의 원인을 규명했다(집성제). 그리고 병 치료 후의 건강상태를 말하듯이 고가 소멸된 상태, 즉 열반을 설명했고(멸성제), 마지막으로 병의 치료방법을 말하는 것처럼 열반에 이르는 길을 제시했다(도성제).

---

13) 열반(涅槃, Nirvana): 타고 있는 불을 바람이 꺼버리듯 번뇌의 불꽃을 지혜로 꺼서 모든 번뇌가 소멸된 상태가 되면, 적정(寂靜)한 최상의 안락(安樂)이 실현된다. 수행에 의해 이 진리를 체득하여 미혹(迷惑)과 집착(執着)을 끊고 일체의 속박에서 해탈(解脫)한 최고의 경지이다.

14) 우봉 편저, 『불교의 알음알이』(서울: 도서출판 다다아트, 2002), 136.

(1) 고성(苦聖)제

불교를 한마디로 정의한다면 '살아간다는 것은 고(苦)이고 이 고에서 어떻게 벗어나는지를 설명해 놓은 것'이라고 할 수 있다. 고라는 말인 '두크하'(duhkha)는 단순히 신체적, 생리적인 고통 또는 일상적인 불안이나 고뇌만을 말하는 것이 아니다. 이는 '자신이 하고자 하는 대로 되지 않는 것', '뜻대로 되지 않는 것'이다. 한마디로 우리의 생존에 따르는 모든 괴로움을 망라한 것이다. 그래서 경전에서는 "모든 것은 고다"라는 표현을 쓰기도 한다. 고는 구체적으로 태어남·늙음·병듦·죽음(生老病死) 등의 4고와 사랑하는 사람과 헤어지는 괴로움인 애별리고(愛別離苦), 미워하는 사람과 만나야 하는 괴로움인 원증회고(怨憎會苦), 구하는 것을 얻지 못하는 괴로움인 구부득고(求不得苦), 5온(五蘊)의 집착에서 생기는 오취온고(五取蘊苦) 등의 4고를 합쳐 8고이다.[15]

(2) 집성(集聖)제

집성제에서는 '고를 일으키는 원인'을 밝힌다. 고의 원인에는 여러 가지가 있지만 그 가운데서 가장 근본적인 것은 욕망이다. 욕망은 구체적으로 욕애(欲愛), 유애(有愛), 무유애(無有愛) 등 3종으로 나눈다. 욕애란 5욕(五欲), 즉 감각적인 쾌락을 추구하는 욕망을 가리킨다. 유애란 존재에 대한 욕망이다. 오래도록 살고 싶다든지 죽은 후에 천상에 태어나서 영원히 살고 싶어 하는 등의 욕망이다. 무유애는 무 존재로 되고자 하는 욕망, 즉 사후에 허무로 돌아가고 싶어 하는 욕망을 가리킨다.

(3) 멸성(滅聖)제

'멸'(摵)이란 열반(涅槃)을 변역한 말이다. 그리고 열반은 nirvana를 음역한 것이다. 열반은 '소멸'의 의미를 가진 말로서 '고가 소멸된 상태'를 가

---

15) 5온의 '온'은 모임을 뜻하며, 인간은 물질적 요소인 색(色)과 정신적 요소인 수(受), 상(想), 행(行), 식(識) 5개 요소로 이루어져 있다.

리킨다. 고가 완전히 없어진 상태, 다른 말로 표현하면, '고에서의 완전한 해방'이다. 열반은 불교가 추구하는 궁극적인 목표이고 이상(理想)이다. 열반은 현재의 생(生)에서 성취할 수 있으나, 그것은 완전한 열반이 아니다. 열반에 도달한 사람은 괴로움의 원인인 욕망을 다스릴 수 있으므로 욕망 때문에 발생되는 괴로움, 즉 정신적인 괴로움에서는 벗어나지만 아직 육체가 남아 있기 때문에 병이나 부상을 입었을 때 받게 되는 육체적인 괴로움은 피할 수 없다. 그래서 살아 있는 동안에 성취하는 열반을 '생존(生存)의 근원이 남아 있는 열반', 즉 유여의(有餘依) 열반이라 한다. 여기에서 '생존의 근원'이란 육체를 말한다. 유여의 열반을 이룬 사람이 죽으면 다시 육체를 받아 태어나지 않게 된다. 이것을 '생존의 근원이 남아 있지 않는 열반', 즉 무여의(無餘依) 열반이라고 한다. 이 무여의 열반은 '완전한 열반'으로서 정신적, 육체적인 일체의 고가 모두 소멸된 열반이다.

(4) 도성(道聖)제

'도'(道)란 열반에 이르는 길이다. 이것은 중도(中道)라고도 부르는 것으로 양극단(兩極端)을 떠난 중간의 길이다. 즉, 지나치게 쾌락적인 생활도 반대로 극단적인 고행생활도 아닌, 몸과 마음의 조화를 유지할 수 있는 '적당한 상태의 길'을 말한다. 이 중도를 구체적으로 말한 것이 팔정도(八正道)이다. 팔정도는 그 순서대로 실천해야 한다. 8항목 가운데서 앞의 7항목은 모두 정정(正定)에 이르기 위한 준비 단계다. 정정(正定)을 닦아 지혜를 얻게 되고, 지혜를 가짐으로써 열반을 성취할 수 있는 것이다.

4) 팔정도(八正道)

① **정견(定見)**: 일체 존재와 사물에 관해 바르게 관찰하고 바른 견해를 가지는 것으로 제법의 실상을 있는 그대로 볼 것을 요구하는 것이다.

② **정사(正思)**: 탐애와 번뇌에 얽매임이 없는 밝은 지혜로 사성제의

이치를 바르게 생각하는 올바른 사유의 생활을 말한다.

③ **정어(正語)**: 정견·정사유에 의하여 진리에 화합하는 바른 언어를 쓰라는 것으로 거짓말, 허망된 말, 악한 말 등을 하지 않고 의로운 말과 진리의 말을 하는 생활을 말한다.

④ **정업(正業)**: 정견·정사유에 의한 바른 행동으로, 몸·입·뜻의 세 가지 업을 정화하여 악업을 짓지 않도록 하는 것이다.

⑤ **정명(正命)**: 바른 생활로 정당하고 바른 직업으로써 생활하라는 것이다. 직업의 귀천이 아니라, 직업이 정당한지 정당하지 못한지가 문제다.

⑥ **정정진(正精進)**: 악을 방지하고 선을 실천하도록 노력하는 것으로 항상 바른 생활과 수행을 게을리하지 않고 용맹스럽게 나아가는 것을 말한다.

⑦ **정념(正念)**: 염(念)은 전념 불망의 뜻으로서 부질없는 욕망과 사념을 버리고, 항상 바른 마음, 바른 기억으로서 거룩한 법을 실천, 수행해 나가는 것이다.

⑧ **정정(正定)**: 산란한 모든 것을 여위고 몸과 마음이 바르게 안정되어, 항상 고요한 상태에 있게 하는 것이다.

5) 윤회(輪廻)와 업(業)

(1) 윤회(輪廻, samsara)

'윤회'라는 말은 samsara를 번역한 말로서 'sam'과 'sara'라는 단어로 이루어져 있다. 'sam'은 '함께'라는 의미를 가지고 있고 'sara'는 '달리다, 빠르게 움직이다, 건너다' 등의 뜻을 가지고 있는 'SR'에서 유래한 말이다. 따라서 윤회는 '함께 달리는 것', '함께 건너는 것'이라는 의미가 된다. 그러나 중국의 번역가들은 이것을 윤회, 즉 '도는 것'이라고 번역했다. 윤회의 원리는 간단하다. 인간이 살아 있는 동안에 짓는 모든 업은 틀림없이 결과를 낳게 되고 그 결과가 다음 생을 존재하게 만든다는 것이다. 업의 결과가 남아 있는 동안에는 윤회가 계속된다. 그러나 업의 결과가 모두 소진되어 없어지면 윤회는 끝나게 된다. 이것이 해탈 또는 열반이다. 윤회는 욕계(欲界), 색계(色界), 무색계(無色界)의 3계, 또는 지옥(地獄)도, 아귀(餓鬼)도, 축생(畜生)도, 아수라(阿修羅)도, 인간(人間)도, 극락(極樂)도 혹은 천상(天上)도 등 6도를 통해 전개된다.

'윤회'라는 말은 끊임없이 돌고 도는 순환의 의미를 가지고 있으나 6개의 세계를 순서에 따라 차례대로 죽고 태어나는 순환은 아니다. 인간도에서 목숨을 마치고 다시 인간으로 태어나기도 하고 지옥이나 축생도에 떨어질 수도 있다. 역시 천상에서 목숨을 마치고 인간도나 지옥도에 태어날 수도 있다. 윤회의 시작은 알 수 없다. 그래서 경전에서는 '시작이 없다'(無始)라고 표현하고 있다. 그러나 그 끝은 알 수 있다. 붓다처럼 법을 깨쳐 더 이상 업을 짓지 않게 되고 이미 지은 업이 모두 소멸되면 윤회의 바퀴는 멈추게 되는 것이다.

(2) 업(業, Karman)

'업'이라는 말은 Karman을 번역한 말로서, '완수하다, 만들다, 하다' 등의 뜻을 가지고 있는 'KR'이 그 어원으로 '활동, 일, 행위' 등으로 번역된다. 그러나 경전에서는 일반적으로 '업'이라 한다. 업 이론은 '원인이 있으면 결과가 있다'라는 '인과(因果)의 법칙' 위에 성립되어 있다. 그러나 한편으로는 선한 행위와 악한 행위라는 '윤리적인 법칙'을 바탕으로 하고 있다. 그래서 업 이론은 인과성과 윤리성의 이중 구조를 가지고 있다. 인간의 행위를 업이라고 했지만 모든 행위가 업은 아니다. 업다운 업이 되기 위해서는 과보(果報)를 초래할 능력을 가지고 있는 행위여야 한다. 그렇지 못한 행위는 업이 아니다. 즉, 의도적 행위와 윤리적인 행위만이 과보를 초래한다. 또한 그 업은 인간만이 지을 수 있다. 인간만이 의도된 행위와 윤리 생활을 하기 때문이다.

5. 불교의 분류와 분파[16)]

1) 원시 불교

붓다의 불멸 후 부파불교 전까지(석존 때부터 약 100년)의 시기를 말한다. 붓다 입멸 후 제자들이 스승이 남긴 법(法)과 율(律)을 결집(1차)하고 그것을 통해 열반에 들고자 했다. 이 시기의 교리는 「아함경」을 통해 전해지고 있다.

2) 부파 불교

붓다 입멸 후 100여 년이 지날 무렵(기원전 4세기 무렵) 불교 교단은 전통적인 계율을 고수하는 보수적 경향의 상좌부(上座部)와 율조항을 자

16) 불교는 붓다의 입멸 후 번영하면서 수많은 변모와 발전을 거듭하여 후세에 전승되고 옮겨지는 동안 서서히 쇠퇴의 기미가 나타나기 시작하여 마침내 인도 본토에서는 13세기경 그 대단원의 막을 내리게 된다. 그 기간은 대략 1,600년으로 초기, 중기, 후기의 세 시기로 나누어 볼 수 있다. 초기에는 붓다의 가르침이 점차 북인도 전역에 확대되었으나, 얼마 후 교단 내에 이론(異論)이 생겨 최초의 분열이 일어나게 된다. 그때까지가 약 150년간이다. 중기에는 이러한 분열 뒤에 생긴 부파불교가 번영하게 되고, 한편으로는 대승불교 운동이 일어나 각종 초기 대승경전이 성립된 시대이다. 약 550년 동안 불교는 전 인도에서 가장 융성하게 된다. 그러나 기원전 320년에 굽타 왕조라는 순수한 인도 본래의 왕권이 확립되어 가장 인도적인 바라문 문화가 큰 빛을 발하자 불교는 일부 지역을 제외하고 급속히 민중의 지지를 상실하게 되는데, 이 시대를 후기로 간주한다면 4세기 초부터 약 900년간이 될 것이다. 다시 지역적으로 고찰해 보면 불교는 기원전 3세기 중반에 스리랑카로 전해지고, 기원 전후부터 1세기경까지 서역을 거쳐 중국에 건너간다. 그리고 4-5세기에는 중국에서 한국에, 6세기 전반에 일본에 전해진다. 또 한편으로는 일본과 같은 시기에 인도에서 직접 티베트에 전해지면서 특히 후기 인도 불교는 티베트에서 꽃을 피우게 된다. 中村元·三枝充直/혜원 역, 『바웃드하 불교』(서울: 김영사, 1990), 27.

미얀마 양곤의 불교 초기 쉐다곤 파고다(높이 99.36m)

유로이 해석하려는 진보적 경향의 대중부(大衆部)로 분열하게 된다. 이후 이들은 자체적으로 분열을 계속하여 기원전 1세기경에 이르면 20부에 달하는 부파를 형성한다. 이것을 지말분열(支末分裂)이라 하며 이 시대의 불교를 부파불교라 한다.[17] 이들 중 근본 부파는 상좌부와 대중부를 들 수 있는데, 후에 소승불교와 대승불교로 이어진다. 소승(小乘)은 '작은 수레'를 의미하며, 개개인의 수도와 해탈을 강조한다. '승'(乘)이란 수레를 뜻하는 것으로 물건을 싣고 운반하는데, 작은 수레이기 때문에 혼자만 타고 적게 운반한다는 것을 비유한 것이다. 이들의 개인주의적 구도방식을 비판하며 대승(大乘) 측에서 일방적으로 붙인 이름이 소승이다. 이에 비해 대승은 큰 수레에 여러 사람을 많이 태우고 운반한다는 뜻으로 중생들의 구제를 추구한다. 하지만 소승은 원래 경전 언어인 팔리(Pali)어로 '장로'(長老), '상좌'(上座)를 의미하는 '테라'(thera)와 '말씀', '가르침'을 뜻하는 '바다'

---

17) 한국종교연구회 편집, 『세계 종교사 입문』(서울: 청년사, 1993), 148.

라오스 루앙프라방 호파방(Haw Pha Bang, '황금불상의 도시' 이름이 유래된 곳). 동남아시아 국가에는 출가수행을 하는 소승불교가 많다.

(vāda)가 합쳐져서 '테라바다'(theravāda), 즉 '상좌불교'로 서구 문헌에서는 표기된다.

소승은 출가(승려) 본위로 불교의 이상인 열반은 아무나 쉽사리 얻을 수 없는 것이므로 출가 수도하는 수도승이 아니면 얻기 어렵다고 보면서 또한 자기 한 사람의 득도가 중생이다. 따라서 소승불교는 가장 보수적인 불교의 한 종파이다. 이에 비해 대승불교는 해탈을 하거나 구원 얻기가 비교적 쉽다고 여겼다. 그래서 많은 사람이 해탈의 경지에 이르러 구원을 얻을 수 있다고 믿는 종파이다. 즉, 대승불교는 소승불교에 비해 보다 진보적인 사상을 가졌다고 할 수 있다. 이 대승불교의 주장을 좀 더 풀이한다면 그들은 구원을 적은 무리에만 한정시키지 않고 승려가 아닌 일반 신도들도 니르바나(열반)의 경지에 도달할 수 있다고 주장한다.

세계문화유산 인도네시아 보로부두르 불교사원

소승불교와 대승불교의 비교

소승(상좌)불교: Theravade	대승(대중)불교: Mohayana
아라한[18]이 되는 것을 목적으로 하는 성문사상(성문승)	불타가 되는 것을 목적으로 하는 보살사상(보살승)
업보윤회의 고통으로부터 벗어나는 타율주의(업보사상[業報思想])	성불의 원행(願行)을 행해서 자기 스스로 원하여 가는 자율주의(원행사상[願行思想])
자기만의 완성과 해탈을 위해서 수행 노력하는 자리주의(自利主義): 8정도 수행	일체중생을 구제하고 사회를 정화시키는 이타주의(利他主義): 6바라밀 수행
성전의 언구에 집착해서 사물에 구애되어 있는 것같이 보이는 태도(有)	반야의 지혜에 의해서 무아(無我)·무집착(無執着)인 공(空)의 태도
이론적이고 학문적으로 치우치는 경향이 많고, 실천이 적음	신앙의 실천을 중요시하고, 실천을 위한 초심을 강조
출가 수행 전문의 출가 불교	대중적인 재가 불교

18) 계율, 선정, 지혜의 삼학(三學)을 완성한 사람은 공양을 받을 자격이 있는 사람이라

6. 종교생활과 현황

1) 실천 덕목

(1) 삼학

아무런 걸림이 없는 열반의 경지에 이르기 위한 방법이 불교의 수행이다. 그와 같은 수행방법들은 계(戒)·정(定)·혜(慧)의 삼학(三學), 즉 계율과 선정과 지혜의 세 가지 수련을 그 기본 원리로 하고 있다.

① **계율**이란 일생생활 속에 지켜야 하는 자발적인 도덕규범들로 재가 신자들이 받아 지니는 오계(五戒)를 위시한 십선계(十善戒) 등을 이야기한다.

② **선정**이란 좌선(坐禪)과 같은 정신집중의 수행을 의미한다. 본래 선정은 인도의 전통적인 수행방법인 요가의 일종으로 삼매(三昧)라고도 하는데, 호흡과 자세를 가다듬고 의식을 한 곳으로 통일시키는 수련법이다. 이 같은 수행은 특히 산란한 마음이나 동요된 마음, 분노 따위를 제어하여 마음속에 지혜를 일으킬 터전을 마련한다.

③ **지혜**는 사물의 이치에 대한 올바른 인식을 기르는 수행으로, 우리 몸이나 감각 등에 대해 덧없고 괴로우며 실체가 없다는 사실을 여실히 관찰하고 연기의 이치를 깊이 탐구하는 것이다.

(2) 사무량심

자리이타(自利利他)에 의해 완성된다고 가르치고 있다. 이웃에게는 특히 자(自)·비(悲)·희(喜)·사(捨)의 사무량심(四無量心)으로 대해야 함을 강조한다.

① **자무량심**이란 자애로운 마음을 말하다. 모든 이들에게 끝없이 어질고 따뜻한 마음으로 대해야 함을 일깨우는 것이다.

는 뜻의 아라한(阿羅漢)이 된다.

② **비무량심**은 슬퍼하는 마음이다. 이웃의 어려움을 나의 어려움처럼 여기는 것으로 진리에 미혹하여 고통 받는 중생들을 애처롭게 생각할 수 있는 마음이다.

③ **희무량심**이란 기뻐하는 마음을 말한다. 이웃의 기쁜 일을 사심 없이 함께 기뻐해 주는 마음이다.

④ **사무량심**이란 평등한 마음이다.

(3) 육바라밀

대승불교에서 불자들이 실천해야 할 덕목은 육바라밀(六波羅蜜)이다. '바라밀'은 '완성'이라는 뜻으로 결과에 집착하지 않고 끊임없이 닦아가는 것이며, 이를 통해 마침내 붓다의 경지에 이르게 됨을 말한다.[19] 완전한 수행을 위한 여섯 가지란 보시(布施)·지계(持戒)·인욕(忍辱)·정진(精進)·선정(禪定)·반야(般若)이다.

① **보시바라밀**이란 남을 위해 아낌없이 베푸는 것을 말한다. 불교에서 예로부터 재시(財施)·법시(法施)·무외시(無畏施)라 하여 세 가지 보시를 권장하고 있는데, 재물이나 가르침을 베푸는 것과 아울러 남을 두려움에서 구해 주는 덕행을 뜻한다.

② **지계바라밀**은 계율을 준수하는 것으로 특히 계율을 기계적으로 받아들이기보다는 주변과의 관계 속에서 효율적으로 지혜롭게 운용하는 자세를 말한다.

③ **인욕바라밀**은 욕된 것을 참고 견디는 자세를 말한다. 올바른 길을 가기 위해서는 때로는 아무리 참기 힘든 것도 인내하고 수용하지 않으면 안 되는 경우가 있기 때문이다.

④ **정진바라밀**은 끊임없이 노력을 뜻한다. 스스로의 옳은 길을 가고 있다는 굳은 신념을 지니고 쉼 없이 한길을 가는 용감한 자세를 일컫는 말이다.

---

19) 불교교재(편), 『불교사상의 이해』, 144-148.

⑤ **선정바라밀**은 정신집중의 수련을 말한다. 정신을 한곳에 모으는 수행을 통해 어지럽고 산란한 마음을 안정시킴으로써 언제나 동요됨이 없는 삶의 자세를 유지하는 것이다.

⑥ **반야바라밀**은 지혜가 완성된 생활을 뜻한다. 사물의 참다운 이치, 즉 연기의 이법을 올바로 터득해 아무 데도 걸림이 없고 집착이 없는 슬기로운 생활을 이야기하는 것이다.

(4) 도덕을 지키는 방법, 계율(戒律)

'계'는 무엇을 하지 말라는 금지조항으로서 불교의 재가(在家) 신도가 지켜야 할 근본적인 계율이다.[20)]

① 살생하지 말라

② 도둑질하지 말라

③ 간음(음행)하지 말라

④ 거짓말하지 말라

⑤ 술 마시지 말라

(5) 바르게 노력하는 방법, 4정근(四正勤): 선과 악을 끊고 닦는 네 가지 방법

첫째, '단단'은 끊어야 할 것인 악(惡)을 끊는다는 의미, 이는 악한 마음이 일어나면, 적절한 수단으로 정진하여 마음을 가라앉히는 것이다.

둘째, '율의단'은 법도(法度)를 지켜 아직 일어나지 않은 악한 마음을 끊는 것이다.

셋째, '수호단'은 아직 일어나지 않은 선(善)을 사라지지 않게 보호하고 일으키는 것이다.

넷째, '수단'은 이미 일어난 선을 잘 보호하고 지켜서 더욱 늘리는 것이다.

---

20) 고성훈 편, 『불자독송집』, 44-45.

2) 재의식

(1) 천도재

천도(薦度)재는 죽은 이의 명복을 빌기 위하여 불보살님께 재를 올려 영혼들로 하여금 정토나 천계(天界)에 태어나도록 기원하는 의식이다. 사람이 죽으면 지은 업(業)에 따라 다시 생을 받는다. 죽은 이를 위해 지극하게 재를 지내는 것은 죽은 이의 악업(惡業)이 소멸되어 왕생하기를 바라는 마음에서 하는 것이다.

(2) 49재

49재는 칠칠재(七七齋)라고도 한다. 죽은 이의 명복과 극락왕생(極樂往生)을 기원하기 위해 올리는 재인데 사람이 죽으면 49일 동안 중유(中有)에 머물러 있다가 지은 업(業)에 따라 다시 생을 받는다. 사람은 죽어서 7일 간격으로 생을 받다가 일곱 번째에 확정된 생을 받아 태어난다고 한다. 살아 있는 사람은 고인이 생을 받는 날에 재를 올려, 좋은 생을 받아 다시 태어나거나 극락세계로 왕생할 것을 축원하는 것이다.

3) 사찰예절 및 윤리

(1) 도량 예절

가) 복장 및 마음가짐

복장은 너무 화려하거나 지나치게 노출되지 않도록 깨끗하고 단정하게 입는다. 절은 부처님을 모시는 신성한 수행공간이므로, 선하고 긍정적인 생각을 가진다.

나) 언어 및 행동

조용히 말하고 행동하도록 하며, 큰 소리로 떠들지 않도록 한다. 술 취한 상태에서 도량 안으로 들어가서는 안 되며, 도량 내에서 술을 마시거나 담배를 피워서는 안 된다. 비록 연인과 함께 갔을지라도 도량 내에서 애정 표현은 삼간다. 사찰은 공동생활 공간이므로 사용한 물건은 반드시 제자리에 놓으며, 항상 남을 배려하는 마음을 갖는다.

다) 법당 예절

법당을 출입할 때는 가운데 문(스님만 출입)으로 다니지 말고 측면의 문으로 출입한다. 법당 안으로 발을 들여놓은 후에는 다른 사람들의 통행에 지장이 없도록 출입구를 피하여 부처님 전에 예배를 올린다. 다른 사람이 기도할 때는 방해가 되지 않도록 하고, 부득이한 경우 절하는 앞을 지날 경우 합장한 자세로 허리를 굽히고 조심스럽게 지나간다. 부처님의 정면은 스님 자리이므로 중앙을 피하여 좌우에 앉는다. 법당이나 요사채 등 전각의 문턱에 걸터앉거나 아무 곳에나 기대거나 누우면 안 된다.

(2) 사찰에서 생활하기

가) 차수

차수는 손을 교차한다는 뜻으로 수행과 기도할 때, 그리고 평상시 법당이나 큰방에서 또는 스님 앞에서 하는 자세로 겸손과 고요함을 지니는 자세다. 손에 힘을 주지 말고 자연스럽게 오른손으로 왼손을 감싸 쥐고 단전에 가볍게 대며, 발끝을 가지런히 하여 걷거나 서며 몸을 곧고 바르게 유지하도록 한다.

나) 합장 및 절하는 법

합장은 불교의 독특한 예법이다. 몸과 마음을 다 모은다는 뜻으로 일심으로 예의를 표하는 것이다.

■ **합장하는 방법**

– 두 손을 마주하는 모습으로, 몸을 바로 세우고 가슴과 어깨는 편 상

태에서 팔에 힘을 빼고 손바닥을 맞댄다.

- 손끝은 세워 손끝과 손목이 수직이 되고 손목과 팔꿈치가 수평이 되게 한다.
- 손바닥을 맞대었을 때 엄지손가락과 가슴 사이는 바로 붙이거나 주먹 하나 들어갈 만큼의 여유를 두어도 무방하나 가능한 한 붙이는 것이 좋다.

■ 합장절하는 경우

- 일주문을 넘어서 부처님 도량에 들어서거나 나올 때
- 법당에 첫발을 들여놓거나 나올 때
- 절을 시작하기 전이나 끝날 때
- 경내에서 스님이나 불자님과 인사할 때

다) 절의 의미(오체투지)

삼보(부처님, 법, 스님)에 대한 예경과 상대방에 대한 존경을 의미하며, 스스로를 낮추는 하심의 수행 방법이다. 대개 참회나 기도의 방법으로 108배, 1080배, 3000배 등을 한다. 큰절은 신체의 다섯 군데를 땅에 닿게 하는 것으로 다섯 군데는 이마, 양 팔꿈치, 양 무릎을 말한다. 이는 자신을 무한히 낮추면서 상대방에게 최대의 존경을 표시하는 예법이다.

■ 큰절하는 법

불전에 나아가 먼저 합장한 자세로 서서 합장절을 한 다음 큰절을 세 번 하는데, 합장한 자세에서 두 무릎을 살며시 굽히면서 오른손→왼손 순으로 바닥을 짚되, 손은 나란히 어깨 넓이만큼 벌려서 짚는다. 무릎을 꿇고 엎드릴 때, 왼발이 오른발 위에 오게 포개며, 엉덩이가 두 발의 뒤꿈치에 닿지 않도록 앉는다. 그리고 양 팔꿈치와 이마가 바닥에 닿은 상태에서 양 손을 뒤집어 손바닥을 위로 향하게 하여, 귀에 닿을 정도로 받쳐 올린다. 일어날 때에는 올렸던 손을 바로하면서 머리를 들어 허리를 펴고 손은 왼손→오른손 순으로 가슴으로 가져와서 합장의 자세를 취한다. 그리고 발을 세워 무릎을 일으키면서 일어선다. 이와 같이 세 번을 한 다음 마무리 절(고두배)을 올린다.

■ 마무리 절(고두배)

3배, 108배, 3000배 등 절을 할 때, 마지막 절(휴식을 위해 잠시 쉬는 경우도 해당)을 한 다음 몸을 일으키지 말고 머리를 들어 이마와 바닥 사이에 합장한다. 합장하고는 본인의 소원을 간단히(1-2초간) 기원한다. 양손을 바닥에 대고 이마를 다시 바닥에 살며시 댄 다음 일어선다. 일어서서 합장절을 한다.

■ 도량석(道揚釋)

도량석은 매일 새벽에 도량을 돌면서 게송을 외우면서, 기상 시간(새벽 3시)을 알리고 도량을 청정히 하는 의식이다. 이 새벽 목탁은 노전(盧殿)[21]의 중요한 소임거리다. 새벽 목탁에 이어 작은 종이 울리는데, 종성(鐘聲)이라 부르는 이 일 역시 염불과 함께 한다. 종성이 끝나면 큰 종이 서른세 번 장엄하게 울린다. 이는 하늘의 도솔천이 서른세 번째의 천상 세계임을 상징하는 것이다.[22] 이어 법고와 목어와 운판이 울린다.[23]

■ 예불

예불은 불자들이 삼보(불·법·승)님께 아침, 점심, 저녁 세 차례에 걸쳐 드리는 의식을 말한다. 도량석이 끝난 다음에 작은 종이 다섯 번 울린다. 이때쯤이면 조실의 노스님부터 후원의 행자에 이르기까지 산의 대중이 법당 자기 자리에 좌정하여 무심 삼매에 들어 있다. 이윽고 경쇠가 울리고,

---

21) 큰 법당의 소임자로 부처님 시봉하는 이.

22) 이 범종은 하루에 세 번 울린다. 아침 예불, 재식, 저녁 예불 때이다. 그러나 불이 나거나 긴급한 일로 대중의 운집이 필요할 때는 간격을 두지 않는 타종법을 사용한다. 또한 수행자가 입적했을 때 임종과 동시에 백여덟 번 울린다.

23) 범종, 법고, 목어, 운판은 사물(四物)이라 하여 규모가 큰 사원에서는 반드시 갖추고 있는 법물이다. 법고는 축생고를 받는 생명들에게 감로의 법을 들려주기 위해 울리고, 목어는 물에 사는 고기들을 위해 울리며, 운판은 날아다는 새들을 위해 울린다.

이어 선창이 있고 경쇠에 맞춰 대중의 장엄한 합송이 뒤따른다. 예불은 절하는 것으로 시작되고, 이어 삼보에 대한 예경을 표현하는 예불문, 서원을 일으키는 발원문이 낭독된다. 발원문이 끝나면 신중단을 향하여 「반야심경」을 봉독한다.[24)]

4) 사찰의 구조

(1) 사찰의 전각(殿閣)

사찰의 중심은 부처님을 모신 법당이다. 다른 말로 주불전 혹은 금당이라고도 하는데, 이는 부처님 몸의 색이 금색을 띠고 있어 유래된 것이다. 각 전각은 누구를 모셨는지에 따라 불리는 이름과 사찰 안에서의 위치가 달라진다. 수많은 전각 안에는 부처님, 보살, 신중, 기타 신들의 상(像)과 이들을 주제로 한 그림이 걸리며 각 종파에 따라 사찰에서 중요하게 모시는 부처님이 계신 곳을 주불전으로 택하게 된다. 사찰에서 보이는 다양한 부처님의 모습은 하나의 부처님을 인간이 바라는 여러 가지 모습으로 표현한 것이기도 하고, 누구나 참선과 수행을 통해 부처가 될 수 있다는 대승불교의 이념을 간접적으로 나타낸 것이기도 하다. 부처님과 보살들을 모신 전각 외에 불교가 들어오기 전부터 신앙하던 토속신은 사찰의 뒤쪽이나 주변에 배치하여 모셔지고 있다.[25)]

---

24) 일반적으로 법회(法會)는 다음과 같다. 삼귀(삼보)의례, 찬불가, 발원문, 독경(반야심경), 청법가, 입정, 법문, 사홍서원, 공지사항, 산회가로 진행된다. 고성훈 편, 『불자독송집』, 7-24 참조.

25) 한국불교연구원, 『한국의 사찰 4－통도사』(서울: 일지사, 1993), 20. 한국의 사찰은 입구에서부터 주불전까지 들어가는 과정이 하나의 불국정토에 들어가는 의미를 지닌다고 한다. 가령 일주문은 불국정토에 들어서는 것을 상징한다면, 천왕문은 불국정토를 지키는 용맹한 사대천왕이 있고, 중앙의 주불전을 중심으로 양쪽에 석탑이나 그 외 미륵, 극락, 명부전 같은 전각들이 배치되어 마치 자신이 불국정토 안에 들어와 있는 것과 같은 의미를 준다고 한다. 토속신을 모시는 삼성각과 칠성각은 경내에 배치되지 않는 것이 일반적이다.

한국 최초 불교사찰 강화 전등사의 대웅보전

가) 대웅전(大雄殿)

대웅전은 석가모니 부처님을 모신 법당으로 '대웅'이란 말은 법화경에서 석가모니 부처님을 큰 영웅이라 한 데에서 유래되었다. 대웅전 안에는 대개 가운데에 석가모니 부처님을 모시고, 부처님의 왼쪽에 지혜를 상징하는 문수보살과 실천을 상징하는 보현보살이 부처님을 보좌하고 있으나, 다른 보살을 모시는 곳도 많다. 그리고 부처님 뒤에는 반드시 탱화를 걸어 두는데, 이는 다른 나라에서는 볼 수 없는 한국 사찰만의 특징이다.

나) 대적광전(大寂光殿)

대적광전은 비로자나 부처님을 모신 전각으로 비로자나 부처님의 가르침이 중생 모두에게 두루 비친다는 의미에서 대적광전이라 부르게 되었다. 대적광전 한가운데 비로자나 부처님과 그 왼쪽에 노사나불, 오른쪽에 석가모니 부처님이 앉아 계신다. 이는 삼신(三身)이라 하여 부처님의 세 가지 모습을 각각 표현한 것이다. 비로자나 부처님은 진리 그 자체이며, 노사나불은 복덕을 지니고 중생을 구제하기 위해 끝없이 노력하는 모습이며, 석가모니불은 중생들의 요구에 부응하여 인간의 모습으로 태어나 수행을 몸소 실천한 부처님의 모습을 표현한다.

다) 극락전(極樂殿)

극락전은 서방극락정토를 주재하는 아미타 부처님을 모신 법당이다. 아미타불은 오랜 옛날 임금의 지위와 부귀를 버리고 출가한 법장비구로서 부처님의 덕을 갖추고 보살이 닦는 온갖 행을 닦아 중생을 제도하려는 원을 세워 마침내 아미타불이 되었다. 그래서 아미타불은 그 광명이 끝이 없어 백천억 불국토를 비추고 있어 무량수, 무량수전 혹은 주불의 이름을 줄여 미타전이라고도 한다. 아미타불의 좌우에는 관세음보살, 대세지보살 혹은 지장보살이 모셔진다.

라) 미륵전(彌勒殿)

미륵전은 미륵보살을 모신 전각으로 미륵보살은 과거의 정광불과 현재의 석가모니 부처님에 이어 미래에 오실 부처님이다. 미륵보살은 현재 도솔천에 계시면서 천인(天人)들을 위해 설법하고 있다. 그러나 아직 부처가 되기 이전의 단계에 있기 때문에 보살이라고 부르며, 석가모니 부처님이 열반에 든 뒤 56억 7,000만 년이 지나면 이 세상에 출현하여 부처가 되어 중생을 구제하게 된다.

마) 약사전(藥師殿)

약사불은 인간의 가장 기본적인 고통인 생로병사 중에서 병을 치유하는 부처님이다. 그래서 약사불의 왼손에는 병든 중생에게 도움을 줄 수 있는 약이 들어 있는 약병이나 약합을 지니고 있다.

바) 관음전(觀音殿)

관세음보살은 두려움을 없애 주고 자비를 베풀어 중생을 구제하는 보살이다. 또한 관음보살은 임종 순간 아미타 부처님을 모시고 와서 죽은 자를 극락으로 인도해 가는 분이므로 관음보살의 보관에는 늘 아미타 부처님이 새겨져 있으며, 전각을 따로 만들어 모실 만큼 한국에서 많은 사랑을 받아 왔다.

사) 명부전(冥府殿)

명부전에는 지옥에 계신 어머니를 구하고 지옥으로 떨어진 모든 자들이 구원될 때까지 지옥세계에 계시겠다는 서원을 세운 지장보살과 죽은 자의 삶을 평가하고 형벌을 정하며 새로 태어날 세계를 결정하는 심판관 역할을 하는 시왕이 계신 전각이다. 그래서 사람이 세상을 떠나게 되면 가족들이 명부전에서 죽은 이가 좋은 곳에 태어나게 하기 위해 지장기도를 하면서 49재를 지낸다.

아) 일주문(一柱門)

부처님이 계신 불국으로 들어서는 첫 관문으로 '일주문'이라는 이름은 기둥이 일직선상의 한 줄로 늘어서 있다는 데에서 비롯된 것이다. 이는 신성한 부처님의 세계에 들어가기 전에 세속의 번뇌로 흩어진 마음을 하나로 모아 정토에 발을 디디라는 의미가 담겨 있기 때문이다.

자) 천왕문(天王門)

천왕문은 불법을 수호하기 위해 동서남북의 네 방위를 지키는 사천왕을 모신 문(門)이다. 사천왕은 원래 고대 인도의 바라문교에서 모셨던 신들이었으나 부처님의 가르침에 감명을 받아 불교에 귀의하여 부처님과 불법을 지키는 수호신이 되었다. 동서남북의 네 방위와 봄·여름·가을·겨울의 네 계절을 나타내는 사천왕은 손에 비파, 검, 용, 보탑 등을 지니고 있다.

7. 대화의 가능성과 선교 접촉점

1) 불교와 기독교의 대화 가능성[26)]

불교에는 신론(神論)이 없다. 하지만 도교에서와 마찬가지로 생명을 삼일성으로 풀이하고 있다. 불교의 경전 「반야심경」에는 우리가 잘 아는 4행의 짧은 경문(經文)이 있다.

> 색불이공 공불이색(色不異空 空不異色)
> 색즉시공 공즉시색(色卽是空 空卽是色)
> 물질(色)이 공과 다르지 않고 공이 물질과 다르지 않아서
> 물질이 곧 공이요, 공이 곧 물질이다.[27)]

여기서 색은 모든 테두리 속에 한정된 물리적 형체와 상(相), 현상과 현시(顯示)를 가리키는 것이다. 그리고 공은 모든 색이 나타나 있지 않는 모든 범주를 초월한 '무위의 진인'으로서 영원하다.[28)] 따라서 기독교의 '하나님'이 자신을 '스스로 있는 자'(야웨, YHWH)라고 하실 때 자신을 어떤 형태나 모양으로도 나타낼 수 없으며 어떤 이름을 붙이더라도 그것을 나타낼 수 없음을 표현하신 것이다. 불교에서 공은 자신을 어떤 테두리 안에도 넣을 수 없으며, 이름을 지어 부를 수도 없음을 말하는 이치와도 같다.

그런데 그 공이 곧 색과 다르지 아니하고 색이 곧 공이라는 것이다. 물리적 형태를 지닌 색(色, 形)이 초월적 진인인 공(空, 無)과 같다는 말은 우

---

26) 이 부분은 김은수, "선교확산을 위한 동양종교와 기독교의 접촉점 연구 – 도교(道敎)와 불교(佛敎)를 중심으로", 「구약논단」 53(2014), 44-70의 내용을 재정리한 것이다.

27) 고성훈 편, 『불자독송집』, 11.

28) 이순연 · Thomas G. Hand, 『여기에 물이 있습니다』, 45.

리에게 인간으로 오신 예수는 보이지 않은 하나님과 같다는 말이다. 색은 아들이고 공은 아버지이다. 이 둘은 하나의 생명의 흐름이며, 그 흐름은 곧 영(靈)이다. 예수가 자신을 본 자는 아버지를 본 것이라고 했듯이(요 14:9), 아버지와 아들은 하나이고 이 둘이 하나가 되는 자리가 바로 영(靈)이다.[29]

다음으로 불교의 깨달음과 기독교의 거듭남을 살펴보자. 우리에게 많이 알려진 성철 스님의 "산은 산이요. 물은 물이다"라는 가르침은 원래 야부(冶父) 스님의 금강경 오가해(金剛經 五家解) 해설서에 나오는 시구의 앞부분을 따온 것이다. 해설서에는 원래 다음과 같이 말하고 있다.

산시산(山是山) 수시수(水是水) 불재하처(佛在何處)

이것을 풀이하면, '산은 산이요. 물은 물이로되, 부처님은 어디에 계시는가'라는 말인데, 이것은 불교에서 깨달음의 이치를 잘 보여주는 것이다. 그 첫 단계는 사물에 대한 단순한 인식으로서 만상(萬象)을 볼 때 눈에 보이는 그대로 산은 산이며, 강은 강이라는 것이다. 그다음 단계는 일체 만물의 근본은 하나이므로 산이 곧 물이고, 물이 곧 산이다. 이것이 있으므로 저것이 있고, 저것이 있으므로 이것이 있다. 산이 있으므로 물이 있고 물이 있으므로 산이 있는 것이다. 깨달음을 얻은 사람들은 이 단계에서 산을 보면 산은 이미 산이 아니었고, 강을 보아도 그것은 강이 아니었다고 한다. 그다음 단계로 넘어가면 다시 산은 산이고, 물은 물이지만 첫 단계로의 환원이 아니라 산과 물, 즉 이 모든 자연계 안에서 진정으로 깨달은 자는 부처님을 만나고 그 안에서 부처님의 법어(法語)를 듣게 된다는 것이다. 온전히 깨달음의 경지에 도달한 사람으로서 고요함의 경지 안에서 산을 산으로 강을 강으로 보는 것이다.[30]

---

29) *Ibid.*, 93-94.
30) *Ibid.*, 60-61.

기독교에서도 거듭남의 첫 단계는 사물을 눈에 보이는 그대로 인식하는 것이다. 유대인 지도자 니고데모가 찾아왔을 때 예수님이 "사람이 거듭나지 아니하면 하나님의 나라를 볼 수 없느니라"라고 하자 니고데모는 단순히 육적 출생의 두 번째로만 이해하고, "사람이 늙으면 어떻게 날 수 있사옵니까? 두 번째 모태에 들어갔다가 날 수 있사옵나이까?"라고 물었다(요 3:3-4). 아직 니고데모는 깨닫지도 거듭나지도 못한 상태임을 잘 보여준다. 하지만 그다음 단계가 되면 예수님 안에 그를 믿는 사람이 있으며, 믿는 사람 안에 예수님이 있게 된다. 이것은 예수님이 하나님 아버지 안에 있고, 아버지 안에 예수님이 있는 이치와 같은 것이다.

"아버지께서 내 안에, 내가 아버지 안에 있는 것같이 그들도 다 하나가 되어 우리 안에 있게 하사 세상으로 아버지께서 나를 보내신 것을 믿게 하옵소서 … 곧 내가 그들 안에 있고 아버지께서 내 안에 계시어 그들로 온전함을 이루어 하나가 되게 하려 함은 아버지께서 나를 보내신 것과 또 나를 사랑하심같이 그들도 사랑하신 것을 세상으로 알게 하려 함이로소이다"(요 17:21, 23). 그래서 예수님은 제자들에게 "내가 아버지 안에 거하고 아버지께서 내 안에 계심을 믿으라"(요 14:11)라고 요청하셨다.

그다음 단계로 가서 온전히 거듭난 사람은 삶의 현장 속에서도, 이웃의 모습 속에서도 하나님을 보는 경지에 이르게 된다. 이스라엘의 조상이 된 야곱은 '발꿈치'라는 이름의 뜻처럼 형님의 발꿈치를 잡고 태어나서 자신의 상술과 재주로 살아왔으나, 얍복 강에서 천사와 씨름하여 불구가 된 뒤 거듭나는 체험을 하고 '하나님이여, 다스려 주옵소서'라는 '이스라엘'이 되었다. 이렇게 거듭난 야곱은 자신과 원수가 된 형님을 만나서 "내가 형님의 얼굴을 뵈온즉 하나님의 얼굴을 뵌 것 같습니다"(창 33:10)라고 고백하였다. 참으로 원수의 얼굴에서도 하나님의 얼굴을 볼 수 있는 인간으로 거듭났다는 말이다. 이를 통해 그는 이스라엘의 실질적인 조상이 되었던 것이다. 이것은 오늘날 자신의 "몸을 하나님이 기뻐하시는 거룩한 산 제물"(롬 12:1)로 드리는 자라고 할 수 있다. '산 제사'란 그리스도인이 아니라 놀랍게도 믿지 않는 사람이 세상 속에서 그리스도인의 섬김을 보고 하나님께 영광을 돌리는 것이다.[31] 따라서 예배당 안에서만 아니라 세상 속에서 하나님께 산 제사를 드리는 사람이 참으로 거듭난 사람이라고 할 수 있다.

끝으로 불교의 공(空)과 기독교의 자기 비움(kenosis)을 살펴보자. 「금강경」의 중심인 공(空) 사상은 범어로는 'SUNYATA'로서 존재하는 것에는 실체도 없고 영원불멸한 '나'라는 것도 없음을 말한다. 모든 것은 서로 연기(緣起)하여 존재하는 것이기 때문에 그 속에 실체로서 불변하는 자아는 없다는 것이다. 그러므로 그 실체에 집착해서는 안 된다. 사람을 비롯한 모든 존재는 상대적인 관계에 있기 때문에 하나의 존재나 자신의 주장을 절대시해서는 안 된다.[32] 우리가 눈으로 보는 물리적 상(相)과 현시(顯示)의 실체를 초월하는 것이 공(空)이다. 따라서 스스로 존재하는 야웨(YHWH, I am I)처럼 공(空)은 특정한 테두리 안에 넣을 수 없으나 우리가 볼 수 있는 인간의 형체로 자기를 비운(空) 것은 그리스도의 자발적인 희생이다. 「금강경」의 공(空) 사상은 그리스도의 자기 비움(kenosis)과 유비(analogy)된다는 것이다.

그리스도가 십자가에서 "엘리 엘리 라마 사박다니"(막 15:34)라고 외친 것은 시편 22편의 말씀을 이루기 위한 것이라고 성서학자들은 해석한다. 하지만 그보다는 더 심오한 예수의 궁극적인 자기 비움(kenosis)의 부르짖음의 뜻이 담겨 있다는 것이다. 하나님 아버지와 아들 예수가 하나였으나 예수는 십자가에서 드디어 그 모든 테두리를 버리고 자신을 아무런 제한 없이 비우게(空) 된 것이다. 이러한 맥락에서 예수가 십자가에서 마지막으로 "다 이루었다"(요 19:30)고 말한 것은 그의 완전무결한 자기 비움에 도달한 것이라고 할 수 있다.[33]

---

31) 김은수, 『사회복지와 선교』(서울: 대한기독교서회, 2014), 47-48.

32) (재)불교전도협회, 『불교성전』, 672.

33) 현대 신학자 John Cobb은 그리스도의 비움(kenosis)에 대해 "비움(空)이란 제한하는 경계나 소유하는 것이 없을 뿐 아니라 세상을 경험하기 위한 테두리 같은 어떤 필터(filter)도 가지지 않는 것입니다. 비움이란 거기에 있는 것, 또는 있을지도 모르는 모든 것에 대하여 완전히 열려 있는 상태입니다." 이순연·Thomas G. Hand,

그리스도는 하나님과의 수직적인 비움과 아울러 인간과의 수평적인 비움을 이루었다. 제자들은 예수를 버리고 모두 도망쳐 갔다(막 14:50). 그뿐만 아니라 인간의 가장 기본적인 가족과의 관계도 더 이상 없었다. 예수가 어머니 마리아에게 "여자여 보소서 아들이니이다"(요 19:26)라고 했을 때 그의 의식은 이미 아들이라는 테두리 밖에 있다는 뜻이며, 이것은 그가 요한에게 "보라 네 어머니라"(요 19:27)라고 했을 때 더욱 분명해진다. 이러한 자기 비움(空)은 예수의 옷을 군인들이 빼앗아가는 것에서 인간으로서 '나'의 모든 수평적인 테두리를 떠난 것을 나타낸다(마 27:35). 그러므로 예수의 십자가 죽음은 로마 권력에 의한 행위가 아니라 자신을 스스로 비운 사건이자 하나님에 의한 구원의 사건이다.[34] 이것은 예수가 예루살렘을 향해 가면서 자신의 죽음을 세 번이나 제자들에게 미리 예고한 것에서 분명히 알 수 있다.

2) 선교 접촉점

불교는 기독교에 비해 한국에서 매우 오랜 역사를 가지고 있으며, 많은 신도 수를 가지고 한국인들에게 가장 크게 영향을 끼쳐오고 있다. 따라서 선교의 접촉점을 찾는 데 기독교와 불교의 유사점을 생각해 보아야 한다. 우선 창시자의 권위에 공통점이 있다. 기독교는 예수 그리스도를 하나님의 아들로 경배하며, 그의 말씀을 절대적 진리로 받아들인다. 반면 붓다는 신의 존재를 인정하거나 가르치지 않았음에도 불구하고, 불교도들이 지향하는 신앙의 모델이며 경배의 대상이 되었다. 둘째로, 기독교와 불교는 교회(教會)라는 조직과 승단(僧團)이라는 조직을 형성하고 발전시켰으며 훈련과 치리(治理)를 중시하였다. 셋째로, 두 신자들의 구성원을 특정 국가나 인종에 국한시키지 않는 점에서 세계적 종교이며 그로 인하여 선교를

129에서 재인용.

34) *Ibid.*, 126-128.

강조한다. 넷째로, 두 종교는 인간관에서 자신을 부정할 것을 말한다. 다섯째로, 두 종교는 천국과 지옥의 개념을 가지고 있다. 여섯째로, 기독교의 희생정신은 대승불교의 보살 개념과 유사하다.[35] 일곱째로, 불교의 업(業) 사상은 기독교의 심은 대로 거둔다는 가르침과 유사한 면이 있다. 이 밖에 불교에서 대승과 소승의 두 흐름은 그리스도인에게 조금도 낯선 현실이 아니다. 기독교도 이것에 비견할 두 개의 흐름을 복음과 율법, 신비주의적인 경향과 사회복음적인 참여의 태도 등을 통하여 현실적으로 역사적으로 경험해 오고 있기 때문이다. 이처럼 기독교나 불교가 동일한 문제에 대한 동일한 구조적 갈등을 경험하고 있다는 사실은 같은 종교인으로서 새로운 동료의식을 일깨울 수 있다.[36]

또한 불교의 용어가 일상생활이나 기독교 안에 수용되어 사용되는 것들이 많이 있다. 이러한 것들을 대화의 접촉점으로 삼을 때 좋은 관계 형성과 접근이 훨씬 쉬워진다. 먼저 일상생활 속에서 흔히 사용되는 불교 용어를 살펴보면, '인연', '전생', '이심전심',[37] '투기',[38] '관념',[39] '찰나',[40] '무시로', '다반사',[41] '강당',[42] '야단법석',[43] '대중',[44] '이판사판',[45] '아수라장',[46] '팔자

---

35) 예수 그리스도는 죄인들을 위하여 대속의 죽음을 죽으셨고, 보살은 중생들의 구원을 위하여 자신이 열반에 들어가는 것(자신의 구원)을 연기한다.

36) 정진홍, 『기독교와 타 종교와의 대화』(서울: 전망사, 1991), 89.

37) 부처님의 생애 중에 가섭존자와 관련된 대목으로서, 다른 말로는 삼처전심이라고 하여 부처님과 가섭존자가 세 곳에서 마음을 나누었다는 이야기다.

38) 마음을 열고 몸을 던져 부처님의 깨달음을 얻으려한다는 뜻으로 오늘날 투기(投機)는 사람들이 돈을 던져 기회를 잡는다는 의미다.

39) 진리 또는 불타를 관찰 사념한다는 뜻이며 오늘날 사람의 마음속에 나타나는 표상·상념·개념 또는 의식 내용을 가리키는 말로 쓰인다.

40) 순간을 뜻하는 산스크리트어의 음역으로서 시간을 나타내는 단위이며, 매우 짧은 시간의 뜻으로 바뀌었다.

41) 불교 용어로 차를 마시거나 밥을 먹는 일을 나타내며 한자로는 다반사(茶飯事)다. 오늘날 차를 마시거나 밥을 먹듯이 자주 일어나는 일을 의미한다.

42) 인도에서 설법을 강(講)하던 장소로 오늘날 학교나 관공서 등에서 많은 사람이 한군데 모여 의식이나 강연 등을 들을 수 있는 큰 장소를 의미한다.

43) 과거에는 큰 법회 시에 장소가 협소한 관계로 대웅전 앞마당에 괘불이라는 탱화를

소관', '범부', '불경스럽다', '무상하다', '진언드리다', '명복',[47] '화두'[48] 등이 있다.

기독교에 영향을 미친 것들을 살펴보면, 불교의 '천일기도'와 유사한 '일천번제',[49] 불교의 '복채'와 유사한 '돈'을 봉투에 넣어 심방 때 상 위에 올려 두는 것, 불교에서 법을 설한다는 '설법'(說法)과 유사한 교리를 설한다는 '설교'(說教)(기독교 예배에서는 교리를 설하는 것이 아니라 '말씀선포'를 하는 것이다) 등이 있다. 교회에서 어버이주일에 많이 부르는 '부모님 은혜'가 불교 경전 『부모은중경』에서 온 것을 알고 부르는 그리스도인은 드물다. 그 일부를 소개하면 "… 단 것은 다 뱉으시니 잡수실 것 무엇이며 쓴 것만을 삼키셔도 싫어함이 없으시네. (중략) 어머니 당신은 젖은 자리 누우시고

걸어 놓고 법회를 보곤 했다. 한자로는 野壇法席인데, 사람이 많이 모이고 시끄럽기 때문에 오늘날 시끄러운 곳이라는 의미로 많이 사용되고 있다.

44) 신도들을 일컬을 때 사부대중(四部大衆), 7부중(七部衆)이라고 하는데, 사부대중은 비구·비구니·우바새·우바이 등 출가하였거나 출가하지 않은 남녀 신도를 통틀어 이르는 말이고, 대중은 출가 여부에 관계없이 부처에게 귀의한 신도들을 가리키는 말이었다. 오늘날 여러 계층의 많은 사람을 일컫는 말로 쓰인다.

45) 억불숭유정책을 쓴 조선시대에는 이판승이나 사판승이나 모두 마지막 신분계층이 되는 것이어서 절에 들어가 승려가 된다는 것은 끝장이라는 의미에서 막다른 데 이르러 어쩔 수 없음을 뜻하는 성어다.

46) 윤회설과 관련이 있는 곳이며, 항상 전쟁이 끊이지 않는 곳이다. 또한 허겁지겁 많이 먹는 사람이나 음식 탐이 심한 사람에게 '아귀' 같다고 하는데, 이것 역시 윤회의 장소를 말한다. 목구멍은 바늘과 같고 몸은 태산과 같은 귀신들이 사는 곳으로 항상 배가 고픈 곳이다.

47) 불교 신자가 죽은 후 염라대왕 앞에서 심판을 받는 곳이 명부(冥府)이고, 이곳에서 받는 복(福)을 말한다. 요즘, "고인(故人)의 명복을 빕니다"라는 말이 일상화되고 있으나, 불교적 내세관에 근거한 것임을 알아야 한다.

48) 불교에서 참선수행을 돕기 위해 사용하는 실마리로서, 간결하고도 역설적인 문구나 물음이 화두(話頭)이다.

49) 기독교에서 일천번제를 성경에 근거한 것이라고 하면서 일천 번에 걸쳐 헌금을 드리는 경우가 있는데, 솔로몬이 하나님께 드린 일천번제(燔祭)는 1,000마리를 한꺼번에 태워서 드린 것이며(왕상 3:4), 결코 횟수의 일천 번(番)이 아님을 알아야 한다.

아이는 안아서 마른자리 누이시네….” 그러므로 이 용어들이 갖는 의미를 충분히 알지 못하고 무차별적으로 사용하는 것은 기독교의 정체성을 심각하게 해칠 수도 있다는 점을 알아야 한다.

기독교가 불교에서 배우고 함께 고민해야 할 과제들을 제시하면 다음과 같다. 먼저 인간의 일상적인 삶의 불안에 대한 신학적인 반성이 있어야 한다. 기독교에서 흔히 생로병사에 대한 소박하고 정직한 불안에 대해 아예 무관심하거나 오히려 '윤리'라는 규범적인 틀로 그러한 관심으로부터 비약하거나 강권하는 신학적인 경향이 있다. 더 살고 싶고, 병에서 어서 회복하고 싶고, 죽고 싶지 않다는 간구는 샤머니즘적인 것도 비신앙적인 것도 아니다. 그것은 인간적인 본연의 삶의 모습이다. 부처님은 그 심원한 존재론 속에서 한 번도 그 소박한 진실을 외면하지 않았다. 현대의 신학이나 교회는 이 문제를 서술하려는 성실한 노력이 있어야 할 것이다.

둘째, 자아에 대한 고정관념의 불교적인 부정은 기독교의 신앙적인 자아에 대해서도 정당성을 갖는다는 사실이다. 흔히 기독교적인 자세는 교회 현실 속에서 신앙은 늘 완결된 체계라는 인상을 드러내고 있다. 그러나 사도 바울이 말한 바와 같이 "그것은 목표를 향한 달음질"이지, 목표에 도달하여 더 갈 데가 없다는 뜻은 아니다. 신앙은 스스로를 끊임없이 십자가에 못 박고 다시 달려야 하는, 그러한 영원히 열려진 가능성을 향한 자기개방인 것이다. 무아(無我)라고 하는 사실의 불교적 조명을 우리는 보다 겸허하게 살펴야 한다. 그리스도인이 되었다고 하는 참된 긍지는 이렇게 상이한 종교 앞에서 스스로를 깨뜨리는 작업을 통해 영글어지는 일이기 때문이다.

이 외에도 불교 사찰에서 행해지는 발우공양의 경우, 음식물을 결코 남기지 않는 환경친화적인 생활태도와, 살생을 금하고 자연을 보호하는 습관, 그리고 검소한 복장과 청빈한 생활은 창조주 하나님을 믿는 그리스도인들이 그동안 간과했던 일로서 배워야 할 중요한 덕목이자 성서말씀(창 9장)의 재발견이라고 할 수 있다.

기독교의 천년왕국 사상과 불교의 미륵신앙 사이에는 많은 연관성이 있다. 민중들이 양반과 사대부들에 의해 착취당하고 희생당할 때 미륵세계가 도래하여 모든 억압에서 해방된다는 현재적 종말사상은 기독교의 천년 왕국사상을 쉽게 수용할 수 있는 토양을 만들어 주었다. 따라서 많은 불교인들은 질병의 치유와 축복 등 인간 현세에 대한 욕구충족에 많은 관심을 가지고 있다. 이에 비해 한국의 많은 그리스도인들은 현실을 떠난 미래의 천국을 소망하는 경향들을 그 동안 많이 가지고 있었다. 그러나 하나님 나라는 미래에 들어갈 나라임과 동시에 지금 여기 이 땅에서 확장해야 할 현재적 나라이기도 한다. 그러므로 그리스도의 이름으로 귀신을 쫓아내고 질병을 고치는 능력도 필요할 뿐 아니라 사회 전반에 걸쳐 하나님의 뜻이 이루어지도록 그 책임을 다하는 것이 오랫동안 불교 문화권 안에 있었던 한국을 선교하는 데 매우 중요함을 잊지 않아야 한다.

참고문헌

▼
▼

노스, J. B./윤이흠 역. 『세계종교사(하)』. 서울: 현음사, 1992.
듄, 캐린/황필호 역. 『석가와 예수의 대화』. 서울: 종로서적, 1954.
마쓰야 후미오/이원섭 역. 『불교개론』. 서울: 현암사, 1997.
멘싱, 구스타프/변선환 역. 『불타와 그리스도』. 서울: 종로서적, 1987.
세르게이 토카레프/한국종교연구회 역. 『세계의 종교』. 서울: 사상사, 1991.
이순연 · Thomas G. Hand/이희정 역. 『여기에 물이 있습니다－도교와 불교의 눈으로 살펴본 기독교』. 서울: 대한기독교서회, 2010.
첸, 케네스/길희성 · 윤영해 역. 『불교의 이해』. 왜관: 분도출판사, 1994.
후미오 마스다니/이종태 역. 『불교와 기독교의 비교연구』. 서울: 고려원, 1992.
히데오 미네시다/김승철 역. 『선불교와 기독교』. 서울: 원음사, 1991.
中村元.三枝充直/혜원 역. 『바웃드하 불교』. 서울: 김영사, 1990.

G. Siegmund. *Buddhismus und Christentum: Vorbereitung eines Dialogs*. Sankt Augustin, 1983.

고성훈 편. 『불자독송집』. 서울: 우리출판사, 불기 2545.

교양교재편찬위원회. 『불교학 개론』. 서울: 동국대학교출판부, 1998.

김승혜 · 서종범 · 길희성. 『선불교와 기독교』. 서울: 바오로딸, 1997.

김은수. "선교확산을 위한 동양종교와 기독교의 접촉점 연구 – 도교(道教)와 불교(佛教)를 중심으로." 「구약논단」 53(2014), 44-70.

_____. 『사회복지와 선교』. 서울: 대한기독교서회, 2014.

돈연. 『산사의 하루』. 서울: 대원사, 1992.

동봉. 『불교의 이해』. 서울: 고려원, 1997.

불교교재(편). 『불교사상의 이해』. 경북: 동국대학교 불교문화대학, 1997.

(재)불교전도협회. 『불교성전』. 부산: (주)보진재, 2005.

우봉 편저. 『불교의 알음알이』. 서울: 도서출판 다다아트, 2002.

유재신. 『불교와 기독교의 비교연구』. 서울: 대한기독교출판사, 1994.

이재창. 『불교경전의 이해』. 서울: 경학사, 1998.

정진홍. 『기독교와 타 종교와의 대화』. 서울: 전망사, 1991.

정창영. 『불교에 들어서는 길』. 서울: 을지출판공사, 1993.

주명철 편저. 『불교와 세계종교』. 서울: 정우서적, 1997.

채필근. 『비교종교론』. 서울: 대한기독교서회, 1996.

한국불교연구원. 『한국의 사찰 4 – 통도사』. 서울: 일지사, 1993.

한국종교연구회. 『세계 종교사 입문』. 서울: 청년사, 1993,

제3장

신도(神道)

1. 기본 개념

'신도'라는 명칭은 일본 서기, 제31대 요메이(用明) 천황의 즉위 전기에 처음 등장한다. 거기에는 "천황이 불교를 믿고 신도를 존숭했다"(天皇信佛法尊神道)라는 말이 나온다. 여기서 '신도'라는 말이 '불교'와 대비되어 나오는 것을 알 수 있다. 말하자면, 일본인들은 외래의 종교문화인 불교를 만남으로써 비로소 자기 자신들의 종교로서 신도를 의식하기 시작했음을 보여 준다. '신도'란 말은 시대에 따라 다양한 용어로 변화되어 왔지만, 일본에 들어온 불교, 유교 등 여러 외래 종교와 구별되는 일본 고유의 종교를 총괄하여 '신도'라고 한 것이라고 할 수 있다.[1)]

신도의 형태는 역사적으로 여섯 가지, 즉 신사신도(종교시설로서의 신사를 중심으로 한 신도로서 가장 기본적인 형태), 황실신도(천황가의 궁중제사를 중심으로 한 신도), 이론신도(학파로서의 신도사상), 국가신도(천황제 이데올로기로서 기능했던 국교로서의 신도), 교파신도(국가신도 체제에 편입되었던 신도적 신종교들), 민간신도(민간신앙적인 신도 습속) 등으로 나눌 수가 있는데, 신도라는 문화현상은 이 여섯 가지 영역 모두와 관련이 있다.[2)]

---

1) 무라오카 츠네츠구/박규태 역, 『일본신도사』(서울: 예문서원, 1998), 15-17.

신도(神道)는 인도의 힌두교나 유대인들의 유대교와 같이 일본이 만들어낸 일본만의 종교라 할 수 있다. 신도는 죽은 조상들과 자연의 영들을 숭배하는 일종의 정령 숭배 종교에 해당된다. 본래 신도는 샤머니즘적인 요소가 강한 것으로서 고대 일본인들의 물활론(物活論: 모든 물건에는 영혼이 깃들어 있다고 믿는 신앙)적 믿음에 그 뿌리를 두고 있다. 따라서 신도에서 섬기는 신은 유일신이 아닌 각 가정이나 그 지방의 수호신이었다. 그러던 것이 그 지역의 영웅이나 지도자를 숭배하고 조상의 영혼을 섬기게 되면서 일본의 정신적인 종교로 화하게 되었다. 신도는 중국말로 "신들의 도"라는 뜻으로 한국의 샤머니즘과 같이 일본인들이 전통적으로 가지고 있는 종교이다. 즉, 신도는 일본 민족의 '가미'(神) 관념에 근거하여 일본에서 발생하여 일본인들 사이에 전개된 전통적인 종교적 실천과 그 배경을 이루는 생활태도 및 이념 등의 총체라고 할 수 있다. 따라서 일본의 환경, 생활습관 그리고 그들의 역사 안에서 발생한 종교적 이념과 가치, 세계관을 기반으로 하고 있다. 이런 점에서 신도는 특별한 창시자나 교리가 없는 일본의 민족종교라고 할 수 있다.

2. 발생 배경과 역사

1) 신도의 역사

신도라는 것은 원시 신도가 시작이라고 볼 수 있다. 원시 신도는 집단적 제사의 종교이다. 제사의 기본은 벼농사를 위하여 행해지는 것으로서 봄의 예축제와 가을의 수확제였다. 이외에도 조령 사령을 향한 제사나 자연, 동물 등의 신이 영혼에 대한 제의도 행해졌다. 5세기 말에서 6세기에 거쳐 고대 신도가 발달했다. 고대국가의 지배자는 각지의 지배자의 위에

2) *Ibid.*, 16-20.

도쿄 야스쿠니 신사(각주 5 설명 참조)

있는 왕이라고 해서 대왕이라고 불리었다. 대왕은 하늘에 있는 세계를 주재하는 여인의 자손이라 일컬어지며 그 신칙을 받아서 천손 니니기가 나가쓰구니에 내려왔고, 그 자손이 대대로 그 나가쓰구니를 통치하게 되었다. 대왕은 7세기 초부터 천왕이라 불렸다. 고대국가 아래서 원시 신도는 천신과 국신을 제사 지내는 고대 신도로 발전했다. 신(神)의 아들이라 할 수 있는 천황은 정치, 군사의 지배자인 동시에 국제를 행하는 최고의 제사장이다. 제의를 행하는 것이 정치를 행하는 것과 일체가 되어 이 둘을 모두 '마쓰리고도'라 불렀다. 고대 일본사회에서는 여러 가지 계통의 신화가 전해지고 있어서 유력한 씨족은 각각 조상신에 대한 신화를 전하고 있다.

2) 신도의 부흥

1700년경 일본에서는 일본 고문헌에 대한 연구가 재개되고, 고문헌 연구소가 재건되기 시작하였다. 그 당시 히라타 아츠타네(1776-1843)가 말

야스쿠니 신사 입구. 1879년 국가를 위해 순국한 자를 기념한다는 뜻의 靖國神社로 개칭함으로 국가신도를 분명히 했다.

하기를 "신도는 두 가지 기본적인 신조를 가지고 있다. 그중 하나는 일본이라는 나라가 신들에 의해 창조된 나라라는 것이며, 다른 하나는 일본인들이 신들의 후손이라는 것이다. 그러므로 일본인들은 자신들이 세계 다른 나라 사람들과 어떤 정도의 차이가 아니라 근본적으로 구분되는 민족이라고 믿고 있다." 이런 점을 재정립시킨 히라타 아츠타네와 같은 학자들의 사상은 신도를 부흥시켰다. 1870년에는 대교선포(大教宣布)의 칙령을 발하여 신도의 국교화 토대를 마련하였다. 그 내용은 "지금은 천운이 순환하는 유신의 때이니 통치의 교를 밝히고 가미나가라의 대도를 선양하며 새로이 선교사를 명하여 천하에 포교케 한다"는 것이었다. 나아가 1871년에는 관폐사 및 국폐사 제도가 발족되었고 1872년에는 신도 포교의 근본 방침으로서 삼조의 교칙, 즉 (1) 경신애국의 취지를 실현할 것, (2) 천리인도를 밝힐 것, (3) 천황을 섬기고 조정의 뜻을 준수할 것이 선포되었다. 이러한 과정을 거치면서 1882년 이후에는 민간에 유포되어 있던 신종교 제파들이 교파신도 체제 안에 편입됨으로써, 국가신도는 국가의 시설이며

도쿄의 메이지 신궁

비종교로서의 신사이고, 교파신도는 종교로서의 신사라는 이중적인 시스템이 형성되었다.

3) 국교로서의 신도

일본의 메이지(1852-1912) 천황은 불교 대신 신도를 일본의 국교로 제정하였으나 불교도 공식적으로 허용해 주고, 신앙의 자유를 승인해 주었다(사진 참조). 한편 국가신도는 1882년에 수립되었는데, 일본이 제1차 세계대전에서 승리를 거두자 일본인들은 천황이 신의 후손이라는 사실을 더욱더 굳게 믿게 되었다. 그러나 신도가 더 이상 일본인들로 국교로서 존립할 수 없게 된 것은 일본이 제2차 세계대전에서 패배하고 난 후의 일이었다. 1884년에는 신도의 국민교화정책이 후퇴하고 국민교화가 일반 교육제도 안에 흡수됨으로써 형태상 정교분리가 이루어진다. 하지만 교조나 교전이 없고 민족생활의 연장선상에서 성립되었던 신사는 메이지 시대를 일관하여 국가의 시설이라는 취급을 받았다. 그리하여 1889년 '제국헌법'이 제정된 이후에도 신도는 일반 종교와는 구별된다고 하는 이른바 신도 비종교론이 주류를 이루고 있었다. 그 결과 1890년 '교육칙어'에 의해 신도는 교육의 기본으로 교전화되었고, 1891년에는 소학교에서의 교육칙어 봉독과 어진영(천황의 사진)에 대한 예배가 제도화되었다.

이로써 천황을 절대화하는 국가신도의 교의가 사상적, 법적으로 완성된 것이다. 가령 '제국헌법' 제1조는 "대일본제국은 만세일계의 천황이 이를 통치한다"라고 규정하면서, 제3조에서 "천황은 신성하여 침범하지 못한다"라고 못 박고 있다. 또한 교육칙어는 천황제 이데올로기로 사상적 통일을 이루기 위한 '국체의 교의'를 교육을 통해 강제하기 위한 것으로 "대일본제국은 황조신 아마데라스로부터 비롯되었고 그 후손인 만세일계의 천황이 통치하는 나라로서, 현재의 천황도 황조신의 자손인 현인신(現人神)이시다. 국민 된 본의는 억조일심으로 현인신이신 천황의 성지를 받들어 천황에게 충성을 다하는 것이다. 이것이 바로 국체이며 이러한 국체는 오직 일본에만 있고 다른 나라에는 없으며 영원히 변치 않는 진리다"라고 국체사상을 강조함으로써 국가신도는 국체신도라고 할 수 있다.

3. 경전

신도에는 가르침과 행위의 기초를 창시자를 통해 주어진 계시나 영감받은 사람들이 쓴 글에 두는 종교들과는 대조적으로, 창시자도 없고 기록된 종교적 법전도 없다. 그러므로 그러한 객관적이고 권위 있는 기준들이 없는 신도가 결코 체계적인 교리를 발전시키지 못한 것은 놀라운 일이 아니다. 또한 수세기에 걸쳐서 대단히 다양한 사상과 관습이 관련되었고 신도에 의해서 동화되었다는 것도 놀랍지 않다. 오늘날에도 대중적인 관습에는 지방적으로 가지각색의 것들이 무수하게 있어서 그것들을 통일하거나 질서 정연하게 분류하려는 이성적인 시도는 불가능한 실정이다. 그러나 일본인들은 그들의 신앙에 크게 영향을 미쳤다고 생각하는 「고지기」와 「니혼기」라는 두 권의 책이 있다.[3] 이것들은 731년과 720년경에 구성된 것으로 그것들이 구성되기 1,300년 전에 일본의 역사에서 일어난 사건들이 구전되어 내려오다가 문자로 정착된 것이다.

4. 교리와 사상

1) 신관(神觀)

신도의 신 개념은 "가미"이며, 이 개념은 특히 유교와 불교의 영향을 많이 받았다.[4] "가미"는 '탁월한 존재'라는 뜻으로 신도에는 수많은 신이 있어서 셀 수가 없다는 의미로 "야오 요로주"로 읽는다. '고사기'에는 800만의

---

3) 「고지기」는 '고사기'(古事記)라고도 하며, 712년 나라시대에 오노야스마로에 의해 편찬된 일본에서 가장 오래된 역사서로서 3권으로 이루어져 있다. 역사서이지만 신화나 설화로 이루어진 문학적 성격이 강하다. 니혼기는 '일본기'(日本紀) 혹은 '일본서기'(日本書紀)라고도 하며, 20권으로 된 한문체 역사서로서 720년 편찬되었다. 일본에서는 일본서기를 일본 최초의 관선(官選) 정사(正史)로 간주하지만 일본 학자들조차도 기술 내용을 문자 그대로 받아들이는 학자는 거의 없다. 이 두 권은 일본 신화와 신도 연구의 가장 중요한 자료가 되고 있다. 무라오카 츠네츠구, 『일본신도사』, 25.

4) 가미는 일본의 신도(神道)와 기타 토속신앙의 숭배 대상으로서 흔히 주(主)나 신으로 풀이되며, 우월성이나 신성 때문에 숭배와 존경의 대상이 된다. 해의 여신 아마테라스 오미카미(天照大神)와 다른 창조신들, 훌륭한 조상들, 식물·바위·동물·물고기·새 등의 생물, 무생물이 모두 가미가 될 수 있다. 가미는 거울과 같은 상징적인 물체 속에 깃들어 있다고 생각되기 때문에 신사에는 거울 형태로 가미가 모셔져 있다. 신도 신화에는 무한히 많은 가미가 더 있을 수 있음을 나타내기 위하여 '800만 가미'라고 말하고 있으며 지금도 새로운 가미가 계속 모셔지고 있다. 사람을 가미에 의해 생명이 주어진 존재, 이 세상에 무언가의 사명을 받고 태어난 신성한 존재로 본다. 신도의 가미는 생활적이며 현실생활의 신세화(神世化)를 하도록 해주는 존재이다.

가미가 있다고 전해지는데, 일본 신화에서 8은 '많음', '무한함'을 뜻하는 신성한 숫자이기 때문에 그만큼 가미가 많다는 것을 말한다. 하지만 그처럼 많은 신이 있음에도 불구하고 인격적인 신은 없으며, 신도는 신화인 범신론적인 신앙의 범주에 속함을 보여준다.

2) 구원관(救援觀)

과거 물려받은 실패와 불완전한 사람의 탐욕과 증오 그리고 분노 같은 영혼들의 먼지를 떨어버리는 것으로써 "델리오 노 미꼬노"를 믿고 이성의 길을 따르면 먼지들이 제거된다고 믿는다. 이것이 절정에 이를 때 신과 연합하게 되고 모든 불행이 기쁨으로 바뀌어 영혼에 구원이 온다는 것이다.

3) 기본 사상

신도의 종교사상의 표현에는 세 가지 정신이 있다. 첫째는 일본의 신들만 숭배하는 정신이다. 일본어 "가미"라는 말은 태양, 신화적 존재들, 사람들에게 사용되는 말로서, 실재하든 상상적이든 비상한 능력이 있으며 가미라는 말을 사용하게 되었다. 일본의 모든 신은 가미에서 나왔다고 믿고 있으며, 외래의 신들은 수용하지 않는다. 둘째, 철저히 일본의 충성과 관계되어 있다. 신도의 유일한 미덕은 국가에 충성하는 것이므로 천황에게 충성을 맹세하는 것이 당연한 의무로 받아들여지고 있다. 셋째, 일본인은 영원한 일본인으로 순결을 지키는 것이다. 그들의 순결의식은 신도 신사 앞에 있는 대야에 소노가 입을 씻음도 다 순결의식의 하나이다. 결국 신도는 신들의 숭배와 황제 숭배와 충성의 의식으로 일본 정신을 산출하는 계기가 되었다.

5. 의식과 종교생활

1) 의식

일본은 신들이 많기로 유명해서 그 수가 무려 800만에 달하는데, 이는 대만의 1,000여 개, 한국의 273개의 귀신에 비하면 엄청난 숫자다. 또한 일설에는 도토리현 이즈모 신사에서 1년에 한 번씩 신들의 회의가 있으며, 그 회의의 결정에 따라 자연재해와 일본 민족에게 행복과 불행이 주어진다고 한다.

(1) 가정 의식

아침에 일어나 손을 씻고 입을 헹구고 얼굴을 씻고서 태양에 절을 하거나 가미다나(집 안에 모셔 놓은 조그만 선반)에 절을 한다. 저녁에는 목욕을 해서 몸을 청결히 한 다음 가미다나에 등불을 밝힌 뒤에 저녁밥을 먹고 잠든다. 밥은 먼저 신에게 올린 뒤에 먹는다. 먹을 때에는 "잘 먹겠습니다"라고 말한다. 신도에서는 중요한 것이 제사이며, 자자손손 제사가 이어져 가면 그곳에 조상의 영혼의 기쁨이 있고 자손의 기쁨도 있다고 믿는다. 따라서 일상의 생활이나 생산 활동, 사회적 업무가 그대로 신을 모시는 제사가 된다. 예를 들면 농부가 농사일로 오곡백과를 생산하는 것이 곧 신에게 봉사하는 것이며, 그 일이 제사 그 자체다.

(2) 신사 의식

오늘날 일본인들은 축제, 새해, 또는 결혼이나 위기 등 개인이나 가족의 특별한 일이 있는 경우에 신사를 많이 찾는다. 신사에는 커다란 두 개의 기둥을 두 개의 나무로 가로지른 모습의 '도리 이'(鳥居)가 있다. 도리 이는 옛날 닭을 신의 사자로 여기던 시대에 그 닭이 앉아 있던 나무를 상징한 것이다. 이 도리 이를 지나 본전에 가면 그 앞에는 대부분 나무로 만든 커다란 시주함이 있게 마련이고, 징 같은 것이 매달려 있다. 참배실에 들어가기 전에 물로 입과 손을 씻는 정화 예식이 있다. 모든 신사에는 이 목적을 위해 항상 물을 준비해 둔다. 입과 손을 씻은 후에 참배실 앞에 서서 시주함에 돈을 던져 넣고 신의 관심을 사기 위해 흔히 종을 친다. 그런 다음, 두 번 손뼉을 치고는 한 번 절하며 묵상 기도를 신에게 바친다.[5] 어떤 사람들은 신사를 떠나기 전에 그곳에 있는 나무에 부적을 붙이기도 한다. 참배자들에게 있어서 정화 예식은 매우 중요하며, 예식의 기원은 초기의 신도의 경전에서 찾아볼 수 있다. 불결함은 시체와의 접촉 혹은 성행위로 인한 것일 수도 있지만, 반드시 도덕적이거나 윤리적인 것은 아니다. 물을 사용하는 정화 예식을 하기 전까지는 사람들은 불결한 상태에 있는 것이며, 정화 예식을 거친 이후에야 가미 앞으로 나올 자격이 생긴다. 신들의 활동은 주로 사람들을 보호하고 행운을 가져다주는 것이므로 이것을 얻기 위해 적합하게 준비할 필요가 있었다.

2) 예배

매년 정초에 일본 전국의 신사에는 8,000만 명 이상의 인파가 몰리는데, 이는 시주돈을 던지고 합장배례 하기 위해서다. 신사에는 온갖 신들이 다 모여 있는데, 병 낫게 하는 신, 입시에 성공케 하는 신, 애정을 지켜 주는 신, 수호신 등 저마다 전문적인 영역을 차지하고 있다. 많은 신도 신자들이 제각기 자기 집에서 제단을 마련해 놓기도 하지만, 그들이 주로 예배를 드리는 곳은 자신이 속해 있는 지역의 신사이다. 수많은 가미들에게 일일이 조직적인 예배를 드릴 수는 없으나 태양의 여신인 아마테라스에게 만큼은 신자들이 절대적인 예배의 대상으로 인정하고 경배하고 있다.[6]

---

5) 야스쿠니 신사에는 일반인들이 본전(本殿)까지 들어가지 않고 그 앞의 배전(拜殿)에서 참배를 하는데, 동전을 던진 뒤 두 번 절을 하고 두 번 박수치고 한 번 절하라는 안내판이 걸려 있다.

6) 일본 도쿄에서 남쪽으로 약 320km 떨어진 이세에는 아마테라스를 위한 거대한 황

3) 승려

신도의 승려들은 의식만을 행한다. 그들은 정기적 예식과 특별한 예식을 통해서 사람들이 신과의 접촉하고 그 관계를 유지하는 일을 돕는다. 그들은 의식상 잘 모르는 사람들을 도와 의식을 행하는 중재자들이다. 일부 승려들은 현직 훈련을 받았거나 아니면 현대에 들어와 설립된 훈련 기관을 통해 훈련받은 자들이다. 그러나 대부분의 신사들이 작고, 그곳을 찾는 참배자들의 숫자가 많지 않으며, 또한 승려들도 결혼을 할 수 있기 때문에 다수의 승려들은 가끔 신사에서 일하면서 부수입을 얻는 견습생들이다.

4) 축제

대부분의 중요한 신사에서는 새해에, 그리고 신사가 섬기는 신들의 역사와 어울리는 시기에 축제를 연다. 축제 때에 방문객들은 신에게 음식을 바치기도 하고, 승려들은 특별한 노리토를 읊조리고, 사람들은 거리에서 춤을 추며 신들을 상징하는 것을 가지고 마을을 행렬한다. 신들을 상징하는 보물을 담은 상자를 특정 숭배자들이 옮기면서 행렬은 축제 분위기가 된다. 전통적으로 유명한 다섯 개의 축제가 있다. 새해가 시작되면 신년제(新年祭)가 벌어진다. 새해의 첫 3일은 공휴일이며, 많은 사람들이 가깝거나 가장 유명한 신사로 몰려든다. 1월 7일에는 약초 향기가 나는 묽은 죽을 먹는 옛날 관습을 기리기 위해 나나쿠사의 축연(칠초축안: 미나리, 냉이, 쑥떡, 별꽃, 광대나물, 순무, 무를 찧어 죽에 넣어 먹는다)이 있다. 사람들은 이

실 사원인 이세 신궁(규모가 큰 신사를 신궁이라고 함)이 있다. 그 중앙 성소는 일본에서 가장 거룩한 곳으로 여겨지며, 내성소는 신도 사제들과 정부 관료들에게 봉헌된 특별 구역으로 일반인들의 출입이 통제되고 있다. 그러나 외성소만큼은 일반인들의 출입이 자유롭게 허용되고 있다. 일본인들은 해마다 두 번, 6월 말과 12월 말에 이곳에서 오-하라이란 속제를 드리고 있다. 일본인들은 예수 그리스도가 이 세상에 탄생하기 이전부터 이미 가미 속에서 숭배하였고 주장한다.

행사가 끝나야 새해 행사가 끝나고 일상생활로 돌아가는 것으로 생각한다. 6월이나 8월에 열리는 축제에는 기간이 있다. 휴일은 아니지만 조상을 참배하거나 가족 묘지를 방문하는 등의 행사를 갖는다. 이후에는 3일 밤 춤을 추며 놀기도 한다. '가부키'라는 행사가 있다. 리듬이 있는 광대의 대사와 독특한 춤, 화려한 전통의상, 선명한 분장이 어우러진 전통연회 예술이다. 이는 여성 배역을 남자가 맡는다. 설날에는 온 가족이 모여 장수를 기원하고 떡국을 먹고 액운을 막는 소나무 가지와 새끼줄로 만든 꽃을 걸어 장식한다. 2월 초에는 '세츠분'이라는 의식이 행해진다. 악귀를 쫓기 위해 집 안에 콩을 뿌리기도 한다. 음력 7월 15일에는 죽은 조상이 집으로 들어온다는 날로, 집 주위에 등을 달고 춤을 추면서 함께 즐기며 논다. 여름에는 질병에서 벗어나려는 축제가 있고, 봄에는 풍년을 기리는 축제, 가을에는 추수감사절이 있다.

5) 마츠리

'마츠리'란 일반적으로 공적이면서 즐겁고 경사스러운 종교적 의식, 즉 축제를 의미한다. 마츠리는 '마츠루'(奉る)라는 말에서 파생된 것으로 '신에게 봉헌하고 제사하다'라는 종교적 행위를 뜻하는 말로 좌우의 손을 들어 제물을 바치는 모습을 상형화한 것이다. 제물과 두 손뿐만 아니라 그 마음이 합일된 상태를 가리킨 것이다. 즉, 신에 대한 경외심과 감사하는 마음, 기원 등이 표면으로 나타난 의식이 마츠리이다.

마츠리와 관련되어 쓰이는 용어는 제사(祭祀)·제례(祭禮)·제식(祭式)·제의(祭儀)·식전(式典)·의식(儀式)·의례(儀禮)와 제전(祭典)·축전(祝典)·축제(祝祭)·향연(饗宴) 등으로 다양하게 분파되고 있다. 따라서 마츠리는 그 종류와 형태가 다양하다. 우선 개인 차원에서 인생의 각 마디마다 행해지는 통과의례를 필두로, 각 집(家, 이에)에서 한 해를 주기로 행해지는 연중행사들, 어떤 집단이나 조직 또는 지역사회에서 행하는 각종 의례 및 행사, 그리고 천황이 행하였던 국가적 단위의 그것에 이르기까지 마츠리가 가지는 스펙트럼은 대단히 넓다. 종교시설과의 관련에서 보면 신사를 중심으로 행해지는 것과 사원을 중심으로 행해지는 것 혹은 이 양쪽이 혼합된 것도 모두 마츠리라 불리 운다. 계절별로도 정월부터 파종과 모심기 철에 걸쳐 행해지는 춘제(春祭), 음력 6월에 행해지는 하제(夏祭), 수확 후에 행해지는 추제(秋祭), 그리고 12월의 동제(冬祭)가 있다. 이것들은 그 생태적 환경에 따라 다시 분류해 볼 수 있는데, 이른바 농촌 마츠리는 봄·가을에, 도시 마츠리는 여름에 많이 행해진다. 농촌 마츠리는 풍작을 기원하고 그에 대한 감사의 성격이 짙으며, 도시 마츠리는 병마(病魔)나 재액(災厄) 퇴치를 기원하는 성격이다. 겨울 마츠리의 경우는 새해를 맞이하여 제액(除厄)이나 영력(靈力)을 획득하기 위한 의미로 도시·농촌 마츠리 모두 해당된다. 한편 현대에 이르러서는 기념·축하·선전 등을 목적으로 개최되는 집단적 행사를 지칭하기도 한다. 가령 상업적인 목적으로 행하는 특별판매 선전을 가리키는 경우도 있는데, "○○ 상점가 마츠리"라고 하면 그 지역 상점가가 일정한 시기에 행하는 특별 세일을 지칭하는 것이다.

이렇게 영역과 범위가 넓은 마츠리이지만, 다른 여러 사회에서 보이는 이른바 '축제'의 본질과 그 궤를 달리하지 않는다. 그것은 '신화적 세계의 재현' 혹은 '신성한 역사적 사건의 재현'을 통해 신과 공생함을 확인하고 생명과 질서의 재생을 꾀한다는 점에서 공통되기 때문이다. 따라서 현대적 변용에도 불구하고 일본사회를 상징적으로 대표하는 마츠리의 이미지는 집단적이며 종교적인 성격을 띠고 있는 것이 사실이다. 즉, 마츠리가 가진 이미지로서는 일본 지역사회의 상징적 중심이며 대표적 종교시설인 신사를 중심으로 그 지역 주민들에 의해 오랜 동안 행해져 온 마츠리 이른바 '신사 마츠리'가 강력하게 전달되어 오는 것이다. 즉, 하치마키(鉢卷)라는 흰 수건 머리띠, 동네나 조직의 이름이 박힌 핫피(法被)라는 겉옷, 타비(足袋)로 불리는 버선 모습으로 미코시(神輿) 혹은 다시(山車)를 메거나 끌고 마을이나 시가지를 도는 행렬의 이미지로서의 마츠리가 바로 그것이다. 따라서 마츠리를 규정하는 데는 신성(神聖), 일상적인 것으로부터 탈출, 주기성(週期性), 집단참여(集團參與)의 요소가 필수적이다.[7]

6. 신도의 유형

신도는 그 내용에 따라 편의상 신사신도·교파신도·국가신도·궁정신도·학파신도 등으로 분류된다. 이 중에 신사신도와 교파신도는 제사와 교법에 의한 분류이다. 신사신도란 전국의 신사를 중심으로 하여 그 제사의 례를 포함한 신앙 조직적인 것을 말하는 데 비해, 교파신도란 메이지 시대(明治時代) 이후 교리·교법을 세워 교단을 조직한 신도 교파를 총칭하는 말이다. 이 교파신도는 종교로 취급되어 불교나 기독교 등과 마찬가지로 문부성 종교국의 감독을 받았으며, 국가의 보장이나 지원을 받지는 않았다. 이에 비해 신사신도는 국가의 종사로서 내무성 신사국에 속하여 1945년까지 국가의 보장 및 지원을 받아 왔다. 이런 점에서 신사신도와 국가신도의 구별이 불분명해지는데, 1945년 12월 연합국 최고사령부(GHQ)에서 발표한 신도지령에 의하면 신사신도는 민간적·개인적·일반 종교적인 것을 가리키는 데 비해, 국가신도는 정부에서 보장·지원·보전·감독한 국교적인 것, 국민을 통합하기 위한 교학이라고도 할 만한 것으로, 국민에게 강요한 것을 가리켜 사용되었다. 신사신도라는 말은 아마테라스 오미카미(天照大神)를 받드는 이세(伊勢)의 신궁을 본종(本宗)으로 전국의 신사를 숭배하고, 그 제사를 중심으로 하여 민족의 전통을 계승하며 문화를 형성하는 민족의 정신적인 영위를 말한다. 그러나 현재 국가신도는 소멸되었다. 궁정신도는 가시코도코로(賢所)·신덴(神殿)·고레이덴(皇靈殿) 및 능·묘에 대한 왕실의 제사를 중심으로 하여 일컫는 말이다. 학파신도란 고전 등에 의해 신도이론·신도신학을 수립한 교학을 중심으로 한 것의 총칭이며, 중

7) 일본의 3대 마츠리는 도쿄 간다마츠리, 오사카 텐진사이마츠리, 쿄토 기혼마츠리이다. 이들 마츠리에는 가마를 메고 나오는 것을 기본으로 하는데, 오사카 마츠리는 육지에서 시작된 가마 행렬이 큰 배에 올라 물과 불의 축제로 이어지고, 쿄도 마츠리는 수십 톤의 큰 가마를 끄는 의식이 있다. 이러한 가마 행렬은 신을 밖으로 모시고 나오는 의식이며, 축제임과 동시에 단체 훈련이자 노동과도 같은 것이다.

세에서 근세의 이세 신도, 요시다(吉田) 신도, 유가(儒家) 신도, 복고신도 등이 포함된다.

일본의 마을과 골목마다 서 있는 소규모 신사

가정 신도는 가정마다 가장 중심이 되는 방의 선반에 소규모의 신사 혹은 가미다나를 설치한다. 그것에는 일반적으로 태양의 여신 "아마테라스"를 상징하는 거울과 그 신의 이름을 기록한 작은 패가 들어 있으며, 주문지를 붙이고 그 앞에는 꽃병들과 술병들이 제물들로 놓여진다. 사람들의 생활과 보다 밀접한 것은 신을 모신 선반을 중심으로 드리는 가정의례를 통하여 가족을 한 단위로 결합시키고 지방 신자들의 가족을 사회적 유기체로 결집시키는 역할을 한다. 신도교도들은 매일 작은 컵에 차와 쌀을 담아 신사에 바치며 향을 피우고 마루에 머리가 닿도록 절을 하고 머리를 조아리며 앉아서 기도를 드린다. 가족이나 개인에게 중대한 일이 있는 경우에는 옷과 음식을 바치며 특별한 의식을 행하기도 하는데, 많은 가정에서는 신사와 함께 부처도 섬긴다. 그러한 경우에는 부처를 놓아 두는 선반을 별도로 마련하여 부처에게도 비슷한 헌물을 바친다. 신도의 신들과 부처는 서로 잘 화합하여 경쟁이나 상충되는 일 없이 둘 다 가정에서 특별하게 보존되고 있으며, 촌락과 농촌 지대의 가정에서 특별히 인기가 있고 읍과 도시의 가정에서도 인기가 있다.

7. 신사와 신사신앙

1) 신사의 형태

일본에는 현재 약 10만여 개소의 신사가 있다. 그런데 처음부터 신사라는 건물이 있었던 것은 아니다. 고대 일본인들은 큰 나무나 산 혹은 큰 바위 등을 가미가 깃들어 있는 신성한 지역으로 생각했다. 가령 원시적 신사의 형태는 히모로기(神籬) 혹은 이와사카(磐境)라고 불리웠다. 여기서 히모로기란 신성지역에 상록수를 심고 거기에 울타리를 두른 장소를 말하며, 이와사카란 큰 돌을 세워 원형 혹은 방형으로 두른 곳을 가리킨다. 이것이 발전되어 오늘날과 같은 신사의 형태가 된 것이다.

2) 신사 건물의 제요소

신사 건물과 시설로는 도리이(鳥居), 고마이누(犬), 데미즈야, 하이덴(拜殿), 신덴(神殿) 등이 기본이다. 먼저, 지도에 신사의 위치를 나타내는 표식이 바로 도리이다.[8] 신사의 입구에 해당하는 이 도리이에는 "여기부터 신성지역"이라는 의미가 담겨 있다. 그 기원에 관해서는, 고대 인도의 트라나(불탑을 둘러싼 울타리의 문)에서 왔다는 설, 중국의 화표(華表, 왕성이나 능묘 앞에 세우는 문)가 원형이라는 설, 혹은 한국의 솟대에서 비롯된 것이라는 설 등 다양하다. 도리이의 재료는 보통 노송나무나 삼나무 등의 목재가 기본이지만, 근세 이후 석제, 청동제, 철제도 등장했다.

고마이누는 신사의 수호 및 퇴마를 위해 신사 입구 혹은 하이덴 앞에 놓은 한 쌍의 사자상(해태상)을 말한다. 여기서 '고마'란 고려 혹은 조선을

---

8) 도리이는 간혹 일본의 불교 사원에도 있기 때문에 도리이가 있다고 반드시 신사라고 볼 수는 없다.

뜻하는 말이므로 그것이 한반도에서 전래된 것임을 짐작할 수 있다. 이런 고마이누가 신사에 놓이게 된 것은 헤이안 시대 말기부터라고 한다.

하이덴이란 일반인이 신사에서 가서 참배하는 장소를 말한다. 통상 하이덴은 신사의 본전에 해당하는 신덴 앞쪽에 세어져 있으며 거기서 신관이 신도의식을 거행하기도 한다. 그러나 이즈모대사(出雲大社)처럼 하이덴이 신덴과 떨어진 곳에 별도로 세워져 있는 경우도 있고 이세신궁이나 아츠타 신궁(熱田神宮)처럼 하이덴이 아예 없는 신사도 있다.

마지막으로 신사에서 가장 중요한 장소가 바로 신덴이다. 거기에는 신사에서 모시는 제신과 신체(神體, 제신을 상징하는 예배 대상물로서 구슬, 거울, 검, 방울 등 신사에 따라 다양하다)가 안치되어 있으므로 일반 참배객은 출입금지로 되어 있다. 신덴의 지붕 위에는 치기(千木, 정면의 지붕과 지붕이 만나는 곳에 X자형으로 튀어 나온 장식)와 가츠오기(堅魚木, 마룻대 위에 직각으로 늘어놓은 각목)가 장식되어 있는데, 이것이야말로 신사에만 있는 고유한 표지라 할 수 있다. 통상 일본 신사의 건축양식을 말할 때는 바로 이 신덴 양식을 의미 한다.

3) 대표적인 신사신앙

현재 일본에 있는 약 10만여 개소의 신사 중에서 일반인에게 가장 사랑받는 신사는 이나리 신을 모시는 신사(약 3만 2,000여 개소), 하치만 신을 모시는 신사(약 2만 8,000여 개소), 이세신을 모시는 신사(약 1만 8,000여 개소), 텐만텐진을 모시는 신사(약 1만여 개소) 등을 들 수 있다.

(1) 이나리 신앙

붉은 색 도리이와 여우상이 있는 이나리 신사에는 이나리 신이 제신으로 모셔져 있으며, 일본 전국에서 가장 많은 수를 차지한다. 이나리 신은 원래 농경신으로서 오곡을 비롯하여 모든 식물 및 양잠을 주재하는 가미로 신앙되어 왔다. 후시미 신사에서 매년 2월 초에 행해지는 하츠우마사이(初

牛祭)의 기간은 봄에 산의 가미가 마을로 내려와 밭의 가미가 되는 농경 개시의 기간이라 할 수 있다.

(2) 하치만 신앙

헤이안 중기 이후 상하귀천을 막론하고 가장 널리 퍼진 것은 하치만 신앙과 구마노(熊野) 신앙이었다. 이 둘은 불교사상의 영향을 강하게 받았으며 일반 서민 사이에 깊이 침투되었다. 특히 하치만신은 가마쿠라 막부를 창시한 미나모토노 요리토모(源頼朝, 1147-1199)대에 이르러 막부의 수호신으로 신앙되었고, 이후 전국 신사에 권청되어 급격한 발전을 보았다.

(3) 이세 신앙

이세 신, 즉 아마데라스는 신도의 판테온에서 최정점에 있는 가미다. 원래 이세 신앙은 주로 오곡풍요의 농경신으로서의 아마데라스가 강조되면서 농촌을 중심으로 발전해 오다 조상신으로 자리매김 되었고, 이세 신궁은 국가 제일의 종묘로서 천황만이 공물을 바칠 수 있었다. 그러다가 중세 이후는 일반 민중들 사이에서도 아마데라스가 일본의 수호신으로 신앙되어 광범위한 숭배의 대상이 되었다. 이리하여 무로마치 시대에 이르러서는 일본인이라면 누구나 일생에 한 번쯤 이세 신궁에 참배해야 한다는 관념이 국가적으로 형성된다.

(4) 텐만텐진 신앙

일본에서는 지금도 매년 입시철이 되면 스가와라노 미치자네(菅原道眞, 845-903)를 학문의 신이자 텐진(天神)으로 모시는 텐만(天滿) 신사에 가서 합격을 기원하는 수험생과 학부모들의 모습이 흔히 눈에 띈다.[9] 이 텐만

---

9) 헤이안 중기부터 미치자네는 유학자들의 씨신(조상신)이자 학문의 신으로 모셔졌는데, 그 이유는 미치자네의 뛰어난 학문적 능력 때문으로 보여 진다. 그리하여 근세 서민들의 교육기관인 테라코야(寺子屋) 학동들이 매달 25일에 근처의 텐만신사에 참배하거나 텐진강(天神講)을 조직할 정도로 텐만텐진 신앙이 일반인 사이에 널

텐진 신앙은 원래 다양한 신격의 변천을 겪었다. 미치자네는 원래 헤이안 전기에 학문의 명가에서 태어나 문장과 시가에 뛰어난 재능을 보인 인물로서 당시 천황에게 두터운 신임을 받는 우대신이었는데, 좌대신 후지와라 노도키히라(藤原時平, 871-909)의 책략에 의해 좌천되어 불운하게 죽고 말았다. 그런데 그의 사후에 교토에는 심상치 않은 낙뢰가 떨어지고 후지와라 씨 일가에서 의문의 변사가 이어졌는데, 사람들은 이를 관공의 원령 때문이라고 생각하여 그 원령을 위로하는 텐진 신앙이 생겨나게 되었다. 이리하여 947년 헤이안쿄(平安京) 북부에 미치자네를 모시는 기타노텐만궁(北野天滿宮)이 창건되기에 이른다. 미치자네를 텐진이라 하여 벼락 신과 결부시킨 것은 이 기타노 지역에 이미 농민의 농경생활과 결부된 벼락 신 신앙이 있었기 때문이다.

8. 교단의 구조와 현황

일본의 한 통계에 따르면 인구의 80% 이상이 불교도이며, 또한 80% 이상의 신도 신자로 되어 있다. 여유 있는 사람이 승용차를 두 대씩 갖는 것처럼 일본인은 한 사람이 두 가지 종교를 가지고 있다. 예컨대 신생아에게 신도사원의 축복을 받게 하고, 결혼 택일은 불교승려로부터, 결혼식은 교회나 호텔에서 기독교식으로 거행하며, 상 제사는 거의 반드시 절간에서 하게 마련이다. 일본에는 다음과 같은 속담이 하나 있다. "너는 불교도로 살 수 있다. 그러나 신도 신자로 죽어야 한다." 신도는 이처럼 일본 문화에 너무 깊이 박혀 있어서 대부분의 일본인들은 그들이 비록 어떤 타 종교를 가지고 있다고 할지라도 결국에는 신도의식을 지키는 것이 자연스럽게 받아들여지고 있다.[10]

리 침투되었다.

10) 일본인의 다종교성은 다른 한편으로 무종교성으로 표현되기도 한다. 즉, 특별히 믿

불교는 538년 백제에서 전래된 이래 막부 보호하에 정치, 사회, 문화 전반에 걸쳐 큰 영향을 미쳤으며 전통종교로서 신도 다음으로 많은 신도를 확보하였다. 현재 절은 약 7만 5,000개, 승려는 18만 명 정도이다. 전체 종교인 수는 총 인구보다 훨씬 많은 것으로 나타난다. 이는 일본인의 다원적 신앙체계를 입증하는 것이다.

기독교는 1594년 스페인 예수회에 의해 전래되는 등 역사가 길지만, 신도 수는 전 인구의 1% 이하다. 이는 기독교의 유일신적 신앙이 다원적, 복합적인 일본인의 기질에 적합하지 않고 일본인 자신도 어느 종교의 열렬한 신도로 종속되는 것을 좋아하지 않기 때문으로 보인다.

9. 대화의 가능성과 선교 접촉점

1) 기독교와 신도의 대화 가능성

일본에서는 신사에 참배하는 일이 일상화되어 있고, 삶의 한 부분으로 여기는 분위기다. 하지만 야스쿠니 신사는 특별한 정치적 의미를 지닌 곳이다. 야스쿠니 신사는 메이지 시대 이후 천황, 황족을 제외한 일반 국민을 국가가 직접 신으로 모신 유일한 신사다. 따라서 일본인이 국가에 의해 신으로 모셔질 수 있는 길은 천황폐하를 위해 명예롭게 전사(戰死)하는 것이다. 이렇게 해서 신이 된 국민은 현재 246만 명에 이른다. 우익단체들은 1979년 4월 19일 A급 전범이었던 도조 전 수상 등 14명을 몰래 야스쿠니 신사에 합사하였다. 야스쿠니 신사에는 메이지 유신 이래 일본의 전쟁범죄

는 종교가 없다는 것이다. 일본인들은 성탄절에는 케이크를 사들고 가서 캐롤을 들으며 성탄을 축하하고, 설날에는 신사(神社)나 절에 가서 하쓰모우데(初詣)라 하여 새해의 첫 참배를 올리고, 장례식만큼은 절에서 한다. 종교 면에서도 무엇이든 받아들이기를 좋아하는 그들의 습성이 신도(神道)와 불교, 그리고 기독교가 한데 어우러진 지금의 기이한 형태를 낳은 것이라고 할 수 있다.

자들의 위패를 모시고, 그들을 신으로 추모하고 있다. 이곳은 일본의 과거 반성 문제의 상징적 존재이다. 이는 일본 군국주의를 정당화하고 미화하고 있는 것이다. 이들은 "메이지 천황이 말씀하신 안국(安國)의 성지(聖旨)에 의거"한 것이라고 할지라도 신사의 목적에 위배된다.

이에 비해 같은 전범 국가인 독일에서는 제2차 세계대전 당시 많은 독일교회가 나치 정권에 동조하였으나 고백교회 운동을 펼쳤던 사람들은 끝까지 저항하였다. 그들 가운데 가장 대표적인 인물이었던 본회퍼(D. Bonhoeffer)는 예수가 타자를 위해 살았듯이 교회는 타자를 위해 존재할 때 진정한 교회라고 하였다. 이런 정신에 근거하여 독일교회는 전쟁이 끝난 직후 슈투트가르트(Stuttgart)에서 공식적으로 자신들의 죄를 고백하고 세계인들에게 용서를 빌었다. 이러한 정신으로 독일의 모든 주(州)교회는 현재 '세계교회협의회'(WCC)의 회원으로 '정의, 평화, 창조세계의 보전'(Justice, Peace, Integrity of Creation) 운동과 재정 등에 크게 기여하고 있다. 일본도 인류의 책임 있는 자세로 돌아서기 위해서는 그들의 정신이 바로서야 한다. 정신은 신앙에서 비롯되기 때문에 일본이 수많은 가미(귀신)들을 섬기는 일에서 돌아서야 한다. 이를 위해 한국 그리스도인들은 그리스도의 가르침에 따라 우리가 주께 용서받은 것처럼 우리에게 큰 범죄를 저지른 일본을 용서하여야 한다. 예수는 형제를 위해 자기의 목숨을 버리는 것이 가장 큰 사랑이라고 하였다. 선교의 목표인 하나님 나라는 진정으로 서로가 용서하고 사랑으로 받아들이는 가운데서 이루어져 간다. 말로만이 아닌 진실한 사랑과 용서를 통해 그들을 변화시키고 감동을 주는 선교를 한국인은 할 수가 있기 때문이다.

우리가 일본에 복음을 전할 수 있는 가장 좋은 길은 양심적인 일본 그리스도인들과 대화하며 그들의 선교적 노력에 동참해야 한다. 그들은 한국을 여러 차례 방문하여 일제의 만행을 사과하였고 종군위안부와 재일 한국인 지위 문제 등을 위해 노력하고 있다. 따라서 우리는 그리스도를 충실히 따르려는 양심 있는 일본 그리스도인들을 존중하고, 그들과 더불어 일본을 복음화하기 위한 지혜와 실천을 모아야 한다. 선교의 주체인 삼위일체 하나님은 전 세계에 흩어져 있는 디아스포라 유대인들을 통해 바울이 세계를 선교할 수 있도록 예비하셨듯이, 일본에 살고 있는 70만 교포들을 예비해 두셨음을 알아차리고 이들을 통한 일본 선교를 적극적으로 펼쳐야 할 것이다. 일본인들은 죽음을 두려워하지만 어떤 임재를 느끼기 위해서는 목숨도 바치는 종교적 기질을 가지고 있다. 일본이 군국주의로 회귀하려는 오늘날 위기의 때에 그들에게 영성 훈련을 통한 하나님의 임재에 대한 확신을 심어 준다면 도리어 그들을 선교할 수 있는 좋은 기회가 될 것이다.

2) 선교 접촉점

한국 및 중국과의 외교 마찰을 불러오는 '야스쿠니 신사'(靖國神社)에 대한 일본 수상과 각료들의 참배는 그들의 신앙에서 비롯되기 때문에 외교적으로만 풀 수 있는 문제가 아니다. 일본의 행동은 그들의 정신과 사상에서 나온 것이기 때문이다. 일본은 지금까지도 수많은 잡신들을 섬기고 있다. 심지어 '멸치 대가리도 믿으면 좋다'는 그들의 속담이 일본인들의 생각을 잘 드러내 준다(고양이 신사 사진 참조). 잡신들을 섬긴다는 것은 세계종교에서 보이는 타자를 위한 삶보다는 자신들의 복을 추구하는 기복신앙의 특성을 가진다. 따라서 일본에서는 개인 점(占)을 보는 것이 일상화되어 있다. 신궁(혹은 신사)에서 일본인들이 가장 많이 방문하는 코너는 개인 운세를 보는 것이고, 그 운세가 적힌 종이를 나무에 매달면 나쁜 운세도 좋은 운세로 바뀐다는 믿음 때문에 운세를 매달아 놓은 광장의 나무는 마치 하얀 꽃을 만개한 것같은 착각을 일으킬 정도다.[11)]

---

11) 도쿄 시내 북쪽에 위치한 '아사쿠사'라는 오래되고 큰 불교 사찰이 있는데, 일본에서는 신사는 물론 불교 사찰에서도 많은 사람이 그날의 운세를 점(占) 보러 온다. 돈을 내고 놋쇠로 된 긴 육각형 통을 흔들면 번호가 적힌 긴 막대기 하나가 나온다. 막대기에 적힌 번호와 일치하는 서랍을 찾아서 열면 그날의 운세가 자세히 적힌 흰 종이가 있다. 그것을 읽고 난 후 나무에 매달아 두면 나쁜 운세가 좋은 운세로 바뀐다는 속설을 믿는다. 나무 혹은 줄에는 그렇게 매달아 둔 하얀 종이가 빼곡히 매달

홋카이도의 고양이 신사(매년 2월 22일은 고양이 날)

일본인의 기복신앙은 결국 국가 이기주의를 낳음으로써 자신의 국가를 위해서는 죽을 수도 있으나 이웃 나라의 아픔과 고통은 외면하게 되는 것이다. 기독교는 타자를 위한 사랑을 최고의 미덕으로 여긴다. 그들이 진정으로 세계를 위한 국가로 거듭나기 위해서는 그들의 정신이 바뀌어야 하고, 이 정신은 신앙에서 비롯되기 때문에 일본이 그리스도의 복음으로 변화되어야 하는 가장 큰 당위성이 있으며, 동시에 한국 그리스도인에 던지는 일본 선교에 대한 강한 도전이 여기에 있는 것이다. 한편 일본의 섬나라 특성에서 비롯된 '와'(和)라는 사상을 잘 활용한다면 이러한 장애를 극복하고 복음을 토착화하는 데 도움을 줄 수 있을 것이다.[12] 따라서 문화충격을

려 있어서 마치 나무에 흰 꽃이 핀 것처럼 보이기도 한다.

12) 쌀을 같이 나누어 먹는다는 의미에서 유래한 '화'(和) 사상은 제한된 섬나라에서 발생한 것으로서 '서로에게 피해를 주지 않고 자연에 대한 감사함과 은혜, 그리고 생명의 소중함으로 상대에게 피해를 주지 않는 관점으로 생각하는 것'에 대한 깊은 통찰력에서 비롯되었다. 따라서 이것이 개인적인 차원에서가 아니라 보편적인 배려

도쿄 아사쿠사 센소사의 불교사원에서 신도식 점을 치는 학생들

최소화하고 복음을 뿌리내리는 방안을 찾아야 할 것이다. 미국과의 우호적인 관계를 매우 중시하는 일본이지만 과거 패전의 경험으로 서양에 대한 반감이 내재되어 있기 때문에 기독교가 서양의 종교가 아니라는 인식이 토착화에 중요한 요인임을 감안하여 이를 위한 신학적 작업과 기독교에 대한 보편적 인식 전환이 필요하다.

또한 일본인의 다종교적 문화는 복음의 접촉점을 제공할 수 있다. 일본인 대부분은 그리스도인이 아님에도 불구하고 결혼식을 꼭 기독교 의식으로 치르기를 희망하고 있다. 교회가 아니어도 고급 호텔마다 호텔 로비에 예배당 안과 똑같이 정면에 십자가가 달린 시설을 갖추고 결혼예식을 하고 있다. 한국의 많은 교회가 노인대학을 통해 시설을 개방하여 선교에 적극 활용하고 있는 점을 활용한다면 일본 전역에 흩어져 있는 8,000여 교회가 선교 방안을 모색할 수 있을 것이다. 일본인들이 일상은 신사를

로 발전된다면 복음과의 접촉점이 될 수 있을 것이다.

중심으로 생활하고, 결혼은 기독교의식으로 하며, 장례는 불교의식으로 하는 이유는 개인의 운세에 대한 남다른 관심 때문으로 보인다. 온갖 지진과 자연재해가 언제 닥칠지 모르는 불안감에서 형성된 독특한 기질일 것이다.[13)]

일본의 또 다른 독특한 기질은 종교성에서 드러나는데, 대부분의 사람이 신도와 불교를 동시에 신앙하는 것이다. 이에 비해 2010년 3월 현재 일본의 개신교 교회(기도처 포함)는 총 7,997개이며, 그리스도인 수는 51만 1,522명으로 전체 인구의 0.4%이다. 각 교회의 성도는 64명에 지나지 않는다.[14)] 그러나 일본에는 10개의 ACUCA(아시아기독대학연맹) 회원 대학들을 중심으로 젊은이들에게 복음을 열심히 전하고 있어서 선교의 미래가 결코 어둡지만은 않다. 더불어 한국과 관계에 가교의 역할을 하는 한류의 열풍을 잘 활용할 필요가 있다. 2000년대부터 시작된 '러브 소나타' 등이 그 한 사례가 될 수 있다.[15)]

---

13) 2005년 동경에서 수십만 권이 팔린 베스트셀러가 동경에 대지진이 일어날 경우 무사히 집으로 돌아갈 수 있는 지도책이라는 사실이 이를 반증하고 있다.

14) 차유진, "일본, 기독교 인구 0.4% 교회 7,997", 「한국기독공보」, 2779호(2010).

15) 온누리교회의 하용조 목사가 시작한 일본 선교 프로젝트 '러브 소나타'는 대중적인 한류 스타와 협력하는 대규모 선교집회로서 지금도 계속되고 있다.

참고문헌

고야스 노부쿠니/김석근 역. 『야스쿠니의 일본, 일본의 야스쿠니』. 서울: 산해, 2005.

무라오카 츠네츠구/박규태 역. 『일본신도사』. 서울: 예문서원, 1998.

무라카미 시게요시 외/최길성 편역. 『일본의 종교』. 서울: 도서출판 예전, 2002.

아베마사미치/배정웅 역. 『신사문화를 모르고 일본문화를 말할 수 있는가』. 서울: 제이엔씨, 2000.

야스마루 요시오/이원범 역. 『천황제국가의 성립과 신흥종교』. 서울: 소화, 2002.

앤드류 고든/김우영 역. 『현대일본의 역사』. 서울: 이산, 2005.

예유사. 『신도총론』. 상해미미도서관. 1988.

오에 시노부/양현혜 역. 『야스쿠니신사』. 서울: 소화, 2001.

이노우에 노부타카 · 이토 사토시 외 2명/박규태 역. 『신도, 일본 태생의 종교시스템』. 서울: 제이앤씨, 2010.

차유진. "일본, 기독교 인구 0.4% 교회 7,997." 「한국기독공보」, 2779호/2010.

제4장

유교(儒敎)

1. 기본 이해

유교(儒敎)의 기원을 살펴보면, '유'(儒)는 갑골문(甲骨文)이나 주대(周代)의 금문(金文)에는 물론 『시경』(詩經), 『서경』(書經)에도 쓰이고 있지 않고 있다. 금문이나 시서(詩書)에서는 '교육을 담당하는 사람들'의 의미를 갖고 있다.[1] 순자(荀子)에 와서 비로소 유(儒)라는 글자가 쓰이는 예가 많아지는데, 한대 이후로 유는 공문의 명칭으로 확정되어 제자(諸子)들 중에서 공자의 가르침을 전승하는 사람들이라는 자각을 뚜렷이 드러내는 대명사가 되었다.[2] 유교가 공자에 의해 개창되었음에도 공자의 이름을 따지 않고 '유'(儒) 자를 쓰고 있는 것은 공자의 가르침도 결국은 이러한 '유'(儒)의 세계를 증진시키는 데에 그 궁극적인 의의가 있었음을 알려 준다.

1) 김승혜, 『유교의 뿌리를 찾아서』(서울: 지식의 풍경, 2001), 15-16.

2) 카이즈마 시게키/박연호 역, 『공자 생애와 사상』(서울: 서광사, 1991), 43. 공자는 기원전 552년 겨울, 노나라의 시조 백금으로부터 20대조 양공 21년 추라는 고을의 숙홀이라고 불린 용사의 아들로 태어났다. 한 무제 시대에 나온 중국 역사학의 사마천의 『사기』 '공자세가'에 나오는데, 공자와 사마천은 약 400년의 시간 차이가 있다. 공자는 영어로 Confu로 표기되고, 유교는 공자교라는 뜻의 Confucianism으로 표현되는 것만 보아도 유교와 공자의 밀접한 관계를 잘 알 수 있다.

‘교’(敎)란 가르친다는 의미로 『논어』의 “유교무류”(儒敎無類)(「위령공」[衛靈公] 39)에서 드러나듯이 선왕과 공자의 가르침 그 자체를 가리켰다. 『맹자』에서는 인륜을 가르치는 것이라 하였다. 따라서 ‘유교’(儒敎)라는 용어를 정확히 풀이하자면, 공자가 계승한 선왕들의 가르침으로 문화적 교육을 통해 덕화(德化)를 실현하려는 도덕적, 정치적 사상 체계를 지칭한다.[3] 한 무제(武帝) 때인 기원전 136년에 국교(國敎)가 된 이래 청(淸)나라가 망할 때까지 역대 조정의 지지를 얻으며, 정교일치(政敎一致)의 학문으로 중국의 사회·문화 전반을 지배해 왔다. 또한 한자문화권인 한국·일본 및 동남아시아 여러 지역에도 전해져서 큰 영향을 주었다. ‘유교’라는 말은 삼국시대 유·불·도 삼교(三敎)의 조화[4]를 지칭할 때 사용한 말로 오늘날까지 전해지고 있다.

2. 발생 배경과 창시자

기원전 5세기경 춘추시대(771-403 BC) 말기와 다음의 전국시대(403-221 BC)는 은(殷)나라와 주(周)나라로 이어 온 중국 고대의 봉건체제가 붕괴되는 과정이며, 진나라의 시황제에 의한 통일제국의 형성(221 BC)으로 종지부가 찍히기까지의 중국 역사상 일대 전환기였다. 현실은 주왕조의 권위가 쇠퇴하여 무력이나 경제력이 강한 제후들의 항거, 강대국의 실력에 의한 약소국의 병합, 배신에 의한 국군의 추방, 살해와 같은 전국난세였다.[5] 문화적으로는 상당히 진보한 문화를 형성하고 있었고, 봉건제도를 포

---

3) *Ibid.*, 17. 유교(儒敎)는 공자의 가르침을 전승시키는 학파를 가리킬 때에 유가(儒家)라고 불렀고, 보통 묵가나 도가 등에 대립되는 의미를 내포하고 있다. 유학(儒學)이란 유교를 받아들여 배운다는 뜻으로, 『논어』에서 ‘학’(學)은 ‘교’(敎)와 대비되어 사용된다.

4) 금장태, 『유교사상의 이해』(서울: 집문당, 1996), 274.

5) 송영배, 『유교적 전통과 중국혁명』(서울: 철학과현실사, 1992), 29-34; 카이즈마

함하여 앞으로의 새로운 시대에 사회나 인간이 어떻게 되어야 하느냐에 대한 과제가 재검토되었다. 그 출발점이 공자에 의한 유교의 집대성이고, 그뿐만 아니라 제자백가로 불리는 여러 사상가의 배출이다.

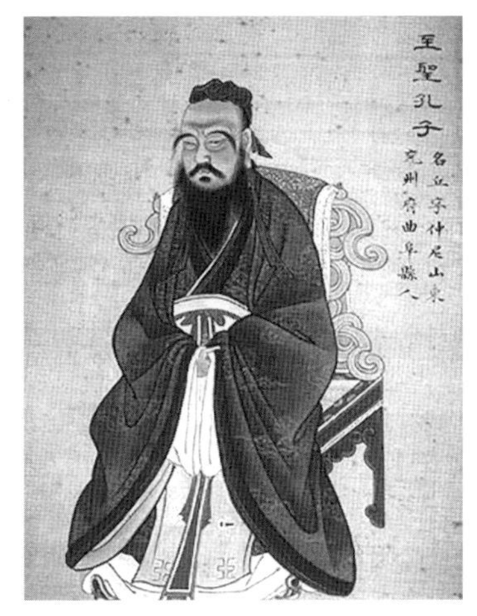

공자(기원전 551–479)

이러한 사회 질서의 붕괴를 공자는 '사회적 위기'로 간주하고,[6] 그 극복을 위해 그는 이전의 사회 질서로 돌아감으로써 천하의 질서를 회복할 수 있다고 믿었다. 따라서 공자가 보

시게키/박연호 역, 『공자 생애와 사상』(서울: 서광사, 1991), 27–29. 공자는 이미 수백 년간 지속된 주(周)의 신분사회가 몰락의 조짐을 드러내기 시작한 사회적 전환기에 살았다. 지배층이 제사의식을 매개로 한 천자(天子)로부터 신분에 따라 가부장적 종족 공동체 내에서 서로 혈연적으로 결합되어 있었으나, 각 봉건제후국의 경제적 군사적 발전으로 전쟁을 초래했고, 그 과정에서 미약한 제후국은 강력한 봉건제후국에 의해 흡수되고 세습 귀족들도 점차 몰락해 갔으며, 소수의 세습 귀족들만이 강력한 지배자가 되었다. 군자는 통치하는 일에 종사했기 때문에 지배계층을 형성하였고, 통치를 받는 백성들은 민(民)으로, 통치하는 자는 대인(大人) 혹은 군자(君子)로 존칭되었고, 피지배층은 소인(小人)으로서 경시되었다. 군자와 소인은 주나라 봉건제의 근거로서 600년 동안 존속되어 왔으나 그 관계가 흔들리기 시작하였다. 가난에 찌든 소인들은 세습 귀족들과 경쟁을 시도하자, 세습 귀족들은 소인들을 증오하고 억압하였다. 사회생산력의 발전에 따른 사회구조의 변화가 심화될수록 계층 간의 모순도 커졌고, 전승되어 온 세습 귀족의 지배질서가 더욱더 붕괴되었다. 더 이상 부자간의 효(孝)도 지켜지지 않았고, 구지배계층의 최고 통치자인 주왕은 사실상 권력을 상실하고 천자로서의 의식적인 기능만을 수행했다.

6) 휴스톤 스미스(Huston Smith)는 당시의 심각한 위기를 "공자가 활동하기 이전의 중국은 그칠 줄 모르는 전란으로 인해 발전도 없이 주(周)왕조 시대의 봉건적 체제로부터 춘추 전국시대의 공포 분위기에 이르렀고, 그러한 공포는 공자 이후의 세대에까지 계속되었다. 전차와 기마병을 무기로 하여 싸우던 전쟁은 공격과 불시의 침입을 무기로 하는 기병대의 전쟁에 밀려 사라지게 되었다. 침략자들은 몸값을 받아내기 위해 포로를 사로잡기보다는 오히려 대량으로 학살하게 되었다. 적군의 머리를

이고자 했던 자신의 역할은 중국 사람들을 그들의 조상들과 다시 만나게 하는 것이었다. 공자 자신은 내가 선왕(先王, 공자 자신보다 1,700년 전의 요제, 순제의 사상과 500년 전의 문왕, 주무왕, 주공)의 예의 법도를 진술할 뿐이며 새로운 것을 창작하는 것이 아니라 옛것을 좋아한다(돌을 황금으로 만든다: 점석성금[點石成金])고 하였다.

3. 경전

중국의 유가에서 유교의 경전의 핵심으로 꼽는 것으로 사서(四書)와 오경(五經)을 들 수 있다. 사서란 『논어』(論語), 『맹자』(孟子), 『대학』(大學), 『중용』(中庸)을 말하고, 그중 『대학』, 『중용』은 원래 『예기』(禮記)에 들어 있는 두 편(編)을 각각 독립시켜 별책으로 만든 것이다. 이 사서는 주희(朱熹)의 「사서집주」(四書集注)에 의해 경전으로서의 지위가 확보되었다.

오경(五經)은 한대(漢代)에 중요하게 여기던 『시』(詩), 『서』(書), 『역』(易), 『예기』(禮), 『춘추』(春秋) 5권에서 유래되었다. 당시 『서』(書)는 금문상서(今文尚書), 『예』(禮)는 의례(儀禮), 『춘추』(春秋)는 공양전(公羊傳)을 중심으로 한 것이었으나, 그 후 오경은 『모시』(毛詩), 『고문상서』(古文尚書), 『역경』(易經), 『예기』(禮記), 『춘추좌씨전』(春秋左氏傳)의 5권으로 한정되었다. 당대(唐代)에 와서 공영달(孔穎達) 등에 의해 편찬된 주석서 『오경정의』(五經正義)가 성립되어 오늘날의 오경으로 확정되었다.[7]

자른 수에 따라 보수를 받아내었고, 사로잡힌 사람들은 여자, 어린이, 노인들이었다. 6만, 8만 2,000, 심지어 40만 명까지도 대량 학살을 당했다는 자료가 있다. 또한 피정복자들이 끓는 가마솥에 던져지고, 그 친지들은 그 물을 마시도록 강요받았다는 사실을 밝히는 자료도 있다"고 하였다. 이훈구, 『비교종교학』(서울: 은혜출판사, 2000), 130-131 재인용.

7) 「네이버 지식백과」 사서오경(四書五經)(두산백과) 참조.

1) 사서(四書)

(1) 논어(論語)

『논어』의 내용은 공자와 제자 사이의 담론을 문답식으로 적은 경전인데, 주로 정치와 도덕 분야가 많고, 공자의 세계관이 담겨져 있으며, 인(仁)을 강조하였다.[8] 조직적인 책이라기보다는 잠언적인 성격을 지닌다. 이 『논어』는 유교 경전의 중심에 있으며, 송나라 때부터 사서 중의 으뜸이었다. 원래 이 책은 노론(魯論), 제론(齊論), 고론(古論)의 세 가지 원형이 있었는데, 「노론」은 노인들이 전한 것으로 20편이 수록되어 있고, 「제론」은 제인들이 전한 것으로 2편이 더 많으며 「고론」은 한무제 말에 공자의 옛집 벽 중에서 발견된 것으로 과두고문자(蝌蚪古文字)로 되어 있으며 「학이」, 「위정」, 「팔일」, 「이인」, 「공야장」, 「옹야」, 「술이」, 「태백」, 「자한」, 「향당」, 「선진」, 「안연」, 「자로」, 「헌문」, 「위령공」, 「계씨」, 「양화」, 「미자」, 「자장」, 「요왈」 등이 그것이다.[9]

(2) 맹자(孟子)

기원전 300년경 공자의 초기 가르침을 모아 맹자가 체계적으로 정리한 것으로 이상적인 삶과 인간의 선한 본성을 강조하고 있으며, 유교사상에서 가장 큰 비중을 차지한다. 이는 춘추시대의 공자사상을 흠모하면서 전국시대

맹자(기원전 372–289)

---

8) 공자가 죽은 후 그의 제자들이 한 일은 경전을 편찬한 것과 공자를 신격화하는 두 가지였다. 『사기』(史記)의 「공자세가편」(公子世家篇), 『맹자』(孟子), 『한서』(漢書) 등에 보면 공자의 제자수가 삼천이요, 육예(六藝)에 통달한 제자수도 72명이라고 전하고 있다. 『공자가어』(孔子家語)에는 이름이 기록된 제자만 80여 명, 『논어』(論語)의 「선진편」(先進篇)에는 십철(十哲)의 이름이 기록되어 있다. 황보갑, 『비교종교학』(서울: 기독교문사, 1996), 213; 이훈구, 『비교종교학』(서울: 은혜출판사, 2009), 132.

9) 유기정 감수, 『한글해설판 사서오경』(서울: 성문사, 1993), 65.

의 난국을 극복하고자 여러 군주들을 직접 만나 덕치론을 피력한 내용과 당시의 철학자 및 여러 제자들을 상대로 한 담론들로 구성되어 있다. 내용은 당시에 횡행하던 이단 사설을 물리치고 선왕의 정치와 교훈을 천명함에 있다. 이 모두는 「양혜왕」, 「공손추」, 「등문공」, 「이루」, 「만장」, 「고자」, 「진심」 등 7편인데, 각 편을 상, 하로 나누기 때문에 14권이다.[10]

(3) 대학(大學)

『대학』은 밝은 덕을 밝히고 백성을 새롭게 다스리며, 자기를 닦고 자기 가정과 나라를 다스리는 원리를 제시한다. '대학'은 첫째, 고대 중국에서 실시하던 최고 학부의 교육기관을 말한다. 둘째, 대인지학(大人之學)이란 뜻인데, 여기에서 대인이란 군자나 학문과 덕이 높은 성인을 말한다.[11] 원래는 『예기』 49편 가운데 제42편에 해당하는데, 그 내용이 유교 이론의 요지로 중시되어 송대의 사마광이 그것을 분리하여 『대학광의』를 저술한 이후, 독립된 경전으로 간주되었으며 마침내 사서 중의 하나가 되었다. 그 작자는 기원전 250년경 공자의 제자인 증자와 증자의 문인으로 보고 있다.[12] 경(經) 1장, 전(傳) 10장으로 나눈 다음 『대학』의 기본 구조를 3강령과 8조목으로 분석하였다.[13]

(4) 중용(中庸)

오경 중의 하나인 「예」(禮) 속에 포함된 것인데, 이것을 빼내어 사서의 하나로 세운 것이다. 저자는 확실하지 않으나, 공자의 손(孫) 자사(子思)가

---

10) 조남욱 외, 『현대인의 유교 읽기』(성남: 아세아문화사, 1999), 10.

11) *Ibid.*, 9.

12) 유기정 감수, 『한글 해설판 사서오경』, 19.

13) 금장태, 『유교사상과 의례』(서울: 예문서원, 2000), 59. 3강령이란 자기 내면의 덕을 밝히고 사회에서는 백성을 친애하여 이를 지극한 경지에까지 끌어올리는 것이다. 8조목이란 격물·치지의 올바른 인식을 바탕으로 성의, 정심, 수신의 인격 수양을 해 가고, 다시 이 수신을 근본으로 해서 가정을 다스리고 나라를 다스리며 천하를 화평하게 점점 확장해 가는 '실천의 방법'을 말하는 것이다.

썼다고 전해진다. 내용은 교육의 본질을 해명한 것인데, 첫머리에 천명(天命)과 성(性)과 도(道)와 교(敎)의 개념은 인간 행위의 정당성과 근원을 지극히 높은 '천명'과 인간에게 내재한 '성'(性)에서 확인하는 것이며, 천명과 성의 관계는 바로 하늘과 인간의 연관 구조를 보여주는 것이다.[14] 또한 중용은 어느 한편으로도 치우치지 않고 정도에 알맞은 것이 중(中)이요, 언제나 바르고 일정한 것이 용(庸)이다. 내용은 모두 33장이며, 제1장은 그 전편의 내용을 대표한다.[15]

2) 오경(五經)

육경(六經)은 제자들을 가르치기 위해 편찬한 책으로 『역경』(易經), 『서경』(書經), 『시경』(詩經), 『예기』(禮記), 『춘추』(春秋), 『악경』(樂經)이 포함된다. 유교에서는 악경을 제외한 나머지를 오경이라고 부르고, 『악경』, 『춘추좌씨전』(春秋左氏傳), 『춘추공양전』(春秋公羊傳), 『춘추곡량전』(春秋穀梁傳)을 각각 계산하여 구경(九經)이라고 부르며, 다시 『효경』(孝經), 『이아』(爾雅), 『논어』(論語), 『맹자』(孟子)를 넣어서 십삼경(十三經)이라고 한다. 여기서는 오경을 살펴보자.

(1) 역경(易經)

변화하는 우주의 생성 원리를 설명한 책으로 주(周) 시대에 저술되었으므로 주역(周易)이라고 한다. 공자는 별도의 열 가지 해설편, 즉 십익(十翼)을 지어 붙여서 그에 대한 이해를 도왔다. 이는 본래 '역' 또는 '주역'이라고 불리었으나 철학적으로 해설이 깊어지고 유교의 경전이 되면서 『역경』이라 칭해졌다. '역'(易)에 대한 해석은 크게 세 가지로 구별된다. 점치는 방법

---

14) *Ibid.*, 61. 『중용』에서는 "성(性)은 하늘의 길이요, 성하고자 하는 것은 인간의 길이다"라고 하여 하늘의 길과 인간의 길이 '성'(性)을 통해 일관됨을 드러내며, "지극한 성은 신(神)과 같다"고 하여 '성'(性)에서 신비적 능력이 나온다고 밝히고 있다.

15) 유기정 감수, 『한글 해설판 사서오경』, 42.

을 위주로 하는 '복서역', 윤리적 의미를 밝히는 '의리역', 괘·효의 형상이나 수리로 보는 '상수역'이다. '역'의 괘는 '태극(太極)→양의→사상→팔괘→육십사괘'로 전개된다. '역'의 전체인 64괘는 각각 6효로 이루어져 있으므로 모두 384효가 되는데, 괘의 형상과 효의 변수에 의거하여 자연과 인간의 일에 대한 상징적 의미를 해석한다.[16)]

(2) 서경(書經)

상고시대 요 임금에서부터 주나라 때까지 공자 이전의 5대 왕조들의 역사 개설을 비롯하여, 제왕과 신하들의 정치적 발언과 행동을 기록한 글이다. 『서경』 58편은 내용과 문체에 따라 여섯 가지로 구분된다. 후세 사람이 법칙으로 삼을 만한 옛 성왕의 사업, 신하가 임금을 위해 진술한 천하를 다스리는 방책, 임금과 신하가 서로 훈계하는 말, 임금과 신하 혹은 동료들 사이에서 서로 깨우쳐 주는 말, 군대가 출정하는 때 왕이나 장수가 병졸들에게 훈계하는 말, 윗사람이 아랫사람에게 내린 직무에 대한 명령이다.[17)] 성군들이 지향했던 정치철학과 도덕정치의 실상이 왕조의 시대별로 기록되어 있다. 이것을 한나라 이전까지는 '서'라 하였고, 그 후로는 '상서'라 하다가 송나라 이후에는 '서경'이라고 불리어 왔다.[18)] 『서경』은 유교정치의 이상형으로서 요, 순을 비롯한 여러 성왕들을 모범으로 제시하고 있으며, 왕권의 근원이 천명에 있다는 정치이념을 확인하고 이에 근거로 하늘은 폭군으로부터 천명을 회수하여 덕이 있는 사람에게 새로운 천명을 부여한다는 '혁명'사상과, 천명은 백성을 통해 드러나므로 백성이 국가의 기본이라는 '민본'사상이 깔려 있다.

---

16) 금장태, 『유교사상과 의례』, 62. 정약용은 『역경』이 지닌 본래의 의미로서 복서를 주목하였고, "인간이 하늘의 명령을 청하여 그 뜻을 따르기 위해 이루어진 것이며, 인간이 천명을 받드는 방법으로서 허물을 고치고 선한 데로 나아가는 윤리적 기능에 목적이 있다"고 하였다.

17) *Ibid.*, 62.

18) 조남욱 외, 『현대인의 유교 읽기』, 7.

(3) 시경(詩經)

중국 고대 시가집으로서 각 지방의 노래 가사들이 3,000여 편이나 전해지고 있었는데, 공자는 그 가운데서 305편을 가려 편찬하여 오늘날까지 전해지고 있다. 공자에 의하면 "시를 배우지 않으면 말을 할 수 없다"고 하여 '시'를 통해 깊은 정서적 교류를 나누고 삶의 도리와 학문하는 방법을 깨우칠 수 있음을 강조하기도 하였다.[19] 『시경』은 풍(風), 부(賦), 비(比), 흥(興), 아(雅), 송(頌)의 육의(六義)로 되어 있다. 첫째, 풍은 백성들 간에 불리어지던 민요를 말하며 전체 시경 편수의 과반수를 차지하여 160편이나 된다. 아와 송은 귀족의 노래로 아는 궁중에서 송은 종묘에서 연주되던 노래이다. 둘째, 흥은 흥을 돋우기 위한 수단이다. 내용에는 인간 본연의 심정과 천지자연의 순연함을 노래한 것에서부터 정치 사회의 현실을 평하는 성격의 것에까지 이르고 있다. 공자는 이 300편의 시에 대하여 "생각함에 간사함이 없는 것"이라는 말로 특징지었다. 이 경전에 대한 최초의 해설서로는 모형의 「모시」가 유명하다.[20]

(4) 예기(禮記)

중국 주나라 말기 이후 한나라 때까지의 유학자들이 각종의 생활의례와 예절 문화 및 유교 학설들을 기록한 것으로 『주례』, 『의례』, 『예기』의 '삼례'가 있으나, 한나라 이후로 '오경'에서는 『예기』를 취해 왔다.[21] 주나라 때의 직관제도를 기록한 『주례』가 예경의 기준이 된다는 입장도 있었고, 선비계층의 의례를 기록한 『의례』가 예법의 기준이 된다는 입장도 있었다. 그러나 이 두 문헌에 비해 『예기』는 '예'의 원리와 절차 및 구조에 관한 이론적 설명을 두루 포함하고 있기에 중시되어 왔다.[22]

---

19) 금장태, 『유교사상과 의례』, 61.

20) 조남욱 외, 『현대인의 유교 읽기』, 7.

21) *Ibid.*, 8.

22) 금장태, 『유교사상과 의례』, 63.

(5) 춘추(春秋)

춘추시대 노(魯)나라 은공 원년(722 BC)부터 애공 14년(481 BC)에 이르는 242년간의 왕조의 역사를 기록한 것이다. 맹자는 "공자가 『춘추』를 지음으로써 인륜을 어지럽히는 신하와 자식이 두려워하게 되었다"고 하여 공자가 강상(綱常)이 무너진 춘추시대의 혼란한 현실을 엄중하게 비판함으로써 의리 정신을 밝히고 있음을 지적한다.[23] 『춘추』에 대한 해석으로는 공양고의 「공양전」, 곡량적의 「곡량전」, 좌구명의 「좌전」 등 셋이 있으며, 이를 '춘추삼전'이라 한다.[24]

4. 교리와 사상

1) 유학사상의 기본 구조

서양철학과 달리 종합적, 연역적, 직관적인 특징을 지니는 동양철학에서 유학은 중심에 위치해 있는데, 유학의 기본구조는, 첫째, 철학적 기반은 역(易)에 두고 있다. 역이라는 글자가 극명하게 설명해 주고 있듯이 그것은 변역(變易)의 철학이다. 둘째, 현세적이다. 경험할 수 있고 증명될 수 있는 것에만 관심을 쏟고, 증명되지 않는 신(神)의 존재나 사후(死後) 세계에 대해서는 언급하지 않았다. 따라서 사회, 정치에 대한 참여의식이 강하고 도덕을 바탕으로 한 이상국가 건설을 지상 목표로 삼는다. 셋째, 인간 중심의 사상이다.[25] 하늘과 땅 사이에 온갖 생물이 살아가고 있지만 오직 인간이 가장 귀한데, 그 이유는 도덕이 있기 때문이다.

---

23) *Ibid.*, 63.

24) 조남욱 외, 『현대인의 유교 읽기』, 8.

25) 성균관대학교 유학과 교재편찬위원회, 『유학사상』(서울: 성균관대학교출판부, 1996), 10-19.

2) 핵심 사상

(1) 인(仁)

유교의 근본 사상인 인(仁)은 곧 '사랑'이다. 글자를 풀어 보면 인은 이인(二人), 즉 두 사람을 가리키는 말이다. 주희(朱熹)도 인을 주석하기를 '사랑의 원리'(愛之理)이고 '마음의 덕'(心之德)라고 하였다. 『설문해자』(說文解字)에도 "인(仁)은 친야(親也)"라고 했는데 친(親)은 '사랑한다', '가까이한다'는 뜻이다. 맹자(孟子)는 "가까운 사람을 가까이 사랑하는 것이 인(仁)이다"라고 했다. '효'(孝)를 다하는 것이 인의 첫째이고, 형제에 대한 '제'(悌)가 그다음이다. 그런 뜻에서 유교의 인은 이른바 인류애와는 구별된다. 한편, 인이 확대되어 서민 대중에게 미치면 그것은 '인정'(仁政)이 되고, 다시 그 인이 천하를 다스리게 되면 그 사람은 성왕이라 칭하게 된다.

(2) 천(天)

유교는 하늘과 인간을 두 축으로 삼아 구성된다. 하늘(天)은 신(神)으로 일컬어지기도 한다. 하늘의 형이상학적 본체를 이(理)라 한다면 인간과 세계에 나타나는 그 신비한 힘의 작용은 신(神)으로 이해된다.

(3) 경(敬)

『논어』(論語)에서 공자가 "경건함을 가지고 자기를 닦는다"(修己以敬)고 하고, 『주역』(周易) 「문언전」(文言傳)에서 "경건함을 가지고 마음 속을 곧게 만든다"(敬以直內)고 하여 수양의 수단으로 사용한 데서 비롯한다. 이때 경의 의미는 "생각이나 헤아림을 중단한 상태에서 마음을 고요하게 간직하는 것"이 된다. 경(敬)이 수양의 수단으로 사용되게 된 배경에는 성선설(性善說)이 전제된다. 즉, 인간의 마음은 본래 착한 것이므로 마음이 처음 밖으로 나타날 때에는 남을 사랑하고 돕는 방향으로 나타나지만, 이때 생각이나 헤아림이 이기적으로 작용하면 자기의 이익을 위하여 남을 해치는 악한 마음으로 변질된다.

(4) 예(禮)

때에 따라 다양한 의미를 갖는데, 예의범절, 공경심, 공손함, 제사 등을 뜻할 수도 있고, 이상적인 행실의 모범을 뜻할 수도 있다. 원래 예의범절의 형식이고 사회적인 질서를 유지하며 대인관계를 원만하게 하기 위한 규범, 관습이다. 따라서 예의 형식을 배우는 것은 유가에게는 중요한 교과이지만, 내면적으로 예를 당연한 것이라고 여기고 실행하는 겸허한 심성을 기르는 일이 필요하다.

(5) 덕(德)

문자적으로 힘을 뜻하나, 그 개념은 넓은 뜻을 지니고 있다. 공자에 의하면 힘은 다스리는 데에도 필요하지만 외부적인 완력 이상의 것으로 이루어져 있는 것이다. 덕스러운 치리자라면 신하들에게 복종의 모범을 보여주어야 한다. 공자는 주(周)왕조를 설립했던 요(堯)와 순(舜) 임금을 덕으로 다스린 임금의 모범으로 손꼽았다. 그는 임금들이 선왕의 모범을 따라 행한다면 백성들은 자연히 덕스러운 행실을 되찾게 될 것이라고 생각했다.

(6) 군자(君子)

군자는 만인이 추구하기 전에 부족함이 없는 이상적 인간형으로, 고상한 사람, 진실한 사람의 성품, 웃어른, 달인(達人) 등의 뜻으로 쓰인다. 군자만이 세상을 평화롭게 만들 수 있으며, 인(仁)과 의(義)를 존중히 여기며 또한 예(禮)를 존중히 여긴다. 또한 실천을 중히 여기며, 천명(天命)과 대인(大人)과 성인(聖人)을 두려워한다. 그리하여 군자는 수기치인(修己治人)으로서 수신제가(修身齊家) 치국평천하(治國平天下) 하는 사람이다.

(7) 정명(正名)

정명이란 명분을 바로잡는 것이다. 공자는 온전히 질서가 잡힌 사회를 만들기 위해서는 모든 사람이 자기에게 주어진 역할을 잘 감당해 내야 한다고 믿었다.

3) 기본 교의

(1) 오륜(五倫)오상

삼강오륜의 신분혈연적 관계를 인륜 질서로 보고, 가족 조직에서 정치 체제까지 규정한다. 맹자(孟子)에 따르면 인간이 하늘로부터 났으며 사람들 사이에서 실천해야 될 인륜의 질서로 부자유친(父子有親), 군신유의(君臣有義), 부부유별(夫婦有別), 장유유서(長幼有序), 붕우유신(朋友有信)의 오륜이라 했다. 인간 상호 간에 존재하는 이런 도덕적 질서가 인간이 인위적으로 재정한 것이 아니라, 천명(天命)으로 정해진 것이라고 보며, 인간의 본성을 인(仁), 의(義), 예(禮), 지(智)라고 했다. 즉, 부자간에 친함이 존재하고, 군신간에 의로움이 있으며, 부부간에 구별이 있으며, 어른과 어린이 사이에 차례가 있으며, 친구 사이에 신의가 있는 것은 운명적인 것이 아니라, 인간의 본성(本性)에 속한 것이며 자연스러운 것이다.

(2) 수기치인(修己治人)

수기(修己)는 자기 자신의 도덕적 수양을 쌓는 것이며, 그런 의미에서 유교는 윤리의 학이다. 그러나 그 수기는 자기 자신을 위한 것임과 동시에 치인(治人)을 목적으로 한다. 구체적으로는 국민을 다스리기 위한 정치학이다. 그런데 유교에서 말하는 정치는 법률이나 형벌로 백성을 규율하는 것이 아니라 도덕적 교리와 언행을 통해 백성을 선도하는 것이며, 따라서 먼저 자기 자신을 닦는 것이 필수가 된 것이다.

(3) 세속적 합리주의

춘추시대는 '인'이라는 계층이 정치권력을 독점하던 때였다. 말기에 이르러 인간에 대한 성찰과 자각으로 인간학이 새로 전개되고 주 왕조에 봉사하던 관학이 해체되던 시기에 공자는 중국 철학사에서 최초로 개인 학파를 창설한 진취적 사상가였다. 온 힘을 기울여 이룩한 이론 체계는 비교적 합리주의 정신에 충실했으며, 현실적 인간의 삶을 기저로 하는 인문주의 성격이 짙었다.[26] 점차 한대 춘추학의 명분주의와 음양오행사상이 더해져서 고대 제국적 규모에 적용되며 역전의 우주론에 의해서 삼강적(三綱的) 가부장제의 관념이 무한하게 확대되어 국교로 성장했다.

4) 유학과 인성론

하늘은 우주에 가득 찬 만물을 태어나게 하고 살아가게 하는 원리로, 착하고 성실하고 참되며 일관성 있는 하늘의 모습을 그대로 본 딴 사람의 성품이야말로 순수하고 착하다. 사람의 성품이 착하다[27]는 것을 가장 강조한 맹자는 모든 도덕의 근원을 성(性)이라 생각했다. 성(性)의 네 가지 속성으로 인간 본래부터 지닌 덕이다. 인의예지(仁義禮智)로 측은지심(惻隱之心)은 인(人)의 실마리이고, 수오지심(羞惡之心, 자기의 착하지 않음을 부끄러워하고 남의 착하지 않음을 미워하는 마음)은 의(義)의 실마리이며, 사양지심(辭讓之心, 남을 공경하는 마음)은 예(禮)의 실마리이고, 시비지심(是非之心, 옳고 그름을 가리는 마음)은 지(智)의 실마리라고 했다. 이것을 사단(四端)이고, 인의예지(仁義禮智)를 본연지성(本然之性)이라 해서 한 점 티가 없이 지극히 순수하고 한결같다고 했다. 그런데 이러한 착한 성품을 타고난 사람이 세상을 살아가면서 나쁜 짓도 저지르고 몹쓸 짓도 감행하며 남을 속이거나 심지어 죽이기도 하는데, 이것을 기질(氣質)이라 하며 이로 인해 물욕(物慾)이 생겨난다. 이 물욕이 착한 성품을 가리고 막아 버리기도 하며, 인간에게 후천적으로 수양이 필요하고 교육이 요구된다. 사람은 누구나 이 물욕을 씻어내고 이겨내어 본래부터 지니고 있는 착한 성품을 회복해야 한다(극기복례[克己復禮]).

---

26) 이운구, 『동아시아 비판사상의 뿌리』(서울: 도서출판 길, 2004), 17.

27) 성균관대학교 유학과 교재편찬위원회, 『유학사상』, 13-14. 『중용』에 보면, “하늘이 명한 것이 성(性)이고, 성을 따르는 것이 도(道)이고 도를 닦는 것이 교(敎)이다”라고 했다. 여기에서 말하는 하늘은 우주 만유를 이루어 가는 근본원리를 뜻하는 자연의 원리다.

이 기질에 의한 성(性)을 기질지성이라고 하는데, 인의예지를 갖춘 본연지성과 대비시켜 생각한다. 본연지성을 이(理)라 파악하는 반면 기질지성은 기(氣)라고 한다. 본연지성은 인의예지(仁義禮智)에다 측은(惻隱), 수오(羞惡), 사양(辭讓), 시비(是非) 등 사단을 갖추고 있는 반면에 기질지성은 기쁨, 성냄, 슬픔, 두려움, 사랑, 미움, 욕심 등 칠정을 지니고 있다. 마음은 이들을 통괄하며 비어 있고 영험하며 모든 일에 낱낱이 반응한다.

5) 유교의 윤리관

인간과 인간 사이의 관계성을 중시한다. 이것은 윤리와 도덕규범으로 나타나며, 나에게서 남에게 미쳐 나간다는 기본적인 사유에 바탕하고 있다. 윤리란 사람이 마땅히 지켜야 할 도리로서 보편성과 특수성이 있다. 보편성은 인류의 도덕적 원리로서 영원히 변하지 않는다. 부자(父子), 남녀(男女), 장유(長幼) 등을 가리킨다. 특수성은 시대, 지역, 사회제도에 따라 변할 수 있는 부분이다. 사회발달사에서 남녀관계라든지 신분관계라든지 그 시대와 사회제도에 따라 윤리도덕은 신축성 있게 변화되어 왔다.

윤리도덕의 원리와 표현으로서 또는 행동지침으로서 예(禮)를 중시하는데, 이 예는 우주의 질서인 동시에 작게는 인간 사회에서 요구되는 행동규범이다. 예는 유교의 윤리사상을 모두 포괄하고 있으며, 의례(儀禮)도 이에 포함된다. 유교윤리는 자기 수양에서 비롯해서 남을 가르쳐서 편안하게 하는 것으로 끝맺는다. 내 몸을 닦는 것을 먼저하고 그런 뒤에 남을 편안하게 한다는 것은 유교사상의 기본이 된다.

효(孝)는 가정윤리로서 좁은 뜻으로는 어버이의 뜻을 받들어 자식의 도리를 다하는 것이다. 효(孝) 사상은 오랜 세월 동안 중국에서 전통적으로 지켜져 내려와 그들의 삶에서 가장 우선시 되는 계율이 되었다. 효의 윤리는 더욱 확충되어 가까이는 부모에 대해서지만 조상으로 확대되어 간다. 제사(祭祀)가 바로 그 은혜에 대한 감사의 표시이고 추모의 의식이다.

6) 유교의 우주관

유교의 사상가들은 대개 자연의 변화 속에서 우주관을 찾고자 했으며, 그것을 도덕적 관점에서 규정하고자 했다. 자연의 운동은 끊임없는 탄생의 과정이며, 더욱이 자연은 누구를 속이거나 게으름을 피우거나 욕심을 내는 법도 없다. 정직하고 때가 되면 어김없이 변화를 보여주며 아낌없이 주는 것이 자연이다. 그런 의미에서 자연은 지극히 큰 사랑의 마음을 가지고 있고 지극히 성실하며 지극히 도덕적인 존재이다. 변화하는 자연현상 너머에 그 현상들을 초월해서 항상 도덕성이 존재한다면 그것이야말로 자연의 본질이라고 할 수 있다. 모든 구체적인 자연현상은 그 본질을 반영하게 되어 있으므로 자연의 도덕성이야말로 모든 현상을 가능케 하는 근거라고도 할 수 있다.

인간에 대해서도 마찬가지이다. 크게 보면 인간도 자연의 한 부분이며, 꼭 한 부분이 아니라고 하더라도 자연과 인간의 구조는 일치하기 때문이다. 그래서 이 세계가 거대한 도덕적 원리에 의해서 규정된다고 보았으며, 그리고 이러한 자연의 도덕성을 추상화한 대표적 개념이 태극(太極)이다. 태극이라는 말은 『주역』(周易), 『계사전』(繫辭傳)에서 처음 사용되었다. 여기에서는 태극으로부터 양의(兩儀, 음양), 양의로부터 사상(四象), 사상으로부터 팔괘(八卦)라는 생성론적 도식을 제시하였다.[28] 유교의 우주관에서는 형이상과 형이하의 세계를 완전히 분리시키지 않는다. 우주의 구조를 설명하면서 그 내용의 차이가 있을지라도 이 두 세계는 언제나 연관을 맺고 있으며, 바로 이러한 점에서 중요한 의미를 갖는 것이다.

---

28) 채필근, 『비교종교론』(서울: 대한기독교서회, 1995), 250. 태극기에서 음은 --으로, 양은 —으로 표한다.

5. 종교생활과 의례

1) 유교전통의 개관

(1) 유교의 현세관

중국인들은 이 세상을 즐거운 곳이라고 생각한다. 이것은 서남아시아와 결정적으로 다른 현세관이다. 『논어』에 "즐겁다"는 말이 넘치고 있으며 처음부터 "이 또한 어찌 즐겁지 않으랴" 하면서 시작한다.

한자는 본질적으로는 표의문자로 사물을 본뜬 것이다. 먼저 물건이 있고, 그것과 닮은 회화적인 표현으로서 한자의 글자 모습이 만들어지는데, 먼저 물체가 있는 것이 되고, 물체의 세계가 우선하게 된다. "태초에 말(神, 理性)이 있었다"가 아니고, "태초에 사물이 있었다"는 셈이 된다.[29] 따라서 형이상학적인 세계보다도 형이하학적인 세계에 관심이 있어서 사물에 입각하여 사실을 추측해 가는 현실적인 발상을 이루어 간다. 현세에 밀착한 오관 세계를 최우선하기 때문에 중국 사람은 오래 살고 싶어 하고, 내세(천국, 지옥)를 믿지 않는다. 이러한 사람들에게 죽음은 두려운 일이며, 이들의 요구를 맞추어 타당한 근거를 제공하는 것이 유교다.

(2) 유교에서의 죽음

현세에 일초라도 더 오래 살고 싶다는 현실적인 기대가 있으므로 어쩔 수 없이 죽음 뒤에도 어떻게 해서든지 다시 이 세상에 돌아올 수 있다는 것을 가장 큰 바람으로 삼았다. 그러나 현실적으로 죽은 뒤에 육체는 썩을 뿐이다. 그래서 유(儒)는 인간을 정신과 육체를 분리하여 정신의 주재자와 육체의 주재자가 있다고 하고, 이 혼백이 일치되어 있을 때를 살아 있는 상태로 보았다. 거꾸로 말하면 혼백이 나누어 있을 때는 죽은 것이다. 혼과 백

29) 가지 노부유키/이근우 역, 『침묵의 종교 유교』(서울: 경당, 2002), 133-140.

을 불러 일치시키는 것으로 가장 알맞은 것은 죽은 사람의 육체 중에 두개골만 남겨 두었다. 남은 뼈는 땅에 묻게 되며 그것이 발전하여 무덤이 되었다. 따라서 뼈를 소중히 여긴다.[30] 제삿날에 두개골을 꺼내어 살아 있는 인간의 머리에 두개골을 씌우고, 죽은 사람으로 여겨서 거기에 혼과 백을 깃들이게 한다. 냄새가 좋은 향을 태워서 하늘에 있는 혼을 부르고, 향기 좋은 술을 땅에 뿌려서 땅속의 백을 부른다. 이렇게 돌아오는 장소로 위패에 혼과 백을 맞이하는 것이다. 말하자면 초혼(招魂) 의례(儀禮)이다. 이런 의식으로 죽은 사람은 현세에 돌아올 수 있다고 생각한 것이다. 주술적 관념에서 생긴 재생이론이지만, 죽은 사람이 재생할 수 있다는 이론에 따라 죽음의 공포나 불안을 해결하려고 했던 것이다.[31] 이런 의례가 이어지고, 위패에 덮여 있는 두개골이 탈로 바뀌고 위패 전체가 나무판자로 바뀌어, 나무판자 위에 성명을 비롯한 죽은 사람의 일을 글자로 나타내게 된다. 이것을 중국 사람은 죽은 사람으로 간주하여 제사 지낸다. 초혼재생 의례는 영혼의 존재를 인정하고, 그 영혼을 불러들여서 현재에 재생시키는 것으로 종교자, 즉 무당의 일이다. '유'라는 것은 원래 이런 무당이었다.

(3) '효'의 종교성과 도덕성의 매개체

조상숭배와 조상의 영혼을 모시는 신앙을 근본으로 하며, 조상을 제사 지내면 제사의 주최자는 자손이 되는 현재의 가장(家長)이다. 그러나 현재의 가장도 언젠가는 죽어서 조령이 된다. 그러기에 조상의 제사를 이을 일

---

30) 가지 노부유키, 『유교란 무엇인가』(서울: 지영사, 1996), 30.

31) 가지 노부유키, 『침묵의 종교 유교』, 64-65. 관념적인 초혼재생은 선조 제사를 통해 그 영원성이 확보될 수 있었다. 따라서 선조 제사를 지내지 않으면 그 혼백은 현세로 돌아올 수가 없다는 결점이 있다. 불교는 윤회전생이라는 '고통의 연속'이라는 사생관 자체를 목적으로 하며, 도교는 불로장생이라는 사생관 자체를 목적으로 하는데, 유교는 그 사생관이 초혼재생이지만, 살아 있는 동안에 도달하려는 목표는 성인이다. 엄밀히 말하면, 불교는 생사를 초월하여 부처가 되고자 하고, 도교는 생사를 일체화하여 신선이 되려고 하고, 유교는 살아 있을 때에 성인이 되려고 하며 죽은 뒤에는 선조 제사를 통해 삶의 세계로 회귀하려고 한다.

족이 필요하게 되며, 자손을 낳는 것이 필요하다. 이를 육친의 관계로 말하자면, 조부모-부모-나-아들-손자 … 이렇게 된다. 선조와의 관계, 부모와의 관계, 자손·일족과의 관계를 나타내고, 하나로 통합시킨다.[32] 즉, 조상의 제사, 부모에 대한 존경과 사랑, 자손을 낳는 일, 이 세 가지 행위를 포함하여 '효'로 삼는 것이다. 여기에서 나의 생명은 아버지의 생명이자, 조부의 생명이며, 나아가서 참으로 아득한 조상의 생명이 되는 것으로, 가계를 계속 거슬러 올라가게 된다. 이리하여 생명의 근원이었던 곳에까지 거슬러 올라가서 혈맥(血脈)의 관계가 되며, 반대로 육체가 죽은 뒤에도 자손의 생명과 이어짐으로써 계속 살아갈 수 있는 것이다. 선조에의 연속, 즉 가문의 종교로서의 성격을 갖는다.[33]

결국 효도를 다함으로 해서 나의 생명이 영원하다는 가능성과 만날 수 있게 되며, 생명론은 효의 본질인 것이다. '유'는 초혼의례라는 동서고금에 어디든지 주술을 생명론으로 구성했으며, 죽음의 공포나 불안을 해소했다. 그렇다면 '효'는 종교성과 도덕성이라는 두 측면을 지니고 있음을 알 수 있다. 부모자식이라는 가족 중심의 도덕이기 때문에 이 효가 유교의 종교성과 도덕성을 연결하고 있으며, 첫째, 가족도덕으로 나타나고, 더 넓게는 사회의 도덕으로 전개되며, 나아가 정치로, 세계로 하나의 큰 윤리체계를 만들어 가는 것이다.[34]

(4) 유교의 근본적 개념과 종교적 특성

유교사상의 핵심에는 인간과 현실 내지 도덕규범에만 한정될 수 없는 세계를 근본으로 하고 있다. 이 근본을 이루는 세계를 표상한 개념이 하늘이다. 하늘은 인간과 자연의 세계를 초월하여 있는 것이며, 동시에 인간 생명과 내면성의 근원이고, 자연의 질서와 법칙을 주재하는 존재이다. 유교

---

32) 조성욱 외, 『현대인의 유교 읽기』, 152-154.
33) 가지 노부유키, 『침묵의 종교 유교』, 106.
34) *Ibid.*, 133.

의 하늘 개념은 자연 신적인 것으로 은대(殷代)에 이르기까지 하늘은 주로 '상제'(上帝)의 개념으로 표상되었고, 상제는 주재자로서 천상에서 제왕을 통어할 뿐 아니라, 인간의 길흉화복을 지배하는 강한 인격성으로 의식되고 있음을 알 수 있다. 주재자의 초월성이 인간의 감각 대상과 형상화를 벗어나고 있고, 하늘의 의식은 합리적 내지 추상적 의식이 발달하는 주대에서 철저히 수행되어 보편적이고 초월적인 존재 개념으로 형성되었다. 이러한 과정에서 송대에 와서 하늘은 이(理) 또는 태극으로서 파악하게 되었던 것이라 할 수 있다.[35]

2) 유교전통의 의례

(1) 예(禮)의 개념적 이해

'예'(禮)의 어원적 의미는 제사의례에서 찾아진다. 『설문해자』에서 '예'는 '땅귀신 기(示)'자와 '풍년들 풍(豊)'자로 구성되어 있는 것으로, 신(神)적 존재를 의미한다. '풍'(豊)은 제기(祭器)에다 제물(祭物)을 담아 신에게 봉헌하는 제사의례를 의미한다. '풍'자는 실제로 '예'자의 옛 글자이다. 유교의 근원적인 '예'는 바로 종교의 가장 일반적 실천행위로서 제의(祭儀)의 의미를 지니고 있다. 유교에 있어서 '예'는 그 근원에서는 형이상학적인 근본개념으로 이해되면서, 그 실제의 적용은 다른 어떤 개념보다 더욱 구체적인 현실에 관여한다.[36] 일반적으로 관(冠), 혼(婚), 상(喪), 제(祭)에서부터 이웃과의 일상적 교제에 이르기까지, 음식, 의복과 앉고 일어나며 나아가고 물

---

35) 금장태, 『유교사상과 종교적 세계』(서울: 한국학술정보[주], 2004), 102-105.

36) *Ibid.*, 62-63. '예'에 대해 공자는 '인(仁)의 실천방법으로서 자신을 극복하고 예법을 회복하는 것'이라 해석한다. 맹자는 '예'를 인간 성품의 도덕적 기본 요소들(인의예지[仁義禮智])의 하나로 파악하여 '사양하는 마음'이라는 선한 감정으로 나타나는 것이라 지적한다. 이에 비해 순자는 '예'를 인간 사회에서 각각의 분수로 한정짓는 기준으로서 객관적 규범으로 파악하고 인간 성품의 악함을 다스리는 역할을 하는 것으로 이해한다.

러나는 모든 동작을 규정하는 유교인의 생활 전반에 걸쳐 핵심적 기능을 하는 것으로서, 유교 사회를 '예교문화'로 규정짓기도 한다.

(2) 제례의 형태

제사의례를 구성하는 요소들을 세 가지로 나누어 보면, 제사를 드리는 대상인 신의 다양한 모습과 제사를 드리는 장소인 제단이나 사당, 그 밖에 제사를 드리는 조건으로서 제사 드리는 시기와 신에게 드리는 제물, 제관(祭官)의 종류, 제관이 입는 복식, 제사의 순서 및 국가제사에서 드려지는 제사음악 등을 들 수 있다.

제사의 대상인 신의 존재 대상은 하늘, 땅, 인간의 우주론적 영역에 따라 각각에서 찾는다. 하늘에는 신이 있고, 여기에 드리는 제사를 '사'(祠)라 하며, 땅에는 기(땅귀신 기)가 있고 여기에 드리는 제사를 '제'(祭)라 하며, 사람에는 귀가 있고, 여기에 드리는 제사를 '향'으로 구분한다.

제단에는 천신이나 지기에 제사 드리는 곳인 단과 인귀에 제사 드리는 묘가 구별된다. 제천의례는 도시 바깥의 교외 곧 '교'(郊)에서 드려지며, 고대에는 둥근 언덕 위에서 드려졌으며, 후세에는 둥근 제단을 쌓아서 드렸기에, '원구' 혹은 '천단'이라 한다. 토지와 곡물의 신을 모시는 사직(社稷) 제사에는 정방형의 두 단으로 이루어진 사직단(社稷壇)이 있다. 인간의 조상신을 모시는 경우로 왕실의 선조를 모신 종묘(宗廟)와 가정에서 선조를 모신 가묘(家廟)가 있고, 공자를 중심으로 선현을 모신 문묘(文廟)와 후세에 탁월한 공을 끼친 선현이나 영웅을 모시는 사우(祠宇)가 있다. 제사의 시기는 일년에 12월에 한 번 드리는 사시(四時) 제사와 명절에 드리는 제사, 초하루와 보름에 드리는 삭망(朔望) 제사 등이 있다.

제사에 드리는 제물은 의례의 정신에 따르면 인간이 먹는 모든 음식을 신에게 드려 축복을 받는 것이지만, 한정된 제상 위에 벌여 놓기 위하여 국가제사에 희생으로 삼는 소, 양, 돼지 등 길짐승을 비롯하여 물고기, 공중의 새, 닭 등 동물과 뿌리, 줄기, 잎, 열매에 해당하는 식물을 자료로 삼아 날 것, 구운 것, 삶은 것, 절인 것 등 여러 조리법으로 대표한다. 이러한 제물을 제상 위에 벌여 놓는 진설에서는 전통적으로 음양과 오행의 우주적 질서에 상응시켜 배열하고 있다.

제사를 드리는 주체인 제관은 가장 근본적인 형식에서 보면, 희생 제물을 드리는 제관(祭官)으로서 헌관(獻官)이 3인 있고, 제사의례를 전체적으로 진행하는 집례가 있으며, 신과 인간 사이에 대화의 통로역할을 담당하여 신에게 축문을 읽어 주고 신의 강복을 전해 주는 축관(祝官)이 있다.[37]

(3) 제례의 절차(祭次)

유교전통의 다양한 제사가 기본 형식에서 공통점을 지니고 있다. 준비과정의 절차와 본 과정의 절차와 마침 과정의 절차가 있으며, 본 과정에는 청신(請神), 희공(犧供), 강복(降福), 음복(飮福)의 네 단계로 나누어 볼 수 있다. 제사 절차의 모든 과정에서 신과 인간의 상호관계가 전제되어 있다.[38] 준비 과정은 마음을 정결하게 하여 제사를 준비하는 재계(齋戒)와 재물을 준비하여 제사에 배열하는 진설이 있다.

본 과정의 첫머리에 신을 모셔오는 청신의 절차가 있으며, 여기서는 향을 피우고 강신주를 뿌려 신을 부르는 강신의 과정과 신을 맞이하는 영신의 과정이 있다. 희공의 과정은 신에게 제물을 드리는 절차로서, 폐백(幣帛)을 드리는 전폐(奠幣)와, 신에게 축문으로 아뢰는 고축(告祝), 술잔을 올리는 헌작(獻爵), 음식을 드리는 진찬(進饌)의 절차가 있다. 강복(降福)의 과정에는 먼저 인간이 드린 제물은 신이 받아들이는 흠향(歆饗)의 절차와 신은 흠향 다음에 그 응답으로 인간에게 복을 내려 주는 강복의 절차가 있다. 음복(飮福)의 절차는 신이 강복해 주신 제물 가운데 술과 고기를 제주(祭主)가 나가서 받아먹는 것으로, 신이 내려 준 복을 받아먹기에 음복이라 한다.

마치는 과정은 먼저 신을 전송해 드리는 송신과 신에게 드렸던 축판

---

37) 금장태, 『유학사상과 유교문화』(서울: 전통문화연구회, 1995), 65-66.

38) 금장태, 『유교의 사상과 의례』, 211-217.

(祝板), 폐백(幣帛) 등을 제장(祭場)의 서쪽에서 불태우는 망료의 절차와 그 제를 땅에 묻는 예매의 절차가 있다. 제사가 끝난 뒤에 참여한 모든 사람이 제물을 나누어 먹는 예법도 있다.[39)]

6. 한국유교 현황

통계청이 발표한 '2015 인구주택총조사 – 종교통계' 결과에 따르면 종교가 있는 인구는 2,155만 4,000명으로 전체 인구의 43.9%이며, 2005년 2,452만 6,000명(52.9%)에 비해 감소했으며 종교가 없는 비율은 2005년 47.1%에서 2015년 56.1%로 증가해 종교가 있는 인구 비율보다 높아진 상황이다.[40)]

종교인 가운데 유교인의 비율은 약 0.35%로 조선왕조 500여 년간 유교가 국교였음에도 불구하고, 오늘날 한국인 전체의 0.16%에도 미치지 못한다.[41)] 그 원인으로는 유교 조직의 허술함과 소속감의 애매성으로 지적된다. 유교 조직의 지도층이 현실인식이 첨예하지 못한 노인층이고 세대교체나 세대 간의 역할분담이 원만하지 못한 점이 제도와 의식의 개혁을 더디게 하는 근본 원인이 되고 있다. 근래에는 성균관과 전국 향교에서 '도의선양대회'를 개최하고, '윤리선언문 및 실천요강'(1973)을 발표하여 사회도덕운동을 일으키고 있으며 공자학회(1980), 유교학회(1985), 예학회(1989) 등

---

39) 금장태, 『유학사상과 유교문화』, 67-69.

40) 2015년 기독교 인구는 967만 6,000명으로 전체 인구의 19.7%, 불교 761만 9,000명(15.5%), 가톨릭 389만 명(7.9%) 순으로 2005년에 비해 기독교는 123만 명 늘어났고, 불교는 296만 9,000명, 가톨릭은 112만 5,000명이 줄어든 것으로 드러났다. kostat.go.kr 2017년 참조.

41) 49,052,389명(총인구) 가운데 종교가 있다는 인구가 21,553,674명이며, 각각 7,619,332명(불교), 9,675,761명(개신교), 3,890,311명(천주교), 84,141명(원불교), 75,703명(유교), 65,964명(천도교), 41,176명(대순진리회), 3,101명(대종교), 98,185명(기타)이었다. 27,498,715명은 종교 없음. kostat.go.kr 2017년 참조.

전주향교 명륜당

이 유교 연구단체로 등장하여 전문 유교학자들이 활발하게 활동하고 있다. 유교학회와 성균관의 협력으로 『유교대백과사전』(1990)이 편찬되어 한국 유교의 한 단계를 결산해 주고 있다.

7. 대화의 가능성과 선교 접촉점

1) 유교와 기독교의 대화 가능성

우리가 유교를 이해할 때 다른 세계 종교의 발생 지역들에 비해 살기에 상대적으로 불편함 없었던 중국의 환경과 중국인의 내세관을 이해할 필요가 있다. 유교에는 왜 내세가 없는지 그리고 오늘날에는 왜 이들이 점차 영혼불멸에 관심을 가지게 되는지를 바르게 파악하는 데 도움이 되기 때문이다. 우리는 유교와의 구체적인 대화의 시도들을 주목해 볼 필요가 있다.

한국의 학자들 가운데 유교의 종교성과 그 변화들을 이해하고 기독교와의 대화를 열어 가기 위해서 종교 간의 만남을 위한 신학적 노력과 시도들을 하고 있기 때문이다. 윤성범은 '효의 해석학'에서 유교의 핵심 개념인 '성'(誠)을 기독교의 성육신과 연결하여 말씀(言)이 육신이 되는(成) 것(요 1:1)과 연결하여 해석한다. 이것은 '말'이 어원적으로 가장 높은 것을 지칭하는 것이며, 언어 안에는 신적 근거가 있다는 전제에서 비롯한 주장이다. 또한 서구 신학의 '계시'가 유교문화권에 있는 한국인들에게 낯선 개념이기 때문에 율곡의 형이상학적 존재론적 개념인 유교적 성(誠)을 한국적 사유의 핵심으로 보고 이를 통해 기독교의 진리가 훨씬 더 잘 전달될 수 있을 것으로 보기 때문이다. 또 '효-윤리원론'에서는 환인, 환웅, 환검의 부자유친(父子有親)적 가족 원리를 통한 효(孝)를 강조한다. 예수는 성(誠)의 화육이자 효자(孝子)로서 이해된다는 것이다(요 14:31). 그뿐만 아니라 여기에서 기독교의 삼위일체와 유형론적(typological) 유사성까지 이끌어냄으로써 한국인의 정신에 큰 영향을 미치고 있는 유교와의 대화를 위한 적극적인 시도를 하고 있다.[42]

유영모는 더 나아가 그리스도의 십자가 사건을 부자유친을 이룬 사건으로 보고, 예수가 자기를 바쳐 진정으로 하나님의 아들이 되는 것으로 해석하였다. 그는 인간이란 원래 하나님과 부자불이(父子不二)적 관계에 있기 때문에 본성상 진리 자체인 하나님 아버지를 그리워할 수밖에 없는 존재이며, 효(孝)는 절대존재인 하나님과 하나가 되려는 부자유친이 유교의 종교성이라고 말한다.[43]

이정배는 탈형이상학적 영(靈)인 성령(pneuma)과 유교 생태학의 본질

---

42) 이정배, "유교와 기독교의 대화, 그 한국적 전개와 의미", 성공회대학교 신학연구소 편, 『대화를 넘어 서로 배움으로-종교 간의 만남을 위하여』(서울: 맑은울림, 2004), 285-289; 김은수, 『문화와 선교』(전주: 전주대학교출판부, 2008), 230.

43) 유교는 공자 이래 절대적 하나님을 망각한 것은 불행이라고 지적하고, 송대 성리학이 '무극이태극'(無極而太極)을 발견하여 타락한 유교성을 구할 수 있었다고 말한다. 이정배, 298-302.

인 기(氣, prana)의 만남을 통해 종교 간의 대화와 오늘날 생태학의 위기를 함께 극복하려는 시도를 하고 있다. 그는 하나님의 영(靈)의 단편들이 피조물 속에 내주하여 생명이 지속된다는 믿음과 유교의 존재의 연속성과 만물일체관이 피조물과의 내적 감응을 이루게 한다는 기(氣)가 서로 의미적으로 상통한다고 보았다.[44]

이러한 시도들이 전통적인 기독교 정통신학의 관점에서 많은 비판을 받고 있을지라도 다양한 문화 속에서 살아 있는 복음의 역동성을 찾는 귀중한 작업이 될 뿐 아니라 토착화 선교의 새로운 길을 열 수 있다는 점에서 새롭게 평가되어야 할 것이다. 다만 삼강오륜(三綱五倫)으로 엮어진 유교의 윤리사상은 어른과 아이, 남자와 여자, 목회자와 평신도 사이의 차이와 거리를 두어 교회의 봉건주의적 질서를 만드는 데 잘못된 영향을 끼친 유교적 잔재임을 유념할 필요가 있다.

2) 선교 접촉점

한국에 유교는 주자학을 통해 들어왔다. 형이상학적인 태극사상 '이'(理)와 형이하학적인 음양오행사상 '기'(氣)의 이기이원론(理氣二元論)에 근거하고 있다. 이러한 유교는 역사 속에 우리와 함께 지내왔으며, 오늘날 유교 문화권에서는 조상제사를 윤리적인 의례로 보아 허용하자는 입장과 종교적인 의례로 보아 결코 허용할 수 없다는 입장으로 기독교는 양분되어 있다. 조상제사와의 타협과 충돌을 번복해 왔던 천주교회의 선교 역사를 살펴보면, 이들은 서로 그 다른 한쪽의 성격을 무시함으로써 현지인들에게 심각한 문제를 일으켜 왔던 것이다. 오늘날 한국의 많은 천주교인들은 조상제사도 지내고 주일예배도 드리는 방법을 택하는 추세에 있다. 18세기 그 유명한 전례논쟁으로 예수회가 해산되고 제사를 금지했을 때 한국에 천주교가 처음 전래되어 조상제사로 인해 많은 천주교인들이 순교를 당했으

---

44) 이정배, 303-323.

나, 20세기 들어 조상제사를 우상숭배가 아닌 유교적 전통의 윤리적 의례로 보고 교황청이 일부 제사를 허용하였기 때문이다.[45] 교황청의 정책에 따라 꼭 같은 일(조상제사)로 죽기도 하고 살기도 하는 일이 실제 벌어졌던 것이다.

현대의 유교 신자들은 영혼불멸의 신앙을 가지고 있고, 조상숭배를 추구하고 있으며 고연령층이 될수록 조상숭배의 비율은 더욱 높아지고 있다. 그러나 한 가지 분명한 사실은 천주교나 기독교가 우상숭배를 옳다고 동의한 일은 없다. 동의하는 사람들은 조상제사를 우상숭배로 보는 것이 아니라 윤리적 행위라고 전제해 놓고 찬성하는 것이다. 그러나 조상숭배의 맥락에서 보자면 죽은 사람의 혼을 불러와서 그에게 제사하고 소통하며 기도하는 일은 분명히 종교적 행위이다. 문제는 유교의 제의가 효와 조상제사가 뗄 수 없이 연합되어 있어서 둘 중에 하나만을 기호대로 선택할 수 없다는 데 있다. 기독교가 부모 공경에 대한 계명(제5계명)을 십계명에서 사람과 관계되는 첫 번째 계명이고 큰 복이 약속된 중요한 계명이라고 아무리 강조하더라도 제사를 중시하는 한국의 풍토에서 제사를 드리지 않는 기독교를 결코 효를 다하는 종교로 보지 않기 때문이다. 따라서 제사 때에 우러나오는 지성과 효를 대체할 만큼 기독교가 제시하는 추모식이 실제적인 해답을 주지 못한다면 유교 문화권에서의 선교는 큰 어려움을 겪을 수밖에 없다.[46]

오늘날 한국사회는 민족의 명절인 추석과 설날이 되면 모든 언론매체들이 앞다투어 각 가정에서 이루어지고 있는 조상제사를 우리 민족 고유의 정신과 얼을 이어 주는 가장 중요한 예식으로 소개하고 있다. 우리 삶 속에 깊이 뿌리내리고 있는 한국인의 제사는 기독교와 결코 조화될 수 없는 우상숭배이며 기독교의 정체성을 심하게 훼손시키는 종교혼합(syncretism)인

---

45) 천주교의 제사 허용 범위에 대한 자세한 논의는 김은수, 『문화와 선교』, 196-201 참조.

46) 추모식을 드릴 때 제사를 드리던 사람들을 고려하여 수용할 수 있는 요소들과 수용할 수 없는 것들에 대해서는 김은수, 『문화와 선교』, 201-206 참조.

가, 아니면 한국인의 심성과 문화 속에 복음을 뿌리내리게 하는 토착화(contextualization) 선교의 한 방안이 될 수 있는가? 본질적으로 우상숭배란 인간의 생각과 욕망을 형상화한 것이기 때문에 자아숭배의 표현이며, 하나님 자리를 빼앗는 행위다. 이러한 맥락에 비추어 볼 때 조상제사를 하나님과 선조의 위치를 혼돈하거나 뒤바꾸는 우상숭배라고 쉽게 단정하기는 어렵다.[47] 제사에 대해 한국인 대부분은 조상에 대한 효(孝)의 행위로 인식하고 있기 때문에 조상을 신으로 섬기는 우상숭배와는 분명히 구분할 필요가 있다. 한국인 대부분의 가정에서 제사를 지내고 있으나 이를 종교적으로 받아들여서 믿고 있는 신자는 불과 한국인의 0.16%도 되지 않는 점에서 잘 드러나고 있다.[48] 하지만 한국인들을 '유교적'이라고 평가하는 데에는 누구도 부정하기 어렵다. 한 설문조사에 의하면 유교적인 가치들을 열거하고 동의하는지를 물었을 때 응답자의 90% 이상이 동의했다는 것이다. 한국은 유교적 개신교, 유교적 천주교, 유교적 불교라고 말할 정도이다. 따라서 유교적 가치관 가운데 한국인들에게 가장 큰 영향을 끼치고 있는 조상제사의 경우, 기독교의 정

제사상의 신주 모양 대좌(마카오 아우구스틴 성당)

47) 박봉배, "그리스도와 조상숭배", 「기독교사상」 64(1963), 21.

48) 2005년 통계에 따르면 20대와 30대의 36.3%가 제사는 꼭 필요하다고 응답하고 있다. 고연령자일수록 제사를 중히 여기는 보수적 경향이 되는 점을 감안하면 아직도 상당수가 제사를 효의 가장 중요한 윤리적 행위로 여기고 있음을 알 수 있다. 「경향신문」, 2005년 9월 15일자 참조.

유교식 예수의 최후의 만찬(작가 김학수)

체성(identity)을 심각하게 훼손하는 않는 한 한국인들이 중요하게 여기는 요소들은 과감하게 수용할 필요가 있다. 이것은 복음을 받아들이고 싶으나 제사 문제로 가족, 친지와 갈등하고 있는 이들에게 매우 효과적인 선교 대안이 될 수 있기 때문이다.[49] 우리는 살아 계신 부모님께 효도를 다해야 할 것이며(십계명의 제5계명), 부모님을 뜨겁게 사랑하고 기쁘게 해드려야 한다. 그런 의미에서 숭배의 개념이 아닌 공경의 의미로 제사를 중시여기는 한국인들에게 구체적인 선교적 대안을 제시함으로써 한국을 비롯한 유교 문화권에서의 선교 접촉점의 길을 찾아가야 할 것이다.

49) 김은수, "토착화 선교와 한국의 효문화", 성산효도대학원대학교 개교 8주년 기념 성경적 효 국제학술대회 자료집(2005. 12. 6.), 184-199 참조.

참고문헌

가지 노부유키/김태준 역. 『유교란 무엇인가』. 서울: 지영사, 1996.

가지 노부유키/이근우 역. 『침묵의 종교 유교』. 서울: 경당, 2002.

카이즈마 시게키/박연호 역. 『공자 생애와 사상』. 서울: 서광사, 1991.

금장태. 『유학사상과 유교문화』. 서울: 전통문화연구회, 1995.

______. 『유교사상과 종교적 세계』. 서울: 한국학술정보(주), 2004.

______. 『유학사상의 이해』. 서울: 집문당, 1996.

______. 『유교의 사상과 의례』. 서울: 예문서원, 2000.

김경일. 『공자가 죽어야 나라가 산다』. 서울: 바다출판사, 1999.

김승혜. 『유교의 뿌리를 찾아서』. 서울: 지식의 풍경, 2001.

김은수. 『문화와 선교』. 전주: 전주대학교출판부, 2015(2쇄).

______. "토착화 선교와 한국의 효문화." 성산효도대학원대학교 개교 8주년 기념 성경적 효 국제학술대회 자료집, 2005. 12. 6.

박봉배. "그리스도교와 조상숭배." 「기독교사상」 64(1963. 4).

배요한. 『신학자가 풀어쓴 유교이야기』. 서울: IVP, 2014.

성공회대학교 신학연구소 편. 『대화를 넘어 서로 배움으로－종교 간의 만남을 위하여』. 서울: 맑은울림, 2004.

성균관대학교 유학과 교재편찬위원회. 『유학사상』. 서울: 성균관대학교출판부, 1996.

송영배. 『유교적 전통과 중국혁명』. 서울: 철학과현실사, 1992.

유기정. 『한글해설판 사서오경』. 서울: 성문사, 1993.

유승국. 『한국의 유교』. 서울: 세종대왕기념사업회, 1999.

이운구. 『동아시아 비판사상의 뿌리』. 서울: 도서출판 길, 2004.

이정배. "유교와 기독교의 대화, 그 한국적 전개와 의미." 성공회대학교 신학연구소 편. 『대화를 넘어 서로 배움으로－종교 간의 만남을 위하여』. 서울: 맑은울림, 2004, 271-318.

이현갑. 『세계의 종교들』. 서울: 청파출판사, 1993.

이훈구. 『비교종교학』. 서울: 은혜출판사, 2000.

장남혁. 『한국문화 속의 복음』. 서울: 예영커뮤니케이션, 2010.
조남욱 외. 『현대인의 유교 읽기』. 성남: 아세아문화사, 1999.
종교학사전 편찬위원회. 『종교학대사전』. 서울: 한국사전연구사, 2001.
최재인. 『비교종교학』. 서울: 미래문화사, 2004.
채필근. 『비교종교론』. 서울: 대한기독교서회, 1995.
황보갑. 『비교종교학』. 서울: 기독교문사, 1996.

「경향신문」. 2005. 9. 15.
http://www.cein21.net/(동영상 참고)
http://www.cafe.daum.net/bigou
http://www.culture-arts.go.kr/
http://www.kostat.go.kr

제5장

유대교

1. 기본 이해

유대교를 단순히 유대인들이 신봉하는 하나의 종교로만 생각한다면 그것은 참 뜻을 이해하지 못한 것이라고 할 수 있다. '유대교'(Judaism)란 이스라엘 백성(또는 유대인)의 종교, 문화, 법적인 전승 내지 문명 등 유대인의 전반적인 '삶의 방식'을 총체적으로 가리키는 표현이다.[1] 유대교의 어원은 헬라화한 유대인들이 종교적이고 민족적인 개념을 뜻하는 '유다이모스'(Yudaimos)라는 헬라어를 사용하기 시작하면서 비롯되었다.[2] 유대인들은 하나님으로부터 특별한 선택을 받았다는 선민사상을 지니고 있다. 그들은 오래전에 나라를 잃고 유랑생활을 하면서 혈맥을 유지해 왔다. 그러다가 20세기 중반에 메마른 사막 위에 겨우 이스라엘이라는 나라를 건설할 수 있었다. 그들은 그들의 독특한 예배 의식과 전통적인 종교 풍습 속에서 "여호와 하나님을 경외하고 그 말씀을 주야로 묵상하며 그 율법을 지키는

---

1) G. Wigoder(ed)., *The New Encyclopedia of Judaism*(NY: New York University Press, 2002), 432; 김경래, 『유대인의 보고』(전주: 전주대학교출판부, 1997), 9.

2) Judaism이란 말이 구약에는 없으나 마카비2서와 에스더서의 미드라쉬인 에스더 랍바(Esther Rabbah) 7:11에 처음 나타난다. C. E. Hayes, *The Emergence of Judaism* (Westport, CT: Greenwood Press, 2007), xiii.

것"을 국시로 삼아 살아오고 있다.

2. 발생 배경과 창시자

고대에 유대인은 원래 유다, 즉 유다 지파(약속의 땅을 점령한 열두 지파 중의 하나) 혹은 유다 왕국의(북이스라엘 왕국과 대비되는) 구성원을 의미했고, 히브리 혹은 이스라엘, 팔레스타인이라고 한다. "히브리"란 명칭은 아브라함이 히브리 사람(창 14:13)이라고 한 것에서 유래되었으며, "이스라엘"은 아브라함의 손자 야곱의 별명인데 "야곱의 자손"이란 의미로 이스라엘이란 이름이 생긴 것이고, "유대"는 이스라엘의 아들 중에 장자의 자격을 가졌다고 할 만한 유다에게서 난 이름이다.[3] 유다는 본래 이스라엘의 장자는 아니었으나 열두 형제 중에 대표자 노릇을 한데서 중요한 지위를 차지하였고, 또 열두 지파 중에 가장 큰 지파였고 다윗 왕조와 같은 큰 왕조가 유다 지파에서 일어났으므로 열두 지파를 총칭하여 유대 민족이라고 부르게 되었다.

유대교의 창시자는 아브라함으로서, 그 조상은 바빌로니아 동남 지방에 살던 셈 종족이었는데 아브라함의 아버지 데라 시대에 서북편으로 올라가서 하란 지방에 살다가 아브라함이 기원전 2000년경 팔레스타인으로 이주하였다. 팔레스타인은 본래 함 종족의 일 분파인 가나안인이 정주한 지방이었다. 그 후에 손자 이스라엘의 시대에 애굽으로 가서 살다가 이스라엘의 7대손 때에 큰 민족이 되어 팔레스타인으로 돌아와 기원전 1400년경 나라를 세웠다. 전통적 유대교는 모세가 십계명을 받은 이후 유대인들에 의해 유지된 하나의 고대종교이다.[4] 이것은 좁은 의미에서 '이스라엘 종

---

3) 유대인이라는 용어는 라틴어의 유다이우스(Judaeus)와 히브리어의 예후디(Yehd)에서 비롯된 그리스어 이우다이오스(Ioudaios)에서 나온 말이다. 예후디는 이복형제인 베냐민의 자손과 함께 유다 왕국을 이루고 있던 야곱의 넷째 아들 예후다(유다)의 후손을 가리킨다.

4) 노먼 솔로몬/최창모 역, 『유대교란 무엇인가?』(서울: 동문선, 1999), 37.

교'(Israelite Religion)라고 할 수 있으며, 제1성전 시대(바벨론에 의해 솔로몬 성전이 파괴된 기원전 586년까지)의 이스라엘 열두 지파 공동체이다. 이와 구분되는 '유대교'(Judaism)는 기원전 722년 북왕국의 멸망과 함께 사라진 열 지파를 제외한 유다(Judah) 지파를 중심으로 한 제2성전 시대(기원전 515년 이후)부터 형성되기 시작했다. 또한 이것은 기원후 70년에 제2성전이 파괴되고 나서 랍비들에 의해 구체적으로 시작된 '랍비 유대교'(Rabbinic Judaism)로 발전하게 된다.[5)]

3. 경전

유대교는 기원후 90년경 얌니아(히, 야브네) 회의에서 그동안 논란이 되었던 전도서와 아가의 정경성을 인정함으로써 스물네 권의 구약성경을 정경(Canon)으로 인정했다. 이 스물네 권은 기독교의 구약 서른아홉 권과 동일하나 서로 다른 분류 방식으로 수적인 차이가 생긴 것뿐이다.[6)] 미슈나와 탈무드를 비롯하여 후기 유대인의 모든 종교적 문헌들은 바로 이 성경에 기초한다. 유대인은 그들의 성경을 기록된 '성문법'(written law)으로 부르는 토라(=율법), 네비임(=예언서), 케투빔(=성문서, 聖文書)의 세 부분으로 나누고, 세 부분 모두 합하여 율법이라고도 한다. 또한 구두로 계속 전달되어 온 '구전법'(oral law)이 있는데 미쉬나와 탈무드가 그것이다.

---

5) 정연호, 『유대교의 역사적 과정 – 바리새파의 재발견』(서울: 한국성서학연구소, 2010), 17.

6) 구약성경 39권 가운데 상·하의 구분이 없고, 12소예언서를 1권으로 계수하여 24권이다. 정연호, 『유대교의 역사적 과정–바리새파의 재발견』(서울: 한국성서학연구소, 2010), 136. 기원전 400년경 느헤미야 시대에 예언서가, 기원후 65년 1차 유다 항전 후 성문서가 정경으로 인정되었다. 따라서 얌니아 회의는 구약정경을 확정함과 동시에 당시 유대 그리스도인들을 유대교의 이단으로 정죄하기 위한 모임이었다.

1) 토라(Torah)

시내산에서 이미 하나님의 모든 토라, 즉 모세 오서(五書)가 전달되었는데, 이를 율법, 토라 혹은 펜타 튜크라고 한다. 그들의 성경은 '기록된 토라'(=성문[成文] 율법)와 '입에 의한 토라'(=구전[口傳] 율법)가 있다. 이 구전 율법에는 에스라 이후 대략 기원후 7세기까지 약 1,000년에 걸쳐 집성된 유대 현인들의 문헌들이 포함된다. 결국 구전 율법도 성문화(成文化)된 것이다. 유대인들에게 '입에 의한 토라'도 '기록된 토라'와 마찬가지로 모세가 시내산에서 받은 것인데, 후자만 기록되고 전자는 대대손손 입에서 입을 통하여 전수되었다는 것이다. 따라서 유대인은 두 가지를 똑같이 하나님의 명령으로 받아들인다.[7]

2) 미쉬나(Mishna)

'미쉬나'는 '구전'이라는 뜻으로 입으로 전해져 내려오던 토라를 기원후 200-220년경 랍비 유다 하-나시가 집대성하였다. 명사 '미쉬나'는 아람어 동사 '샤나'(shana, 반복하다)에서 파생한 것으로 구전이라는 의미이다. 유대인의 반복을 통한 교육 방법을 엿보게 하는 용어이다. 중요한 구전 율법들에 대한 해석은 기원후 70년 이후에 활발하게 진행되어서 기원후 200년까지 기록되어 집대성한 것이 미쉬나이다.

미쉬나는 여섯 부분으로 나누어진다. 1) "씨앗"(seeds, 농사에 관하여)에서는 농경법과 땅 경작에 있어서의 종교적 의무 등을 다룬다. 2) "절기"(Festivals)에서는 안식일을 비롯한 종교적 절기들을 다룬다. 3) "여자"(Women)에서는 혼인, 이혼, 간통, 서원 문제 등을 다룬다. 4) "손해배상"(Damages)에서는 민사 및 형사 문제를 다룬다. 5) "성물"(Holy things, 聖物)에서는 희생 및 동물 문제를 다룬다. 6) "정결의식"(Purifications)에서는 사람이나 물

---

7) 밀톤 스테인버그, 『유대교의 기본』(서울: 도서출판 동인, 1996), 27-39.

건의 깨끗한 여부를 다룬다. 미쉬나는 랍비 아키바(Akiva, 유대인 제2차 반란이 진압된 135년경에 순교)가 구전 율법을 처음으로 편찬하기 시작하여 랍비 유다 하-나시(Judah ha-Nasi)가 완성하였다.[8]

3) 탈무드(Talmud)

'탈무드'는 '배움'이라는 뜻으로 '공부하다', '연구하다', '가르치다'는 뜻의 어근 동사 '라마드'에서 유래했다. 기원전 300년경에서 기원후 500년경까지 약 700여 년간에 걸쳐 축적된 유대인의 전승된 율법과 지식의 총체로서 '미쉬나'를 해석(주석)한 것들을 덧붙여서 방대한 분량을 이루고 있다. 탈무드 본문은 '미쉬나'이고, 주석 부분은 '게마라'이다. 탈무드는 미쉬나에 대한 랍비들의 토론 혹은 해석 내용을 편집한 것으로서 대화식으로 전개되어 있다. 탈무드에는 예루살렘 탈무드(팔레스타인 탈무드)와 바벨론 탈무드가 있다. 바벨론은 남유다의 백성들이 바벨론에 정착하면서부터 디아스포라 유대인의 중심지가 되었고 성전이 파괴된 이후 율법 연구는 팔레스타인이 아닌 바벨론의 수라(Sura)와 품베디타(Pumbadita)에서 발전을 거듭했다. 탈무드는 책의 권수가 60권이 넘는 방대한 분량이다.[9]

탈무드는 '할라카'와 '아가다'로 구성되어 있다. 구약의 오경(토라)이 율법과 비(非)율법으로 구성된 것처럼, 탈무드도 율법(할라카, 구전 율법)과 비(非)율법(아가다)로 구성되어 있다. 할라카는 '가다, 따르다'는 뜻의 히브리어 동사 '할라크'의 명사형으로 사람이 따라야 할 규정, 규칙 및 종교적 율법을 말한다.[10] 할라카는 세대를 거치면서 '구전 율법' 혹은 신약성경에

---

8) 정연호, 153-156.

9) 미쉬나가 편집된 200년경으로부터 약 200년이 지난 후 예루살렘 탈무드가 편집되었고, 이로부터 또 300여 년이 지난 후 바벨론 탈무드가 편집되었다. *Ibid.*, 158-159; 한국종교연구회, 『세계 종교사 입문』, 467-469; 세르게이 토카레프, 『세계의 종교』, 249; 구덕관, 『오경 연구』, 21-22; 김경래, 130 참고.

10) 출 18:20에서 이드로가 모세에게 '갈 길'을 보여주라고 조언할 때, 이것은 모세로부

서는 '장로들의 유전'(마 15:2)으로 표현된다. 아가다는 '말하다, 이야기하다'는 히브리어 동사 '히기드'의 명사형으로 성경이 정경화된 때로부터 기원후 10세기까지 형성된 것에 국한되며, 대략 탈무드 전체의 4분의 1에 해당된다.

거의 같은 시대에 편찬된 또 다른 유대 문헌으로서 '미드라쉬'가 있다. 미드라쉬는 '찾다, 연구하다'는 뜻의 '다라쉬'에서 나온 명사형으로 '해석, 설명'이라는 뜻이다. 성경 본문 자체가 분명한 법적인 규율이나 의미를 제시하지 않을 때 본문을 해석하는 것이 히브리어로 '미드라쉬'이다. 따라서 미쉬나가 구전 율법을 다룬다면, 미드라쉬는 성경에 대한 교훈과 해석이다. 미드라쉬(해석) 방법은 예수와 바울도 알고 있었고, 이를 활용한 해석을 했다.[11)]

4. 교리와 사상

1) 기본 사상

유대주의를 한마디로 말하면 '하나님이 세상을 창조하고 유대인을 선택하여 그들에게 토라를 주었다'[12)]라로 말할 수 있다. 유대주의(Judaism)는 윤리체계가 아닌 종교로서 가장 근본을 이루는 성경구절은 쉐마(shema, 들으라)로 알려진 신명기 6:4-9, 11:13-21, 그리고 민수기 15:37-41이고, 미쉬나는 이 성경구절들을 해석하면서 시작하고 있다. 유대인들은 오늘날도 하루에 두 번씩(아침과 저녁) 이 성구들을 암송한다.

터 받은 율례와 법도의 구체적 적용을 말한다. 정연호, 160-162.

11) *Ibid.*, 166.

12) 한국종교연구회, 『세계 종교사 입문』, 424-425.

2) 기본 교리[13)]

(1) 하나님과 인간

유대인들에게 하나님은 완전한 인격이고 모든 제한과 불완전으로부터 자유로우며 순수한 영이고 우주의 생명이다. 유대인은 자연과 그 모든 현상이 창조주의 존재를 가리키고 있다는 것과 철학과 과학이 하나님에 대한 간접적인 지식을 제공할 수 있다는 것을 인정하지만 종교만이 하나님의 특성, 의지 그리고 목적에 관해서는 직접적이고 개인적이며 완전한 지식을 드러내 준다고 주장한다. 인간은 하나님의 형상에 따라 만들어졌으므로(창 1:26) 모든 인간은 동일한 창조주의 피조물이며 따라서 형제들로서 살도록 되어 있다는 결론이 나온다. 모든 사람은 하나님의 영원한 영에 동참하고 있다. 레위기 19:18에서 명령된 이웃 사랑은 전적인 유대사상으로서 강조되었다.

(2) 구원관

유대교에서 현재적 구원은 없으며, 궁극적으로 메시아가 와서 유대인을 중심으로 평화로운 세계를 창조하는 것이 구원이다. 현 세상에서 앞으로 전개될 사건들, 즉 죽은 자의 부활, 메시아의 도래시기, 그리고 내세에 대해서는 확고하게 확정되지 않았다. 1885년에 있었던 미국 펜실베이니아주의 피츠버그(Pittsburgh) 선언에 따르면 개혁파(Reform Judaism)에서는 사람의 영혼은 불멸하지만 육체적 부활이나 영원한 형벌과 보상들을 위한 게헨나(지옥)와 에덴(천국)에 대한 믿음은 인정되지 않았다. 하나님은 유대인을 특별히 훈련시키기 위하여 선택하고 토라(모세오경)를 주었기 때문에 이방인들은 유대교의 율법을 지키지 않아도 된다.

---

13) 더 자세한 유대교의 기본적 신조와 교리에 대해서는 L. H. Silberman, 1996. "유대교", 『기독교대백과사전』 12권(서울: 기독교문사), 530-542 참고.

(3) 메시아(The Messiah)

한때는 평화, 자유, 정의를 가져오게 될 하나님이 임명하신 사람에 대한 믿음이 포함되었으나 현대 유대교 사상에서는 이러한 개념이 거의 없어진 것이나 다름없고, 1972년 예루살렘에서 출판된 최초의 유대교 백과사전에 다음과 같이 쓰여 있다. "유대교의 메시아주의는 과거에도 그랬고 현재에도 계속 세계 문화 속에서 정치적인 행동주의적 요소로 남아 있다. 유대인들에게 그것은 카리스마의 생명력을 지니고 있고, 하나님의 뜻을 통해서, 그리고 그의 백성의 열성과 헌신을 통해서 실현될 이상적인 유대국가가 불러일으키는 매혹적인 매력을 지니고 있다." 개혁파 유대교는 개인적인 메시아의 개념을 거부하고, 메시아 시대의 도래 혹은 '진리·정의·평화의 왕국의 성립'에 대한 낙관적인 믿음으로 그 개념을 대체시키고 있다.

(4) 내세의 삶

유대인은 신이 아브라함과 맺은 계약을 통해 당연히 천국을 상속받는다. 부활은 기도서에 명백히 진술되어 있는 몇몇 교리 중의 하나이다. 랍비시대 이후로 그것은 유대교의 기본적인 교리로서 받아들여져 왔으며, 보통 메시아 시대와 연결된다. 그러나 개혁파 유대교는 육체적 부활의 문자적 개념을 부정했고, 보수파는 그것을 영혼 불멸의 교리와 동일시하는 경향이 있다. 인간의 어떠한 부분만이 영원하고 죽을 때 육체로부터 해방되어 천상의 세계에서 분리된 존재를 향유하게 된다는 이러한 믿음은 부활의 교리를 부정하는 것이다.

(5) 성경관

모세오경은 가장 권위 있으며, 그다음 그룹은 선지서로서 전 선지서와 후 선지서로 나뉜다. 전 선지서는 여호수아, 사사기, 사무엘상·하, 열왕기상·하로 구성되고, 후 선지서는 이사야, 예레미야, 에스겔, 그리고 그리스도인들에게는 소선지서로 알려진 소위 열두 책이 포함된다. 마지막 그룹에는 "기타 기록들"(Writings)이라는 제목이 붙어 있고, 세 부분으로 나뉘어 있다. 첫 번째 부분은 시편, 잠언, 욥기로 이루어져 있고, 두 번째 부분은 "다섯 두루마리", 즉 룻기, 아가, 전도서, 예레미야애가 그리고 에스더로 구성되어 있다. 세 번째 부분은 나머지 책들, 즉 다니엘, 에스라, 느헤미야 그리고 역대기상·하로 이루어져 있다.

(6) 선과 악

탈무드도 일반적인 지적만을 하고 있다. 랍비들도 악의 존재를 확언하며 또한 악한 자가 번영하고 의로운 자가 고난당하는 문제로 번민하고 있는데, 이것은 악이 죄의 삯이라는 그들의 믿음에 역행하는 것이기 때문이다. 유대교에서는 선과 악을 그 행동의 동기가 선한지 악한지에 따라 구분한다.

5. 종교의식

1) 삶의 주기에 따른 의례[14)]

(1) 출생

유대인의 유대인 됨은 출생으로부터 시작된다. 부모가 모두 유대인일 때 어느 나라(어느 지역)에서 출생하든 유대인이 된다. 유대교의 풍속과 전통을 지키지 않고 하나님의 존재 자체를 부정한 반(反) 유대교 사람일지라도 유대인이 된다. 양친 가운데 모친만이 유대인일 때도 마찬가지이지만, 모친이 유대인이 아닌 이방인(히브리어로 '고임')일 때는 부친이 유대인일망정 그의 자녀는 자동적인 유대인이 될 수 없다. 이들은 유대인으로 개종 절차를 밟아야만 유대인이 될 수 있다. 이것은 유대인 아버지 아브라함과 비유대인 어머니 하갈에서 난 이스마엘이 유대인이 못된 것과 비유될 수 있다.

---

14) 통과의례에 관해서는 제이콥노이스너, 『토라의 길』, 85-88; 한국종교연구회, 420-423; 밀톤 스테인버그, 145-147 참고

(2) 할례

유대인이 태어난 후 제일 먼저 경험하는 것은 하나님과 그들 사이에 계약이 있다는 사실을 몸에 표시하는 일이다. 이 예식을 가리켜 할례, 히브리어로 "브리트 밀라"라고 한다. "브리트"는 "계약"을 뜻하고 "밀라"는 남자 성기의 귀두 위에 덮여 있는 표피를 제거하는 행위를 가리킨다. 그러므로 할례는 귀두의 표피를 제거하는 일을 통한 하나님과 인간 사이의 계약 행위를 가리킨다. 이때에 유대인은 그들이 하나님의 백성이라는 영원히 지울 수 없는 흔적을 몸에 갖게 된다.

할례는 아기가 출생한 지 정확하게 8일째 되는 날에 랍비[15]에 의해 행해진다. 보통은 오전에 행하며 그날이 다른 절기와 겹친다 하더라도 일정을 변경시키지 않는다. 가령 모든 일이 금지된 안식일의 경우 혹은 안식일보다도 더 엄격한 대속죄일(욤키퍼)이라 할지라도 이날이 아기가 태어난 지 8일째 되는 날이라면 이를 시행한다. 유대인의 하루는 해가 지면서 시작하여 다음 날 해질 때 끝난다. 그러므로 월요일 밤에 아기를 낳았다면 다음 주 화요일 오전에 할례를 행하지만, 만일 월요일 낮에 낳았다면 다음 주 월요일 오전에 할례를 행한다. 이와 같이 유대인들은 할례를 귀히 여기며 엄격하게 그 시행 날짜를 낳은 지 8일째에 국한한다. 그러나 아기가 미숙아인 경우나 아픈 경우 그 정도가 심하여 할례를 행하기에 의학적으로 문제가 있다고 판정되는 경우엔 이를 연기한다. 할례에 참석한 친지들은 할례 예식을 통하여 각자 자기가 하나님 앞에 갖고 있는 계약관계를 상기할 뿐 아니라 서로 계약 공동체로서의 연대의식을 갖게 된다.

---

15) 랍비는 오늘날에는 회당 공동체의 지도자로 여겨진다. 그러나 소프림, 즉 서기관 또는 율법학자로 처음 등장했을 무렵에는 그런 개념이 대중적이지 않았다. 에스라 개혁 이후 율법학자는 토라와 경전을 복사하고 해석하는 일을 관장하는 종교적 계급에 속하게 되었으며 이들 가운데 특히 설교에 능한 자를 랍비, 즉 교사로 칭하게 되었다.

예루살렘 통곡의 벽(성전 서쪽 벽)

(3) 성장: 바르 미츠바, 바트 미츠바

소년들은 13세 때 바르 미츠바를 행하는데, 회당에서 토라를 읽는 개인적인 예식으로 큰 잔치를 베풀고 선물을 받는다. 소녀들은 12세 때 바트 미츠바를 행한다. 개혁파 의식은 소년들의 것과 유사하다. 정통파 유대인들은 최근 들어 그해에 성인식을 가질 소녀들에게 집단적으로 바트 미츠바를 행하며 파티는 개개인들이 갖도록 한다.

(4) 약혼(키두신) – 결혼(니수인)

유대법 결혼은 별개의 두 절차로 구성된다. 첫째는 키두신(약혼)이다. 증인이 참석한 가운데 신랑은 신부에게 예물을 주고, 이르기를 "당신은 모세와 이스라엘의 법에 따라 그 반지에 의해 나의 약혼자가 되었습니다"라고 하면 신부는 침묵의 동의로서 받아들인다. 결혼식은 검소하고 간단하게 치러질 수 있고, 혹은 신부는 드레스와 아침 예복을 차려입고 노래하며 꽃으로 장식하고, 부모님들은 남녀와 담소를 나누며 축하하고 노래하고 춤추며 연회(실제로 일곱 주야 동안)를 베푼다.

(5) 죽음[16]

유대교 회당(헝가리 부타페스트)

죽은 사람에 대한 일체의 장례 행사는 죽은 이가 속해 있는 유대 공동체의 책임이다. 정통파 유대인들은 오직 매장하며, 개혁파 유대인들은 화장하거나 매장한다. 가까운 친족들은 겉옷을 찢고, 신발을 벗고, 시바, 즉 땅바닥이나 낮은 의자에 앉고, 친구들은 찾아와 위로하고 매일 기도한다. '일곱'이라는 의미의 시바는 7일간의 애도를 뜻한다. 부모님이 돌아가셨을 때에는 열두 달 동안 애도한다.

2) 회당[17]

회당은 주로 예배의식, 각종 집회, 교육훈련 장소로 사용되어 왔다. 예루살렘에서 성전예배를 드릴 수 없었던 바빌론 포로 시절에는 회당이 교육훈련 및 기도의 장소로 부각되었다. 1세기경에는 유대인 공동체가 있는 곳에는 어디에나 반드시 회당이 세워져 있었다. 큰 도시에는 여러 개의 회당이 있었다. 70년의 성전 파괴 당시 예루살렘에는 394개의 회당이 있었다고

16) 한국종교연구회, 422-423; 세르게이 토카레프, 『세계의 종교』, 232; 제이콥노이스너, 『토라의 길』, 86 참고.

17) 밀톤 스테인버그, 165-168.

전한다. 성전파괴 이후 회당은 성전의 일부 기능까지 겸하면서 그 중요성이 훨씬 더 커졌다. 1세기 이후의 유대교는 회당을 중심으로 존속해 왔다고 말할 수 있다. 고대에서 중세에 이르기까지, 유대인 공동체는 회당에서 하루 세 번 아침·점심·저녁 예배와 주 1회 안식일 예배, 그리고 종교적 절기마다 특별의식을 행하여 왔다. 회당은 기도의 집, 연구의 집, 공동체의 집의 의미를 가진다. 그러나 현대에 이르러 회당은 교제·휴식·자선행사의 장소로 활용되고 있다.

3) 안식일(샤바트, 安息日)[18)]

이스라엘의 안식일은 정확하게 지금의 금요일 해질녘부터 토요일 해질녘까지이다. 그러므로 이스라엘에서도 지역과 계절에 따라 그 시작하는 시각과 끝나는 시간이 달라진다. 우선 안식일이 시작되는 금요일 오후 3시에서 5시 사이부터 토요일 오후 5시까지는 일체의 교통수단이 마비된다. 시내버스, 시외버스, 기차, 항공기, 선박 등 모든 교통편이 운행을 정지한다. 종교적인 사람들은 안식일에 지켜야 할 율법을 한 획이라도 어김없이 지키려고 노력하기 때문에 그들은 안식일이 되면 새벽부터 회당에 나가 기도하며 성경을 읽고 예배를 드린다. 정통파 유대인의 경우는 전기 스위치에 절대로 손을 대지 않으며, 전등이 켜져 있어도 끄지 않는다. 심지어는 깜깜한 밤이 되어도 불을 켜지 않는다(유래: 출 16:21-23). 그리고 전화를 걸거나 받지도 않으며 텔레비전을 보지도 않는다. 회당이 아무리 먼 거리에 있어도 자동차를 타지 않고 걸어서 간다. 대부분의 사람이 금식하며, 혹 식사를 한다 하더라도 설거지는 하지 않고 안식일 끝나는 시간까지 기다렸다가 한다. 몸과 마음을 쉬고 노비나 짐승까지 쉬게 하되 세속된 생각은 절

18) 안식일에 관해서는 한국종교연구회, 『세계 종교사 입문』, 412-414; 세르게이 토카레프, 『세계의 종교』, 254; 밀톤 스테인버그, 142-143; 제이콥 노이스너, 『토라의 길』, 74-78 참고.

대로 금물이다. 안식일은 여호와의 날이라 하여 인간의 육체적인 안식을 취하는 한편 오직 여호와를 경외하고 그 말씀을 묵상하며 거룩하게 지내는 것이 이날에 할 일이다.

4) 예배의식[19)]

하루 세 차례의 예배를 드린다. 저녁에 드리는 '마아리브', 아침에 드리는 '샤하리트', 오후에 드리는 '민하'가 있고, 안식일과 축제일에는 '무사프'가 '샤하리트' 다음에 추가되고, 속죄일에는 '네일라'(문을 닫음)가 추가된다. 예배는 두 개의 주요 기도로 구성되는데, 그 하나는 '쉐마'로 시작되는 세 개의 성경구절 읽는 것과 다른 하나는 '아미다'(일어서다), 또는 '쉬모네 에스레'로서 찬양·탄원·감사로 이루어진다. 쉐마는 '마아리브'와 '샤하리트' 때 행해지나, 오후예배에서는 하지 않는다. 아미다는 세 예배에서 모두 행해진다.

6. 종교생활

1) 달력(太陰曆)

유대력은 태음력으로 우리가 오랫동안 사용해 온 음력과 같은 것으로, 창공에 달이 차는 날을 15일로 하고 3년마다 윤달(13개월을 갖는 월력)이 있으며, 아무리 서구문명이 밀어닥쳐도 고유의 월력을 변경하여 태양력을 사용하지 않고 태음력을 오늘날까지 공적으로 사용하고 있다. 유대 월력의 이름 중 네 개만이 히브리어로 되었고 나머지는 모두 바빌론어나 페르시아어의 음력 이름을 딴 것이라고 한다.

---

19) 한국종교연구회, 411-441; 밀톤 스테인버그, 131, 135-138 참고.

유대력과 성서력의 비교

현대 유대력 (성서 최초 유대력)	히브리어 발음	한국어 표기	관련 성구
1월(7월)	티쉬레이	에다님	왕상 8:2
2월(8월)	헤시반	불	왕상 6:38
3월(9월)	키슬렙	기슬래, 기슬르	슥 7:1
4월(10월)	테벳	데벳	에 2:16
5월(11월)	쉬밭	스밧	슥 1:7
6월(12월)	아다르	아달	에 3:7, 13, 8:12
7월(1월)	닛산	니산	에 3:7; 느 2:1
8월(2월)	이야르	시브	왕상 6:1
9월(3월)	시반	시완	에 8:9
10월(4월)	타무즈	-	
11월(5월)	아브	-	
12월(6월)	엘룰	엘룰	느 6:15

2) 주요 명절과 의식[20]

1. 축제일(하김): 1) 유월절(펫싹)과 무교절(마쫏트), 2) 칠칠절(샤브옷트), 3) 초막절(쑥콧)
2. 절기(모아딤): 1) 안식일(샤바트), 2) 매월 초하루(로쉬 호데쉬), 3) 설날(로쉬 하샤나), 4) 대속죄일(욤 키푸르)
3. 후대의 절기: 1) 성전 파괴일(티샤 베아브), 2) 푸림절(부림절), 3) 수전절(하누카)
4. 국경일: 1) 독립기념일(욤 아쓰마웃), 2) 현충일 등

20) 밀톤 스테인버그, 142-143.

(1) 로쉬 하샤나(정월 초하루)

로쉬 하샤나란 히브리어로 '해의 시작' 혹은 '신년제'(Rosh Hashanah)라는 말이다. 세계 창조의 기념일이다. 매우 적절하게도 성전(聖傳)은 이날을 하나님의 주권을 재확인하고 마음의 갱생을 탐구하는 날로 할애한 것이다.[21]

(2) 욤 키푸르(贖罪祭日)

정월 초하루부터 10일째 되는 날이 속죄일(Yom Kippur)에 속한 주간 금식일로서 새벽부터 저녁까지 경건한 자는 참회의 뜻으로 음식이나 물도 먹지 않고 기도와 고백을 통하여 자신의 삶을 성찰하고, 악한 행동과 결별할 것을 맹세하며, 갱생, 즉 하나님과 선으로의 복귀를 추구한다.[22]

(3) 쑥콧(草幕節 혹은 收藏節)[23]

'쑥콧'(Sukkoth)은 속죄일로부터 5일 후인 정월(구약의 일곱 번째 달) 15일부터 8일간이다(민 29:12; 레 23:9). 고대 이스라엘인들의 사막에서의 천막생활을 기념하며, 인간이 하나님의 보호의 날개 아래 중단 없이 머물러 있음을 경축하는 날이다. 마지막 하루는 토라의 기쁨의 날로서 회당에서의 토라의 낭독이 한 바퀴 돌아 끝나고 다시 시작하는 날이다.

(4) 푸림(부림節)

아다르월 14, 15일에 지내는 축제일로서(에 9:20-26) 기원전 300여 년부터 전승되어 온 것인데, 모든 국민이 죽음에서 해방된 기쁨을 서로 나누며 지낸다. 이날은 성경 중 에스더서를 읽으며 유대민족의 애국자인 에스더와 모르드개를 생각하고 조국애를 다짐하는 날이다.

---

21) *Ibid.*, 144.

22) *Ibid.*, 144.

23) 한국종교연구회, 『세계 종교사 입문』, 416-417.

(5) 하누카(하나님의 기적을 기념하는 명절)

속박에서의 해방과 자유, 식민 학정에서의 독립의 염원이 하나님의 도움으로 이룩된 날을 기념한다. 빛의 축제(Hanukkah)로서 양심의 자유를 위하여 옛날 마카비당이 획득한 승리를 기념하는 날로서, 인간정신이 강압될 수 있음을 보여주는 상징적인 날이다.

(6) 펫삭(逾越節 혹은 無酵節)[24]

니산월 14일 저녁부터 21일 저녁까지 일주일간을 지킨다(출 12:16). 이때에는 누룩 없는 빵을 먹는데(출 12:5), 오늘날은 '맛쪼트'라는 빵을 먹는다. 이 빵은 가로 20cm, 세로 20cm, 두께 2mm 정도의 크기이고 모양은 마치 골이 파인 슬레이트처럼 기계로 눌러 만든 밀가루 빵으로 비스킷과 비슷하다.

(7) 욤 아쯔마웃(獨立記念日)

이야르달 5일로서 정확히 1948년 5월 14일인데, 유대력으로는 해마다 그 날짜가 바뀔 수밖에 없다. 이날은 온 국민이 방방곡곡에서 '호라'라는 단체 춤을 이스라엘의 민요에 맞추어 함께 손을 잡고 춘다. 이러한 춤으로 기적적인 독립의 기쁨을 만끽하려는 것이다.

(8) 샤부옷(七七節)[25]

시반달 6일에 지키는 칠칠절로서(출 34:22; 레 23:15-17) 두 가지의 의의를 갖는다. 그 하나는 맥추감사절(麥秋感謝節, 출 34:22)이며, 또 하나는 십계명을 받은 기념절이다(출 20장). 이 절기에는 곡물 농사의 첫 소산을 하나님께 바치기 때문에(민 28:26) 초실절(初實節)이라고도 한다(출 34:22).

---

24) *Ibid.*, 418-419.

25) 한국종교연구회, 419.

3) 종교생활

(1) 정결음식법(Kosher)[26]

히브리어로 '코셔룻'(being kosher)이라고 하며 그 규정에 적합한 정결한 음식을 '코셔'(kosher)라 한다(신 14:3-21; 레 11장). 가령, 짐승의 경우 굽이 갈라지고 되새김질을 하는 것과 물고기의 경우 지느러미와 비늘이 있는 것만을 먹을 수 있다. 날짐승의 경우에는 날기도 하고 기어 다니기도 하는 것은 먹지 못한다. 돼지고기를 아주 금기시하여 유대인들은 돼지(히브리어로 '하지르')라는 말조차 입에 담기를 꺼려해서 '흰 고기'라고 돌려서 부른다. 또한 육류와 유제품을 함께 먹지 않는다(규정상 적어도 6시간 정도의 간격을 둔다.)

(2) 유대인의 기도법[27]

기도하기 전에 유대인은 먼저 탈릿(기도보)이라는 큰 보자기 모양의 숄을 머리에서 어깨까지 두른다. 그 보자기 아래 끝 부분에는 술이 달려 있는데, 이 술을 히브리어로 '찌찌트'라 한다(민 15:37-41). 정통파 유대인의 경우 결혼한 남자만 사용할 수 있으나 보수파나 개혁파에선 성인식을 마친 모든 유대인 성인에게 사용을 허락한다. 여자의 경우 기도할 때 탈릿을 반드시 사용하여야 할 의무는 없다.

(3) 유대인의 구제(쩨다카)

히브리어로 '쩨다카'라 하며, 원래 '의'(Righteousness) 또는 '정의'(Justice)나 공의를 뜻한다. 구제와는 거리가 있는 용어이나 유대인들이 '구제'라는 용어로 사용하는 근본적인 이유는 구제가 공의의 차원에서 이루어져야 할

---

26) 세르게이 토카레프, 『세계의 종교』, 254; 밀톤 스테인버그, 『유대교의 기본』, 138-142 참고.

27) 밀톤 스테인버그, 129-130, 131-135 참고.

의무라고 믿기 때문이다. 유대인의 전통에 따르면 모든 사람은 구제할 의무가 있고 또 필요한 사람은 부끄러움 없이 구제받을 권리가 있다. 구제는 마음 좋은 사람들의 전유물이 아니라 유대인이면 한 명도 예외 없이 지켜야 할 의무다. 심지어 구제를 받는 사람도 이 의무에서 제외되지 않는다. 구제의 양에 대한 기본적인 원리는 도움을 받는 사람이 평소 살아왔던 여건을 고려하여 그에 상응하는 수준에서 도와야 한다.

7. 유대교 현황

2015년 기준 전 세계의 유대교인의 수는 1,427만 명으로 보고되고 있다.[28] 2017년 기준 이스라엘 인구는 약 817만 명이며, 이 가운데 유대인이 75%인 약 613만 명, 그 외 아랍민족이 약 20%인 163만 명(무슬림 약 80%, 그리스도인 약 10%, 기타)과 두루즈족 약 13만 명(모세의 장인을 족장으로 하며, 이스라엘 시민의 정체성을 가지고 군복무를 함), 그리고 네게브와 사막 지방에서 유목생활을 하는 베두인족 약 17만 명 등이 분포되어 있다.

유대인 가운데는 성경에 기록된 대로 바리새인 격인 정통파 유대인이 있고, 개혁파 유대인, 보수파 유대인,[29] 그리고 세속적인 유대인이 있다. 하스칼라 운동과 게토로부터의 해방을 경험한 유대교는 다양한 흐름으로 현대 세계에 대처하는 모습을 보여주고 있다.

1) 정통유대교(Orthodox Judaism)

정통파 유대인은 섭씨 35도의 폭염 아래에서도 검은 모자를 눌러 쓰

---

28) 퓨리서치센터, '세계 종교인구 지형의 변화' 보고서, 2015.

29) 현대 유대교의 흐름에 대하여는 한국종교연구회, 481-483; 밀튼 스테인버그, 167-168; 제이콥 노이스너, 153 참고.

고 검은 두루마기와 검은 양복에 넥타이까지 매고 다닌다. 이들은 아이들도 10여 명씩 낳는다. 정통파는 다시 초정통파(Ultra-Orthodox)인 하레딤(Haredim)과 일반정통파로 나누는데, 하레딤은 다시 하시딤과 진보 하레딤으로 나누어지며, 관습과 생활양식, 사고방식, 문화적 유산 및 종교적 전통 등에서 차이를 보인다.[30] 하시디(hasid)라는 용어는 하나님의 속성 가운데 하나인 자비라는 히브리어 헤세드(Hessed, 출 34:6-7)에서 유래한다. 하시딤의 마지막 세대로 보이는 힐렐(Hillel)의 시대(기원전 1세기 후반) 이후에 명확하게 나타나지 않는다.

정통파 유대교에서 기록된 율법인 토라와 구전 율법(미쉬나와 탈무드)은 여전히 종교적으로 준수해야 할 유일한 규범이다. 정통파 유대교는 이러한 규범을 수정하라는 현대의 압박에 끈질기게 저항해 왔으며, 매일 드리는 예배와 음식에 관한 규정, 전통적인 기도와 의식들, 규칙적이고 철저한 토라 연구, 회당에서 남녀가 따로 앉는 것 같은 관행을 철저하게 지켜왔다. 또한 공동예배 때 악기 사용을 금한다.

2) 개혁파 유대교(Reform Judaism)

유대교의 전통적인 신앙·율법·의식 중 많은 것을 수정하거나 포기함으로써 현대의 변화된 사회적·정치적·문화적 상황에 적응하려는 시도이다. 유대인의 해방과 유대교의 개혁파 운동의 시작은 프랑스혁명이라면, 유대교 개혁파 운동의 발화지점은 독일이었다. 이 운동의 선구자는 유명한 음악가 야콥 멘델스존의 조부인 독일 함부르크 출신의 멘델스존(Moses Mendelssohn, 1729-1786)이다. 그는 유대인들에게 전통적인 랍비 사상을 넘어서는 사고의 틀을 가지고 가치 교육을 권장하였다. 그가 죽은 지 3년 후 일어난 프랑스혁명은 유대인들이 시민권을 가질 수 있게 하였다. 이로 인해 더 이상 그들이 시온으로 돌아가기를 간구하는 기도문이 필요 없게

30) 정연호, 35-39.

되었다.[31] 그들은 모든 예배의식을 현대화하여 설교도 하고 찬송도 하는 등 개방적이다.

개혁파 유대교는 극보수주의의 하시딤과 정반대되는 입장이라고 할 수 있다. 개혁파는 성서와 랍비적 기원을 가진 저서(탈무드 등)에 규정된 의식·율법·관습의 구속력에 도전한다. 이스라엘 야콥슨(1768-1828)은 유대교 평신도로서, 1801년 브런즈윅의 제즌에 혁신적인 학교를 세웠다. 1809년 그곳에서 어른들과 아이들이 함께 참가한 가운데 처음으로 개혁적인 예배를 보았다. 예배의식은 히브리어가 아닌 독일어로 진행되었으며, 남녀가 함께 앉았고 오르간과 성가대가 추가되었다. 성년의식인 '바르 미츠바' 대신 소년·소녀를 위한 견진성사를 제도화했고, 이스라엘을 국가로 회복시켜 줄 개인적인 메시아에 대한 언급은 모두 생략했다. 또한 머리를 가리거나 기도할 때 숄(탈릿)을 두르지 않았고, 매일의 공동예배는 취소되고 안식일에 일을 해도 괜찮았으며, 음식에 대한 율법(카슈루트)은 낡은 것으로 선포되었다.

3) 보수파 유대교(Conservative Judaism)

보수파 유대교는 개혁파와 정통파 사이의 중도적 입장을 취한다. 이들은 모든 종교의식을 잘 지키며 안식일마다 회당에 나가 예배를 드린다. 전통 유대교의 본질적 내용을 보존하려는 종교 운동이며, 개혁 유대교보다는 유연한 입장을 취하면서 종교 관습의 현대화를 허용했다. 초기 보수주의 사상을 고취한 자카리야스 프랑켈(Zacharias Frankel, 1801-1875)은 독일에서 열린 일련의 개혁파 회의(1844-1846) 이후 극단주의자들과 결별했다. 그는 비평적 연구를 통해 구전법과 성문법의 내용들이 역사적 과정의 산물로 보고 시대적 필요에 따라 수정되어야 한다고 주장하였다. 그러나 그는 할라카의 폐기를 주장하는 개혁파와는 달리 그것을 준수할 것과 정치적 시

31) *Ibid.*, 27-28.

오니즘이 나타나기 이전의 '시온으로의 귀환'과 '유대국가 재건'을 지지하였다.[32] 보수주의자들은 안식일의 거룩함을 주장하며, 일요일에 공중예배를 보는 것이 더 일반화된 세계에서도 가능한 한 안식일을 준수해야 한다고 주장한다. 식사 규정법도 존중하여 준수하지만 필요한 경우 수정도 가능하다는 입장이다.

8. 대화의 가능성과 선교 접촉점

1) 유대교와 기독교의 대화 가능성

성문 율법의 시조는 모세이고, 구전 율법의 시조는 서기관(학사) 에스라이다. 에스라는 이스라엘 백성들이 포로로 잡혀 고난을 당하는 근본적 이유가 하나님의 말씀을 지키지 않았음에 있음을 깨닫고, "여호와의 율법을 연구하여 준행하며 율례와 규례를 이스라엘에게 가르치기로 결심하였다"(에 7:10). 즉, 율법(하나님의 말씀)을 연구(미드라쉬)해서 자신(에스라)부터 먼저 지키고, 당시 문맹이 대부분인 백성들도 알 수 있도록 쉽게 가르치고 이를 지키게 하리라 결심하고 유대 땅으로 돌아왔다.

기원후 70년 예루살렘이 멸망한 후 열심당, 사두가이파, 에세네파는 사라졌으나 바리사이파는 오늘날 랍비 유대교의 뿌리가 되었다. 바리사이파는 '미드라쉬' 해석을 통해 유대교와 기독교에 많은 기여를 하였다. 그들은 얍니아에서 유대교를 재건한 후, 기원후 200년경 구전 율법을 정리하여 미쉬나, 기원후 400년경 미쉬나를 해석(게마라)하여 예루살렘(팔레스타인) 탈무드, 기원후 500년경 바벨론 탈무드를 각각 편집하였다. 에스라가 율법

---

32) 프랑켈은 프라하에서 태어나 부다페스트에서 전통적인 유대 교육과 철학, 언어학을 공부했다. 1854년 독일 브레슬라우(Breslau)의 유대교 신학교(Judisch-Theologische Seminar, 1886년 세워진 뉴욕의 Jewish Theological Seminary의 전신)의 학장에 취임하여 유대교 중도 입장의 대변자가 되었다. 정연호, 32-33.

이스라엘의 북부 요새 므깃도

을 연구하여 가르치기로 결심한 후 1,000년 만에 구전 율법(해석법)을 집대성한 탈무드가 만들어진 것이다.[33)]

미드라쉬는 지금의 성경 가운데 문자 뒤에 숨어 있는 의미를 추구하여 해석하는 작업이다. 이것이 초기 기독교의 알레고리적 해석의 원류이다. 또한 미드라쉬 해석은 본문에 기록되지 않은 배경이나 동기를 찾아내는 시도이다. 가령, 다윗이 밧세바를 간음한 이야기에 대해 미드라쉬는 밧세바가 다윗과 관계하기 이전에 남편 우리아와 이혼했다고 해석한다. 왜냐하면 전쟁에 나가는 병사는 전사할 것을 대비하여 아내에게 한정적인 이혼을 허락했기 때문이다(탈무드 샤밧 56a). 또한 미드라쉬는 예수의 황금률(마 7:12)이 바리사이파의 지도자 힐렐의 가르침에 바탕하고 있다고 해석한다. 그 배경 이야기는 어느 날 이방인이 힐렐에게 찾아와 자신이 한 발로 서 있는 동안 모든 율법을 가르쳐 달라고 하자, 힐렐은 "너에게 해로운 것을 너

33) *Ibid*., 181-185.

이스라엘의 유다광야

의 동료에게 하지 말라. 이것이 바로 모든 율법이며, 나머지는 해석이다"(탈무드 샤밧 31a)라고 대답했다는 것이다. 마태복음은 신약의 많은 사건이 이미 구약에서 예언된 것임을 증명하기 위해 미드라쉬 해석을 하고 있다. 예를 들면, "선지자 예레미야로 말씀하신바 라마에서 슬퍼하며 크게 통곡하는 소리가 들리니 라헬이 그 자식을 위하여 애곡하는 것이라"(마 2:17-18). 마태는 헤롯이 아이들을 죽였을 때, 이것을 구약의 예레미야(31:15)가 예언한 것이 이루어졌다고 말한다. 그러나 라헬은 기원전 722년 아시리아에 멸망당하여 포로로 잡혀간 북왕국 주민들의 자손들이 라마를 바라보며 슬피우는 요셉지파(므낫세, 에브라임) 어머니들을 대표한다. 따라서 이것은 헤롯과는 무관하다. 하지만 마태는 헤롯에 의해 살해당한 자식을 둔 어머니들의 통곡과 이방으로 끌려간 자들의 어머니의 통곡을 유비시켜 미드라쉬 해석을 한다. 마태복음은 "나사렛이란 동네에 와서 사니 이는 선지자로 하신 말씀에 나사렛 사람이라 칭하리라 하심을 이루려 함이라"(2:23)라고 말하지만 구약성경 어디에도 나사렛 지명은 나오지 않는다. 하지만 마태는 이사야 11:1 "이새의 줄기에서 한 싹이 나며 그 뿌리에서 한 가지가 나서 결실할 것이요"에서 '싹'이라는 히브리어 '네쩨르'에서 '나사렛'이란 말을 이끌어냈다. 또한 이사야 40:3 "외치는 자의 소리여 이르되 너희는 광야에서 여호와의 길을 예비하라"라는 말씀에서 마태는 "이사야를 통하여 말씀하신 자라 일렀으되 광야에 외치는 자의 소리가 있어 이르되 너희는 주의 길을 준비하라"(3:3)라고 예언이 성취되었다고 말한다. 하지만 이사야의 히브리어 본문에는 사람이 아닌 "한 소리가 외치고 있다"로서, 마태가 말하는 외치는 자(사람)와는 다르다. 더구나 그 소리의 주인공인 '세례 요한'과는 무관하지만 마태는 미드라쉬 해석으로 유대인 독자들에게 구약의 성취로 해석한다. 바울 또한 "우리 조상들이 다 구름 아래에 있고 바다 가운데로 지나며 모세에게 속하여 다 구름과 바다에서 세례를 받고"(고전 10:1-2)라고 말하나, 구약에는 세례가 없다. 그러나 바리사이파였던 바울은 미드라쉬 해석에 익숙하여 애굽에서 나온 백성들을 죄에서 빠져나와 구원받은 자들의 상징으로 보고, 이것을 기독교의 세례로 해석한 것이다. 중요한 것은 미드라쉬 해석이 기독교의 부활과 영생 사상에 큰 영향을 끼쳤다는 사실이다. 대표적으로 에스겔(37:11), 이사야 (26:19) 그리고 다니엘(12:2) 등을 들 수 있다. 예수가 "너희가 성경에서 영생을 얻는 줄 생각하고 성경을 연구하거니와 이 성경이 곧 내게 대하여 증언하는 것이니라"(요 5:39)라고 했을 때, '영생'에 대한 말씀이 어디에 숨어 있는지 찾는 '너희'는 미드라쉬 해석에 열중하던 바리사이파를 가리킨다. 또한 부활에 대한 사두가이인들의 질문에 대해 예수는 모세오경을 근거로 이미 '죽은' 아브라함과 이삭과 야곱의 조상들을 말하면서 "하나님은 죽은 자의 하나님이 아니요 살아 있는 자의 하나님"이라고 해석한다(마

마라의 샘

시내광야-칼라드캐니언. 구약성경을 정경으로 받아들인 기독교는 많은 유대교 역사를 공유하고 있다.

22:23-32). 이것은 아브라함, 이삭, 야곱의 하나님을 한 개인의 하나님이 아니라 이스라엘 공동체 전체의 조상으로 본 것이다. 그러나 바리사이파는 하나님을 개인의 하나님으로 인식하기 시작하였고, 개인의 존엄성을 중시하여 개인의 부활로 이해했다.[34)]

기독교와 유대교의 성경 해석에서 가장 큰 차이는 기독교는 철저히 개인적 해석인 반면, 유대교에서는 개인과 공동체가 같이 사용되는 경우가 매우 많다는 것이다. 따라서 구약성경을 공동의 정경(Canon)으로 가진 기독교와 유대교의 대화 가능성은 여기에서 찾아야 할 것이다. 가령 이사야 40-53장의 '종'에 대한 해석에서 기독교는 철저히 개인에게 적용하여 예수에 관한 예언으로 해석하지만, 유대교에서는 이 '종'이 단수형과 복수형이 함께 사용되고 있고, 단수형일지라도 개인적 해석과 집단적 해석이 모두 가능하기 때문에 기독교와는 큰 차이가 있다. 이러한 현저한 해석학적 차

---

34) *Ibid.*, 185-199.

이를 무시하고 성경을 메시아의 약속과 성취라는 도식으로만 해석하는 것은 구약성경의 내용을 심각하게 제한하는 것이다. 그뿐만 아니라, 이스라엘이 선택받고 하나님과 언약을 맺은 것 그리고 열방을 향한 하나님의 선포와 이스라엘의 역할 등을 간과하는 심각한 오류를 범하는 것이다. 그러나 이 종이 공히 '선교적' 사명을 가진 것은 분명하다. 개인의 '종'은 참 이스라엘의 구속자로 와서 자신의 고난을 통해 이스라엘의 사명을 완성하게 하는 '새 일'(사 42:9)의 중심 인물이며, 공동체 이스라엘은 이방의 빛이 되라는 소명을 받았기 때문이다.[35] "나 여호와가 의로 너를 불렀은즉 내가 네 손을 잡아 너를 보호하며 너를 세워 백성의 언약과 이방의 빛이 되게 하리니"(사 42:6). 결국 이 '종'을 개인으로 해석하는 기독교는 물론이고, 공동체로 보는 유대교도 선교적 해석을 할 때 똑같이 선교적 사명이 있음을 발견하게 된다.

이런 점에서 우리는 구약성경을 바르게 읽는 해석학의 방향을 찾을 수 있다. 예수 그리스도는 하나님의 약속(언약) 안에서 보냄을 받았다. 모든 민족의 복의 근원이 되는 아브라함의 언약과 하나님의 의로운 통치를 실현하는 다윗의 언약이 흩어진 백성들을 하나로 모아 그리스도에게로 이끄는 하나의 이야기(메시아적 해석)는 결국, 성령의 능력으로 그리스도로부터 모든 민족에게 나아가야 하는 하나의 이야기(선교적 해석)와 합류하기 때문이다. 그러므로 모든 신구약성경 전체를 읽는 해석학적 방향은 메시아적이면서 동시에 선교적이어야 한다.[36] 십자가에서 하나님의 선교(missio Dei)를 성취한 예수에게로 모아진 초점은 예수로부터 온 세상으로 파송(missio Christi)되는 해석학적 체계가 되어야 하는 것이다. 여기에 우리가 성경 전체를 선교적 해석학으로 보아야 하는 정당성이 있으며, 동시에 같은 구약의 유산을 가진 유대교와의 대화와 선교의 가능성이 있다. 선교적 해석학은 이스

---

35) John Bright, *Kingdom of God*(Nashville: Abingdon, 1953), 159f.

36) 김은수, 『구약성경과 선교』(서울: 생명나무, 2017), 16-19에서 요약. 김은수는 이 책에서 구약 전체를 선교적인 관점에서 해석을 시도하고 있다.

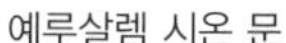
예루살렘 시온 문

예루살렘 북쪽 성곽 양의 문

라엘이 선교적 사명을 가졌음을 볼 수 있도록 그 길을 열어 줄 뿐 아니라 세계를 향한 개방성을 갖게 함은 물론, 기독교와의 보다 폭넓은 대화의 가능성을 제공한다.

2) 선교 접촉점

유대교와 기독교의 대화는 서구를 중심으로 계속하여 이어져 왔다. 더욱이 제2차 세계대전 동안 독일을 중심으로 일어난 반셈주의(antisemitism)가 극에 달하여 600만 명이 희생되기도 하였다. 그 후 유대교와의 대화의 필요성을 강하게 느낀 유럽의 교회들은 특별한 관심을 가지고 대화해 오고 있다. 특히 한국의 역사는 이스라엘 역사와 비유될 만큼 고난을 겪어 온 민족일 뿐 아니라 아직도 지구상에서 가장 긴장이 고조된 지역에 위치하고 있다는 점에서도 유사하다. 그러므로 한국교회는 그 어떤 나라보다도 많은 대화의 가능성을 지니고 있음에도 불구하고 적극적인 대화의 시도가 없었다. 다행히 최근 들어 팔레스타인 지역에 선교사를 파송하는가 하면 기획에 의한 성지순례를 통해 이스라엘과 팔레스타인 주민들을 접촉하면서 선교의 가능성을 찾고 있다. 이러한 때에 한국교회는 신학적인 대화에도 보다 적극적일 필요가 있다.

기드론 골짜기의 묘지들(예루살렘 감람산). 많은 그리스도인이 지금도 이스라엘을 성지순례하고 있다.

기독교와 유대교는 구약을 공동의 유산으로 물려받았을 뿐 아니라 유일신 야웨 하나님을 믿고 따랐던 공동의 신앙 선조를 가지고 있다. 이런 점에서 가장 가까운 대화의 상대임에도 불구하고 예수를 메시아로 인정하느냐 하지 않느냐는 문제에 있어서 첨예하게 대립함으로써 어려움을 겪고 있다. 따라서 우리는 교리적인 갈등을 먼저 해결하기보다는 많은 공동의 유산을 함께 나누며, 야웨의 뜻을 함께 실천하는 가운데 서로를 이해할 수 있는 폭을 넓혀 갈 수 있을 것이다. 무엇보다도 기독교의 사랑을 먼저 보여주어야 한다. 가령, 역사적으로 기독교가 유대교에 행한 압박과 박해를 하나님 앞에서 회개하고 굴절됐던 사고방식에서 바꾸는 일, 아직도 세계 곳곳에 잔존해 있는 반셈주의를 청산하는 문제, 그리고 유대인은 기독교의 구원역사에서 아직도 가장 중요한 부분(Anteil)을 차지하고 있음을 인정하는 일 등이 될 수 있을 것이다(롬 11장 참조).

또한 실제적인 선교 방안을 찾고 실천하는 일이 있어야 할 것이다.[37) 먼저, 이스라엘과의 국제관계에 있어서 한국 정부가 유의하도록 주의를 환기시키고 도와야 할 것이다. 오늘날 중동의 산유국을 둘러싼 전쟁과 분쟁으로부터 이스라엘과 적대관계에 놓이지 않도록 지혜롭게 대처해야 한다는 것이다. 또한 한국교회의 선교행정 당국은 한·이 협력재단 같은 기관과 연계하여 이스라엘 선교에 헌신한 자들을 해외에서 훈련시키거나 준비시키는 사역에 능동적으로 대처할 뿐 아니라, 이스라엘 선교정책을 연구하고 선교사를 전문적으로 지원하는 선교기관을 초교파적으로 설립하고 지원해야 할 것이다. 그리고 러시아 등에 있는 유대인의 시온으로의 귀환 정책을 적극 지원함으로써 해외 유대 그리스도인들의 이스라엘 정착을 돕는 한편, 외국 그리스도인 사업가의 이스라엘 투자를 지원함으로써 이스라엘의 실업난 해소와 기업 설립 등을 통해 실제적인 도움과 함께 선교의 기회를 만들어 가야 할 것이다.

참고문헌

A. H. Baumann(Hrg.). *Was jeder vom Judentum wissen muß*. Gütersloh: 1983.

John Bright. *Kingdom of God*. Nashville: Abingdon, 1953.

M. H. Ellis. *Toward a Jewish Theology of Liberation*. NY: 1987.

C. E. Hayes. *The Emergence of Judaism*. Westport, CT: Greenwood Press, 2007.

L. H. Silberman. "유대교." 『기독교 대백과 사전』 12권. 서울: 기독교문사. 1996.

G. Stemberger(Hrg.). *Die Juden*. München: 1990.

G. Wigoder(ed.). *The New Encyclopedia of Judaism*. NY: New York University Press, 2002.

37) 박선종, "유대교 이해를 통한 이스라엘 선교방안 연구", 69.

노먼 솔로몬/최창모 역. 『유대교란 무엇인가?』. 서울: 동문선, 1999.
앨리스 리브킨/신혜란 역. 『무엇이 예수를 십자가에 못 박았는가?』. 서울: 한국신학연구소, 1996.
밀톤 스테인버그/이수현 역. 『유대교의 기본』. 서울: 도서출판 동인, 1996.
세르게이 토카레프/한국종교연구회 역. 『세계의 종교』. 서울: 사상사, 1993.
엘베짤렐 예술디자인아카데미. 『유다이카』. 서울: 신성, 2000.
제이콥 노이스너/서휘석·이찬주 역. 『토라의 길－유대교입문』. 서울: 민족사, 1992.

김경래. 『유대인 방랑사』. 전주: 전주대학교출판부, 1998.
______. 『유대인 예수』. 전주: 전주대학교출판부, 1995.
______. 『유대인의 보고』. 전주: 전주대학교출판부, 1997.
김은수. 『구약성경과 선교』. 서울: 생명나무, 2017.
민영진. 『히브리어에서 우리말로』. 서울: 도서출판 두란노, 1996.
박선종. "유대교 이해를 통한 이스라엘 선교방안 연구." 서울: 총신대학교선교대학원, 1999.
원용국. 『성경 형성의 역사』. 서울: 경향문화사, 1983.
이원복. 『신의 나라 인간의 나라』. 서울: 두산동아, 2002.
정연호. 『유대교의 역사적 과정－바리새파의 재발견』. 서울: 한국성서학연구소, 2010.
채필근. 『비교 종교론』. 서울: 대한기독교서회, 1993.
한국종교연구회. 『세계 종교사 입문』. 서울: 청년사, 1993.
황의방 외. 『성서 속의 불가사의』. 서울: 동아출판사, 1997.

제6장

이슬람교

1. 발생 배경과 시대적 상황

이슬람교의 발생지인 아라비아 반도는 대체로 사막 초원 및 오아시스로 구성되어 있어, 정착생활이 적합하지 않은 곳이었다. 이 땅의 유목민(bedouin)들은 항상 물과 풀을 찾아 헤매는 궁색한 생활 때문에 예술과 학문에 관심을 둘 여유가 없고, 문화 수준이 매우 낮아서 종교나 철학적 사색을 할 수 없었고, 의식세계는 좁고 신앙은 자연발생적이었고 다신적이었다.[1] 고대 다신교의 전통은 유대교나 기독교의 영향으로 거의 사라졌으나 아라비아 중앙에는 여전히 다소 '원시적인' 종교가 지배하고 있었으며, 수많은 부족의 성소들이 명성을 떨치고 있었다. 동굴이나 바위가 바라카(주력)를 지닌 신성한 것으로 간주되었고, 돌에 대한 의례의 중심지는 메카였다. 이곳 카바 성전의 남동쪽 모서리에 안치된 검은 돌은 매년 행해지는 순례의 대상이다. 아랍 부족의 기성 종교에 만족하지 않고 더 고차원적인 신앙을 찾아 나선 구도자들에 관한 언급이 있는데, 아랍인들은 이들을 하니

1) 김정위, 『이슬람사상사』(서울: 민음사, 1987), 11. 이슬람교가 발생하기 전의 시대를 '자힐리야 시대'라고 한다. 이러한 아랍 신앙은 우상숭배, 다신론적이었으며, 여러 부족신 외에 '알라'(Allah)라 불리는 최고신을 섬기고 있었다.

프(Hanif)라고 불렀고, 이들의 관심은 최고의 신 알라에 대한 믿음에 집중되어 있었다. 이들의 종교적 열의는 기독교나 유대교와 접촉을 통해 강화되었다.[2)]

2. 창시자

무함마드는 570년경에 쿠라이쉬 부족에 속하는 하쉼 가문의 일원으로 메카에서 태어났다. 그는 일찍 부모를 여의고 백부 아부탈립 밑에서 성장했다. 무함마드는 성장한 후에 시리아로 상인을 이끄는 삼촌을 따라 여행을 하게 되었고, 그는 새로운 문물을 많이 보게 된다. 특히 유일신 종교인 유대교와 그리스도인의 종교생활을 직접 보았으며, 또한 비잔틴제국의 문물은 본 것은 그에게 커다란 자극과 감명을 주었다. 그 후 부유한 과부인 하디자의 고용인이 되어 성실히 일한 결과 25세 때 40세의 하디자와 결혼하고 여섯 명의 자녀를 두지만 딸 하나만 살아남고 모두 죽는다. 무함마드가 동굴에 은둔하여 명상에 힘쓰던 중 신비한 체험을 하게 되었다. 그는 비몽사몽간에 천사 가브리엘이 그에게 나타나 그 필생의 대업을 전해 주었다. "오, 무함마드여! 당신은 알라신(Allah)의 사자(使者)이며 나는 가브리엘이라오", "너는 주의 이름으로 외우라"는 명령과 함께 계시를 받는다. 이 첫째 계시를 받은 때가 40세였으며, 이 내용이 꾸란경 제96장에 최초의 환상과 알라의 선지직 임명으로 나타난다. 그 후 52세가 될 때까지 계속 환상을 보며 계시를 받았다. 무함마드는 그 모든 계시를 받아서 외웠다. 그가 외우는 것을 뒤에 친구들과 추종자들이 기록하여 책으로 만든 것이 꾸란이며, 그 뜻은 "외움"이란 뜻이다.

---

2) 안네마리 쉼멜/김영경 역, 『이슬람의 이해』(왜관: 분도출판사, 1999), 17. 하니프는 아랍어로 '참된 종교의 신도'라는 의미이다. 이슬람교에서 '참된 종교'란 유일신 알라에 귀의하는 것을 말하며, 아브라함 역시 하니프로 간주된다.

무함마드가 히라 산 동굴에서 최초로 하늘의 계시를 받은 다음 맨 처음 무슬림이 된 그의 아내 하디자는 그 후 메카의 박해시대에 자주 남편의 힘이 되었다. 이처럼 가족들을 통해 가르침을 확산하던 중 613년부터는 공적인 장소에서 가르침이 시작되었으나, 메카의 집권자인 쿠라이쉬족의 박해가 날로 심해졌으므로 이를 피하여 622년 9월에 메카 북방에 있는 메디나로 피난한다. 이 메디나 행을 이슬람에서는 '헤지'라고 하며, 이 해를 이슬람력의 기원으로 삼고 있다. 메디나에서 세력이 커진 무슬림들은 630년 메카를 탈환한다. 무함마드는 631년 메카국의 수장이 되었고, 632년 6월 8일 열병으로 갑자기 사망하였다.

3. 경전

이슬람 경전은 꾸란(Quran)이며, 보통 "순나"(Sunnah)와 "하디스"(Hadīth)로 나누어지는데, "순나"는 무함마드의 생애와 교훈 그 자체를 말하고, "하디스"는 순나를 해석한 주석서다. 먼저, 꾸란은 114장 모두 "수라"로 구성되어 있고, 그 길이는 신약성서의 5분의 4 정도의 분량이고, 경전 가운데는 토라(Torah, 모세의 율법), 수호(Suhuf, 선지자들의 글), 자불(Zabur, 다윗의 시편), 인질(Injil, 예수의 복음서) 등이 포함되어 있다. 꾸란은 대부분 무함마드가 기록하였고, 나머지 부분은 그의 사후 그가 구전으로 가르쳤던 것을 제자들이 기록하였다. 꾸란은 신의 계시로서 모든 계시를 대신하며 그 계시의 수단, 대리인은 무함마드이다. 그는 아담으로부터 예수에 이르기까지 전파자들의 완성이며 마지막 사람으로서 선지자직을 주장한다. 꾸란의 신학은 엄격한 유일신론이다. 신은 절대적으로 유일하며, 그는 전지전능하시며, 자비로운 신이다. 또한 꾸란은 아라비아어로 계시되고 기록되었기 때문에 이슬람교도들은 꾸란이 다른 나라말로 번역되는 것을 꺼려해서 완벽하게 번역된 번역본이 없는 것이 특징이다. 꾸란의 해석은 알라 이외에 어느 누구도 완전할 수 없고, 꾸란의 권위는 무슬림에게는 절대적이다.

하디스(아랍어 حديث نبوي)는 무함마드가 말하고(Qaul), 행동하고(Fi'ul), 다른 사람의 행위를 묵인한(Taqreer) 내용을 기록한 책이다. 하디스는 무함마드의 생애와 교훈 그 자체인 '순나'를 해석한 것이다. 무함마드의 사후 1세기까지의 전승은 이슬람 공동체의 형성과 결속의 틀이 되었고, 사후 2세기 하디스의 체계화가 요구되었다. 하디스의 자료들이 방대해지고 날조되기까지 하자 이를 분류·편집할 필요가 생겼다. 그래서 그것을 전해주는 사람들을 검증하는 연결고리(이스나드, isnad)와 그 내용의 진위를 가리는 진수(마튼, matn)의 과정을 거쳐 사후 3세기에 수니 이슬람은 여섯 가지의 권위 있는 하디스를 편찬했다. 저명한 하디스 편찬자 알 부하리(810-870)는 16년에 걸쳐 이스나드를 갖춘 7,397개의 하디스를 모았는데, 그중 이스나드가 중복되는 것을 제외하면 2,762개가 된다. 그에 버금가는 하디스 편찬자는 이븐 알 하자지(817-875)가 있다. 시아파는 무함마드의 사위이자 사촌인 알리와 그의 자손 가운데서 선정되는 이맘들의 특별한 역할과 기능 또한 믿었다. 시아파의 하디스는 쿨라이니(939 사망)의 것이 유명하다. 꾸란(코란), 하디스, 이즈마, 끼야쓰는 샤리아(이슬람법)의 4대 원천이다.[3)]

4. 교리와 사상

이슬람의 신앙은 이만(Iman, 믿음), 이바다트(ibadat, 修身) 및 이흐삼(ihsam, 德行)으로 구분하여 설명한다. 이만(Iman)과 이를 실행하는 이바다트는 개인적인 수련이기 때문에 이흐삼을 하기 위해서 먼저 갖추어야 한다. 이만은 이슬람 신앙이 진리라고 마음으로 믿고 혀로 고백하는 것으로, 이슬람 교인들은 공식적인 신앙의 선언 여섯 가지 조항, 1) 알라, 2) 천사, 3) 성서, 4) 예언자, 5) 최후의 심판과 부활, 6) 정명(定命)을 믿어야 한다. 이

3) Phil Parshall / 김대옥 외 역, 『하디스를 읽다』(서울: 죠이선교회, 2014) 참조.

바다트에는 1) 신앙고백, 2) 예배, 3) 자카트(종교세), 4) 단식, 5) 순례 등 다섯 가지의 수련이 있다.[4)]

1) 신앙의 여섯 교리(Iman)

(1) 알라

알라(Allah)라는 아랍어는 '신'(The god)을 말하는 알-일라흐(al-ilah)의 준말이다. 지고(至高)의 신에 대한 개념으로 무함마드 시대 때 아랍인들에게 친숙했던 것으로서 다신교적 요소들을 무함마드가 정화시킨 것이다. 그 대신에 초월적이면서 매우 실재적인 존재, 우주의 창조자이며 보존자, 전지전능하며 선악의 조정자, 마지막 심판자에 대한 어렴풋한 믿음을 받아들이게 하였다.[5)] 이슬람 신앙의 기본은 알라를 수용하고 그의 명령에 복종하는 데 있다. 그것이 바로 이슬람이다. 다음 단계는 이슬람의 가르침을 적용하여 알라에 대한 믿음이 모든 언행에 반영되게 하는 것이다. 이것을 이만(Iman)이라 부른다. 아랍 그리스도인도 이슬람인들과 마찬가지로 하나님에 대한 개념(창조성, 전능함, 전지함, 무소부재함)을 나타내는 데 알라라는 용어를 사용한다.[6)] 그러나 같은 용어를 사용한다 해도 그리스도인이 뜻하는 알라와 무슬림들이 뜻하는 알라가 차이가 있다. 사랑, 정의 그리고 진리라는 속성이 이슬람의 알라에게도 있긴 하지만 기독교의 하나님과는 다르기 때문이다. 그러나 이슬람의 알라에게는 알라와 피조물과의 인격적 관계가 부재한다. 인간은 알라의 종일뿐이다(꾸란 19:93). 기독교와 이슬람, 두 종교 모두 하나님에 대한 복종을 요구하지만, 이슬람의 복종은 종과 노예의 관계에서의 복종인 반면, 기독교에서의 복종은 아버지와 아들 관계에

4) 지하드는 다섯 가지 수련에 속하지는 않으나, 전통적으로 계속 강조되어 오고 있다. 김정위, 『이슬람사상사』, 33.

5) H. A. R. Gibb/이희수·최준식 공역, 『이슬람』(서울: 도서출판 주류성, 1997), 66.

6) 한국인들에게 이슬람을 소개할 때 무슬림들은 아랍어인 알라를 사용하는 대신 한국인들에게 친숙한 하나님이라고 부르는 것을 볼 수 있다.

서의 순종이다. 이슬람에서의 사랑은 주인이 노예에게 베푸는 사랑이지만, 기독교에서의 사랑은 아버지가 아들에게 주는 사랑이다.[7]

한마디로 이슬람은 유일신 종교이다. 무함마드는 말하길, "하나님과 선지자들을 믿되 삼위일체설을 말하지 말라"(꾸란 4:171), "하나님께서는 아들을 가질 필요가 없노라. 그분께 영광이 있으소서"(꾸란 19:35), "하나님은 단 한 분이시고 하나님은 영원하시며 성자와 성부도 두지 않으셨으며 그분과 대등한 것은 세상에 없노라"(꾸란 112:1-4)고 하였다. 따라서 무슬림은 그리스도인의 삼위일체 하나님과 메시아로서 그리스도를 인정하지 않는다.

(2) 천사

천사는 하나님의 전령으로 인간처럼 신에 의하여 창조되었다. 전통적으로 이슬람은 가브리엘, 미가엘, 이즈라일(죽음의 천사), 이스아휠(마지막 날 죽은 자를 깨우는 나팔을 부는 천사)로 구분하며, 그 대표적인 것이 신의 계시를 무함마드에게 전달해준 가브리엘 대천사다. 이 천사는 성스러운 영혼 혹은 충실한 영혼으로 불린다.[8] 또한 꾸란은 가브리엘이 처녀였던 마리아에게 나타나 그가 성령으로 아이를 잉태할 것을 예언했다고 전한다. 또한 모든 사람에게는 두 천사가 있어서, 한 천사는 오른쪽에서 그 사람의 선행을 기록하며, 다른 한 천사는 사람의 왼쪽에 있어서 악한 행실을 기록한다고 믿는다.

(3) 성서

성서에는 모세의 오경, 다윗의 시편, 예수의 신약성서, 무함마드의 꾸란이 있다. 이 네 권의 성서는 모두 하나님의 말씀으로 본래는 같은 내용이다. 그러나 꾸란을 제외한 세 권의 성서는 그 추종자에 의하여 수정, 삭

---

7) 쉐이크 하에리/김정헌 역, 『이슬람교 입문』(서울: 김영사, 1999), 57.
8) 김정위, 『이슬람사상사』, 34.

제, 가필되었다고 보기 때문에 꾸란만이 순수한 하나님의 말씀으로 받아들인다.

(4) 예언자

꾸란에 언급된 예언자의 이름은 28명이다(꾸란 6:83-86 참조. 아브라함, 이삭, 야곱, 노아, 다윗, 솔로몬, 욥, 요셉, 모세, 아론, 자카리야, 요한, 예수, 엘리야스, 이스마엘, 엘리샤, 요나, 롯 등 18명을 네 가지 부류로 나누어 의로운 자라고 인정한다). 28명의 예언자는 모두 동등한 지위를 누리고 있으나 무함마드는 최후의 예언자임을 강조한다. 무함마드는 알라의 '사성'(使聖, messenger of God, rasul Allah), 혹은 예언자(nabi), 또는 경고자(nadhir)로 불린다.[9] 특히 예언자와 알라의 사성의 개념을 구별하여 전자는 신과 대화를 나눈 사람이고, 후자는 신의 말씀을 책으로 인간에게 전달한 사람으로 정의한다. 가령 아담을 흙으로 빚어 만들었듯이 동정녀 처녀의 몸에서 예수를 태어나게 한 특별한 예언자일 뿐이다(꾸란 3:59). 예수가 기적을 행한 것은 절대신(神)이 보낸 것이란 사실을 증명하기 위한 것이고, 모든 기적은 절대신(神)의 도움으로 행해진 것이다. 심지어 성경에 나오지 않는 기적 사건도 전하고 있다(꾸란 5:110). 십자가에 못 박혀 죽은 이는 그의 모양으로 변신한 다른 사람이라고 하며, 예수가 인류의 죄를 속죄하기 위해 십자가에 못 박혀 죽었다는 사실과 부활을 인정하지 않는다.[10] 하지만 예수의 승천과 최후의 심판에서 증인의 역할을 인정한다(꾸란 3:52-55; 4:155-159).

(5) 최후의 심판과 부활

인간은 생이 현세에서만 존재하는 것이 아니고 사후에도 계속해서 지

---

9) 사성은 공동체에 보내는 절대신의 말씀을 책의 형태로 받으며 또 그의 사명은 예언자와는 달리 성공적으로 끝나게 절대 보장을 받고 있다. 따라서 모든 사성은 예언자이지만 모든 예언자는 사성이 될 수 없다.

10) 김정위, 『이슬람 입문』(서울: 한국외국어대학교출판부, 2001), 63.

속된다고 믿었다. 또한 우주 안에 있는 모든 피조물을 창조주가 소멸시킬 날이 심판 날이며, 살아난 인간들이 모두 창조주 심판 앞에 서고, 각각 그 행위대로 심판받아 천국과 지옥으로 들어갈 것이다. 그리고 부활의 날에 창조주의 명령에 따라 무덤에서 부활한 육체에 영혼이 들어오면 다시 생명을 부여받고 인간의 영혼과 육체가 동시에 승천한다고 믿는다.

(6) 정명(定命) 사상

모든 만물의 움직임과 정지, 변화, 발전 등은 신의 섭리, 즉 그의 계획이며 뜻이라는 것이다. 이것은 잠시도 인간의 곁을 떠나지 않고 지켜보고 있는 절대자의 완전성에서 유래한 것이다. 이런 점에서 무슬림들이 가장 많이 하는 말 가운데 하나는 "신의 뜻대로"라는 뜻의 '인샬라'이다.

2) 신앙의 다섯 가지 수련(ibadat)

(1) 신앙고백(shahadah)

신앙고백(샤하다: 알리다, 증거하다)은 두 구절로 되어 있다. "알라 외에 다른 신은 없고, 무함마드는 알라의 사성이다"(Asshuhadu an la ilaha ill-Allah, wa asshuhadu anna Muhammadan-Rasullullah). 이 두 구절은 비록 나란히 꾸란에 나타나지 않으나 무슬림이 가장 빈번하게 읊는 말이다. 아기가 태어났을 때와 임종 시에 읊는 구절이기도 하다. 이 두 구절만 믿으면 명목상으로 누구나 무슬림이 되는 것이다. 꾸란 4:136에는 알라와 그의 사성을 믿는 자를 곧 무슬림으로 정의하고 있다.

(2) 예배(Salah)

예배(살라)는 기본 의무로서 여러 번 꾸란에 강조되어 있으나, 하루 다섯 번씩 지정된 시간에 어떻게 해야 한다는 구체적인 규정은 명시되어 있지 않다. 그러나 무함마드의 생존 시에 예배의 양식은 확정되었고, 예배는 일정한 시간에 세계의 모든 무슬림이 메카의 카바를 향하여 행한다. 이 예배의 방향을 '키블라'라 부른다. 금요일의 집단 예배의 참가는 모든 성인 남성 무슬림에게는 의무 규정이며, 그들은 거주 지역의 성원에 모여 이슬람 공동체의 최고지도자, 즉 할리파, 술탄 등을 대신한 이맘(Imam, 집단 예배 인도자)의 인도 아래 기도의식을 행하고 그의 설교를 듣는다. 이 예배의식은 유목민적이고 자유방임적인 아랍족에게 절제 있는 질서의식의 확립에 커다란 공헌을 했으며, 또 혈연적인 연대의식을 대체하여 교우(敎友) 간의 형제애를 함양하였다.[11] 예배 시간을 알리는 신호는 무엣진(예배하러 오도록 부르는 사람)이 이슬람 성원 건물의 뾰족탑에서 신자들의 집합을 알리는 구절을 큰 소리로 읊음으로써 시작되는데, 이 부름은 "알라는 위대하다"라는 구절로 시작되고 종결된다.

예루살렘을 향한 정교회 제단 옆에 메카를 향해 비켜 세운 모스크 제단(성소피아 성당)

예배하기 위해서 무슬림들은 반드시 기도 전에 정결의식(wudu)을 행하는데, 그것은 사지(四肢, 인간의 행동을 뜻함)를 정화하고 신에게 예배하는 것 이외의 다른 생각을 모두 떨쳐버렸음을 상징한다. 예배 동작은 먼저 차려 자세로 선 채 기도하겠다는 결심(niyah)을 하면서 "알라는 위대하다"(Allahu akhbar)와 샤하다(신앙의 증언)를 읊고, 꾸란 제1장 알 파티하(al Fatihah, 개벽장)와 다른 장을 외운 후 허리를 굽혀 절하고, 그다음 앉아서 이마가 바닥에 닿도록 두 번 큰절을 한 후 다시 일어선다. 각 자세는 나름

11) 쉐이크 하에리/이정헌 역, 『이슬람교 입문』, 60.

이슬람 전주성원 내부

대로의 의미를 갖는다. 경건하게 서 있는 자세는 자비를 호소하는 것이며, 허리 굽혀 절하기는 신의 위엄에 압도당한다는 뜻이다. 이 과정 전체를 한 라카트(rakat, 엎드림)라 부르는데, 새벽에는 2라카트, 정오에는 4라카트, 오후 4시에는 4라카트, 해진 직후에는 3라카트, 잠들기 직전에는 4라카트의 예배의식이 의무로 규정되어 왔다. 기도는 또한 혼자보다는 공동으로 드리는 것을 더 권장하고 있으며, 특히 집단 예배의 날인 금요일에는 이것을 더욱 강조한다.[12)]

예배의 종류

FAJR(파즈르) – 새벽과 해뜨는 사이에

ZUHR(주흐르) – 정오와 오후 중반 사이에

ASR(아스르) – 오후 중반과 해지는 사이에

12) 김정위, 『이슬람 입문』, 69–70.

MAGHRIB(마그리브) – 해가 진 직후에

ISHA(이샤) – 밤과 새벽 사이에

(3) 종교세(Zakat)

꾸란은 신실성에 대한 외적인 징표이면서 구원의 수단으로서 자카트를 정기적으로 낼 것을 명령한다. 자카트(순수하다, 정의롭다는 뜻으로 종교세를 말한다)는 자발적인 것(사다카, sadaqah)과 의무적인 것(자카, zakah)으로 구분하였으며, 후자는 개개인의 소득 가운데 일정한 비율 40분의 1을 지불하여 이슬람 공동체의 재정을 뒷받침하고 있다. 자카트는 세금이 아니고 '신에 대한 대여'라고 되어 있으나, 실제로는 국가에 의해 징수되고 이슬람을 위해 갖가지 목적에 사용된 일종의 세금이며, 이 돈으로 빈민이나 과부 또는 고아를 구제하고, 노예가 자유를 사는 것을 돕고, 성전을 위한 병사를 양성하는 데 사용한다.

(4) 단식(Sawm)

꾸란에서는 단식(sawm, 사움)을 꼭 지킬 것으로 말하고 있다. 단식 기간은 이슬람력(원년은 기원후 622년) 9월인 라마단의 30일 동안의 낮 시간이 모두 해당된다. 라마단은 무함마드가 꾸란의 계시를 최초로 받은 달이며, 예언자의 군대가 메카의 적에 대해 첫 승리를 거둔 달이기도 하다. 이 단식의 의무는 어린이, 병자, 오랜 여행을 하고 있는 자를 제외한 모든 무슬림에게 적용되고 있고, 단식 기간에는 음식 일체를 금하고 이성 접촉도 피해야 한다. 단식은 개인적으로 알라에 대한 순종과 그의 은총에 대한 감사를 표시하는 정신적 훈련이며, 사회적으로는 가난한 사람과 약한 사람에 대한 동정과 모든 무슬림의 연대의식과 동등의식을 권장하는 집단훈련이며, 또한 개인의 의지를 강화하는 도덕적 훈련이어서 그것을 통해 자제력을 키우게 되는 것이며, 굶주림과 목마름을 이겨내는 육체적 훈련을 하는 것이다.[13)]

---

13) 김정위, 『이슬람 입문』, 72-74.

(5) 순례(Hajji)

순례(hajji, 하지)는 12월에 행하는데, 무슬림은 일생에 한 번은 메카로 거룩한 여행을 할 의무가 있다. 모든 지역에서 무수한 신자가 메카로 모여듦으로써 이슬람에서만 있을 수 있는 동포애가 싹트며, 같은 복장을 한 순례자들에게 신 앞에서는 빈부귀천, 인종에 관계없이 평등하다는 것을 상기하게 된다. 순례의식의 시작 날인 이슬람력 12월 8일 메카에 들어간 순례자들은 곧장 카바 신전에 가서 그 '검은 돌'에 입을 맞추고 신을 찬양하는 기도문을 외우면서 신전 주위를 일곱 번 돈 후 가까이 있는 두 개의 작은 언덕 사이를 일곱 번 달려서 왕복한다. 9일에는 순례 중에서 가장 중요한 의식이 메카에서 약간 떨어진 아라파트(Arafat) 평원[14]에서 거행되는데, 아브라함이 우상숭배자들에 반대해서 취했던 엄숙한 의례를 행한다. 10일에 거행되는 희생제는 전 세계 무슬림에 의해 경축되며, 이 희생제가 끝나면 다시 메카로 귀환해서 카바를 일곱 번 돌고 부근의 언덕을 일곱 번 달리고 순례를 끝낸다. 이렇게 순례를 하고 고향에 돌아온 신자는 하지(hajji)라는 칭호를 얻어 무슬림 공동체에서 존경을 받게 된다.[15]

(6) 지하드(Jihad)[16]

지하드(Jihad)는 이슬람의 신앙 실천 가운데 다섯 가지의 덕목에는 포함되어 있지 않으나 반복적으로 강조하고 있다. '지하드'(Jihad)는 정당한 종교행위로서 이슬람 용어(gihad)이며, '분투'(struggle)란 의미를 가지고 있어서 꾸란에서는 '신의 길에서 분투함'(striving in the way of God, 29:69)으로 표현된다. 따라서 어떤 학자는 지하드를 우리가 일반적으로 이해하고 있는 '성전'(聖戰)으로 해석하지 않고 '알라를 위한 노력'과 연관된다는 의미

---

14) 이슬람 전승에 따르면 이곳은 아담과 이브가 에덴동산에서 쫓겨나서 오랫동안 갈라져 산후에 다시 만난 곳이라고 한다.

15) 김정위, 『이슬람 입문』, 74-78.

16) 김은수, "도전받는 정의: 이슬람을 중심으로", 「선교신학」 40(2015), 85-91 요약정리.

에서 지하드의 반대는 '게으름'(idleness)이라고도 한다.[17] 그런가 하면 상당수의 무슬림은 지하드를 거룩한 전쟁인 '성전'으로 받아들인 것은 11세기부터 벌어진 십자군 전쟁과 연관된 것이지 원래 이슬람의 어원과는 상관없다며 사용을 거부한다.[18]

초기 이슬람은 평화적인 선교적 활동인 '다와'(아랍어 da'wah)를 전개하였으나 메카에서 박해를 받고 메디나로 옮겨 가면서 무력 사용이 대두되기 시작하였다. 무함마드는 이를 계기로 종교적 명상가에서 군사 지도자로 바뀌어 점령자의 역할을 하였고, 메디나의 계시로부터 무력 사용과 지하드의 당위성을 언급하기 시작하였다.[19] 특히 '칼의 절'(the sword verse)이라고 불리는 꾸란 9:5는 "금지된 달들이 지나면, 너희가 우상숭배자들을 보는 대로 살해하고 그들을 포로로 잡거나 그들을 포위하라. 그들이 회개하고 예배(salat)를 드리며 이슬람세를 바칠 때 그들을 위해 길을 열어 주라"고 함으로써 이교도의 학살을 정당화하고 있으나, 개종을 염두에 둔 선교의 목적도 포함되어 있다.[20]

하디스에는 지하드의 개념을 구체화하고 다양한 개념으로 제시하고 있다. 지하드에 참가했다가 전사할 경우 천국이 보장되며, 살아서는 전리품을 가지게 된다. 하지만 알라의 말씀이 최상이 되도록 싸우는 것을 궁극적 목적으로 삼는 자는 알라를 위해 싸우는 자라고 함으로써 역시 일종의 선교적 도구임을 말하기도 한다. 놀라운 것은 무함마드가 임종 시 "아라비아 반도에서 무시리킨들(다신교도들)을 추방"하라고 유언함으로써 계속적인 전쟁을 지시했다는 것이다.[21] 오늘날 지하드는 칼과 현대적 무기, 그리

---

17) Diane Morgan, *Essential Islam: A Comprehensive Guide to Belief and Practice* (Santa Barbara, DA: Greenwood, 2010), 87.

18) David Cook, *Understanding Jihad*(Berkeley, DA: University of California Press, 2005), 1; 김은수, 『현대 선교의 흐름과 주제』(서울: 대한기독교서회, 2018, 개정증보 4쇄), 165-166.

19) David Cook, 6.

20) 지하드와 관련된 구절로는 2:216, 8:38-39, 65-67, 9:29, 123, 47:4 등이 있다.

21) 김성익, "이슬람 분파별 이해에 따른 지하드 개념의 다면성", 「선교신학」 33(2013),

고 이슬람을 말과 문필, 도덕성, 지적이고 영적인 갱신 등을 포함하여 이슬람을 방어하고 전파하는 것들을 포함하고 있다.

5. 종교의식과 생활

1) 종교의식

이슬람에서의 모든 일상적인 행위는 물론 전투에 임하는 자세에 이르기까지 일체의 행위가 종교적인 성격을 가지고 있으므로, 무슬림들이 매일, 매년, 또는 평생에 한 번 행하게 되는 각종 의식은 모두 '종교적'이라고 말할 수 있다. 이슬람 세계에서 행해지고 있는 의식의 기본적인 틀은 거의 차이가 없다. 특히 이슬람을 지탱하고 있는 다섯 개의 기둥(수련) 중 자카트를 제외한 다른 네 개의 기둥은 종교의식의 전형을 보여주고 있다. 여기에서는 출생, 할례, 결혼, 세정, 임종과 장례의식의 순으로 간결하게 살펴보자.

(1) 출생

새로운 생명이 태어나 응급처치가 끝나면 그 친지나 종교적 원로가 아잔과 이까마를 각각 신생아의 오른쪽 귀와 왼쪽 귀에 들려준다. 아잔은 예배를 올리러 오라고 무엣진이 모스크 옥탑이나 미나렛에서 외치는 소리이고, 이까마는 이어 예배의 시작을 알리는 소리이다. 어찌 보면 예를 갖춘 의식이라기보다는 즉흥적이고 자연스러운 기원이라고 할 수도 있으나 이는 중요한 의미를 지니고 있다. 이슬람의 다섯 기둥 중 첫 번째 기둥인 신앙고백, 샤하다가 그 속에서 염송(念誦)되기 때문이다. "아슈하두 안라 일라하 일랄라 와 아슈하두 안나 무하마단 라술 룰라."

51-52.

(2) 할례

할례는 유교적 통과의례인 관혼상제(冠婚喪祭) 중 관례, 즉 성인의례에 해당한다. 의학적으로는 포경수술을 의미하는 할례를 행하는 연령은 지역적으로 다소 차이가 있다. 가장 일반적으로는 7세를 선호한다. 10여 세에 행하는 지역도 있다. 할례가 치러진 후에는 소년에게 풍성한 선물이 주어진다. 경우에 따라서는 성대한 잔치를 열어 이제 주인공이 성인의 반열에 들게 되었음을 축하한다. 이후 소년은 성인으로서 예배와 단식 등 종교의례에 참여할 권리와 의무를 지니게 된다. 할례에 대한 언급은 꾸란에 없다. 그러므로 할례는 엄격한 의미에서 종교적 의례라기보다는 전통적인 의례에 해당한다.

(3) 결혼

이슬람에서는 매춘이나 혼외정사를 엄격히 금하는 대신 결혼을 적극 권장한다. 결혼은 이를수록 좋다. 결혼은 신랑 신부 두 사람의 결합이 아니라 두 집안의 결합이고, 이슬람 세계에서는 종교적 의례를 통해서가 아니라 계약을 통해서 혼인이 이루어진다. 계약 당사자는 신부의 후견인과 신랑이다. 신부의 후견인은 그녀의 부친이나 집안 어른이 맡는다. 이때 양측의 의무와 권리에 대한 합의가 이루어진다. 특히 중요한 것은 신랑이 신부에게 제공해야 하는 마르, '몸값'이다. 결혼이 성립하기 위해서는 또한 반드시 신부의 동의가 있어야 한다. 신랑 신부의 결혼 사실은 피로연을 통해 대내외적으로 확인된다.

(4) 세정(洗淨)

세정에는 두 종류가 있다. 우두, 소정(小淨)과 구슬, 대정(大淨)이다. 소정을 하는 부위와 방법과 절차는 엄격하게 규정되어 있다. 소정을 한 연후라도 대소변을 보았거나, 피를 흘렸거나, 성적 충동을 못 이겨 이성의 몸에 손을 대었거나, 깊은 잠에 들었다 깨어났거나 하면 그 효력이 사라진다. 이 경우 예배를 올리기 전 다시 소정을 해야 한다. 몸이 더 심하게 '더렵혀진'

경우엔 아예 목욕재계를 해야 한다. 이를 대정이라고 부르는데, 부부관계를 가졌거나 몽정, 월경, 해산에 따른 하혈 등의 경우가 이에 해당한다. 이슬람에 입교를 하고자 하는 사람도 대정을 해야 한다. 대정은 물론 소정에 사용되는 물은 깨끗한 물이어야 한다. 다른 사람이 한 번 사용한 물은 사용할 수 없다. 물을 구할 수 없는 경우나 질병 등으로 물을 피해야 하는 경우엔 깨끗한 흙이나 모래 혹은 자갈을 이용해 세정을 해도 무방하다. 무슬림이 사망했을 때 매장하기 전 목욕을 시키는데, 이것도 대정에 해당한다.

(5) 임종과 장례

죽음은 종말과, 종말은 부활과, 부활은 심판과, 심판은 저승 혹은 새로운 세계의 창조와 맞물려 있고, 이승에서의 삶은 다가올 새로운 삶과 비교할 때 짧고 덧없는 것이다. 사람들에게 "항상 죽음을 염두에 두고 살라"라고 한 무함마드의 가르침은 단순히 이승에서의 삶에 집착하는 것이 부질없는 짓이라는 충고를 넘어, 바로 죽음 그 속에 진정한 삶의 의미가 숨어 있다는 의미다.

가) 임종

가까운 친지에게 죽음의 그림자가 드리우면 무슬림들은 그들의 곁을 떠나지 않고 지켜보며 생전에 즐거웠던 일들을 되새겨 준다. 하느님이 그에게 허락했던 즐거웠던 기억을 상기시킴으로써 감사하는 마음으로 이승을 하직하도록 하려는 배려이다. 잘못한 것이 있으면 용서해 주십사고 비는 것도 물론 잊지 않는다. 타들어가는 입술에는 계속 물기를 적셔준다. 이래야 저승길이 편하다는 믿음 때문이다.

임종이 임박하면 가능한 한 얼굴을 키블라, 즉 메카 쪽으로 향하도록 해준다. 그리고 샤하다의 첫 번째 구절, "아슈하두 안라 일라하 일랄라!"(하나님 외엔 다른 신이 없음을 증언하나이다)라는 말을 수시로 들려준다. 죽어가는 사람도 기력이 허락하면 이 말을 따라한다. 더욱 바람직한 것은 그가 숨을 거두는 순간 이 고백을 입술에 담는 것이다. 이때 임종을 지키는 사람

중 누군가 죽음과 부활을 다룬 서른여섯 번째 수라, 수라틀 야신을 염송해 주는 것이 관례이다. “보라 하나님이 죽은 자를 소생시켜 그들이 앞서 행한 것들과 그들이 남긴 것들을 기록하노라. 실로 그분은 모든 것들을 분명한 장부에 적어 두노라”(꾸란 36:12).

나) 장례예배

습과 염이 끝나면 망자를 위한 특별예배, 살라트 알-자나자를 올린다. 장례예배에 참석하는 것은 무슬림들이 지켜야 할 사회적 의무사항 중 하나이다. 이 예배는 운구(運柩) 도중 모스크에서 올릴 수도 있고, 장지에서 올릴 수도 있다. 이때 망자의 시신은 이맘의 오른편에, 얼굴이 메카를 향하도록 안치된다. 예배 인도는 망자의 친척이나 종교적 원로가 한다. 장례예배는 네 차례에 걸친 하느님에 대한 찬송, “알라후 아크바르”(하느님은 위대하시나이다)로 이루어진다. 타크비르라고 하는 이 축원 다음에는 각각 개장경, 하느님의 사자 아브라함과 무함마드 등에 대한 축원. 고인의 죄와 남은 사람들의 죄를 사해 달라는 기원. 그리고 끝으로 무슬림 형제들에 대한 기원이 따른다. 다른 예배에서와는 달리 장례예배에서는 허리를 굽히거나 절을 하는 등의 몸동작은 하지 않고 선채로 도열해서 예배를 올린다.

다) 매장

이슬람 장례문화는 매장이 원칙이다. 묘혈(墓穴)의 깊이는 1.2-1.8m 이다. 망자가 여성인 경우 남성보다 좀 더 깊이 묻고 관은 사용하지 않는다. 시신을 무덤 속에 안치시키는 사람은 그 순간 “하느님의 이름으로, 그리고 그분이 보내신 사자께서 정해 놓으신 절차에 따라”라고 염송한다. 이때 시신은 오른쪽 어깨가 바닥을 향하게 하며, 그 자세에서 얼굴이 키블라를 향하도록 안치해야 한다. 첫 번째 삽질은 꾸란 20:55를 낭송하며 이루어진다. “그것으로(땅의 흙으로)부터 하나님은 너희를 만들었고 다시 그곳으로 너희를 돌려보내며 그곳으로부터 너희가 부활하리라.” 묘혈이 흙으로 채워지면 원로 무슬림이 나서서 하느님의 유일성, 무함마드의 지위, 천국과 지옥, 쿠란, 그리고 무슬림들의 형제애에 대해 짧은 연설을 한다.

라) 분묘

무슬림의 묘는 단순하다. 봉분(封墳)은 보통 지면에서 10cm 정도 높게 조성되나 엄격한 율법학자는 이것조차 금한다. 육중한 비석이나 사치스런 장식물도 율법적으로는 금기사항이다. 조촐한 자연석이나 단순하게 가공된 석주를 무덤 앞에 세우는 경우는 흔히 발견할 수 있다. 이때도 망자의 이름이나 화려한 문양을 새기는 일은 삼가야 한다. 그럼에도 불구하고 화려하게 장식된 묘지나 영묘(靈廟)가 드물지 않은데, 전형적인 예는 타지마할이다. 망자가 생전에 거처하던 곳에 묻히는 경우가 있는데, 무함마드가 안장되어 있는 메디나 성원이 그 예이다.

마) 저승길

매장이 끝난 망자에게는 문카르와 나키르라고 불리는 천사가 무덤 속으로 찾아와 세 가지의 질문을 던진다고 한다. '당신의 신은 누구입니까?', '당신이 따르는 하나님의 사자는 누구입니까?', '당신의 종교는 무엇입니까?' 죽어가는 사람의 귀에다 신앙고백문, 샤하다를 수없이 되새겨 주는 것은 이때 바른 답을 하도록 하기 위함이다. 이승을 떠난 영혼이 저승에 이르기 전, 즉 심판의 날이 있기까지 일단 대기 상태에 놓이게 되는 이 기간은 바르자크, '중간계'라고 부른다. 일종의 연옥인 셈이다. 그러나 이러한 시험이나 대기기간이 없이 사망과 동시에 천국으로 들어가는 경우가 있다. 신앙의 길에서 목숨을 잃은 순교자가 바로 그들이다. 순교자는 염습(殮襲)이나 장례의식이 없이 죽은 상태 그대로 매장되며 세정도 필요 없다.

2) 종교생활

(1) 생활상의 특징

이슬람의 일상생활은 종교적인 측면은 물론 공동체적인 유대성을 지니고 있다. 이러한 원리에 따라 종교적 직무에만 몰두하는 성직자 층이 이론상으로는 없으며, 일반 종교 업무나 선교 업무에만 종사하고 싶은 자원봉사자가 나타나 동료 신자들의 인정을 받게 되어 이들의 인도 아래 집단 예배를 드리고, 신자들은 이들의 꾸란 해설과 사회문제에 대한 견해를 듣고 추종한 결과 이들은 성직자에 준하는 계층으로 성장하게 된 것이다. 이들은 울라마(원로 신학자)란 이름으로 알려졌고, 준성직자에 해당하지만 일반 평신도와는 생활상 차이점은 없다. 이슬람은 유일신 앞에서 인간은 모두 평등하다는 계율이 있어서 직위에 귀천이 없고, 집단 예배를 인도하는 이맘(imam)의 뒤에 평행으로 줄을 지어 예배를 드리는 것은 인간 평등을 상징하는 의례다. 이슬람의 또 다른 특징은 무슬림 상호 간의 교우애다. 아랍어로 된 꾸란의 수라를 몇 개 읊어야 하기 때문에 비아랍인도 함께 예배 볼 수 있으며, 매일 같은 시간에 같은 방향(메카의 카바)으로 예배를 드림으로써 은연중에 교우애가 싹트게 되며, 순례도 한몫을 하고 있다.

(2) 이슬람력

문화체계가 독자적이고 고유할 때는 그에 알맞은 특유의 달력이 있는 것인데, 무슬림 사회의 특징을 나타내는 데는 이슬람 달력도 한몫을 하고 있다. 이슬람력(hijrah)은 지구를 중심으로 하여 도는 달의 운해를 표준으로 하여 만들어진 순수한 태음력이며, 기원 622년 7월 15일을 1월 1일로 정했다. 이슬람력의 1년은 12월로 나누어서 홀수 달은 30일, 짝수 달은 29일로 정하고 있다. 단 12월 30일이 되는 해도 있으나, 대체로 29일이다.

이슬람력의 월순과 일수

월	이 름	일 수
1월	무하람	30일
2월	사파르	29일
3월	라비 아왈	30일
4월	라바 타니	29일

5월	주마다 울라	30일
6월	자마다 아히라	29일
7월	라잡	30일
8월	샤반	29일
9월	라마단	30일
10월	샤왈	29일
11월	듈 카다	30일
12월	듈 힛자	29(윤년에는 30일)
계		354 또는 355일

이슬람의 하루는 해가 질 때 시작하여 다음날 해질 때까지의 24시간이며, 각 달의 초하루는 초승달이 처음 뜨는 날이 된다. 1년 열두 달은 신이 우주를 창조하실 때 이미 정하신 것이며, 그중에서도 1월, 7월, 11월, 12월은 신성한 달이라 믿고 있어서 이 4개월 동안 전투 행위는 모두 중지해야 하며, 8월 15일은 기록의 밤이라 하여 철야예배를 올려야 한다. 20세기에 와서는 이슬람력 외에 이란에서는 양력과 '잘랄리'라 하는 태양력도 사용하고 있다. 무슬림은 금요일을 안식일로 정하여 휴일로 삼고 있으며 이날의 유래는 메디나의 장날이었음이 밝혀졌다.[22]

(3) 식생활

이슬람교도는 돼지고기를 먹지 않고 힌두교는 쇠고기가 금지되어 있다는 사실은 널리 알려져 있다. 힌두교가 자기들의 공동체를 벗어나면 이 계율을 지키지 않는 데 반해 무슬림들은 자기들의 공동체 안에서나 밖에서도 돼지고기 먹는 것을 원하지 않는다. 돼지고기를 못 먹게 하는 꾸란의 구절은 넷이나 된다. 이 네 구절 속에 금식으로 규정된 것은 "죽은 짐승의 고기, 피, 돼지고기 및 도살할 때 알라 이외의 이름으로 한 것, 교살된 것, 타

22) 김정위, 『이슬람 입문』, 219-221.

살된 것, 추락사한 것, 뿔에 찔려 죽은 것 및 야수에 물려 죽은 것 등이다." 꾸란에서 금주(禁酒)를 명령하는 이유는 취하게 되면 유일신에 대한 생각을 잊게 되어 예배를 소홀이 취급하기 때문이다. 해산물에 대해서는 꾸란에 구체적으로 명시되어 있지 않으나 대체로 비늘이 없는 해산물(게, 전복, 조개 등)을 무슬림들은 대체로 먹지 않는다. 무슬림들은 그들이 먹을 수 있는 음식을 아랍어로 '허용된 것'이라는 뜻의 '할랄'(halal) 식품으로 규정해 두고 있다.

(4) 가정생활

일부다처제의 상황하에 있는 이슬람에서 여성들의 지위를 살펴보면, 이슬람은 무슬림 남자가 네 명의 아내까지 두는 것을 허락한다. 그러나 이것은 그들이 아내들에게 모두 공평을 베풀 수 있는 한에서이다. "공평을 베푸는 것"은 남자가 그의 모든 아내들에게 동등하고 같은 삶의 수단을 제공하여야 한다는 것을 의미한다. 즉, 같은 종류의 숙소, 같은 음식을 제공하며 같은 날 수로 그들과 함께 지내며, 그가 한 사람에게 제공하는 것은 무엇이나 다른 사람들에게도 똑같이 제공되어야 함을 뜻한다. 한 남성이 아내들 간에 공평을 베풀 수 없으면, 오직 한 사람의 여성하고만 결혼하라고 한다.

이슬람에서 결혼은 신성한 의무를 갖지 않는다. 남자들은 언제든지 또 어떠한 이유로든지 이혼할 수 있다. 그러나 여자는 어떠한 이유에서든지 이혼을 제기할 수 없다. 여인이 외출할 때는 반드시 얼굴 가리개를 해야 한다. 이러한 일이 이슬람 문화적 시각에서는 여성을 보호하는 제도로서, 남자들이 전쟁에서 죽으면 수많은 미망인이 생기기 때문에 한 남자가 여러 여자를 돌보는 것이라고 주장한다.[23] 이 외에도 부인이 불임증인 경우나 성생활이 불가능할 때, 전쟁이나 사고로 인하여 여성의 숫자가 남자보다 많아질 때, 가장의 사망이나 이혼을 당해 생계유지가 곤란해지는 여인들과 아이들이 생기는 것을 막기 위한 것이라고 말한다.

---

23) 최정만, 『비교종교학 개론』, 315.

(5) 명절

무슬림 명절의 특색은 종교에 바탕을 두고 있다.

1. 예언자 탄생일
2. 예언자의 하늘나라 여행: 이슬람 전승에 따르면 예언자는 밤에 메카에서 예루살렘으로 가서 바로 하늘나라로 여행했다는 이슬람력 7월 27일이다. 하늘나라 여행에서 무함마드는 절대신의 옆자리에서 은총을 입어 정신적 능력의 향상은 물론 극기력을 받게 되었으며, 그 결과 메카의 어려운 여건 속에서 예언자로서의 수난을 극복하고 맡은 바 사명을 수행할 힘을 얻게 되었다.
3. 헤지라(이주): 이슬람력 1월 1일에 행하는 것으로 예언자와 그의 추종자가 메카에서 우상숭배자들의 박해에 견디지 못하여 메디나로 이주한 사실을 기념하는 데 있다.
4. 결정의 밤: 모든 무슬림이 단식을 행하는 이슬람력 9월인 라마단이 끝나갈 무렵인 27일 밤을 기념하여 종교의례가 치러지는데, 바로 이 밤에 꾸란의 계시가 처음 내려왔다. 이때 단 하루만 예배드리더라도 다른 때의 1,000달 기도보다 더 낫다고 한다.
5. 단식 종료제: 이슬람력 제9월에 해당하는 라마단의 30일 동안에 무슬림들은 일체의 본능적 욕구(먹고, 마시고, 피우고, 또는 성행위)를 해가 떠 있는 동안, 즉 낮에는 금기로 되어 있다. 이 기간이 끝나는 제10월, 즉 샤왈 초하루에 그 종료를 축하하는 행사가 단식 종료제다.
6. 희생제: 이슬람력 제12월, 즉 듈 힛자(순례의 달) 10일에 거행되는 이 축제는 일명 '큰 명절'이라고도 하는데, 그것은 단식 종료제를 '작은 명절'이라 부르는 것과 대조를 이룬다. 이것은 이슬람 이전의 아랍 관습에서 유래한 것이다.

6. 종파와 현황

1) 이슬람 종파

무함마드의 후계자를 칼리프(Caliph)라고 하는데, 후계자 계승에 관한 문제로 이슬람 세계에서 분열이 일어났다. 권력 투쟁은 후계자를 선출하는 방법이 분쟁으로 발전하였다. 즉, 무함마드의 외동딸 파티마의 남편인 알리의 가계 혈통에서 칼리프가 계승되어야 한다는 주장과, 칼리프는 선거 제도에 의해서 선출되어야 한다는 주장으로 양분된 것이다. 이 분쟁으로 수니파, 시아파, 수피파 등의 종파 분열이 일어났다.

(1) 수니파(Sunnites)

역사적으로 보면 수니들은 무슬림 공동체, 즉 움마의 순나(sunna, 무함마드의 생애와 교훈)를 추종하는 사람들로서 선거 제도에 의해서 선출되어야 한다고 주장하는 파다. 순나란 꾸란, 하디스(Hadith, 전승들과 순나의 해석, 주석) 및 예언자와 정통 할리파들의 선례(先例)에 바탕을 두고 있다. 오늘날 대부분의 이슬람교도가 수니파에 속한다. 가장 고전적이고 전통적인 종파로서 무슬림 인구의 90%를 차지하며 사우디아라비아가 중심이다.

(2) 시아파(Shiites)

소수 종파로서 정통파로부터 이단이라 하여 수난을 가장 심하게 받고 있다. 이 종파는 제4대 칼리프 무함마드의 사위 알리가 스스로 무함마드의 후계자라고 주장하던 무아위야에게 암살당한 사건이 계기가 되어 시작되었다. 이란과 이라크에서는 이 종파 교도들이 1년에 한 번씩 알리의 차남 후세인의 제삿날에 길거리에 나와 행렬을 지어서 후세인의 고통을 몸소 체험하려고 자해행위를 하기도 한다. 알리의 지지자들은 무함마드의 직계 후손만이 이슬람 최고 지도자의 정통성이 있으며 그들에게만 통치권이 주어져야 한다고 믿었다. 그러므로 시아파는 곧 알리파이며 혈통주의라는 특징이 있다. 알리파의 모든 혈통적 지도자들은 이맘마디(Imam Mahdi)로서 "거룩한 자들"이라고 존경받으며 초자연적 인도를 받는 알라의 특별한 영적 지도자라고 한다.

(3) 수피파(Sufis)

수피파는 이슬람교의 신비주의·미시시즘(mysicism)의 종파인데, 보편적으로 널리 알려져 있다. 이것은 이슬람의 정통 노선인 수니파에 대한 반발로 일어났는데, 환상, 치유, 기도에 치중하고 알라 신과 신비적 연합 관계에서 하나가 되는 것을 목표로 한다. 수피파는 금욕주의, 거룩주의, 율법주의 등을 함께 강조하기 때문에 수니파나 시아파 교도들 중에도 내면적으로는 수피파 노선을 따르는 자가 상당히 많다고 한다. 수피파는 민속 이슬람 사상과 신비주의 사상이 결합되어 이슬람 문화의 꽃을 피웠다. 그들은 무함마드를 신격화하고, 점성, 마술을 인정하고, 부적을 사용하며, 알라의 아홉 가지 이름을 외우면 굉장한 신비의 힘이 솟아난다고 믿는다. 그들은 인도나 파키스탄, 인도네시아, 말레이시아, 필리핀 등 주로 아시아 지역으로 진출하였으며, 힌두교, 불교에도 영향을 미쳤다.[24)]

(4) 기타 소수 종파들

가) 이스마일파

무함마드의 영적 후계자이며 제6대 시아파 이맘인 자파르 아스 사디크의 사망과 더불어 비롯되었다. 자파르의 장남 이스마일은 자파르가 아직 생존해 있을 때에 죽었지만, 그의 추종자들은 그럼에도 불구하고 이스마일을 자파르의 후계자로 명명했다. 8세기 말, 9세기 초에 정립된 이 이스마일파의 교리는 코란 해석에서의 이중성, 즉 비전적(秘傳的) 요서와 공개적(公

24) 채수일, "이슬람 신비주의의 이해", 239-265.

開的) 요서가 동시에 존재한다고 했다. 이스마일파는 이맘을 정점으로 하는 위계 조직을 형성했는데, 이맘은 최고의 '선교사'로 간주되었다.[25] 이들은 칼리프의 제도를 이집트의 카이로에 세웠으며 다시 여러 계열의 분파가 발생했다.

나) 아하미디아파

아하미디아파는 신흥 종교의 성격을 가지고 있다. 아하미디아파는 신약성경 복음서의 예수 행적에 대해서 전적으로 부정한다. 그들의 주장에 의하면 예수의 무덤이 타시미라는 곳에 실제로 존재하고 있다고 한다. 아하미디아의 중심은 파키스탄이다.[26]

다) 와하비파

와하비파는 이슬람의 부흥 운동이며, 18세기 이후의 서구의 팽창 정책을 저지하는 운동이며, 이슬람 정신의 복구 운동이며, 저항 운동의 한 갈래이다.

2) 세계 분포와 한국 현황

2015년 현재 무슬림 수는 17억 5,262명으로 전 세계 인구의 24.1%를 차지한다.[27] 지역적으로는 북아프리카, 아라비아 반도와 이란에 이른 소위 중동 지역과 옛 동부소련(중앙아시아), 터키, 아프가니스탄, 파키스탄 서부, 중국, 인도에 이르는 동남아시아 지역에 주로 분포하고 있으며, 기타 한국, 일본 등을 비롯한 세계 곳곳에 분포되어 있다. 예를 들면 남·북미 지역과 유럽 지역에도 오랜 이슬람 역사와 전통을 자랑하며 수백만의 무슬림이 있

---

25) 쉐이크 하에리, 『이슬람교 입문』, 94-95.

26) 최정만, 『비교종교학 개론』, 301.

27) www.pewforum.org. 퓨리서치센터, Religion & Public Life.

이슬람 전주성원 전경

다. 특히 독일과 프랑스 지역에서의 이슬람 문화, 역사, 종교학에 관한 연구는 그 역사도 오래거니와 또한 수준도 높다.

이슬람이 한국에 전해진 것은 고려시대의 가요 중 "쌍화점"[28]이라는 노래의 가사를 통하여 고려시대인 듯하다고 말한다. 또한 이슬람은 일제강점기 때 만주로 강제 이주된 한국인들 중 극소수가 그곳에 정착한 중국과 무슬림과 접촉하면서 생겨났고, 광복 후 이들이 귀국하여 국내에 이슬람을 정착시키는 데 선구적 역할을 했다. 그러나 이슬람의 한국 전파가 본격화된 것은 역사적으로 볼 때에 한국전쟁의 폐허 속에 이슬람의 씨가 이 땅에 뿌려지기 시작하였다. 유엔 평화유지군의 일원으로 참전한 터키군의 주베

---

28) 고려시대의 대중가요. "쌍화점(호떡집)에 쌍화 사러 갔더니 회회아비 내 손목 잡는구려." 여기서 '회회아비'가 과연 누구냐에 대해서 지금까지 여러 학설이 있다. '아라비아 사람'이라는 해석과 '몽골인'이라는 주장과 '회교를 믿는 위구르 지방의 중국인'이라는 주장 등등이다. 가장 유력한 주장은 '회교도'라고 할 수 있는데, 그렇다면 이슬람교는 고려 때 이미 한반도까지 들어왔다고 보아야 할 것이다.

터키 이스탄불 어디서나 볼 수 있는 수많은 모스크

르 코치와 압둘라흐만 형제는 북한 공산당과 전투를 하면서 한편으로는 천막으로 이슬람 성원을 세우고 한국인에게 이슬람 복음을 전하고 유일신에 대한 신앙을 가르쳐 주었다. 터키군의 지원으로 서울 이문동에 퀀세트 임시성원과 텐트 세 동으로 청진학원을 개원하고 예배근행과 아울러 정규 중학교에 진학하지 못한 불우 청소년 약 120명에게 중등과정 교육과 이슬람 교육을 병행 실시하였다. 1961년에는 "한국이슬람교협회"라는 사회단체로 문교부에 등록했으며, 1965년 격월간지 「이슬람의 소리」를 창간하여 세계 267개 무슬림 단체에 무료로 배포함으로써 한국이슬람의 국제적 활동의 기초를 마련했다. 1966년 군소 교단을 통합한 "범협의위원회"를 해체하고 새로이 "한국이슬람교중앙연합회"를 발족했으며, 1967년 「재단법인 한국이슬람교」로 법인등록하고, 1970년 서울특별시 용산구 한남동에 이슬람 성원인 모스크를 건립함으로써 한국이슬람교가 본격적으로 정착하기 시작했다.

법무부 출입국·외국인정책본부에 따르면, 2013년 12월 현재 국내에는 OIC(이슬람이 국교이거나 주요 종교인 국가의 연합체) 57개국 출신자 12만 8,698명이 국내에 체류하고 있다. 불법 체류자 2만 3,653명을 포함하면 전체 체류 인원은 15만 명이 넘는다. 또 한국이슬람교중앙회에 따르면 한국인 무슬림은 1970년 3,700명, 1980년 2만 2,000명, 2005년 3만 5,000명, 2009년 7만 명으로 급증했다. 이를 합하면 2014년 현재 국내의 내·외국인 무슬림 수는 23만 명에 달한다.[29] 이처럼 무슬림은 빠르게 우리의 이웃이 되고 있다. 전국에 5개의 성원이 있으며 그중에서 전주 이슬람 성원에는 약 350여 명의 무슬림이 소속되어 있다.

7. 대화의 가능성과 선교 접촉점

1) 기독교와 이슬람의 대화 가능성

무슬림과의 대화 가능성에서 가장 큰 걸림돌은 1,400년간 계속되어 온 기독교와의 갈등(십자군전쟁 등)으로 인한 오해의 장벽이다. 가장 대표적인 편견으로는 '이슬람은 칼과 힘으로 확장되었다', '무슬림은 일부다처제다', '무함마드는 적그리스도다'와 같은 부정적 견해이다. 특히 오늘날 극단주의 무슬림단체(IS 등) 등의 테러와 전쟁으로 인해 이슬람이 이러한 행동들을 지지하거나 정당화하는 것으로 인식되기도 한다. 그러나 거룩한 전쟁 사상(思想)으로 알려진 '지하드'는 극히 제한적인 것이며, 원래 이슬람의 이념인 '평화'에 위배되는 것이다. 즉, 절제를 위한 자기 자신과의 싸움, 하나님의 존재를 부정하는 불신자들의 공격으로부터의 방어, 무슬림의 신앙 공동체인 '움마'를 침해하는 적에 대항하는 것에 한정되어 있기 때문이다. 무엇보다 약소민족이나 약자를 누르며 평화를 위협하는 정복야욕과 침략

29) 유영대, "한국의 무슬림 수는 조사기관에 따라 많은 차이를 보인다", 「국민일보」 2014년 10월 30일자.

에 무력을 사용하는 것은 철저히 금지되어 있다. 따라서 미디어를 통해 전해지는 이슬람 근본주의자들의 테러활동을 모든 무슬림에게 일반화해서는 안 된다. 우리는 평화적 대화 가능성을 위해서 다음 몇 가지에 대한 인식을 바르게 해야 한다.[30)]

먼저, 무슬림의 세계관을 바르게 이해해야 한다. 7세기 시작된 이슬람은 큰 세력을 형성하여 왔으나 17-18세기 서구의 군사 경제적 위협으로 서구 문물이 유입되었고, 이슬람 공동체 내부의 도덕적 부패로 이슬람 전통이 무너지기 시작하였다. 19세기 유럽 제국주의 세력은 대부분 기독교 국가였고 그들은 이슬람 세계를 지배하였다. 이러한 쇠퇴의 원인에 대해 이슬람 공동체는 순수하고 진정한 이슬람에서 벗어났기 때문이라고 진단했다. 그러한 이유로 원래의 이슬람으로 돌아가자는 운동을 펼쳤다. 이것이 1940년대부터 세상에 알려지기 시작한 이슬람 원리주의 혹은 근본주의(Fundamentalism)이다.[31)] 이들이 세계적으로 크게 주목받게 된 계기는 2001년 9월 11일 미국 뉴욕 세계무역센터 쌍둥이 빌딩을 항공기로 공격한 것이다. 이것은 1989년 베를린 장벽이 무너지면서 급속하게 진행된 '세계의 탈세속화'(the desecularization of the world)로 설명되기도 한다.[32)] 고도의 과학과 기술이 발달하면 종교는 점차 사라지게 될 것이라는 사회학자들의 예상을 뒤엎고 도리어 종교가 사회에 더 큰 영향력을 미치고 있다. 현재 급속히 전개되고 있는 세계화와 정보화는 사람들이 이성보다는 감성을, 합리성보다는 신비성을 더 선호하게 만들고 있다. 따라서 이러한 과정이 심화될수록 종교적 특수주의가 근본주의적 형태로 나타나게 된다는 것이다. 특히 이슬람에서는 종교와 정치가 매우 밀접한 관계에 있을 뿐 아니라 개

---

30) 아래 내용은 김은수, "도전받는 정의: 이슬람을 중심으로", 84-100 요약 정리.

31) 이 용어는 원래 이슬람 자신들이 붙인 것이 아니라 서구 미디어에서 지칭한 것이다. 이러한 현상은 비단 이슬람뿐만 아니라 전 지구적 현상으로 다른 종교에서도 나타나고 있다. 카렌 암스트롱/정병옥 역, 『이슬람』(서울: 을유문화사, 2003) 참조.

32) Peter L. Berger, ed., *The Desecularization of the world: Resurgent Religion and World Politics*(Grand Rapids, MI: Eerdmans, 1999).

인과 공적인 사회가 구분이 없는 형태를 띠고 있어서 계몽주의 이후 그리스도인들의 개인적 차원의 신앙관과는 분명한 차이가 있음을 인식할 필요가 있다.[33] 무슬림들은 자기의 완성을 위해서 자신을 알라에게 완전히 순종할 수 있는 정의로운 무슬림 공동체(Ummah)를 만드는 것을 목적으로 삼기 때문에 서구 주도의 세속화를 매우 경계한다. 서구에서는 세속화를 과학과 기술의 발전, 문명의 진보를 생각하지만, 무슬림들은 정체성의 혼란과 사회의 해체로 받아들이며, 서구에의 종속으로 인식한다.[34] 그러므로 평화적 대화를 위해서 무슬림의 세계관을 바르게 인식해야 한다.

다음으로, 이슬람을 테러를 지원하거나 묵인하는 종교로 오해하는 것은 조금 성급한 판단이다. 대부분 이슬람 국가들은 서구 기독교 국가들의 식민통치로부터 독립하면서 1960년대 이후 그 정체성을 종교민족주의에 두기 시작하였다. 이들은 종교의 정치화를 통해 이슬람 원리주의 국가 건설을 목적으로 하고 있으며, 특히 미국을 중심으로 하는 세계 질서의 재편성과 서구 주도의 세속주의에 대해 강하게 저항한다. 또한 내부적으로는 서구화에 편승하여 부를 장악한 권력층과 민중 사이의 빈부 격차의 갈등 요인이 이들의 길을 열어 주었다.[35] 원리주의자들은 마음과 영혼의 지하드도 중요하지만 칼로 하는 지하드가 더 강하다고 생각한다. 현대 지하드의 아버지로 불리는 사이드 쿠틉(Sayyid Qutb)은 "오늘날의 삶의 방식은 알라와 이 땅에 대한 그의 권위를 모독하고 있다"고 전제하고, 영적인 지하드를 주장하는 자들은 "영적으로 그리고 정신적으로 패배한 무슬림들"이라고 비난하며, "알라의 나라로 다시 돌아오게 하는 것은 힘과 칼로만 가능하다"고 주장하였다.[36] 테러를 옹호하는 이슬람 원리주의 자들은 꾸란에 기초한 지

---

33) Peter Beyer, *Religion and Globalization*(London: Sage, 1994), 71-72.

34) 최형근, "이슬람의 세계화와 기독교의 선교적 대응", 「선교신학」 8(2004)(전주: 도서출판 학예사, 2004), 51.

35) 김성익, "이슬람 분파별 이해에 따른 지하드 개념의 다면성", 65. 최형근은 이슬람 원리주의자들을 서구의 세계화에 대한 거부에 초점을 맞추어 분석하고 있다. 최형근, 47-48.

하드를 주장하지만, 무차별 테러는 초(超)이슬람적 성격을 가지고 있다. 이러한 칼의 지하드에 저항하는 움직임은 이미 8세기 중엽부터 일어나기 시작하였다. 그 중심은 신비주의 수도자들이었으며, 이들은 9세기 중엽에 평화적 영성운동인 수피운동(Sufism)을 형성하였다.[37] 이 운동은 점차 확산되고 있어서 수피즘을 상대로 하는 대화의 가능성에 거는 기대가 커지고 있다.

끝으로, 한국의 무슬림 유입을 기독교에 대한 공격으로 받아들여서는 안 된다. 2008년 하반기부터 한국의 일부 교회와 기관, 선교단체와 미디어 등에서 종교 과잉에 대한 압박감을 분출하기 시작하였다.[38] 이러한 '이슬람포비아'(Islamphobia)는 '이슬람이 한국으로 몰려온다'는 등의 근거 없는 종교적 위기감을 나타내기 시작하여 한국교회 전반으로 확산되었다.[39] 이들이 근거로 내세우고 있는 무슬림 이주노동자들은 비록 한국의 현상만이 아니라 이미 세계화 시대에 글로벌 현상으로서 매우 자연스러운 일이다. 또 다른 근거로 유럽에 최근 30년간 무슬림 인구가 3배로 증가한 것을 제시하면서 이제 유럽이 곧 이슬람화될 것이라고 예측하고 있으나, 이슬람 지역 대부분을 식민지화했던 유럽으로서 이들의 이주가 그렇게 과도한 유

---

36) Mark A. Gabriel/이찬미 역, 『이슬람과 테러리즘』(서울: 글마당, 2009), 176-181.

37) 수피즘에 대해서는 채수일, "이슬람 신비주의의 이해", 「선교신학」 15(2007), 239-265 참조.

38) 이들의 주장을 요약하면 한국을 무슬림화하려는 세계 포교 전략에 기초하여 이미 약 15만 명의 무슬림이 한국에 잠입했고, 1,300명의 이슬람 선교사들이 구체적인 실행을 위해 한국에서 암약하고 있다는 것이다. 김상근, "이슬람포비아에 대한 선교신학적 성찰", 「선교신학」 21(2009), 172-173. '종교 과잉'이 주는 심리적 압박감으로 타자를 공격하는 전근대적인 행위로는 17-18세기 마녀사냥을 들 수 있다. Brian Levack, *The Witch-Hunt in Early Modern Europe*(Harlow: Pearson, 1987).

39) 김상근, "이슬람포비아에 대한 선교신학적 성찰", 171-196 참조. 이슬람포비아는 2001년 9·11 사건 이후 서구에서 활발하게 논의되고 있은 종교, 정치, 사회적 주제이다. 포비아는 공포증을 말하며, 의학에서는 신경노이로제로 보고 있는데, 여러 분야에서 존재한다. 가령 고소공포증(acrophobia), 폐소공포증(claustrophobia), 광장공포증(agoraphobia) 등이 있다.

이슬람 박물관이 된 성소피아 성당(이스탄불, 옛 콘스탄티노플)

입이라고 할 수는 없다. 그뿐만 아니라 종교사회학적 분석에 의하면 수백년간 지속되어 온 사회의 종교적, 문화적 특징은 쉽게 소멸되지 않는다는 점과 유럽과 한국은 전혀 다른 지리적, 사회적 환경이라는 사실을 감안한다면 유럽의 이슬람화 가능성이 한국에 그대로 적용될 수 있다는 가설도 설득력이 약하다.[40] 이것은 일종의 심리적 위기론에 가까운 것이며, 도리어 한국이 세계화의 과정에서 유입되는 이슬람 문화와의 접촉을 긍정적인 선교의 기회로 삼고, 그들에게 성경의 계명(신 24:14, 19-21)에 따라 가난한 품꾼을 학대하지 말고, 나그네를 돌보라는 말씀을 실천해야 할 것이다. 특히, 한국에 가난한 무슬림 이주노동자들이 많다는 것은 그리스도인들이 그들에게 섬김의 본을 보여줌으로써 기독교에 친숙해질 수 있는 기회가 될 것이다. 이슬람포비아는 그들에게 깊은 상처를 줄 뿐만 아니라 과거 십자군전쟁을 되새기게 할 가능성이 매우 높기 때문에 기독교와 더욱 적대적이

40) *Ibid.*, 181-187.

정교회 소피아 성당에 대적하려고 맞은편에 세운 술탄아메트 이슬람 사원

되어 세계 평화와 한국의 사회적 안정을 크게 해치게 될 것이다.

2) 선교 접촉점

그리스도인이 무슬림과 선교 접촉점을 가지기 위해서는 이슬람의 신앙과 사고체계를 왜곡됨이 없이 바르게 이해해야 한다. 가장 좋은 접촉점은 기독교와의 공통점에서 출발하는 것이다. 꾸란은 많은 부분을 신구약성경에 근거를 두고 있기 때문에 유사한 점이 매우 많다. 그러나 그 해석에 있어서 관점이 다르기 때문에 조심스럽고 신중할 필요가 있다.

먼저 그들은 아브라함을 믿음의 조상으로 고백하고 있다. "우리는 하나님을 믿고 우리에게 내려진 계시와 아브라함과 이스마엘과 이삭과 야곱과 그 자손들에게 내려진 율법을 믿으며 모세와 예수와 예언자들에게 내려진 율법을 믿으며 예언자들을 구별하지 아니하며 하나님만을 믿는다"(꾸란 3:84). 무슬림은 아브라함이 모리아 산에서 제물로 드리려고 이삭이 아니라 이스마엘을 데려간 것으로 믿는다. 이를 기념하기 위해 매년 1월 초 양을 잡아 제사를 드린다. 결국 아브라함은 무슬림과 그리스도인에게 유일신 하나님을 함께 섬긴 믿음의 조상이다.

이슬람에서는 무함마드를 모세와 같은 선지자라고 믿는다. 그 근거로 신명기 18:18, "내가 그들의 형제 중에서 너와 같은 선지자 하나를 그들을 위하여 일으키고 내 말을 그 입에 두리니 내가 그에게 명하는 것을 그가 무리에게 다 말하리라"를 제시한다. 여기서 그들은 모세와 같은 선지자로 무함마드를 일으켰다고 주장한다. 하지만 '그들의 형제 중에'란 이스라엘 열두 지파의 형제 중이지 이스마엘의 후예인 무함마드로 보기 어렵다는 점이다.[41]

이슬람은 무함마드가 꾸란(sura 61:6)과 성경에서 예수가 보내리라고 약속한 그 보혜사(요 14:16)라고 말한다. 여기서 '보혜사'란 헬라어 parakletos로서 '위로자'(Comforter) 혹은 '옆에서 돕는 자'(요 14:16)로 번역된다. 그러나 무슬림들은 그리스도인들이 무함마드가 그리스도의 계승자라는 증거를 없애기 위해 무함마드의 별칭인 '아흐맏'(Ahmad), 즉 '찬양받는 자'(a praised one)라는 뜻의 paraklutos를 의도적으로 parakletos로 변형시켰다고 주장한다.[42] 그러나 성경의 이 구절을 담고 있는 수많은 헬라어 사본 가운데 paraklutos로 기록된 곳은 한 곳도 없을 뿐 아니라, 도리어 그리스도를 가리켜 parakletos(대언자, Advocate, 요일 2:1)라고 했다. 또한 예수께서

---

41) F. S. Coplestone, *Jesus Christ or Mohammed? - A Guide to Islam and Christianity that helps explain the differences*(Christian Focus, 2006), 83-86.

42) "마리아의 아들 예수가 이스라엘 자손들이여 실로 나는 너희에게 보내어진 선지자로서 내 앞에 온 구약과 내 후에 올 아흐맏이란 이름을 가진 한 선지자의 복음을 확증하노라"(꾸란 61:6). 무슬림들은 이 구절에 관한 각주에서 "찬양받는 자"라는 그리스어 periclytos를 그리스도인들이 잘못 발음하여 pericletos가 되었다고 주장한다. 아흐맏은 무함마드의 다섯 가지 별칭 가운데 하나이다. 초대교회 사도들은 구브로에서 온 레위족 '요셉'을 '위로자'(parakletos)라는 뜻의 '바나바'라고 별칭하였다(행 4:36). 그렇다면 바나바야말로 철자 하나 틀리지 않는 parakletos이기 때문에 '성령'이어야 하는가?

보혜사를 보내시리라 약속하신 시점도 예수의 승천 바로 직전(눅 24:49; 행 1:4-6; 요 7:37-39)으로서 그 약속이 곧바로 이루어졌기 때문에(행 2:1-4, 33, 38; 고전 12:13; 엡 1:13, 14, 5:18; 롬 8:9, 11, 13-16) 기원후 570년경에 태어난 무함마드라고 보기 어렵다.[43] 이보다는 꾸란이 예수의 처녀 탄생과 많은 기적 그리고 승천을 증언하고 있음을 유의할 필요가 있다(꾸란 3:42-49). 무슬림들은 꾸란을 그대로 믿기 때문에 예수가 역사상 유일한 초자연적 생애를 살았음을 동의할 수밖에 없다. 이것은 예수의 신성을 부인하는 가르침을 받아 온 그들에게 분명한 메시지가 될 수 있으며, 예수에 대한 새로운 시각을 열어 줄 수 있다.

여성의 인권과 관련하여 일부 이슬람 정권(아프가니스탄의 탈레반 등)에서 여성의 취업과 정규 교육과정을 규제하는 일 등으로 여성 탄압이 이슬람 교리라고 오해해서는 안 된다. 도리어 무함마드는 여권의 신성함을 가르치며 여인에게 주어진 권리가 보장되어야 한다고 하였다(하디스). 이미 1,400년 전에 모든 자녀에게 유산을 공히 같이 나누어 여성에게 상속권을 부여한 것은 놀라운 일이다. 이슬람 국가인 파키스탄의 수상 비나지르 부토, 방글라데시 수상 베굼 칼레다 지아, 인도네시아 대통령 메가와티 수키르노 푸트리 등이 모두 여성임을 간과해서는 안 된다.

하나님과 화목하게 하시는 성령님의 교제와 심령 속에 내재하심은 기독교의 가장 큰 강점이다. 하나님이 그리스도를 통해 인간을 용서하시고 화해하시며 그의 자녀들을 보내시고 함께 거하시는 성령의 능력과 그의 사역은 그리스도인의 선교를 가능하게 한다. 성령의 초자연적인 능력과 계시로 인해 기독교로 개종한 무슬림의 수가 전체 개종자의 70%에 달하는 사실이 이를 잘 보여준다. 치유하시고 화해하시며 사랑으로 변화시키시는 삼위일체 하나님이 선교의 주인이시기 때문에, 열려진 마음으로 하나님의 선교(missio Dei)에 참여하면서 무슬림과 끊임없이 접촉하고 대화해야 한다.[44]

---

43) *Ibid.*, 70-72.

44) 화해와 치유의 하나님의 선교(missio Dei)는 2005년 WCC 세계선교와 전도위원회

무엇보다 중요한 것은 선교사 자신이 메시지가 되어야 한다. 머리와 발로만 선교하는 것이 아니라 온몸과 삶으로 그들의 상황에 성육신화해야 하고, 삶에서 인격적인 하나님과 항상 교제하며 그리스도를 닮아 가야 한다. 무슬림이 하루 다섯 번(아침, 정오, 오후, 저녁, 밤) 예배드리는 이유는 죄를 짓지 않고 하루를 살 뿐 아니라 범죄할 틈을 주지 않기 위해서이다. 이러한 신앙적 열정을 그리스도인들은 배울 필요가 있다. 편견과 적대감을 불러일으킬 수 있는 이데올로기 논쟁을 넘어서서 성화된 삶으로 이웃을 사랑하며 그들에게 친절과 인내로 다가가는 것이 무슬림을 향한 선교의 첫걸음이 될 것이다.

참고문헌

Peter L. Beyer. *Religion and Globalization*. London: Sage, 1994.

Peter L. Berger. ed., *The Desecularization of the world: Resurgent Religion and World Politics*. Grand Rapids, MI: Eerdmans, 1999.

F. S. Coplestone. *Jesus Christ or Mohammed?-A Guide to Islam and Christianity that helps explain the differences*. Christian Focus, 2006.

David Cook. *Understanding Jihad*. Berkeley, DA: University of California Press, 2005.

Mark A. Gabriel/이찬미 역. 『이슬람과 테러리즘』. 서울: 글마당, 2009.

H. A. R. Gibb/이희수, 최준식 역. 『이슬람』. 서울: 도서출판 주류성, 1997.

의 주제이기도 하다. 이에 대해서는 김은수, 『현대 선교의 흐름과 주제』, 386-404 참조.

G. Konzelmann. *Die islamische Herausforderung*. Hamburg: 1980.

Brian Levack. *The Witch-Hunt in Early Modern Europe*. Harlow: Pearson, 1987.

Diane Morgan. *Essential Islam: A Comprehensive Guide to Belief and Practice*. Santa Barbara, DA: Greenwood, 2010.

Phil Parshall/김대옥 외 역. 『하디스를 읽다』. 서울: 죠이선교회, 2014.

맬리스 루스벤/최생열 역. 『이슬람이란 무엇인가』. 서울: 동문선, 1997.

안네마리 쉼멜/김영경 역. 『이슬람의 이해』. 왜관: 분도출판사, 1999.

카렌 암스트롱/정병옥 역. 『이슬람』. 서울: 을유문화사, 2003.

이브 토라발/김선겸 역. 『이슬람교』. 서울: 창해, 2002.

쉐이크 하에리/김정헌 역. 『이슬람교 입문』. 서울: 김영사 1999.

김상근. "이슬람포비아에 대한 선교신학적 성찰." 「선교신학」 21(2009), 171-196.

김성익. "이슬람분파별 이해에 따른 지하드 개념의 다면성." 「선교신학」 33(2013), 47-76.

김영남. "이주무슬림의 한국사회 정착에 대한 선교적 고찰." 「선교신학」 21(2009), 197-232.

김은수. 『현대 선교의 흐름과 주제』. 서울: 대한기독교서회, 2018(개정증보 4쇄).

김은수. "도전받는 정의: 이슬람을 중심으로." 「선교신학」 40(2015), 81-110.

김정위. 『이슬람사상사』. 서울: 민음사, 1987.

______. 『이슬람 입문』. 서울: 한국외국어대학교출판부. 2001.

안신. "이슬람 선교의 다양화와 종교학의 기여." 「선교신학」 23(2010), 123-152.

전재옥. 『기독교와 이슬람』. 서울: 이화여자대학교출판부, 2003.

전재옥 편. 『아시아 무슬림 공동체』. 서울: 예영커뮤니케이션, 1998.

채수일. "이슬람 신비주의의 이해." 「선교신학」 15(2007).

최재인. 『비교종교학』. 서울: 미래문화사, 2004.

최형근. "이슬람의 세계화와 기독교의 선교적 대응." 「선교신학」 8(전주: 도서출판 학예사, 2004), 37-60.

홍기영. "2007년 아프가니스탄 인질 사태와 한국교회의 선교적 과제." 「선교신학」 19 (2008), 157-188.

제7장

힌두교

1. 기본 이해

인도의 문화는 힌두교에 바탕을 둔 문화라고 할 수 있다. 한국과의 관련성을 보면, 『삼국유사』에 김수로왕의 왕후인 허황옥(許黃玉)은 인도의 아유타국에서 부왕의 명을 받아 수로왕에게 시집을 왔다는 이야기가 있고, 한국에 들어온 불교는 인도의 토양에서 힌두교적 사고를 배경으로 발생하였기 때문이다. 힌두교를 한마디로 정의하기란 쉽지 않다. 특정한 창시자나 절대 유일의 경전을 가지고 있지 않을 뿐 아니라 체계화된 교리나 의례도 가지고 있지 않다. 따라서 힌두교란 종교적인 관점에서 볼 때 힌두교인들이 갖고 있는 신앙 형태들의 총칭이라고 할 수 있을 것이다.[1)]

실제 '힌두교'(Hinduism)란 말은 서구인들이 힌두교인들의 종교를 지칭한 용어이고, 그에 대한 정의 역시 서구인들에 의해 시도된 정의다.[2)] 힌두교인들은 자신들의 종교를 "사다나"(Sadhana)로 이해한다. 이 말은 '목표에 이르다', '목표를 달성하다'를 뜻하는 어근 '사다'(Shada)에서 나온 말로,

---

1) 이은구. 『힌두교의 이해』(서울: 세창출판사, 1997), 20-21.

2) '힌두교'라는 명칭은 인더스 강 유역의 신두(Sindhu) 지방을 의미하는 페르시아어 'Sindhu'에서 유럽 언어 'Hindu'로 변형된 것이다. 스카누마 아키라/문을식 역, 『힌두교』(서울: 여래, 2003), 15.

목표와 목표에 이르는 수단, 그리고 진리와 진리에 이르는 길 모두를 의미한다.

따라서 그 목표가 무엇인지를 아는 것이 바로 힌두교에 대한 이해의 핵심이다. 그 목표란 바로 윤회로부터의 해탈이다. 인도인들은 근본적으로 인간의 존재 상황과 세계를 고통스러운 것으로 파악하며 고(苦)인 삶이 되풀이된다고 믿는다. 이러한 윤회는 무지와 욕망 또는 집착 등에서 오는 행위인 업(Karma)에서 온다. 따라서 힌두교는 윤회로부터 해탈에 이르는 길 또는 진리로 정의될 수 있다.

2. 발생 배경과 역사

힌두교의 주류를 형성하는 자들은 아리아인이다. 이들 아리아인은 서양인과 동일한 조상에서 유래하는 인종이다. 그 원주지는 대체로 코카서스의 북방 지역이었다고 근년에 입증되고 있다. 그들은 유목인의 생활을 하고 있었는데, 시대가 경과함에 따라 원주지인 초원을 떠나 다른 지방으로 이주하기 시작했다. 이때 서쪽으로 이동한 부족들은 유럽에 정착하여 유럽의 여러 민족이 되었고, 동쪽으로 이주한 부족들 가운데 서남으로 이동한 일부는 이란인의 선조가 되었으며, 동남으로 이동하여 서북인도로 들어가 펀자브 지방을 점거한 자들이 인도의 아리아인들이다. 이렇게 새로운 국토에 거주한 아리아인들이 기원전 1000년경까지 리그베다의 종교를 성립시킨 것으로 추정된다.

그러나 인더스 문명의 발견으로 힌두교는 순수하게 아리아인들이 시작한 종교가 아님이 입증되었다. 인더스 문명의 발견으로 드라비다인이라고 추정되는 인더스 계곡의 토착인들이 호전적인 아리아인들에게 무력적으로 정복되긴 하였으나 문화, 종교 등에서는 아리아인들보다 우월했기 때문에 오히려 아리아인들이 기존의 인도 문화와 종교를 점차 수용하게 되었다고 추정된다. 이 문명의 문자가 아직도 해독되지 못한 채 남아 있어 이

시기의 종교 상황이 정확하게 밝혀지지는 않았으나, 인더스 문명의 발견으로 힌두교의 역사가 기원전 3000년까지 확대되었다. 그뿐만 아니라 후기 힌두교의 주요한 많은 부분인 고행주의, 링가숭배, 시바 신, 여신숭배, 요가수행, 나무, 황소숭배, 그리고 업이나 윤회사상의 뿌리마저도 아리아인들 이전의 인도 토착인들의 종교문화와 관련지어 해석되게 되었다. 이렇게 아리아인들 이전에 이미 그 뿌리를 갖고 있는 힌두교는 크게 네 시기로 나누어 생각할 수 있다.

1) 베다 시대(2000-600 BC)

이 시대는 먼저 힌두교의 베다경이 기록되었다. 이때 사람들은 수많은 자연신을 섬겼는데, 이 신들에게 제사를 드리는 것이 종교의 핵심 내용이었다. 베다인의 자연신은 하늘의 신과 대기의 신, 그리고 땅의 신의 세 부류로 나눌 수 있다.

베다신의 숭배는 정교한 희생 제사의식으로 대체되고, 직업적인 성직자들에 의한 정확한 집전에 달려 있었다. 그리하여 전문적인 사제들 계급이 굳혀지는데, 곧 브라만 계급이다. 브라흐마나(Brahmanas) 성직자의 지위는 신들 위에 있는 것이었다. 왜냐하면 성직자만이 신들의 의지를 지배하는 힘이 있다는 신성한 만트라(mantra)를 알고 있었기 때문이다. 이러한 신성한 신앙고백문에 대한 정확한 암기가 강조되면서 마법에 의문도 열리게 되었다. 리그베다의 말기 시대에는 신들[3]의 복수성에 관해서는 큰 관심

3) 힌두교의 신들은 수를 헤아릴 수 없을 만큼 많다. 그래서 힌두교를 다신교라고 하기도 하고 범신교라고도 한다. 고대 인도인들은 신들을 찬미하고 공물을 바쳤는데, 신들은 자신을 기쁘게 하는 사람들에게 은혜를 베푼다고 믿었다. 대표적인 신들은 다음과 같다.

(1) 인드라 신: 힌두교의 잔존한 신 중 가장 우세하고 공중의 권세를 잡은 신으로서 풍운조화를 관장한다. 불교의 제석천은 바라문교의 인드라 신을 불교로 도입한 신이다.

(2) 바루나 신: 공중에 거하는 신으로서 태양신과 별들을 사자로 거느리고 사람들

을 보이지 않고, 신들의 배후로 가서 그들이 드러내고 있는 능력을 포착하려고 하였다. 이것은 우주를 하나로 통합하는 원리를 발견하려는 것이었다. 즉, 일원론적 사고의 성향을 말한다. 브라흐마나에서의 인간과 우주에 대한 관심은 우파니샤드에 와서 그 결정을 보인다. 우파니샤드에서는 우주의 실재인 브라만과 인간의 진정한 자아아트만이 동일하다고 하였다.[4]

2) 반동과 부흥의 시대(600 BC-AD 300)

이 시대는 주로 무신론적인 두 운동, 즉 불교와 자이나교의 출현에 의해서 특징지어진다. 리그베다, 브라마나 그리고 우파니샤드로 이어지는 아리아인들의 종교를 일반적으로 정통 브라만교라고 부른다. 그러나 정통 브라만의 성직자 중심의 종교와 지적인 사색에 대하여 불교, 자이나교 등에서 거센 반발의 물결을 일으킨다. 그리하여 브라만인들은 새롭게 일기 시작한 종교 운동들의 도전에 대하여 브라만교를 유지·강화시키려는 시도를 하게 된다. 도전받고 있던 베다의 권위와 브라만교의 사회윤리 체계를 다

의 마음을 훤히 다 알며, 윤리적이고 도덕적인 신으로서 우주의 질서를 담당했다. 또한 사법의 신이기도 하다.

(3) 아그니 신: 지상의 신들 중에서 가장 으뜸이며, 지상 제단의 주신으로 불로 공물을 태워서 하늘의 신들에게 가지고 가는 천상과 지상 사이의 중개신이다. 불로 제물을 태우는 아그니 신은 인간들 죄까지도 태우는 신이자 인간을 이끌어주는 신이기도 했다(사진 참조).

(4) 루드라 신: 히말라야의 산신으로서 무서운 폭풍우를 몰고 오기 때문에 공포의 신이었지만, 한편으로는 히말라야의 약초를 관리하는 신이기도 했다.

(5) 야마 신: 죽은 조상들을 지배하는 신으로, 인간 사후의 심판을 관리하는 신이기도 했다.

(6) 소마 신: 소마는 감로의 주선이기도 했다.

(7) 우샤스 신: 여명의 신으로 여신이었는데, 악귀를 쫓아 주는 신이기도 했다.

(8) 사라스바티 신: 하천을 관리하는 여신.

(9) 브라하스파티 신: 기도를 도와주는 신.

4) 이은구, 47-53.

시 세우는 한편 비아리아족 계통의 대중적인 신앙요소들을 흡수한다. 그리하여 대중에 기반을 두는 보다 포괄적인 종교 형태가 나타나고, 이 시대를 반동의 시대라 하며, 힌두교의 부흥으로 특징지어진다. 그리고 2대 서사시인 「라마야나」와 「마하바라타」의 집성으로 나타난다.

이때의 가장 위대한 저술서인 「바가바드 기타」는 절대자인 브라만의 우파니샤드 교리와 인간의 모습을 한 신에 대한 신앙을 종합하여 재해석하였고, 또한 요가라는 전통 개념을 정신생활 전반으로 확대시켰으며, 야지나(희생제사)를 의식적인 것보다는 윤리적인 것으로, 카르마를 이기심이 없는 행동으로 해석함으로써 정통 힌두교를 새롭게 강조하였다.

3) 푸라나 시대(300 BC-AD 1200)

서사시대의 힌두교 부흥은 푸라나 시대 동안에도 계속되었다. 신화, 이야기, 푸라나(Puranas)의 전설 등을 통하여, 또 힌두 철학의 철학적 수트라를 통하여 힌두교는 대중화되었다. 푸라나 시대에는 박티 운동이 융성했다.[5] 시바 신과 그의 삭티(여성의 힘) 비슈누, 그의 배우자인 라크슈미가 중심이었다. 시바 신을 다른 신들보다 높은 위치에 두는 사이비즘(Saivism)이 푸라나 시대 초기에 인도의 여러 지역에서 나타난다. 그리고 또 다른 박티 운동이 삭티에 대한 헌신에서 발전된다. 삭티는 한편으로는 무시무시한 면을 가진 칼리 또는 두르가와 또 다른 한편으로는 자애로운 면을 가진 파르바티라 불리는 모(母) 여신 형태를 지닌다. 이러한 운동은 벵골 지방에서 강세를 보였다.

---

5) 힌두교인에게 진정한 인생의 목적은 '브라마'(Brahma)를 얻는 것인데, 이것을 얻는 방법은 다음 세 가지가 있다. 하나는 야나 마르가(Jyana Marga), 즉 지식을 통한 방식이고, 다른 하나는 박티 마르가(Bhakti Marga), 즉 헌신 또는 신애(信愛)의 방법이며, 마지막은 카르마 마르가(Karma Marga), 즉 행동규범의 준수나 행위를 통한 방법이다.

4) 중세 시대(AD 1200-1750)

중세 시대에는 인도 전역에 걸쳐 박티 운동이 확산되었으며, 결과적으로 각 지방어로 된 신앙문헌들이 홍수처럼 쏟아져 나왔다. 이 시대의 박티 운동은 주로 비슈누, 크리슈나, 마라와 그들의 배우자들을 중심으로 한 것이었다. 북부 인도에서는 라마 숭배[6]를 중심으로 한 것과 크리슈나의 숭배[7]를 중심으로 한 두 방향의 박티가 확산되었다. 툴시 다스(Tulsi Das, 1532-1623)라는 사람은 북인도의 마을들을 돌아다니며 아바타라로서의 라마에게 열정적인 헌신을 하라고 가르쳤는데, 그는 인격신에 대한 박티적 헌신과 신의 이름에 대한 경외심 그리고 구루에 대한 존엄성을 강조하였다.

두 번째의 박티 운동은 소 치는 소녀인 라다(Radha)에 대한 크리슈나의 열렬한 헌신에 초점이 맞추어져 있다. 차이타니아(Chaitanya, 1479-1531)라는 사람은 벵골 지역에서 크리슈나 숭배를 강력한 종교 운동으로 만들었다.

5) 현대(AD 1750 이후)

인도의 신흥 지식인들이 서구의 문명과 기독교, 그리고 유럽의 계몽운동의 합리주의, 실증주의 등에 의하여 커다란 영향을 받게 된다. 그리하여 힌두교에서는 자기개혁운동이 시작되었는데, 이렇게 하여 일어난 것이 신힌두교(Neo-Hinduism)이다. 힌두교는 그들의 비합리적 요소를 제거하고 사회 악습을 폐지하려고 노력하였으며 동시에 힌두교에 합리성과 논리성

---

6) 이 운동은 14세기 말에 살았으며 라마누자 학파에 속했으나 바나라(Banaras) 북쪽으로 이주해 간 라마난다(Ramananda)가 시작하였다. 그는 카스트와 완전히 결별했고, 라마(Rama)는 최고의 신으로서 라마에게 헌신하고 그의 신성한 이름을 계속해서 부를 때 이루어진다고 가르쳤다.

7) 차이타니아(Chaitanya, 1479-1531)라는 사람은 벵골 지역에서 크리슈나 숭배를 강력한 종교 운동으로 만들었다. 그가 키르탄, 즉 영교의 노래를 부르면서 크리슈나에게 보인 강력한 감정적 헌신은 하레 크리슈나(Hare Kreshna) 숭배사상에 영감을 제공해 주었다.

을 제공하려고 시도하였다. 이 시기에는 힌두교를 통하여 인도의 민족적 정체성을 강화하려고 하였다. 이때 세 가지 주요한 개혁운동이 있었다. 첫째는 로이(Monhan Roy)가 주도한 브라마 사마지(Brama Samaj) 개혁운동으로 사회개혁과 종교개혁을 시도하였고, 힌두교의 유일신론을 강조하였다. 두 번째 운동은 사라스바티(Swamimi Dayanand Sarasvati)가 주도한 아리아 사마즈(Arya Samaj) 개혁운동으로 민족주의를 고취시키면서 회교와 기독교를 적극 공격하였다. 셋째는 라마크리슈나 선교(Ramakrishna Mission) 개혁운동으로, 그는 특별한 경건심으로 많은 신은 궁극적으로 같은 신이고 다만 신앙의 방법에 차이가 있을 뿐이라고 하였다.

3. 경전

힌두교의 경전은 두 가지 종류로 나누어지는데, 스루티(Sruti)와 스므리티(Smriti)가 바로 그것이다. 스루티, 즉 "들리는 것"은 리쉬, 즉 예언자들이 보거나 들은 영원한 종교의 진리들을 말한다. 리쉬의 제자들은 이 진리를 기록하였고, 그것은 베다(Vedas)로 알려져 있다. 스므리티, 즉 "기억되는 것"은 두 번째의 권위를 가지고 있으며, 일반적으로 법률서와 두 개의 서사시인 라마야나 및 마하바라타, 그리고 푸라나, 아가마를 포함하고 있다.[8]

	경 전		성립 연대
스루티	사미타	리그베다(Rigveda)	기원전 1700-1100년
		야주르베다(Yajurveda)	기원전 1400-1000년
		아타르바베다(Atharvaveda)	기원전 1200-1000년
		사마베다(Samaveda)	기원전 1000년
	우파니샤드(Upanishads)		기원전 1200-500년 또는 기원전 700-500년
	브라흐마나(Brahmanas)		
	아라냐카(Aranyaka)		

<table>
<tr><td rowspan="10">스므리티</td><td rowspan="3">이티하사
(서사시)</td><td>라마야나(Ramayana)</td><td>기원전 5-4세기</td></tr>
<tr><td>마하바라타(Mahabharata)</td><td>기원전 400-기원후 200년</td></tr>
<tr><td>바가바드 기타(Bhagavad Gita)</td><td>기원전 100-기원후 300년</td></tr>
<tr><td colspan="2">푸라나(Puranas)</td><td>기원후 16세기</td></tr>
<tr><td colspan="2">아가마(Agama)</td><td></td></tr>
<tr><td colspan="2">다르마 사스트라(Dharmashastra)</td><td></td></tr>
<tr><td colspan="2">우파베다(Upaveda)</td><td></td></tr>
<tr><td rowspan="3">수트라</td><td>브라흐마(Brahma)</td><td></td></tr>
<tr><td>베단타 수트라(Vedanta sutra)</td><td></td></tr>
<tr><td>요가 수트라(yoga sutra)</td><td></td></tr>
</table>

1) 베다

지혜서이며 가장 오래된 힌두교의 최고의 경전으로서 기원전 1700년에서 기원전 1000년 사이에 이루어졌다. 내용은 신에 대한 찬송, 기도, 의식 등이다. 이들 찬가는 신을 찬양하는데, 이 신들은 여러 가지 자연과 우주 현상을 인격화한 존재이다. 베다는 네 가지 종류가 있는데, 리그베다, 야주르베다, 아타르바베다, 사마베다가 그것이다. 또한 이들 각 베다는 사미타, 우파니샤드, 브라흐마나, 아라냐카의 네 가지 요소로 구성되어 있다.

2) 우파니샤드

"스승이 가까이에 다가앉는다"라는 뜻. 베다의 가장 오래된 한 부분으로 기원전 1200년에서 500년경 사이에 형성되었으며, 철학적 주제를 포함한다.[9] 베다의 다른 부분에는 다신론적인 신화를 포함하나, 우파니샤드

---

8) Norman Anderson/민태운 역, 『세계의 종교들』(서울: 생명의말씀사, 1993), 202-207.

9) 비네이 랄/박지숙 역, 『힌두교』(파주: 김영사, 2005), 32.

는 변하지 않는 유일한 신이며 우주 근원의 실제인 브라만이라는 개념을 드러낸다.

3) 라마야나

“라마가 나아간 길”이라는 뜻. 인도의 대서사시로, 라마의 사랑 이야기이다. 인도인들은 이것을 암송하는 것을 큰 공덕을 쌓는 일이라고 생각한다. 이 서사시는 시인 발미키가 기원전 5-4세기에 쓴 것으로 추정되고 있다.

4) 마하바라타

“바라타 왕조의 대서사시”라는 뜻. 인도의 2대 서사시로, 한 가족에서 갈리어 나간 두 분가(分家) 사이에서 일어나는 갈등에 대한 이야기이다. 그렇기 때문에 마하바라타는 전설과 교훈적인 내용을 담고 있다. 이것은 기원전 400년에서 기원후 200년경에 완성되었기 때문에 이 시기의 힌두교를 연구하는 데 중요한 자료가 된다.

5) 바가바드 기타

“신의 노래”라는 뜻. “마하바라타”라는 인도의 서사시의 제6권에 속하며, 대화 형식으로 쓰여 있다. 윤리 문제로 출발하지만 신의 본질과 인간의 신에 대한 앎을 광범위하게 고찰한다. 현대 힌두교인들에게 가장 잘 알려져 있고 가장 사랑받는 경전이며, 우파니샤드의 범신론적 일원론과 후기 대중적인 종파의 열정적인 유신론을 구별 짓는 분수령이다.

6) 푸라나

“고대의 전승”이라는 뜻. 대중적인 신화, 전설, 계보 등을 백과사전식으로 모아 놓은 작품이며, 형성 연대와 기원이 매우 다양하다. 전통적으로 푸라나는 다섯 가지 주제를 다룬다. 1) 태초의 우주 창조, 2) 주기적인 우주 파괴 이후 두 번째 창조, 3) 신과 성자들의 계보, 4) 역사적인 신기원을 이루는 사건들, 5) 왕의 역사.

7) 아가마

힌두교의 주요한 세 갈래인 바이슈나비즘, 사이비즘, 삭티즘은 각기 예배를 위한 그들 자신의 신학적 논문과 예배 절차서를 가지고 있는데, 이것들이 아가마로 알려져 있다.

4. 교리와 사상

일반적인 세계종교는 그들 자신만의 고유한 교리를 가지고 있으나, 힌두교는 교리에 대한 '의견의 자유'를 최대한으로 폭넓게 인정하고 있기 때문에 '교리'(Dogma)라는 개념 자체를 갖고 있지 않다.[10] 그러나 영혼의 윤회(輪廻, samsara) 내지 전생(轉生)은 인도 사상의 중요한 요소 중의 하나이다. 영혼의 길은 업(業, karma)에 의해서 결정된다. 그러므로 이 업과 윤회라는 인과의 법칙은 인도 사상에서 매우 중요한 개념이다. 업에 의한 선한 행위는 좋은 결과를 낳고 악한 행위는 나쁜 결과를 낳는다. 인도의 윤회와 업이라는 인과율의 사상은 다르마(dharma, 法)라는 개념과 결합하여 힌두교의 기본 사상으로 자리 잡고 있다.

---

10) Max Weber/홍윤기 역, 『힌두교와 불교』(서울: 한국신학연구소, 1987), 34.

1) 업과 윤회

업(業)의 산스크리트 원어인 karman은 '행하다, 행동하다'를 의미하는 동사(kr)에서 파생한 말이며, 일반적으로 이 말의 주격형 karma로 불리면서 보통 '행위'를 의미한다. 업이란 인간이 한 행위의 특성에 따라 그에 상응하는 상태가 되게 하는 힘이다. 그러므로 이 업이라는 힘(業力)이 원인이 되어 사람에게 고난과 행복의 결과를 가져다주게 된다.[11] 윤회란 일반적으로 육체가 없어진 다음에도 불멸의 영혼이 남아 인간세계를 포함하는 어떤 다른 세계에서 생사를 거듭한다는 말이다. 업에 얽매여 끝없이 반복하는 것을 윤회(輪廻, samsara)라고 한다. 반면에 이 업의 속박(束縛)을 끊어 영혼이 진실로 자유롭게 되는 것을 해탈(解脫, moksa)이라고 한다.

업의 원래 의미는 단지 '행위'를 의미하는 것이었다. 업에 의한 윤회사상은 업이 전생으로부터 내생에까지 연장된다고 생각하게 되는데, 이 같은 관념이 인도 일반의 사회적 통념이 되어 인도의 사상계에 큰 영향을 미쳤다. 윤회와 업의 관념이 명백히 확립됨으로써 죽음에서 재생에 이르는 과정이 분명해진 것은 우파니샤드 시대이다. 업사상의 중심은 현세에서의 행위는 내생에서 즐거움을 얻기 위한 필수 조건이라고 보는 것이다.

2) 다르마

대부분의 힌두교도는 태어나면서부터 힌두교도로서 가정이나 카스트의 규정대로 예배하고 제사를 지낸다. 힌두교도의 생활은 정해진 규범에 따라 살게 된다. 그것은 힌두교도 각 개인의 의지에 바탕을 둔 것이라기보다는 카스트·가정·마을 등의 사회적인 관습에 의한 것이다. 이처럼 사회적·종교적으로 힌두교인을 규제하는 것으로서 힌두교도가 사회적·종교적 생활을 해나가는 것을 '다르마'(dharma)라고 한다. 아무런 의심도 없이 따

---

11) 차용준, 『종교문화의 이해』(전주: 전주대학교출판부, 2002), 66.

라야 하는 예로부터의 좋은 습관, 즉 반드시 그렇게 해야만 하는 행위가 '다르마'인 것이다.

산스크리트어 '다르마'는 한자어로 '법'(法)이라는 말로 번역되고, '달마'(達磨)로도 음역된다. 그리고 매우 다양한 뜻을 내포하고 있다. '다르마'는 '보존하는 것'이라는 뜻의 dhr라는 어근에서 유래된 것으로 원래 '지탱하고 유지하는 것'이라는 뜻이다. 그러므로 '인간의 행위를 보존하는 것'이 그 본래의 뜻이다. 가장 본질적인 의미에서 인간존재를 보호·유지하며, 인간을 참으로 인간이도록 하는 것이다. 현대의 힌두교도는 이 다르마를 '생활방법'으로 받아들이고 있다. 다르마에는 카스트의 규칙을 지키는 것, 단식, 제례, 통과의례, 순례, 목욕 등으로 공덕을 쌓아 죽은 후에 생천하기를 바란다는 관념이 다르마의 의미에 포함되어 있다. 결국 다르마는 일반적으로 인정되고 있는 '생활방법'으로서, 여기에는 이를 지킴으로써 개인의 행복이 보장됨과 동시에 가정, 카스트, 마을의 평화와 질서가 보전된다는 메커니즘이 있다. 한편 현대의 일반 힌두교도에게 다르마란 '삶의 길'로 인식되고 있다. 일반적으로 힌두교도들은 다르마가 카스트를 전승하고, 단식을 행하고, 제사를 지내며, 통과의례를 엄격하게 지내고, 신성한 강에서 목욕하는 것 등으로 이해하고 있다. 그러므로 특별한 숭배나 의례, 죄나 공덕 또는 의례상의 부정 관념 등도 모두 다르마와 관련된 것이다. 따라서 다르마란 카스트 제도를 준수하면서 통과의례나 가정의 제사를 행하고, 정결하게 목욕하고, 순례하는 일이 주가 되는 것이다.

3) 해탈

힌두교는 아주 복잡하고 다양해서 힌두교도들에게 믿음과 실천에 있어서 선택의 여지가 매우 넓다. 여러 신과 규범의 여러 형태의 다양한 종교생활이 있음에도 그들 모두에게 공통되는 점이 있다. 그것은 각자의 카스트에 따르는 규칙과 의식을 충실하게 준수함으로써 내생이 더욱 행복해지리라고 믿는 점이다. 즉, 해탈이라고 하는 구원을 얻으려는 점이다.

해탈이라는 말은 인도어로 '목샤'(moksa)라고 하는데, 이것은 '해방'(구원)을 뜻하는 말이다. 해탈의 길(해탈의 방법) 중에서 전통적으로 힌두교는 다음 세 가지를 제시하고 있다.[12)]

(1) 지혜의 길

지혜의 통찰로써 인생의 문제를 해결하려는 것이다. 이러한 시도는 우파니샤드 철학에 바탕을 두고 있다. 여기에서는 인간의 고통은 무지로부터 비롯된다고 생각한다. 오늘날까지 '지혜의 길'을 따르는 모든 사람이 바로 이렇게 궁극적으로 몰입하는 경지에 목표를 둔다. 그러나 지성의 노력만으로는 성취하기 어렵기 때문에 육체의 도움도 조금은 있어야 한다는 생각이 우파니샤드에서부터 싹텄다. 이것이 바로 요가다.

(2) 행위의 길

제사를 올림으로써 또는 공덕을 쌓음으로써 해탈에 이르는 길이다. 이것은 대단히 오래전부터 내려온 방법이다. 이 길은 전통적으로 내려오는 관습을 따르고, 또 그것을 깊이 이해하게 되면 신의 은총도 받게 된다고 믿기 때문에 거의 대부분의 사람들이 이 길을 따랐다. 감정이나 지성에 치우친 태도도 아닌 자신의 공덕을 쌓겠다는 희망을 가지고 일종의 의무감으로 의례와 의식 등을 수행하는 것이다.

(3) 신애의 길

힌두교가 위기에 처했다가 다시 서서히 회복하는 긴 세월 동안 인도의 대중은 나름대로의 종교적인 태도를 굳게 유지하고 있었는데, 이 구원의 길이 바로 박티의 길이었다. 고행을 통한 자기수련과 일원론이 쇠퇴하고 브라만교의 엄격한 의례도 주춤해지면서 박티(信愛)와 푸자(예배)를 중시하게 되었다. 이러한 강력한 박티 운동은 1,000년이 지난 지금까지 인도인

---

12) 이은구, 210-217.

의 종교 생활을 주도하게 된다. 이 박티란 이미 받았거나 아니면 예정된 은혜에 대해 감사하는 마음으로 어느 특정 신격을 지성껏 봉헌하는 것이다.

4) 신관(神觀)

힌두교의 신들은 인도의 역사 변화에 따라 그 중요성과 숭배 대상의 강조도 변천해 왔다. 대중적인 힌두교에는 2억의 성우(聖牛)와 3억 3,000만의 신들이 있다고 한다. 힌두교의 신관(神觀)은 브라마를 최고신으로 숭배하면서도 범신론적인 세계관을 바탕으로 다른 모든 신을 수용한다.[13)] 따라서 그 특성을 정리하면 다음 세 가지로 정리된다. 첫째, 혼합성이다. 힌두교에는 특정한 교의가 없어서 누구든지 사상, 신조, 이념들을 주장할 수 있다. 따라서 힌두교 안에는 원시적인 물신숭배, 애니미즘, 정령숭배로부터 주술, 제식, 다신교, 일신교, 고행주의, 신비주의, 그리고 고도로 발달된 사변적 체계에 이르기까지 거의 모든 형태가 발견된다.

둘째는 관용성이다. 최고신을 섬기면서도 다른 많은 신을 동시에 섬기는 것이 모순되지 않는다. 힌두교 신 관념은 베다 종교의 전통을 계승하기 때문에 다신교적이다. 이러한 사고방식은 다른 종교의 신들도 힌두교의 한 신으로 받아들이고 섬기는 태도를 갖게 한다. 이러한 혼합주의(syncretism) 경향은 남인도의 여러 힌두교 신전에서 예수와 마리아의 사진을 신전의 신으로 모셔 놓고 제사를 드리는 모습에서 찾아볼 수 있다. 마더 테레사의 활동으로 유명해진 콜카타에는 마더 테레사가 자애로운 여신으로 등극한 신전도 있다. 힌두교는 각자의 기질이나 성향 또는 신분에 따라 다양한 종교 관행을 따를 수 있음을 믿기 때문에 다양한 구원의 길과 모든 종교의 상대적인 가치를 인정한다. 그러나 타 종교에 대한 힌두교의 관용도 가장 완벽한 계시라고 믿는 베다와 얼마나 합치되느냐에 따라 결정된다.

---

13) 이충웅, "인도선교를 위한 힌두교 연구", 한세대학교 신학대학원 석사논문, 2008, 48.

셋째는 화신(avatars) 사상이다. 아바타르(avatar)의 의미는 신적 요소의 일부가 인간 또는 동물의 형태로 구체화했다는 것이다. 인간의 몸으로 태어난 신을 믿는 화신사상은 여러 지방, 부족, 카스트의 신들을 융합하는 이론적 근거가 되었다. 가령 비슈누는 세상에 위기가 있을 때마다 일정한 모습을 취하여 사람들을 구원한다는 것이다. 이때 비슈누는 하나이지만 여러 가지 모습으로 그리고 사건마다 변화하여 문제에 대처한다는 것이다.[14)]

무수한 신들 중에서 힌두교의 최고신으로 숭배받는 신은 '창조의 신' 브라마(Brahma), '유지의 신' 비슈누(Vishnu), '파괴의 신' 시바(Shiva)이다. 이 셋을 일체화한 트리무르티(Trimurti)가 삼신일체(三神一體)관이다. 브라마는 힌두교의 최고 신(神)으로 네 개의 머리와 네 개의 손에 물 항아리, 활, 널빤지, 베다를 들고 있으며, 백조를 탄 모습으로 묘사된다. 브라마는 원래 '기도의 주신'으로서 주술적 축문을 담당하는 기능신이었으나 기도의 의미가 커지면서 최고의 존재로 격이 높아졌다. 하지만 창조는 이제 끝이 났다고 믿기 때문에 비슈누나 시바의 그늘에 가려 브라마를 받드는 사원은 매우 적다.[15)]

비슈누는 베다에서 태양의 신으로 등장하

시바신과 그의 부인 파르바티, 그리고 자식 가네쉬의 모습

락쉬미 여신(대중의 사랑을 받는 지혜와 미모의 신)

원숭이 신 하누만(대중들에게 널리 퍼져 있는 신)

14) *Ibid.*, 59-64.

15) *Ibid.*, 50-53.

신들의 형상이 가득한 힌두교 사원의 벽면

는 것 외에는 그리 중요하지 않았으나 서사시 속에서 크리슈나와 동일시되면서 최고의 지위에 오르게 된다. 비슈누의 특징은 동물이나 인간의 모습을 변신하여 나타나는 것이다. 대체로 열 가지의 화신이 존재하며 물고기, 거북이, 멧돼지, 사람 사자, 난쟁이, 도끼를 든 라마, 라마, 크리슈나, 붓다, 칼키 등이다. 비슈누 화신의 목적은 정의와 도덕이 쇠퇴하여 불의와 부도덕이 흥성하게 될 때마다 나타나서 다르마를 왕성하게 하는 것이다.[16]

시바의 기원은 '리그베다'에서 폭풍의 신 루드라에 바탕하고 있으며 파괴와 공포를 관장한다. 시바는 공동묘지에 살며 시체를 태운 재를 몸에 바른 것을 좋아하는 '두려운 살상자', '악귀의 주인'으로 칭하기도 한다.[17] 한편, 힌두교의 세계관에 따르면 파괴는 재생과 관계된다. 세계의 주기는 창조, 지속, 파괴, 재생을 되풀이하는데, 시바는 생식, 생산, 재생을 관장하

---

16) *Ibid.*, 53-54.
17) 스카누마 아키라, 78-79.

는 '위대한 신', '가축의 주', '은총을 베푸는 자'이다. 주로 남성 성기(linga) 모양으로 숭배되며 남인도 타밀 지방에서는 '춤의 왕'으로 숭배된다.[18)]

5. 종교생활과 의례

1) 인도 힌두교인의 생활

인도인들의 생활은 정보통신 분야 등 새로운 강국으로서 빠르게 변화하고 있다. 특히 여자를 귀히 여겨야 신이 기뻐한다고 하지만 가부장적 대가족을 중시하기 때문에 여자의 역할은 유교문화권과 비슷하다.

(1) 인생의 사주기

가) 범행기

인생의 제1기인 범행기는 범행자의 생활로 가르침을 받는 단계다. 그러므로 학생기라고도 한다. 이때에는 아동기를 벗어나는 성인 입문식을 마치고 출가하여 스승의 지도 아래 베다 등의 학문을 배우며 금욕적인 생활을 한다. 먼저 자신의 카스트를 나타내는 표시인 성스러운 흰 천을 수여받아 어깨에 두르는 성인 입문식부터 시작된다. 일반적으로 네 카스트 중 브라만, 크샤트리아, 바이샤의 셋을 재생족이라고 하며, 입문식을 거쳐 새 생명을 얻고 제2의 정신적인 탄생을 체험하게 된다.

나) 가주기

인생의 제2기인 가주기는 학습기간이 끝나고 스승을 떠나 다시 가정

---

18) 시바는 이들에게 술에 취해서 여신 우마와 함께 격렬한 춤을 추는 자로서 친숙하다. 이충웅, 57.

불의 여신 '아그니'에게 올리는 제사의식 아르띠뿌자(인도 바라나시)

으로 돌아와 결혼하고 가업에 열중하면서 가장으로서의 의무를 이행하는 단계다. 이때 자식을 낳고, 신과 조상에게 제사를 올리는 등의 본능적인 욕망과 부를 추구하는 생활을 한다.

다) 임주기

인생의 제3기인 임주기는 임서자의 생활로 은둔하는 단계다. 이때에는 재가자의 삶을 마치고 숲속으로 들어가 은거하면서 명상과 금욕 생활을 한다. 즉, 세속을 떠나 청정한 종교 생활을 하는 시기이다. 이 시기는 가정이나 사회적 관계를 버리기 위한 준비 단계이며, 수행 생활이 중심이 된다.

라) 유행기

인생의 마지막 단계로서 제4기인 유행기는 유행자의 생활로 탁발 성인이 되는 시기다. 숲속에서 수행이 끝난 뒤 탁발걸식하며 돌아다니는 시기이다. 이때에는 일체의 사회적 유대 관계를 끊고 현세의 삶을 포기한 채

오로지 해탈의 세계만을 추구한다. 절대자와의 초월적 합일을 추구하며 깊은 명상에 들어간다.

(2) 힌두교의 실천 방식

가) 출가

베다 시대 말기에 등장한 사려 깊은 사상가들은 일체의 세속을 떠난 사람들이다. 브라만 사제들의 예배 방식에서 회의를 품은 자들이 스스로 숲에 은거하면서 각 개인의 내면의 자아를 발견하려고 노력하였다. 붓다도 출가하여 출가자의 일원으로 수행을 시작했으며, 이미 기원전 4세기경에 마우라 왕조의 시조 찬드라 굽타 마우리아는 왕위에서 물러나 출교하여 자이나교 사원에서 은거한 사실이 있다. 지금도 인도 전역에서 출가 수행자를 쉽게 발견하게 된다.

나) 요가

육체와 정신이 하나가 되게 하여 자신 내면의 자아가 속박으로부터 벗어나는 길을 찾는다. 요가(yoga)의 중요성은 명상을 통한 집중력에 있으며, 이것을 통해 해탈을 얻으려 한다. 요가의 종류로는 크게 세 가지가 있으며, 지혜의 요가, 행자의 요가, 신애의 요가 등이 그것이다.

다) 기도와 명상

기도와 명상은 모두 자아를 억제하고 자기를 순종시킴으로써 영원한 삶을 얻으려는 행법이다. 힌두교는 목욕, 사원 참배, 성지 순례 등과 같이 공덕을 쌓는 일과 카스트 규범을 지키는 일을 중시한다. 목욕은 정화의 의례로 죄를 씻는 것으로서, 갠지스 강에 몸을 씻는 것은 사후에 행복한 사람으로 태어나라는 것을 의미하며, 그러기 위해서 기도와 명상은 필수적인 것이다. 이것은 해탈을 얻으려는 노력이다.

라) 고행의 수도

고행의 산스크리트어는 열(熱)을 의미한다. 인도인은 고행을 함으로써 열이 몸에 모이고 그 열의 힘으로 목적하는 일이 성취된다고 생각한다. 리그베다에 보면 인드라 신이 고행하여 천계를 얻었고, 성선(聖仙)도 고행하여 성스러운 힘을 얻었으므로, 고행을 모든 힘의 원천으로 생각한다. 단식, 자지 않음, 오랫동안 모래에 파묻혀 있음, 물속에서 지냄 등의 고행은 죄의 업에서 벗어나서 해탈하려는 데 있다. 심한 고행을 할수록 죄의 업은 가벼워지는 것으로 믿고 있다.

힌두교 가정사원들(인도)

마) 예배

힌두교도는 날마다 하루의 일과로서 사원을 참배한다. 그러므로 힌두교 사회에서 사원은 개인 및 사회생활에서 아주 중요한 존재이다. 힌두교의 사원에는 중심이 되는 사당과 함께 주위에 갖가지 다른 신들을 모신 작은 사당들이 있다. 예배자는 보통 이것들 하나하나를 두루 참배한다. 인도 의식 중 '푸자'라는 말이 있는데, 이것은 원래 신들에게 향을 피우고 물과 꽃 등을 공양하며 경의를 나타내는 의식을 말한다. 형식은 가지각색이지만 '푸자'란 모든 힌두교도에게 공통되는 신에게 드리는 존경과 헌신을 기본으로 하는 예배 형식이다.

힌두교 시장사원(인도)

바) 성지순례

성지의 유형으로 두 가지가 있다. 첫째, 원래부터 성스러운 장소이기 때문에 거기에 사원이나 신전을 세워 성지가 된 곳이다. 둘째, 사원이나 신전을 세웠기 때문에 성지가 된 곳이다. 전자와 같은 성지는 거의 대부분이 큰 강가에 있다. 인도인은 오랜 옛날부터 큰 강가의 모든 부분을 성스럽게 여겨 왔다. 인도의 여러 강 가운데에서도 가장 성스럽게 여겨지는 것은 갠지스 강이다. 갠지스 강을 인도인들은 '강가'라고 부른다. 그리고 강가를 '어머니의 강'이라고 부른다. 순례자들은 성스러운 '어머니의 강'가의 물에 몸을 담금으로써 온갖 죄악을 씻어낸다. 그들은 죽어서도 그 성스러운 강에서 적절한 제례의식과 함께 화장된다면 시바의 나라에 태어난 무한한 희열을 누릴 수 있다고 믿고 있다.

2) 통과의례

(1) 입문식

남자아이가 6-7세가 되면 이 의식을 거행하는데, 이때 수여받은 성스러운 끈을 평생 동안 어깨에 걸치고 살아야 한다. 이것은 문화사적으로도 중요한 의미를 갖는 의식으로, 그 아이는 입문식을 거행함으로써 비로소 힌두교도로서 제2의 정신적인 탄생을 경험하게 된다. 힌두교도로서의 입교식인 셈이다.

(2) 결혼식

힌두교도에게 결혼의 의미는 매우 커서 카스트 제도가 커다란 변동 없이 유지될 수 있었던 것도 결혼을 엄격하게 준수해 왔기 때문이다. 힌두교 사고방식을 볼 때 결혼이란 현세에 그치고 마는 것이 아니라 내세까지도 이어지는 것이다. 힌두교도에게 결혼은 단지 남녀 두 사람이 함께 일생을 보낸다는 것 이상의 의미를 가지며, 과거·현재·미래의 삼세에 걸친 성스러운 결합을 뜻한다. 결혼식 중 신랑과 신부가 옷자락 끝을 잡아매고, 손을

성스러운 강 갠지스의 다샤스와메드 가트(바라나시)

잡고 일곱 걸음을 걷는 것이 있는데, 이것은 내세까지도 이르게 하는 부부의 굳은 결합을 상징하는 행위로서 결혼식의 절정이다.

(3) 장례식

힌두교도에게 죽음은 끝이 아니다. 죽음으로 인해 영혼은 육체를 떠날 뿐이며, 주검은 다만 영혼을 잃은 물체에 지나지 않는다. 그렇기 때문에 죽은 자의 영혼을 위무하고 새로운 옷을 입을 수 있게 되기를 바란다. 시체는 새 천으로 싸고 꽃으로 장식하여 화장터로 보내 화장한다. 피어오르는 연기 속에서 사람들은 죽은 자의 명복을 빌며 말없이 머물러 있다(사진 참조). 죽음에 대한 슬픔은 크겠지만 크게 통곡하지는 않는 편이다. 수천 년 동안 꺼지지 않는 신성한 불로 여기는 '아그니'에서 채취하여 화장을 한다. 불의 신 '아그니'에게 올리는 불의 축제는 지금도 바라나시에서 매일 저녁 이루어진다(사진 참조).

카트만두 파슈파티나트(네팔 힌두교 본산 바그마티 강가의 화장터). 강가에는 시신을 화장하는 연기가 항상 가득하다.

(4) 제사(조령제)

시체의 처리를 마치고 보통은 11일 만에 상이 끝나게 된다. 그때에는 죽은 사람의 자식이나 친족들이 수염을 깎거나 이발하는 일, 또는 손톱을 깎는 일 등이 허용된다. 그리고 장례식 후 10일부터 31일 사이에 죽은 사람에 대한 추모의 마음으로 최후의 조령제라는 제사를 지낸다. 육신은 죽어서 조령이 된다고 믿기 때문에 조령제가 행해지는 것이다.

(5) 축제

힌두의 축제는 부정의 정화, 해로운 세력 저지, 사회 갱신, 위기 극복, 자연의 활력을 재생시키는 등의 목적을 가지고 행해진다. '홀리'(Holi)는 봄 축제(인도력 2월 16일-3월 15일)로서 크리슈나를 경배하며 즐기는 것이 강조된다. '디왈리'(Diwali)는 가을 축제(풍년기원 인도력 9월 16일-10월 15일)로서 시바의 여신인 칼리에게 제사를 드린다. '푸리'는 천민들을 위해 성전 밖으로 신상(神象)을 메고 나오는 축제이며, '쿰브멜라'는 힌두교와 시크교의 발원지 갠지스 강과 이슬람의 발원지 야무나 강이 서로 만나는 알라하바드(유타르프라데시 주)에서 벌이는 축제이다.

3) 카스트 제도

카스트의 성립은 아리아인(人)의 일부가 인도에 침입한 기원전 1300년 전후 무렵이다. 이 침입을 당하여 선주민(先住民)인 문다인(人)·드라비다인은 아리아인의 지배를 받게 되어 다사라고 하는 노예의 위치에 놓이고 말았다. 마침내 아리아인은 바라문교 문화를 완성하고, 그 후 많은 변천을 거쳐 사제자(司祭者)와 무사가 분화했으며, 선주민은 오직 육체노동이나 잡역에만 종사하게 되었다. 이것이 바라문 또는 브라만(Brahman, 사제자), 크샤트리아(Kshatrya, 무사), 바이샤(Vaisya, 농민·상인 등의 서민), 피정복민(被征服民)으로 이루어진 수드라(Sudra, 노예)의 네 바르나, 즉 카스트로 나타났다.

수드라를 제외한 세 카스트는 종교적으로 재생할 수 있다는 이유로 드비자(再生族)라고도 한다. 네 카스트는 존귀한 자와 비천한 자라는 서열을 나타내고 있어서 보다 높은 카스트에 속한 사람은 보다 낮은 카스트에 속한 사람의 곁에만 가도 더럽혀진다고 생각한다. 각 카스트는 직업을 세습하였으며, 카스트 상호 간의 통혼(通婚)은 금지되었다. 또한 이 네 카스트 밑의 불가촉민[19](不可觸民, Untouchable, 하리잔)을 아웃카스트라고 하는

---

19) 4성에도 들어가지 않는 천민을 '아웃 카스트'(out caster) 또는 '파리아'(Pariah)라고 한다. 천민 중에 천민으로 이들은 주거지가 제한되며 직업 등에 엄격한 제한을 받는다. 이들과 접촉만 하여도 천민이 옮는다 하여 이런 이름이 붙었다. 간디는 이들을 해방하기 위하여 노력하였고, 신의 아들이라 높여주었다. 헌법에서 차별법을 폐지하였으나 지금도 여전히 존재하며, 대도시는 점차로 완화되어 가고 있다. 막스 베버는 유대인이 상업과 금융업에만 종사하면서 종교나 도덕적으로 비천하게 여겼던 고리대금업을 통해 영리활동을 하는 것을 보고 이를 일컬어 천민자본(파리아, Paria)이라고 하였다. 이런 형태의 '근대 자본주의'를 천민자본주의(賤民資本主義, Pariakapitalismus)라고 하며, 용어의 어원은 파리아(Pariah)에서 왔다.

인도 북부의 타지마할(샤자한의 아내 무덤)

데, 일반적으로 카스트제(制)라고 할 때는 불가촉민도 포함된다. 사람들은 누구나 이 카스트 중의 어느 하나에 자동적으로 귀속되게 마련이며, 대대로 이 카스트에서 벗어날 수 없는 것이 원칙으로 되어 있다.

인도의 사회개혁가들이 생각한 인도 발전의 장애요소는 바로 카스트 제도다. 힌두교인은 수많은 카스트(자티: 계급, 등급, 족보)로 나뉘어 있었다. 이미 출생을 통해 숙명적으로 결정되어 버린 카스트는 업과 윤회의 이론에 의해 어느 누구도 벗어버릴 수 없는 삶의 굴레였다. 그렇게 본인의 의사와는 상관없이 결정된 카스트 제도는 결혼, 직업, 교육의 제한뿐 아니라 심지어 다른 카스트 간에는 음식물조차 나누어 먹을 수 없는 악법 중의 악법이었다. 그중에서도 불가촉천민이라 불리는, 가장 낮은 계급에도 속하지 못하는 사람들은 일반인들과 어울릴 수 없도록 주거지와 거리 통행에서조차 제한을 받았다. 이러한 차별이 헌법으로는 폐지되었으나 일상생활 특히 종교적으로는 아직도 강하게 영향을 미치고 있다.

그러나 오늘날 인도의 빠른 산업화와 정보통신 분야의 급성장은 카스

하와마할(바람의 궁전, 인도 자이뿌르)

트를 해소하는 데 도움이 되고 있다. 왜냐하면 교통과 통신의 발달로 자연스럽게 많은 사람이 접촉하게 되고, 많은 직종이 생겨나면서 낮은 계급의 사람들에게도 새로운 일자리를 얻을 수 있는 기회가 보다 풍부해졌기 때문이다. 또한 토지의 자유로운 매매로 카스트 간의 균형이 뒤바뀌기도 하며, 동등한 교육의 기회로 사회적 진출이 활발해지고 있다.

6. 힌두교 현황

인도는 민족과 문화가 상당히 복잡한 나라이며, 세계에서 가장 다양한 종족이 집중되어 있다. 2016년 현재 인도의 인구수는 약 12억 6,688만 명이며, 2020년이면 14억 명으로 중국을 능가하여 세계에서 가장 인구가 많은 나라가 될 것으로 추정되고 있다.[20] 2015년의 한 조사에 의하면, 힌두교도는 10억 9,911만 명으로 추정되며, 세계적으로는 세 번째로 신자가

섬세한 조각으로 가득한 힌두교 사원(인도 카주라호)

많은 종교로서 전 세계 인구의 15.1%를 차지한다. 세계 인구가 96억 명으로 늘어나는 2060년에 힌두교도는 13억 9,290만 명으로 늘어나 세계 인구의 14.5%가 될 전망이다.[21] 현재 인도인의 약 81%가 힌두교도이고, 13%는 무슬림, 시크교도와 그리스도인이 각각 약 2%이다. 또한 네팔은 약 89%가 힌두교도이며, 그 외에 인도네시아의 발리 섬의 약 92%가 힌두교도이다.

---

20) 유엔은 2015년 세계 인구 전망에서 인도의 높은 출산율을 근거로 이같이 추정하고 있다. 곽노필, "인도, 7년 뒤 중국 제치고 인구 1위로"(2015). http://www.hani.co.kr/arti/society/society_general/708486.html#csidx4ba376e9d11f0bf9597448e72519815

21) www.pewforum.org. 퓨리서치센터(Pew Research Center) Religion & Public Life.

7. 대화의 가능성과 선교 접촉점

1) 기독교와 힌두교의 대화 가능성

인도 사회는 수많은 부족으로 구성되어 있으며, 부족과 가족의 유대감이 강하다. 이러한 문화의 사회적 배경에서 개인이 기독교로 개종하면 그는 가족과 부족을 떠나야 하는 어려움을 겪게 된다. 따라서 가족 단위와 부족 단위의 공동체를 인정하고 이들이 그들의 문화와 공동체의 정체성(identity)을 잃지 않으면서 동시에 그리스도 안에서 기독교 신앙의 정체성을 잃지 않고 살 수 있도록 도와야 한다.

예수회의 데노빌리는 힌두교도에게 전도하기 위해서는 전도자 자신이 먼저 힌두화해야 한다는 신념으로 힌두교 복장을 하고 힌두교도들이 먹는 음식을 먹고 산스크리트어를 연구하여 전도하였다. 그는 개종자들에게 힌두교의 의식과 풍속을 버리지 말라고 권함으로 혼합주의(syncretism)의 위험성을 상당 부분 그대로 인정하였다.[22] 근현대사에서 10억 인도인이 가장 위대한 인물로 추앙하는 마하트마 간디는 "이슬람의 알라는 기독교의 신과도 힌두교의 이쉬와라와도 다르지 않습니다. 이러한 신에 대한 믿음은 곧 모든 인류가 형제라는 사실을 받아들이는 것입니다. 또한 모든 종교가 동등하게 존중되어야 함을 의미합니다"[23]라고 하였다. 이 말은 분명히 종교 혼합주의적인 사고라고 할 수 있을 뿐 아니라 종교다원주의의 주장과도 그 맥을 같이하기 때문에 그리스도인이라면 쉽게 동의하기 어려울 것이다.

그러나 세계에서 가장 위대한 선교사 가운데 하나로 인정받고 있으며,

---

22) 종교혼합주의(syncretism)를 피하고 건전한 토착화 선교를 위해 고려해야 할 신학적 주요 쟁점에 대해서는 다음을 참조하라. 김은수, 『현대 선교의 흐름과 주제』(서울: 대한기독교서회, 2015, 개정증보 3쇄), 4부 주제 12 참조.

23) 스탠리 월퍼트/한국리더십학회 역, 『영혼의 리더십－마하트마 간디의 생애와 유산』(서울: 시학사, 2002), 358.

많은 사람에게 『인도의 길을 걷고 있는 예수』라는 저서를 통해 선교적 도전과 감동을 주고 있는 스탠리 존스는 다음과 같이 말하였다.[24] "마하트마 간디는 자기 자신을 그리스도인이라고 부르지 않았고, 사실 그 자신은 힌두교도임을 분명히 하였다. 그럼에도 불구하고 인도 사람들이 예수 그리스도에 대해 그렇게 많은 관심을 갖게 되고 때로는 그리스도인이 된 것은 마하트마 간디의 덕분이라는 사실을 결코 부인할 수 없다." 또한 간디는 연설에서 '신약성서'를 꺼내들고 '산상수훈' 부분을 읽으면서 이렇게 결론지었다. "이것이 여러분에게 드리는 저의 연설입니다. 이렇게만 행동하십시오." 그뿐 아니라 데모에 참여한 인도인 1,200명이 체포되어 투옥되었는데, 그들은 감옥에 있는 동안 '신약성서'를 읽었다고 한다. 또한 이전에 기독교를 열렬히 반대하던 한 민족주의자는 이렇게 말하였다. "나는 간디를 알기 전까지는 기독교를 이해하지 못했습니다." 스탠리 존스는 바로 이러한 것들이 모든 것을 말해 주고 있으며, 간디의 행동에 자신이 감동을 받았을 뿐 아니라 진정으로 간디에게 감사해야 한다고 하였다.[25]

따라서 기독교 복음을 힌두교인들에게 좀 더 호소력 있게 전달하기 위해서는 기독교의 정체성을 훼손하지 않는 한 그들을 포용하고 좀 더 관대하게 받아들여야 할 것이다. 우리가 기독교의 특성만을 들어 그들을 배타적으로 대하지 말아야 하는 진정한 이유에 대해 평생을 인도에서 선교사

---

24) 스탠리 존스/김상근 역, 『인도의 길을 걷고 있는 예수』(서울: 평단, 2005), 122.

25) 스탠리 존스, 135-136, 143. 간디는 존스와 대화에서 그에게 다음과 같이 조언해 주었다. "우선 당신네 그리스도인들과 선교사들을 포함한 모든 서양인이 오늘부터 예수 그리스도처럼 살아가도록 하십시오. … 두 번째로 당신들은 반드시 당신네 종교의 가르침대로 그대로 살아야 합니다. 품위를 떨어뜨리는 행동을 하지 말고 타협을 하지 말 것을 제안합니다. … 세 번째로 나는 당신들이 사랑을 강조해야 한다고 생각합니다. 사랑이야말로 기독교 정신의 중심이기 때문입니다. … 네 번째로 내가 제안하고 싶은 것은 당신들이 비기독교 종교와 문화를 좀 더 열린 마음을 가지고 공부해야 한다는 것입니다. 그렇게 해서 당신들은 비기독교 종교와 문화 속에 있는 장점들을 찾아내어야 합니다. 그래야 당신들이 그들에게 접근할 때 보다 호소력 있게 다가갈 수 있을 것입니다." 215-218.

로 활동하였던 스탠리 존스는 이렇게 결론지었다. "이제 나는 확실히 말할 수 있습니다. 나의 임무는 인도의 길을 걷고 계신 그리스도에게 사람들을 소개하는 것입니다." 임마누엘 영으로서 영원한 선교사이신 그리스도는 우리보다 앞서 인도에 가셔서 그들과 함께 길을 걷고 계시기 때문에 우리의 사명은 그들에게 그리스도를 단지 '소개하는 사람'(introducer)이라는 것이다.[26]

그러므로 우리는 그들이 많은 관심을 가지고 던지게 되는 질문들에 대해 보다 적극적인 대답을 시도해야 할 것이다. 그 가운데 몇 가지를 살펴보면, "기독교는 보편적인 종교입니까? 만약 그렇다면 왜 기독교 내부에 여러 가지 분파가 존재하고 있습니까? 서로 다른 감정이 있는 것입니까?", "왜 하나님은 수천 년 동안 수천, 수억 명의 사람들을 희망도 없이 멸망시켜 하나님이 그들을 위해 준비한 지옥이라는 고통의 장소에 가도록 내버려 두셨다가 갑자기 아들을 보내시어 그들을 위해 죽게 하신 것입니까?", "왜 힌두교인들은 예수는 받아들이면서도 기독교는 거부할까요?", "인격적이면서도 동시에 비인격적이기도 한 힌두교의 절대신에 대한 믿음이 오직 인격적인 하나님에 대한 믿음만을 가르치는 기독교보다 더 깊은 만족감을 주는 것이 아닌가요?", "기독교에서는 '구원'이라는 생각이 자연스럽게 받아들여지는 것이지만, 타 종교에는 낯선 것이 아닐까요?"[27]

특히 힌두교나 불교 문화권에서 사역하는 선교사는 인격적으로 통전성과 신뢰성을 갖춤과 아울러 자비의 사람으로 복음을 나타내야 한다. 즉, 선교사가 인격적으로 현존에 실패하면 어떠한 메시지와 전략도 소용이 없기 때문이다. 가령, 이들에게 선교사가 금욕적인 모습을 보이지 않으면 그들은 그 선교사를 하나님의 뜻에 부합하지 않은 사람으로 간주한다. 결국 힌두교 문화권에서 복음이 전달될 수 있기 위해서는 선교사의 토착화를 위한 부단한 노력과 삶을 통한 모범이 뒤따라야 할 것이다.

---

26) 스탠리 존스, 384

27) 스탠리 존스, 227-232

힌두교인들은 하나님에 이르는 길이 유일하지 않고 여러 방법이 있다고 믿는다. 간디는 "그리스도가 하나님의 독생자라고 하며 그를 믿는 자만이 영생을 얻으리라고 하는 것은 내가 믿기 힘든 것이다. 하나님께서 많은 아들들을 가질 수 있었다면, 우리 모두도 그의 아들이 될 수 있다. 예수가 하나님과 같았다면 … 그때엔 모든 인간도 하나님과 같았을 것이며 그들 모두가 하나님이 될 수도 있는 것이다"라고 하였다. 그는 존 웨슬리의 '주 달려 죽은 십자가' 찬양을 좋아하고 십자가에 매력을 느꼈지만 십자가는 그에게 변화를 위한 효율적인 고통이자 하나의 수단일 뿐이었다.

힌두교인들은 예수님의 성육신도 윤회의 개념으로 이해한다. 즉, 세계를 유지하는 동정심 많은 비슈누 신은 9번이나 육체로 나타났으며, 이러한 윤회 가운데 하나가 부처라는 것이다. 따라서 예수님이 하나님의 화신으로 나타났다는 사실을 그들이 받아들이도록 하는 것은 어렵지 않으나 하나님의 유일한 화신, 즉 성육신으로 받아들이도록 하는 것은 어려운 일이다.

그리스도의 부활에 대해서도 계속적으로 일어나는 재생설을 믿는 힌두교인들에게 어려운 점이다. 힌두교의 신조 가운데 "우리는 무신론자, 일원론자, 다신론자, 불가지론자 혹은 유신론자의 그 어느 것도 거부하지 않는다(Vedanta)"라고 기록하고 있어서 그리스도의 유일성을 받아들이기 어렵다.

따라서 기독교 복음이 힌두교인들에게 좀 더 호소력 있게 전달되기 위해서는 기독교의 정체성을 훼손하지 않는 한 그들을 관대하게 받아들이며 선교사이신 삼위일체 하나님의 능력을 의지해야 한다. 스탠리 존스는 말하기를 "나의 임무는 인도의 길을 걷고 계신 그리스도에게 사람들을 소개하는 것입니다."

2) 선교 접촉점과 과제

힌두교는 신을 찾고 신을 사랑하는 종교이나 포용적 성격으로 기독교 선교를 어렵게 한다. 이러한 자들에게 효과적으로 복음을 전하기 위해서는 그들의 교리와 사상에서 유사점을 찾아 그것으로 접촉점을 삼는 것이 중요하다. 특히 인도인들은 모든 개체가 하나라는 사고를 지니고 있어서 힌두교인들에게는 차이점을 이야기하는 것보다는 유사점을 이야기하는 것이 도움이 될 것이다. 가령, 유형론적으로 힌두교의 브라마(Brahma), 비슈누(Vishnu), 시바(Shiva)의 셋을 일체화하는 삼신일체(三神一體)의 트리무르티(Trimurti) 신관(神觀)은 기독교의 성부(聖父), 성자(聖子), 성령(聖靈)의 삼위일체(三位一體)의 트리니타스(Trinitas) 신관(神觀)과 유비될 수 있을 것이다. 교리적으로 다를지라도 아시아의 삼일신적 사고는 같은 아시아에서 발생한 기독교를 이해하는 데 유익한 선교 접촉점이 될 수 있다.

에릭 닐센(Erik W. Nielsen)의 이야기는 그들과 접촉한 좋은 사례라고 할 수 있다. 그는 덴마크의 선교신학자로서 더운 여름 인도를 방문하게 되었다. 그는 방문 목적을 다 마친 뒤 그의 친구이자 힌두교의 최고 지도자인 브라만의 초청으로 고원에 있는 피서지에서 시원한 휴가를 함께 보낼 기회를 가졌다. 이 두 사람은 일주일을 함께 보내며 각자의 종교생활에 서로 참여하게 되었다. 이들은 함께 명상하고 기도하며 대화를 가질 수 있었고, 다 같이 성경과 힌두교 경전인 베다를 읽었고, 서로를 위해 기도하였으나 개종을 권유하지는 않았으며 서로의 영역을 존중하며 침묵하였다. 일주일이 지난 뒤 서로 헤어질 시간이 되었을 때 닐센 목사님은 마음이 점차 불안해짐을 느꼈다. 왜냐하면 그는 힌두교 친구로부터 깊은 헌신과 진정성, 평온함과 지혜에 감동되어 있었고, 그에 비해 자기 자신은 증언을 위한 확신이 부족하였으며 의심이 많았고, 윤리와 정신의 천박성을 뼈저리게 느꼈기 때문이다. 그는 하나님의 영이 그의 친구에게도 함께하심을 느끼면서, 자기 자신이 과연 기독교의 유일성만을 주장할 수 있는지를 스스로 자문하며 그와 헤어지게 되었다. 그러고 난 뒤 몇 달이 지났을 때 그는 그의 친구로부터 이런 편지를 받았다.

"오늘은 내게 있어서 무척 특별한 날입니다. 우리가 지난여름에 함께 지냈던 그 한 주일 동안에 나는 당신 속에서 나의 모든 생애 동안 찾아 왔던 중요한 것을 보았습니다. 오늘–당신께서도 기뻐하시리라고 생각합니다만–나는 세례를 받았습니다."[28)]

이 이야기는 삼위일체 하나님이 선교하시는 하나님임을 잘 보여준다. 그리스도인들이 복음으로 사람 앞에 진실하게 실천하며 살아간다면 하나님은 그들을 자신의 선교(missio Dei) 도구로 사용한다는 것이다. 이것은 인도의 지도자 간디가 그리스도인들을 향해 요구한 것이기도 하다.

한편, 힌두교 선교에는 어려운 과제도 많다. 힌두교는 교리적으로 포용력이 너무 강하여 기독교가 힌두교 사람들을 기독교로 개종시키기보다는 오히려 흡수당하는 위험이 있을 정도다. 힌두교 선교는 인도의 사회적 환경과 문화와 경제적 요인 등 복잡한 면이 있다. 만약 기독교로 개종하면 다음과 같은 어려운 결과를 초래한다. 공동체로부터 축출, 가족들의 명예손상, 결혼의 어려움, 박해 등이다. 힌두교가 국교인 나라에는 한때 "아버지의 종교"를 바꾸면 6개월 징역을 사는 법이 있었다. 지금은 호전되었으나 아직도 선교사 입국이 거부되고, 개종하면 사회적으로 많은 불이익을 당한다. 인도도 공식적으로 선교사를 받지 않으며 기존 선교사를 감소시키는 형편이다.

간디가 힌두교 지도자 회의에서 이제부터 출생의 이유로 불가촉민으로 대접받는 일이 있어서는 안 된다고 역설하여 카스트로 인한 차별금지안이 통과되었으나 아직도 개혁이 제대로 이루어지지 않고 있으며,[29)] 출생 종교적 성격이 강해서 다른 종교의 선택은 그 사회에서의 이탈을 뜻한다. 이러한 카스트 제도로 인한 사회적 분위기가 힌두교 선교의 최대 어려움 가운데 하나다. 최근에는 극우 힌두교 조직들(Vishwa Hindu Prishad, Rshtriya Swayam Sevak, BJP 정당 등)이 힌두교를 국교로 만들기 위해 테러를 자행하고 교회를 파괴하는 등 폭력을 행사하기도 한다.

또한 인도의 3,000여 개 부족 가운데 지금까지 100여 개 부족에만 복

---

28) 김은수, 『신학자와 떠나는 성경인물 여행』(서울: 생명나무, 2015, 6쇄), 230-231.

29) 스탠리 월퍼트/한국리더십학회 역, 『영혼의 리더십–마하트마 간디의 생애와 유산』(서울: 시학사, 2002).

음이 전파되었으며, 1,652개의 언어와 방언 가운데 46개 언어로만 성경이 번역된 상태다. 특히 북인도의 경우 평균 2,000개의 마을에 단 1개의 교회가 있을 뿐인데 외국인 선교사의 숫자는 도리어 줄어들고 있는 추세다. 공용어가 18개이고 수천 개에 달하는 카스트 집단과 부족과 언어가 있다는 점은 인도 선교의 어려움을 단적으로 보여준다.

참고문헌

Norman Anderson/민태운 역.『세계의 종교들』. 서울: 생명의 말씀사, 1993.

Stephen P. Appenzeller, Huyler.『인도, 신과의 만남』. 서울: 다빈치, 2002.

David Frawley/김병채 역.『베다 입문: 이 시대를 위한 힌두와 베다 지식』. 창원: 아쉬람, 2004.

E. Stanley Jones/김상근 역.『인도의 길을 걷고 있는 예수』. 서울: 평단문화사, 2005.

Max Weber/홍윤기 역.『힌두교와 불교』. 서울: 한국신학연구소, 1987.

비네이 랄/박지숙 역.『힌두교』. 파주: 김영사, 2005.

스가누마 아키라/문을식 역.『힌두교』. 서울: 여래, 2003.

스탠리 월퍼트/한국리더십학회 역.『영혼의 리더십 – 마하트마 간디의 생애와 유산』. 서울: 시학사, 2002.

안넬리제·페터카일하우어/전재성 역.『힌두교의 그림언어 – 인도 신들의 세계와 그들의 상징체계』. 서울: 동문선, 1994.

관소황.『힌두교 입문』. 서울: 여래, 2003.

김은수.『현대 선교의 흐름과 주제』. 서울: 대한기독교서회, 2015(개정증보 3쇄).

______.『신학자와 떠나는 성경인물 여행』. 서울: 생명나무, 2015(6쇄).

이은구. 『힌두교의 이해』. 서울: 세창출판사, 1997.
차용준. 『종교문화의 이해』. 전주: 전주대학교출판부, 2002.
채필근. 『비교종교론』. 서울: 대한기독교서회, 1960.
최정만. 『비교종교학 개론』. 서울: 이레서원, 2000.

제3부

한국 토속종교

제1장

대순진리회

1. 발생 배경과 시대적 상황

1909년 6월 24일 증산이 39세의 나이로 사망함에 따라 증산교는 사분오열되었다. 증산의 가르침을 통일성 있게 이해하기가 어려웠기 때문에 그의 생애와 가르침을 활자화한 『증산천사공사기』(1926년)를 처음 발간하기까지 거의 20여 년이 걸렸다. 일부 지도자들은 자신이 이해하고 있는 바에 따라 신도들을 이끌어 갔으며, 그 결과 같은 증산 교단이라고 하더라도 그 성격이 서로 다를 수밖에 없었다. 증산의 가르침을 불교적으로 이해한 사람들은 불교 형태의 교단을 형성하였고, 유교적으로 이해한 사람들은 유교식의 교단을, 선교(仙敎)적으로 이해한 사람들은 선교 형태의 교단을 형성하였던 것이다.[1)]

증산 사후 가장 큰 교단을 이끌었던 보천교의 차경석은 자신이 증산을 대신할 후세주인(後世主人)임을 자처하면서 교조의 가르침과 정통성에서 벗어났다. 증산의 영적 제자로서 종통을 이어받은 조철제가 1923년 전라북도 정읍군에서 무극대도를 창시하였으나 1936년 일제의 '종교단체 해산령'에 의해 여타 다른 종교단체들과 함께 강제 해산되었다. 1945년 해방이 되

---

1) 이 책 제3부 제5장, '6. 교단 구조와 현황'의 도표 참조.

강증산이 대각(大覺)한 모악산 대원사 칠성각. 일반적이지 않게 대웅전과 나란히 서 있는 것이 특징이다.

자 1948년 부산에서 다시 종단을 일으키고, 이름을 태극도로 바꾸었다. 1958년 창도자인 조철제가 사망하자 그의 유명(遺命)에 따라 박한경이 2대 도전이 되었다. 그러나 조철제의 아들 영래(永來)와의 사이에 주도권을 놓고 불화가 잦았다. 그러자 박한경은 1969년 4월 지지자들을 이끌고 교단을 나와 서울시 성동구 중곡동에 터전을 잡고 대순진리회를 창립하였다. 태극도에서의 직위 '도전'의 호칭을 그대로 사용하여 대순진리회 도전이 되었다. 강증산을 "구천응원뇌성보화천존강성상제"(구천상제)라는 칭호를 붙여 신격화했다.[2)]

---

2) "구천응원뇌성보화천존"의 뜻은 하늘에 계신 유일한 신의 존함이며 이 이름을 부르며 부적을 사용하면 이를 감응하시어 우리의 소원을 들어준다는 것이다. 구천(九天)은 『전경』(典經)의 "… 모든 신성(神聖) 불(佛) 보살(菩薩)들이 회집(會集)하여 구천(九天)에 하소연하므로 …"(「교운」 1장 9절)에 근거하여 우주(宇宙)를 총할(總轄)하는 가장 높은 위(位)에 계신 천존(天尊)을 뜻하며, 응원(應元)은 모든 천체(天體)와 삼라만상(森羅萬象)이 다 천명(天命)에 응(應)하지 않고 생성(生成)됨이 없음을 뜻하

1992년 여주에 새 건물을 지어 본부를 옮겨 육영사업과 의료사업을 하면서 전성기에 이르지만 박한경이 후계자를 지목하지 않은 채 1996년 1월 23일 사망하면서 교단은 갈등을 겪고 있다. 표면적인 분열 원인은 종교적 교리 해석에서의 차이지만, 실제로는 권력과 2,400억 원의 종교 자금이 원인이다.[3] 결국 뿔뿔이 분열돼서 크게 10개 정도의 점조직이 된 상태다.

종단의 명칭 '대순진리'(大巡眞理)는 음양합덕(陰陽合德), 신인조화(神人調化), 해원상생(解冤相生), 도통진경(道通眞境)의 대순(大巡)하신 진리(眞理)를 종지(宗旨)로 하여 인간개조(人間改造)와 정신개벽(精神開闢)으로 포덕천하(布德天下), 구제창생(救濟蒼生), 지상천국건설(地上天國建設)의 목적(目的)을 달성(達成)하기 위하여 창설(創設)된 종단(宗團)의 명칭(名稱)이다.[4]

며, 뇌성(雷聲)은 천령(天令)이며 인성(仁聲)이며, 뇌(雷)는 음양이기(陰陽二氣)의 결합(結合)으로써 성뢰(成雷)된다. 보화(普化)는 우주(宇宙)의 만유(萬有)가 유형(有形) 무형(無形)으로 화성(化成)됨이 천존(天尊)의 덕화(德化)임을 뜻하며, 천존(天尊)이라 함은 군생만물(群生萬物)을 뇌성(雷聲)으로 보화만방(普化萬方)하시는 지대지성(至大至聖)한 삼계(三界)의 지존(至尊)을 뜻하며, 강성상제(姜聖上帝)는 우주(宇宙) 삼라만상(森羅萬象)을 삼계대권(三界大權)으로 주재(主宰) 관령(管領)하시며 관감만천(觀鑑萬天)하시는 전지전능(全知全能)한 하느님의 존칭(尊稱)을 뜻한다.

3) 현재 대순진리회에는 대표자가 없고 은행 예금 2,400억 원은 공탁된 상태이다. 예금주의 자리를 두고 각 세력 간에 수십 건의 소송이 진행 중이며 조직폭력배를 동원한 폭력사태도 여러 차례 있었다.

4) 대순(大巡)은 큰 대(大)와 돌 순(巡)으로, 크게 돈다는 것이며 둥근 것이다. 걸리는 데가 없고 막히는 것이 없으므로 이것을 원(圓)이라 하고, 원(圓)이 무극(无極)이며 극이 없는 것이다. 따라서 무극(无極)이 대순(大巡)이고, 태극(太極)이 무극(无極)이다. 전(全) 우주(宇宙)의 모든 천지일월(天地日月)과 삼라만상(森羅萬象)의 진리(眞理)가 대순(大巡), 무극(无極)의 진리(眞理)다. 우리는 이 진리(眞理)를 통해 가는 것이고 전(全) 우주(宇宙)의 진리(眞理)가 이 대순진리(大巡眞理) 안에 다 들어 있다. 무궁무진(無窮無盡)한 이 진리(眞理)를 가르치는 곳이 대순진리회(大巡眞理會)이다. 대순(大巡)은 『전경』(典經)과 「교운」(敎運) 1장 9절 등에 근거한 이름이다.

2. 창시자

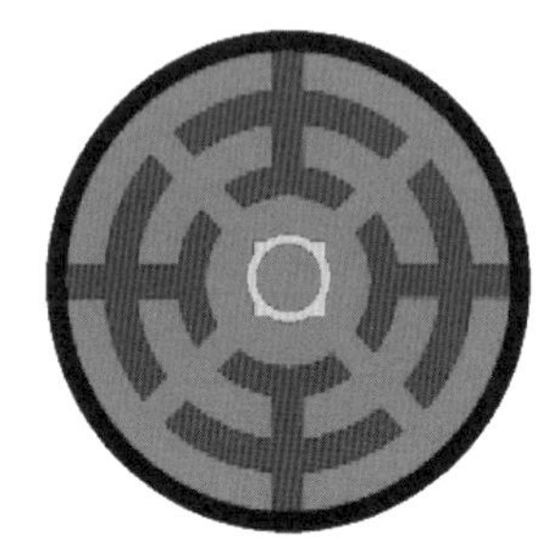
대순진리회 심볼

대순진리회를 창립한 박한경은 1917년 11월 30일 충북 괴산군 상모면 문강리에서 태어났다. 비교적 평범한 유·청년기를 보내다가 8·15 해방을 맞고 30세 되던 1946년에 조철제의 태극도에 입도하였다. 그는 남달리 포교에 주력하여 1954년 충청북도 지방의 포감이 되었고, 조철제의 두터운 신임을 받아 1958년에는 시봉원 도전이 되고, 그해 조철제의 사망으로 태극도의 2대 도전이 되었다. 그러나 계속된 고소와 끊임없는 불화를 겪다가 1968년에는 도전 자리를 사임하고, 서울 성동구 중곡동에 기지를 정하여 그를 따르던 신도 300여 가구를 집단 이주시켜 1969년 대순진리회를 창설했다.

도전의 도(都)는 '맡다', '주관하다'라는 뜻이고 전(典)은 우주 삼라만상의 모든 질서와 법을 말한다. 그러므로 도전(都典) 박한경은 우주 삼라만상의 모든 질서와 법을 주관하고 계시는 하느님이라는 뜻이다. 하지만 대순진리회의 연원은 증산교의 구천상제 강일순과 계시를 받아 종통을 세운 태극도의 도주 조철제, 그리고 유명으로 직접 종통을 계승한 도전 박한경으로 이어진다. 이 셋은 대순진리회의 신앙의 대상이며 창시자의 신앙적 계보이다.

박한경은 구천상제가 제시한 해원상생(解冤相生)과 보은상생(報恩相生)의 법리를 몸소 실천하고 80년간의 인계사(人界事)를 마친 후 1996년 화천하였다. 신도들은 그의 위업을 기리고 그 뜻을 받들기 위해 그를 영대에 봉안하고 주문에 모셔 신봉하고 있으며, 그의 고향인 괴산군 방곡리에 생가 복원 및 기념관 건립을 추진하고 있다.

3. 경전

대순진리회의 경전은 『전경』(典經)이며, 『대순전경』을 기초로 박한경이 감수하여 편찬했다. 『전경』은 신앙과 포교 원리로서 「행록」, 「공사」, 「교운」, 「교법」, 「권지」, 「제생」 그리고 「예시」 등 일곱 부분으로 되어 있다. 이것은 대부분이 강증산의 약 40년간의 생활 기록들이며, 「행록」은 강증산의 일대기, 「공사」는 강증산의 교훈, 「교운」은 정산 조철제의 생애, 「교법」은 그들의 신앙 원리, 「권지」는 강증산의 예언, 「제생」은 치유법, 「예시」는 미래의 될 것을 말한 것이다. 여기서 『전경』의 원리 가운데 상제, 신명, 광구 그리고 해원상생을 살펴볼 것이다.

1) 전경의 상제(上帝)

『전경』에 의하면 상제는 신앙의 대상자이나 형이상학에서 말하는 제1원리, 철학에서 전제되는 실체 내지는 구극자(究極者) 따위가 아니다. 구천상제로서 살아 있으면서 공간과 시간을 조화하는 구천의 존재이다. 신앙고백서에서 신앙 대상을 '구천상제' 또는 '구천응원뇌성보화천존 강성상제'로 표명한다.[5] 그의 성격을 네 가지로 볼 수 있다.

---

5) 강증산은 신적 존재, 곧 상제로서 인간의 모습을 빌려 이 세상에 내려오셔서 천하사를 바로잡으시고 구천으로 되돌아가셨다는 것이다. 그리고 그는 인간신으로서 삼라만상을 주관하고 인간들의 육체적 질병을 고쳐 주고 전 인류, 전 세계를 구제할 구세자라는 것이다. 그는 그의 추종자들에게 말하기를 "어느 누구도 능히 따르지 못할지어다. 내가 가서 일을 행하고 돌아오리니 그때까지 믿고 기다리라. 만일 나의 그늘을 떠나면 죽을지니라"라고 하였다. 이것은 「상제의 귀환론」이다. 장병길은 강증산을 "만인을 살리는 상제로 보며, 그의 신인과 광인의 두 갈림길에서의 고뇌는 옛적의 석가에 비할 수 있을 것이요, 가까이는 유대인들로부터 받은 예수의 조롱이나, 마호메트에 대한 아랍인들의 핍박에 비견될 수 있을 것"이라고 하였다. 장병길, 『大巡宗教思想』(서울: 대순진리회출판부, 1989).

첫째, 구천상제는 권능자이다. 강성상제는 하늘, 땅, 사람의 삼계를 주재하여 신천 세계를 바로 잡아서 선경(仙境)을 열어 놓은 권능자이다. 그 권능 때문에 천지신명들이 상도(常道)를 알고 갖가지의 재화(災禍)가 일어나 참상을 빚고 있는 하늘 세계를, 땅, 세계, 사람, 세계를 건져주시기를 온 누리들이 그에게 호소하였다. 그 권능은 '만인을 살리시는 권능'이었다. 이 세상에 침입한 가지가지의 악마적인 존재, 즉 폭우와 한발, 천둥과 번개, 계절 변화에서 오는 괴변, 달의 일그러지고 차는 영처, 태양의 운행, 별들의 움직임, 생명과 죽음 등에 시달림을 받는 사람들을 살리기 위하여 강성상제는 권능을 베풀었다는 것이다.

둘째, 구천상제는 예지자이다. 대순진리회에서 신봉하는 예지자는 다른 측면이 있다. 예지는 미래에 관한 예언의 면보다는 현실에서 일어난 일들의 원인과 그 원인 때문에 앞으로 생기거나 일어날 일들을 꿰뚫어보는 지혜를 말한다.

셋째, 구천상제는 약속자이다. 구천상제는 천지신명들의 호소에 응하여 이 세상에서 강세하기로 결정하고 진멸에 빠진 이 세상을 널리 구할 것을 약속하였다. 그 약속대로 삼계를 대순한 그 거룩한 성신을 인간의 몸에 기탁하였다. 그 후부터 천하광구(天下匡救)의 공사를 약속한 대로 하나씩 처결하였다. 그 공사를 처결하고 구천상제는 "삼대권을 주재하여 조화로써 천지를 개벽하고 후선경을 열어 고해에 빠진 중생을 널리 건지려 하노라"라고 약속하였다.

넷째, 구천상제는 천하광구자(天下匡球者)이다. 구천상제는 비겁에 쌓인 인간만을 구하는 구원자가 아니라 신명들을 구원할 구원자다. 여기서는 제생(濟生)의 구원에만 언급고자 한다. 재생구원에는 의법(醫法)으로 제생하는 것과 도술로 제생하는 두 가지 구원이 있다고 생각된다. 의법에 의한 제생은 인간의 몸에 있는 경락(經絡)이나 장부를 진찰, 진맥하여 약재를 써서 질병으로부터 갱생케 하는 것이다. 한편으로는 약재를 쓰지 않고 병마에 시달리는 사람을 신력(神力)으로 구원하는 것이다.

2) 전경의 신명(新明)

전경의 신명은 홀로 계시는 상제에 의해서 조화되어야 하는 상제와 격위(格位)를 달리하는 대상화한 존재인 것이다. 다시 말해서 신명은 천지에 가득 차 있는 존재인 것이다. 즉, 스스로 홀로 존재하면서도 상대적이고 세계 안에 있는 영원한 존재이며, 세계의 사정을 스스로 의식하면서 그 사정에 밝게 알고 있는 존재다. 장병길 교수는 대순진리회의 신명은 범재적이고, 내재적인 존재라고 하였다. 대순진리회의 신명과 상제와의 관계는 서로 상이한 존재로서 임무를 수행하고 있다. 다시 말하면 별개의 신적 사역을 하는 것이다. 즉, 신명은 또한 각기 지방적, 지역적, 가문적인 독립 신으로 존재한다. 예를 들면 조선신명이 있고, 서양신명이 있으며 또 각 나라의 신명이 있고, 각 지방의 신명이 있다. 이와 같이 계속 세분하면 각 가문적 신명이 있고 그들은 독립적 존재로서 사역을 한다.[6]

대순진리회의 신격 사역에 있어 신명 외에 신장(神將)이 있으며 그 신장은 다음과 같이 신계(神階)가 있다. 그것은 28숙제대신장과 5방신장과 48신장이 있으며, 천상옥경에는 천존신장과 태을신장과 수문신장 등이 있어 신계를 이루며 우주(宇宙)와 관련된 신장 24절제대신장이 있고 그 외 여러 기능의 신장 등이 있다. 또 기(氣)와 정기(精氣) 등이 있다. 따라서 그 존재들이 수직적으로 위로는 상제와 대하고, 아래로는 인간을 비롯한 만물만상과 대하고, 병행적으로 저들의 그룹 내에서 상등관계를 유지하고 있다. 대순진리회에는 개념화된 신명들이 많이 있어 신성의 다양성으로서 그들

---

6) 신명들은 초자연적이고 독립된 개체적 존재여서 일반적인 사람과는 뚜렷하게 다르나, 사람들의 마음을 이해하는 능력을 갖추고 있다는 점에서 인격적이며, 강력한 힘과 자유로운 의지를 소유한다. 요컨대 모습을 갖추어 신체나 마음에서 매우 사람을 닮고, 특히 고유명사를 가진 초자연적인 존재가 된다. 그러나 신명들은 이상에 세 가지 특징을 지니면서도 격위(格位)에서 상제의 그것보다는 얕다. 그리고 신명보다 한층 더 얕은 신장(新將)들도 있고 자연물이 자연현상과 결합한 정령(精靈)적인 존재들이 있다.

은 우주와 자연, 역사, 인간들에게 각양각색의 신적 사역을 하고 있다. 즉, 산신, 땅신, 우물신, 집신, 나무신, 바위신, 그 밖의 삼라만상의 명칭과 비례한 신들의 존재와 같은 것이다.

3) 전경의 광구(匡救)

『전경』에 나타난 광구관은 그들의 구원관으로서 가장 핵심적인 원리이다. 강증산이 "혼란하기 짝이 없는 말대의 천지를 뜯어 고쳐서 새 세상을 열고 비겁에 빠진 인간과 신명을 광제하여서 각기 안정을 누리게 하고자 천지를 개벽하고 새로운 배포를 꾸미는 진법을 펴셨다"는 것이며, 선천세계를 후천세계로 개벽한 것이다. 그는 하늘과 땅 그리고 인간들이 서로 분립하고 대립하면서 살아가고 형성하므로 그들의 잘못을 바로 잡아서 건져준다는 것이다. 이것을 광구(匡救)라 하며 이 원리가 강증산의 "광구관"이다. 많은 종교가 그들의 신도만의 구원을 말하고 있으나 대순진리회의 광구관은 강증산이 천하를 대순하여 종교인이든 무가교인이든 할 것 없이 온 누리를 광구한다. 즉, 만인 구원이요, 만세 구원을 말한다.

광구의 방법을 보면 강증산이 천지와 인간들의 배후에서 조절하고 조화시킨다는 것이다. 곧 천지공신의 개벽이다. 강증산은 광구하기 위해서 삼계 곧 하늘, 땅, 그리고 사람을 위해 9년 동안 후천세계를 건설하고 구천으로 갔고 지금은 천지공사를 하고 있다는 것이다. 이를 좀 더 세부적으로 살펴보면 다음과 같다.

첫째, 대순진리회의 광구관은 후천지 건설이다. 강증산은 선천지가 잘못되어 하늘과 땅 그리고 사람들이 곤경에 처해 있으니 후천지 곧 새 하늘과 새 땅 그리고 새 사람들을 경신하여 온 세계와 인류를 구원한다는 것이다.

둘째, 대순진리회의 광구관은 자력적이다. 강증산은 천지와 사람을 개벽하는 데 있다. 그는 선천지 곧 옛 하늘과 옛 땅을 광구 천상천하로 만들고 사람은 인존공사를 한다는 것이다. 그들은 강증산이 우주와 세계, 자연,

역사와 문화 그리고 인간들을 법칙과 도리, 변화와 조화 그리고 인위적 도리로써 후천지를 한다는 것이다.

셋째, 대순진리회의 광구관은 만인구원이다.

4) 전경의 해원상생(解寃相生)

『전경』에 나타난 해원상생은 전 세계의 평화이며 전 인류의 화평이라는 것이다.[7] 이것이 우주자연의 법리다. 전 인류는 병들어 있으며 천하의 대병은 세무충(世無忠), 세무효(世無孝) 그리고 세무열(世無烈)이라는 것이다. 이 병의 명의는 강증산이요, 처방은 음양합덕, 신인조화, 해원상생, 도통진경의 종교적 법리의 치료약이라는 것이다. 대순진리회는 전 인류를 강증산의 후손이요, 한 동기형제라고 한다. 그러므로 서로 존중하고 사랑하며 화평하여야 한다고 한다.

해원상생은 후천을 맞이하게 될 백성들로 하여금 화해의 길로 인도하여 성경(仙境)을 건설하게 하려는 실천범주 등에 하나로 가장 중요한 가르침이다. 해원사상에 의하면 현세가 혼란하게 된 것도 원한이 있는 신명들의 영향 때문이다. 원한이 있는 곳에는 반드시 보복이 따르는 법인데 이 보복만을 생각하는 사회에는 상극투쟁이 있을 따름이요, 평화가 있을 수 없다. 그러나 신명에 고뇌와 불안을 위무하며 그의 원한을 풀어 주고자 협조할 때에 인간 상호 간에는 정의가 있게 되고 또 은의와 양보가 따르지 않을 수 없게 된다. 이와 같이 해원이란 한갓 무격의 방법에만 그친 개념이 아니라 보은상생, 대동단결의 도덕사회 건설을 위한 의미를 함축하고 있다.

---

7) 원래의 뜻은 원(冤)에서 일어난 여러 가지의 참상을 없애고 근본적으로 그 원의 뿌리를 푼다는 것으로 대순신앙의 구원론과 관련된다.

4. 교리와 사상

대순진리회의 신앙 대상은 증산 강일순을 구천상제로, 도주 조철제를 옥황상제로 받들고 있다. 교리는 종지(宗旨), 신조(信條), 목적(目的), 훈회(訓誨), 수칙(守則) 등으로 구성되어 있다. 음양합덕(陰陽合德), 신인조화(神人調和), 해원상생(解冤相生), 도통진경(道通眞境)의 대순진리를 종지로 하여 성(誠), 경(敬), 신(信)의 삼법언으로 수도의 요체를 삼고, 안심(安心), 안신(安身), 이율령(二律令)으로 수행의 훈전을 삼아 윤리도덕을 숭상하고 무자기(無自欺)를 근본으로 하여 인간개조와 정신개벽으로 포덕천하, 구제창생, 보국안민, 지상천국건설을 이룩하는 것이다.

신조로는 1) 진실하고 순결한 본연의 양심으로 돌아가는 안심(安心), 2) 모든 행동을 법례에 합당케 하는 안신안신(安身), 3) 상제에게 항상 정성을 다하는 경천(敬天), 4) 영통의 통일을 목적으로 삼는 수도(修道)의 4강령이 있다. 신앙의 목적으로는 무자기를 위한 정신개벽, 지상신선실현을 위한 인간개조, 지상천국건설을 위한 세계개벽을 지향하고 있다.

대순진리회의 주요 교리를 살펴보면, 종말관으로 현대를 우주의 운화법직상 분산과정서 취회과정에의 교대기(交代期)로 보고 있으며, 우주의 질적 변화기인 비약적 대변국이며 세계 문명의 종국을 고하고 통일문명이 건설되려는 종합적 대변국(大變局)이라 본다. 그러므로 인문진화(人文進化)의 지도 운동의 조요가 먼저 해소신생(解消新生)의 질적 변화를 수행하려는, 즉 새로움과 낡은 것이 교차하고 과도기적 변국을 종말 과정으로 본다.

죄악관으로 마음이 일신의 주로서 인간의 언어 행동은 마음의 표현이 되는바 그 마음에는 양심과 사심(私心)이 있다. 양심은 천성 그대로의 본심이요, 사심은 물욕에 의하여 일어나는 욕심이다. 원래 인성은 본질은 양심인데 사심이 사로잡혀 도에 어긋나는 언동을 감행하게 되는 것이니 무엇보다도 사심을 버리고 양심인 천성을 되찾기에 전념하여야 한다. 인간의 모든 죄악의 근원은 마음을 속이는, 즉 사심으로부터 일어나는 것이므로 인성의 본질인 정직과 진실로서 일체의 죄악을 근절한 것을 주장하며 무자기(無自欺)를 신도들의 금과옥조로 삼는다.

윤리관으로 대순진리회의 윤리관은 상생의 윤리와 평등의 윤리를 채택한다. 먼저 남을 잘되게 하라는 교훈에서 보면 나보다 남을 먼저 생각하는 이타적 상생 협동 도덕의 관계가 내재해 있고, 또한 천한 사람을 잘 대우해야 좋은 시대가 오리라는 교훈에서는 인간 사회에서 차별적 악습인 관존민비와 남존여비의 사상에서 생긴 천태만상의 폐해를 바로잡기 위해서 '도가 나요 내가 곧 도'라는 경지에서 귀천이 없는 것이며, 너와 나의 인권 또한 평등하다는 동귀일체 관에서도 인권을 존중해야 된다는 인존(人尊)의 평등윤리는 차별적 봉건 윤리를 탈피하여 평등적 민주윤리를 주장한다.

내세관으로 인간은 죽어서 천당이나 극락보다도 선경(仙境)에 살고자 하는 욕망을 다 갖고 있다. 여기서는 사후(死後)보다는 생전에 극락과 같은 선경에 살고자 하는 현실내세관을 갖고 있다. 수심지기의 수도를 하며 선복악화의 교훈을 현실적인 생활신조로 하고 권선징악 하는 것이다. 그러므로 선을 행하고 살 수 있는 세상을 맞이하여 그 세계에 귀화하도록 선한 일을 많이 행하고 덕을 쌓아 가자는 것이다.

구원관으로 전 인류와 전 민족이 다 같이 잘 살 수 있는 '살길'을 찾는 방법은 먼저 많은 중생이 왜 죽게 되었는가 하는 데서 문제가 제기된다. 그 많은 중생이 그처럼 도탄 중에서 헤매게 된 것은 인간생활의 지도원리가 낡아졌기 때문인 것이다. 낡은 데서 생긴 폐해는 도저히 낡은 것을 가지고는 구제할 수 없다는 시대적 요청에서 '살길'의 방향을 모색하지 않을 수 없다. 여기에서 도로 부패 타락한 사회현실을 바로 잡는 새로운 종교적 지도이념으로 음양합덕(陰陽合德), 신인조화(新人調和), 해원상생(解寃相生), 도통진경(道通眞境)의 진리를 법리로서 인간을 구조하고 개조하는 것이다.

영육관으로 자아의 개체는 육아와 영의 결정으로부터 이루어졌다. 그러므로 육체와 영은 상대적이다. 육체가 극에 달하면 영은 의존할 수 없고 영이 없으면 육체가 존속하지 못한다. 인간에게는 영이 주체가 되는 점에서 정신의 현상이 동(動)치 않으면 곧 인격을 상실하는 것이다. 물론 정신의 불완전한 자도 있다. 그는 다른 동물과 같이 생리작용만은 있어 생명만은 지속할 수 있다. 그러나 그는 일개의 동물이요 완전한 정신적 인격을 가진 완전한 사람으로 취급할 수는 없다. 영과 육이 상대적이라면 여기에서 양자를 초월한 원리가 있다는 것을 쉽게 알 수 있다. 이것을 도심(道心)이라고 하며 신인합일(新人合一)의 인간완성을 목표로 한다.

5. 생활과 종교의식

수도(修道)는 심신(心身)을 침잠추밀(沈潛推密)하여 대월상제(對越上帝)의 영시(永侍)의 정신(精神)을 단전(丹田)에 연마(鍊磨)하여, 영통(靈通)의 통일(統一)을 목적(目的)으로 공경(恭敬)하고 정성(精誠)하는 일념(一念)을 끊임없이 생각하고 지성(至誠)으로 소정(所定)의 주문(呪文)을 봉송(奉誦)한다. 수도(修道)는 공부(工夫), 수련(修鍊)과 평일기도(平日祈禱), 주일기도(主日祈禱)로 구분(區分)한다.

- 공부(工夫): 일정(一定)한 장소(場所)에서, 지정(指定)된 방법(方法)으로, 지정(指定)된 시간(時間)에 주문(呪文)을 송독(誦讀)한다.
- 수련(修鍊): 시간(時間)과 장소(場所)의 지정(指定) 없이, 기도주(祈禱呪) 혹은 태을주(太乙呪)를 송독(誦讀)한다.
- 평일기도(平日祈禱): 매일 진, 술, 축, 미시(辰, 戌, 丑, 未時)에 자택(自宅)에서 행한다. 단, 외출시(外出時)는 귀가후(歸家後) 보충(補充)한다.
- 주일기도(主日祈禱): 갑일(甲日), 기일(己日) 자, 오, 묘, 유시(子, 午, 卯, 酉時)에 지정(指定)된 장소(場所) 혹은 자택(自宅)에서 행한다.

종교의식은 다음의 세 가지를 살펴볼 수 있다.

1) 영대

대순진리회에서 구천상제의 영정을 봉안한 곳을 영대라고 하는데, 그 영대의 신단 설정은 다음과 같다. 중앙에 구천응원뇌성보화천존상제의 위패와 초상을 안치하고 그 오른편에 창도주 조정산의 초상과 관성제군의 진영과 칠성대제, 직선조하감지위(直先祖下鑑之位), 외선조하감지위(外先祖下鑑之位)가 차례로 안치돼 있고 중앙의 좌측에는 석가세존의 진영과 명부십왕응감지위(冥府十王應鑑之位), 오악산왕응감지위(五岳山王應鑑之位), 사해용왕응감지위(四海龍王應鑑之位), 사시토왕응감지위(四時土王應鑑之位), 칠성사자내시지위(七星使者來侍之位), 좌직사자내시지위(左直使者來侍之位), 명부사자내시지위(冥府使者來侍之位)가 차례로 안치돼 있다. 창도주 조정산이 생존 시에는 구천상제의 우측에 옥황상제하감지위(玉皇上帝下鑑之位)라고 위패를 모셨던 것이 조정산의 사후 창도주의 진영이 옥황상제 자리에 대체되었다.

2) 수도의식

대순진리회 신도들은 천단 앞에서 주문을 외우면서 수도를 한다. 수도(修道)는 수련 공부를 주로 하는데, 수련과 공부를 구별하여 수련은 개인적으로 언제나 수도하는 것이고, 공부는 단체적으로 때를 정하여 수도하는 것이다. 단체 수도와 개인 수도 시에는 반드시 주문을 외운다. 천단 앞에 앉아서 기도 고축을 하면서 봉신주, 기도주, 태을주, 시천주, 진법주, 칠성주, 운장주, 24절 후주, 도통주, 신명주, 신성주 등 여러 가지 주문을 외운다. 공부를 시작할 때는 천단 앞에 분향 배례하고 법좌하여 주문을 외운다. 배례는 두 손을 위로 뻗쳐 하늘을 잡는 모양을 하고 두 손을 아래로 뻗치어 땅을 어루만지는 시늉을 하는데, 4배(拜)를 할 때와 2배를 할 때는 분정(分定)돼 있다. 주문을 외우는 데도 음양을 따져서 외우는데, 시학공부(時學工夫)의 경우 임원급은 칠성주와 운장주를 외우고 일반 신도들은 기도주, 태을주를 외운다. 이때 칠성주와 기도주는 음(陰)으로 보고 운장주와 태을주는 양(陽)으로 본다.

3) 주요 행사

주요 행사는 증산교의 창시자인 강증산 상제와 태극도의 창시자인 조정산 도주의 강세일과 화천일 그리고 영대봉안일이 있다. 그 외 구정, 중추절 치성(致誠)을 드린다.

6. 교단 구조와 현황

교단 조직은 최고 직책인 도전(都典) 산하에 중앙종의회가 있고, 그 아래에 육영사업부, 수강원, 감사원, 종무원, 정원(正院), 포정원(布政院)이 있다. 특히 종무원 산하에는 교리 연구를 전문적으로 하는 대순종교문화연구소가 있다.

직제로는 평도인(平道人)→선무(宣務)→선사(宣伺)→선감(宣監) 등의 체제로 포덕을 주로하고, 교화 위주의 체제로 교정(教正)→교령(教領)→교감(教監)의 순위로 되어 있다.

교단 현황을 보면, 회관은 69개, 회실은 42개, 그리고 연락소 645개다.[8)]

---

8) 대순진리회 홈페이지 www.idaesoon.or.kr(2018년 3월 31일 접속)에 의하면 신도수는 19,831명(1969년), 161,486명(1979년), 651,039명(1985년), 667,215명(2005년), 906,589명(2015년)이다. 대순진리회 제10호 대순회보에 의하면 신도수는 1969년에서 1979년까지는 20만 명, 1980년부터 1985년까지는 60만 명, 그리고 1985년부터 급격히 증가되어 80만에서 1994년에는 약 100만 명을 넘어섰다고 한다. 신도수의 통계가 크게 차이나는 것은 각 종교의 특징 때문으로 보인다. 신도들의 계층은 20대와 50대가 주종을 이루고 중졸과 고졸이 대부분을 차지한다. 대순진리회는 1988년 상반기 예산액은 약 80억 원이고 결산액은 약 60억 원이다. 주된 수입원은 신도들의 성금으로 충당하고 있다.

신도수는 2015년 통계청에 따르면 41,176명이다.[9)]

대순진리회의 첫 번째 성지는 경기도 여주의 본부도장이다. 1986년 12월 여주에 1만 3,000여 평의 부지를 확보해 대규모 도장을 짓고 중곡동에 있던 본부를 옮겨왔다. 여주본부도장에는 상제와 도주, 석가를 모신 영대가 중심 역할을 하고 있으며 정심원과 청계탑, 종각, 대순회관, 자양당 등 모두 22동의 건물에서 신도들이 수련하고 있다. 여주 외에 중곡동, 포천·제주·도성 등 5개 도장을 중심으로 3,000여 개 수도장이 있으며, 많은 교육기관과 부동산, 기업체, 회관의 건물 등이 있다.

대순진리회는 교단의 기본사업을 포덕, 교화, 수도로 정하고, 3대 중요사업으로는 구호자선, 사회복지, 교육사업을 제시하였다. 1976년에는 대순장학회를 발족시켜 이후 1997년 2학기까지 22년간 총 장학금 지급액수는 120여억 원이며 수혜자가 6만 2,000여 명에 이르고 있다. 1984년에는 학교법인 대진학원을 설립하여 대진고등학교, 1988년에는 대진여자고등학교를 세웠고, 1990년에는 대진대학 설립 인가를 얻어 1992년에 대진대학교를 개교하였다. 1994년에는 분당 대진고등학교, 일산 대진고등학교, 1995년에는 대진전자공예고등학교, 1996년에는 부산 대진전자고등학교를 개설했다. 또한 1992년 의료법인 대진의료재단을 설립, 동두천 제생병원, 분당 제생병원을 건립하였다.

또한 학술연구 및 출판사업을 통한 문서포교에 주력하여 대순종교문화연구소와 대순출판사를 설립하여 각종 교리해설서, 주석서 등을 출판하고, 대순회보를 격월간으로 간행하고 있다. 또한 1996년부터 대진대학교 부설 대순사상학술원을 두어 각계의 우수한 학자들을 연구 인력으로 확보하여 대순사상논총을 발간하고 있다.

---

9) kostat.go.kr 2017년 참조.

대순진리회 여주본부

7. 대화의 가능성과 과제

대순진리회는 강증산의 가르침에 그 뿌리를 두고 있다. 강증산을 비롯한 한국 토속종교의 대표적인 특징인 유불선의 융합을 기본으로 하고 있다. 따라서 기독교와는 교리적인 면에서 연속성을 찾기는 어렵지만 선교에서 필요로 하는 접촉점은 기능적인 면에서 살펴볼 수 있을 것이다.[10)]

먼저, 기독교의 삼위일체 하나님(성부, 성자, 성령)과 유형적으로 대비되는 신앙의 대상을 들 수 있다. 대순진리회에서 삼위, 즉 강증산, 조철제, 박한경은 신앙의 대상으로서 강증산은 구천상제(하느님), 조정산은 옥황상제(하늘의 신), 박우당은 미륵지존(땅의 신-메시아)이다. 구천상제는 하늘

---

10) 핸드릭 크래머의 연속성과 접촉점에 대해서는 이 책 제1부 제3장, '2. 비교종교학의 중심 과제' 및 김은수, 『현대 선교의 흐름과 주제』(서울: 대한기독교서회, 2018, 개정증보 4쇄), 79-84 참조.

대순진리회 전주회관. 각 지역 회관 외관은 대순의 大자를 형상화했다.

상제, 옥황상제는 땅의 상제, 박성상제는 인간의 상제로서 삼위의 하느님을 이루고 있다. 이처럼 대순진리회도 도교와 불교와 마찬가지로 동양의 삼일신적 구조를 가지고 있다. 이런 점에서 대화의 접촉점을 찾을 수 있을 것이다.

또한 강증산은 원래 하늘의 상제였으며, 이 땅의 만인과 도탄에 빠진 나라를 구하기 위해 인간으로 오신 분으로 신앙되고 있다. 기독교의 예수 그리스도는 죄로 인해 타락되어 죽을 수밖에 없었던 인류와 온 피조물을 구원하기 위해 이 땅에 인간으로 오신 하나님이다. 유형적으로 두 종교 모두 '성육신'(incarnation)의 교리를 가지고 있다. 특히 인간을 위해 자신을 낮추어 겸손한 모습을 취한 분을 신앙하는 신자들로서 각각 서로 겸손하게 다가간다면 대화의 가능성은 열릴 것이다.

실천적인 면에서 살펴보면, 대순진리회는 내세에 대한 관심보다는 현세에서 어떻게 하면 보다 선하게 살 수 있느냐에 대한 관심이 크다. 그리스도의 십자가와 부활은 죄와 죽음의 세력을 이기고 하나님 나라가 이 땅에 시작되었음을 보여준다. 하나님의 선교(missio Dei)는 예수로부터 이미 시작된 하나님 나라를 그가 재림할 때까지 확장해 가는 것이다. 따라서 예수의 '나를 따르라'는 명령을 실천하는 것은 이 땅에서 사회적 책임을 다하는 것이기 때문에 다른 신앙인들과도 선(善)을 실천하기 위해 협력할 수 있을 것이다.

특히 한국의 토속종교들(수운의 동학, 증산교, 소태산의 원불교)은 비슷한 시기에 출현하여 이 땅에 민중종교로서 자리매김되었기 때문에 주체성이 상실된 민중들에게 민족혼을 일깨우는 한편 세계를 향해 새로운 민족혼을 불어넣어 주었다. 이러한 맥락에서 구한말 토속종교들과 같은 어두운 시기에 전파된 기독교가 민중의 아픔과 고난을 함께 나누며 성장한 소중한 역사적 공통점을 지니고 있다. 따라서 가난한 자들과 소외된 민중들을 위해 함께 협력한다면 이 민족에게 희망을 주는 종교로 자리 잡게 될 것이다.

대순진리회는 타 종교와의 관계를 중시하여 증산종단협의회, 한국민족종교협의회 등에 적극 참여하고 있다. 그리스도인들이 열린 마음으로 다가간다면 교리적인 종교의 대화가 아니라 살아 있는 신앙인으로서의 대화는 얼마든지 가능할 것이다.

참고문헌

김은수. 『현대 선교의 흐름과 주제』. 서울: 대한기독교서회, 2018(개정증보 4쇄).

김종서 · 박승길 · 김홍철. 『현대 신종교의 이해』. 서울: 한국정신문화연구원, 1996.

김종일. 『비교종교(상권)』. 서울: 일맥사, 1986.

대순종교문화연구소. 『甑山의 생애와 사상』. 서울: 대순진리회출판부, 1994(5판).

『大巡眞理會要覽』. 서울: 대순진리회교무부, 1969.

문일석. 「대순사상논총 제1집-제6집」. 서울: 태일출판사, 1996-1998.

문일석. 『남을 잘되게 하라』. 서울: 태일출판사, 1997.
문화부 종무실. 『한국의 종교문화와 예술』. 서울: 정문사문화, 1991.
브리태니커 대백과사전 제4권, 제20권. 서울: 한국브리태니커사, 1993.
서울대학교 종교학과 종교문화연구실 편. 『전환기의 한국 종교』. 서울: 집문당, 1986.
안경전(증산도 종정). 『한민족과 증산도』. 서울: 대원출판사, 1990.
장병길. 『大巡宗教思想』. 서울: 대순진리회출판부, 1989(6판).
장병길 편저. 『大巡天地公事論』. 서울: 대순진리회출판부, 1989.
증산도 전국 청년신도 연합회. 『대순진리회의 정체』. 서울: 대원출판사, 1994.
『布德教化基本原理』. 여주: 대순진리회교무부, 1975.
『한국 종교연감(제1권-제4권): 1993-1997』. 서울: 한국종교사회연구소, 1998.
『한국 민족종교 편람』. 서울: 한국민족종교협의회, 1992.
『한국 종교의 의식과 예절』. 서울: 문체부, 1996.

제2장

대종교(단군교)

1. 발생 배경과 시대적 상황

대종교의 원(原) 역사는 한국의 민족 기원 신화에서 비롯되었으며, 교리에 민족의 정통 사상과 철학을 담고 있다. 옛 상원갑자년(上元甲子年) 상달 상날(10. 3.)에 하느님이 홍익인간·이화세계(理化世界)의 큰 뜻을 지상에 실현하고자 천부삼인(天符三印)을 가지고 사람의 몸으로 화신하여 백두산에 강림했다. 이날이 바로 개천일, 개국일, 온갖 인간의 혜안이 열린 신앙의 원천일(源泉日), 즉 대종교가 개교된 날이다. 교맥(教脈)은 제천행사를 통해 이어져 내려왔는데, 이 행사를 부여에서는 영고(迎鼓), 예와 맥에서는 무천(舞天), 삼한에서는 계음(鷄音), 고구려에서는 동맹(東盟), 백제에서는 교천(交天), 신라와 고려에서는 팔관회(八關會)라고 하여 거국적으로 행해왔다. 조선시대에 와서는 '고삿날'이라는 민속화된 형태로 겨우 유지되다가 1909년 나철(羅喆)이 대종교를 중광(重光)했다.[1] 일제강점기 신도수 50

1) 나철이 자신은 단군교를 창건하고 교주가 된 것이 아니라 중광했다고 하는 것은 그 뿌리와 정통성을 단군 한배검에 두고 있다는 점을 분명히 한 것이다. 한편, 대종교의 기원을 단군 51년에 강화도 마니산에 제천단을 마련하고 하늘에 제사를 지낸 것에 두기도 한다(마니산 사진 참조). 이러한 단군이 세운 종교는 부여시대에는 대천교라 하고 맞이굿이라는 제명(祭名)으로, 고구려에서는 경천교라 하고 동맹이라

만을 헤아린 적도 있지만, 일제의 탄압으로 만주에서 활동하다가 해방 후에 본부를 서울로 옮겼다.

단군 영정(한배검, 신라 진흥왕 때 솔거의 그림)

근대 대종교 역사를 보면 초대 대종사로부터 잇따라 스스로 순명하면서 민족의 수난 역사와 함께해 왔다. 대종교는 민족의식 고취 및 항일 민족운동과 깊은 관계를 가지고 발전하였다. 일본이 우리나라를 빼앗고자 할 때, 나철이 나라의 기틀을 튼튼히 하고 민족을 부흥시키는 원동력은 민족의식을 높이는 데 있다고 보고, 단군을 모시는 대종교를 일으킨 것이다. 이러한 맥락에서 대종교의 뼈대는 인격신과 절대 무, 그리고 민족 독립운동이란 실천의 삼대 요소로 이루어져 있다.[2] 대종(大倧)이란 천신이란 뜻으로 대(大)자는 천(天)에 속하며 우리말로 '한'이란 뜻이요, 종(倧)은 신인(神人)이 합쳐진 글자로서 우리말로는 '검'[神] 또는 '얼'로 표현할 수 있다. 즉, 한얼님이 사람이 되어 이 세상을 널리 구제하기 위해 내려

는 제명으로, 예맥에서는 무천이라는 제명으로, 백제에서는 효천이라는 제명으로 매년 음력 10월에 제천의식을 거행하였다. 고려에서는 왕검교라는 교명으로, 신라에서는 팔관회의 의식을 행했으며, 조선왕조에 와서는 종교라는 교명으로 10월이 되면 제사를 지냈다. 金教獻/高東永 역, 『神檀民史』(서울: 훈뿌리, 1987), 42 참조.

2) 金洪喆, 『韓國宗教思想史 4－증산교·대종교·무교 편』(서울: 연세대학교출판부, 1992), 121. 대종교는 황량한 만주 벌판에서 교세를 확장하였다. 그들은 민족 자주적 무력 항쟁을 전개하였다. 3·1 운동의 신호탄이 된 무오독립선언문의 이동녕, 청산리 대첩의 김좌진 등은 대종교 교인들이었다. 그럼에도 8·15 광복과 함께 시작된 미군정 3년은 대종교가 국내에서 뿌리내리기 어렵게 만든 원인 가운데 하나다.

오셨다는 것을 의미한다. 또한 대종교를 단군교라고 하는 것은 면면히 내려오는 민족신앙을 다시 밝힌 것이고 그 기원이 단군이기 때문이다.[3)]

홍암 나철(최후 사진)

나철은 1905년 서울역 근처에서 백전(佰佺)이라는 노인으로부터 대종교의 경전이 된 「삼일신고」와 「신사기」를 전해 받고, 1908년 도쿄(東京)에서 두일백(杜一白)이라는 노인으로부터 「단군교포명서」(檀君敎佈明書)를 받았다.[4)] 이를 바탕으로 그는 종교적 구국운동을 펼쳤다. 이에 일제는 1915년 10월 총독부령 제83호 '종교통제안'을 만들어 대종교를 종교단체로 가장한 항일독립운동단체라고 불법화시켜 버렸다. 이에 대한 충격으로 그는 구월산에서 순교조천(殉敎朝天)했다. 그 뒤를 이은 김교헌(金敎獻, 1868-1923)은 일제의 박해 때문에 1917년 총본사를 만주 화룡현으로 옮겨 만주 동포들에게 포교하는 한편, 「신단민사」(神檀民事)를 저술하기도 했다.

한편 항일무장투쟁을 위해 서일(徐一)은 김좌진 등과 중광단(重光團)이라는 대종교 교도 중심의 독립운동단체를 조직하고, 3·1 운동 직후에는

3) 고대부터 우리 민족의 역사와 더불어 시작된 대종교는 고려 중엽 몽고의 침입으로 700여 년간 중단되었다가 조선조 말엽(1909년)에 다시 복원(부활)된 종교로서 대종교의 창시자(교조)는 국조인 단군왕검(=단군성조)이다. 나철은 대종교의 중광조로서 700년간 끊겼던 대종교의 맥을 다시 잇게 한 사람이다. 강수원 편저, 『우리 배달겨레와 대종교의 역사』(서울: 한민족문화사, 1993).

4) 大倧敎 總本司, 『大倧敎重光六十年史』(서울: 대종교 총본사, 1971), 8-10.

북로군정서(北路軍政署)라는 독립군 부대를 편성해 1920년 청산리전투에서 큰 승리를 거두었다. 그러나 만주에 침투한 일제의 보복과 박해 때문에 총본사를 다시 소만(蘇滿) 국경으로 옮기는 등 수난을 겪다가 1923년 조천(朝天)하고 말았지만, 서일은 독립군 투쟁을 계속하면서도 교리를 체계화하기 위해 「회삼경」(會三經) 등 많은 저술을 남겼다.

김교헌의 뒤를 이어 3대 교주가 된 윤세복(尹世復)은 1928년 삼시조약(三矢條約)에 의한 대종교 금지령을 외교교섭으로 철회시키고 대종교를 사수하기 위해 1934년 발해 고도인 닝안현(寧安縣) 둥징(東京)으로 옮겨 대종학원을 세우고, 대종교 선도회를 하얼빈(哈爾濱)에 설치하는 등 적극적인 포교활동을 했다. 그러나 1942년 국내에서는 조선어학회 사건이, 국외에서는 대종교의 임오교변(壬午教變[5])이 일어났다. 이 교변에서 20여 명의 대종교 간부들이 체포되어 10명의 순교자를 내는 비극을 겪었다. 윤세복은 8·15 해방과 함께 출옥하여 대종교의 중흥을 시도했으나 뜻을 이루지 못하고 32년 만에 환국하여 1946년 대종교 총본사를 다시 서울 중구 저동으로 옮겼다. 그 후 교당 설치, 고적 수집, 학교 설립, 단군전 봉안운동 등을 계속하면서 도통전수(道統傳授) 제도를 폐지하고 선교(選教)에 의한 총전교(總典教) 제도를 채택해 스스로 제1대 총전교에 취임했다.

---

5) 임오교변에 관해서는 대종교 총본사에서 1946년 출간한 『壬午十賢殉教實錄』을 참조. 임오교변은 1942년 임오년(개천 4399)에 일어난 일제의 대종교(大倧教) 박해사건으로, 11월 19일 만주와 조선에서 교주인 단애 종사(檀崖宗師) 윤세복(尹世復) 이하 21명의 간부가 동시에 검거되고 총본사의 각종 비품과 서적이 압수당하면서 시작되었다. 직접적인 동기는 당시 경성에 있던 조선어학회의 이극로가 단애 종사에게 보낸 편지 내용 가운데 "널리 펴는 말"이란 부분을 일제가 '조선독립선언서'라고 바꾸면서부터였다. 이 중 마지막의 "일어나라 움직이라"라는 구절을 "봉기하자 폭동하자"라고 왜곡해 해석했던 것이다. 이 당시 대종교는 만주를 중심으로 교세가 신장되고 교단이 대폭 강화되고 있었는데, 이에 일제는 밀정을 통해 감시를 하다가 노골적으로 탄압을 가한 것이다. 이때 검거된 사람 중 10명은 일제의 혹독한 고문과 악형으로 1943년 5월부터 1944년 1월 사이에 옥사하거나 죽었다. 대종교에서는 이들을 임오십현(壬午十賢) 혹은 순교십현이라고 부른다.

2. 창시자

대종교를 창건한 나철(1863-1916)의 본관은 나주이며, 전라남도 보성군 벌교읍 칠동리 금곡 부락에서 단기 4196년(1863년) 12월 2일에 태어났다.[6] 일본의 침략이 심해지자 관직을 사임하고 호남 출신의 뜻있는 사람들을 모아 1904년 유신회라는 비밀단체를 조직하여 구국운동을 하였다.

을사조약 체결 직전인 1905년 6월 오기호, 이기, 홍필주 등과 함께 일본으로 건너가 "동양평화를 위하여 한, 일, 청 삼국은 상호 친선 동맹을 맺고 한국에 대해서는 선린의 교의로써 부조하라"라는 의견서를 일본의 정객들에게 제시하였으나 응답이 없자 궁성 앞에서 3일간 단식 투쟁을 하기도 했다. 그러던 중 이토 히로부미가 조선과 새로운 협약을 체결하였다는 소식이 각 신문에 발표되자 나라 안에 있는 매국노들을 모두 제거해야 국정을 바로 잡을 수 있다고 생각하고 단도 두 자루를 사서 품에 넣고 귀국하였다. 1906년, 일본의 반성을 다시 한 번 촉구하기 위해 도일하여 당시 이토 히로부미와 대립 관계에 있던 오카모토와 도야마 미쓰루 등을 만나 협조를 구하였으나 효과를 얻지 못하고 귀국길에 폭탄이 장치된 선물상자를 구입하여 을사오적을 살해하려 하였으나 실패하였다.

1907년 1월부터 암살계획을 구체적으로 추진하여 3월 25일을 거사일로 정하고 오적을 죽이려고 시도하였으나 서창보 등이 붙잡히고 사건의 전모가 탄로 나자, 동지들의 고문을 덜어주기 위해 오기호, 최인식 등과 함께 자수하여 10년의 유배형을 받고 무안군 지도에 유배되었다가 고종의 특사로 그 해에 풀려났다. 1908년 다시 일본으로 건너가 외교적인 통로에 의한 구국운동을 계속하였으나 소득 없이 귀국하였다.[7]

귀국하자마자 오기호, 강우, 유근, 정훈모, 이기, 김인식, 박호암, 김춘

---

6) 박환, "羅喆의 人物과 活動", 『동아연구』 17(서강대 동아연구소, 1989), 690.

7) 申哲鎬, 『韓國中興宗教教祖論』(서울: 대종교 총본사, 1979), 37.

식 등의 동지들과 함께 서울 재동에서 '단군대황조신위'를 모시고 제천의 식을 거행한 뒤 단군교를 공표하였다. 이날이 바로 중광절이라고 불리는 날이다. 또한 단군의 개국과 입도를 구분하여 기원전 2333년에 124년을 가산하여 '천신강세기원'이라 하고 단군교의 원년으로 발표하였다.

1910년 8월에는 단군교의 이름을 빙자한 친일분자들의 행각으로 인해, 원래의 명칭으로 환원한다는 의미와 함께 대종교라고 이름을 바꾸었다.[8] 1911년에는 대종교의 신관을 삼신일체의 원리로 설명한 '신리대전'을 발간하는 한편, 강화도 마니산 제천단과 평양의 숭령전을 순방하고, 만주 화룡현 청파호에 교당과 지사를 설치하였다.

교세의 급속한 확장에 당황한 일제는 1915년 종교통제안을 공포하고 대종교를 불법화하였다. 이로 말미암아 교단이 존폐의 위기에 봉착하자 1916년 음력 8월, 나철은 상교 김두봉을 비롯한 시봉자 6명을 대동하고 황해도 구월산 삼성사에 들어가 수행을 시작하였다.[9] 8월 14일, 사당 앞 언덕에 올라 북으로는 백두산과 남으로는 선조의 묘소를 향해 참배한 뒤 "오늘 3시부터 3일 동안 단식 수도하니 누구라도 문을 열지 말라"라고 문 앞에 써 붙인 뒤 수도에 들어갔다. 16일 새벽에 이상스럽게 인기척이 없어 제자들이 문을 뜯고 들어가니, 그는 자신의 죽음의 이유를 밝힌 유서를 남기고 조식법으로 이미 숨을 거둔 뒤였다.[10] 그의 유언에 의하여 백두산 밑 청파호에 유해를 안장하였다.

홍암 대종사 때에는 대종교의 교주를 도사교(都司敎)라고 불렀다. 대종교의 제2대 교주는 홍암의 유언대로 무원 종사 김교헌(金敎獻)이 맡게 되었다. 무원 종사는 1868년(단기 4201년) 7월 5일에 수원 지방에서 태어났다. 18세에 과거에 급제했으며, 대종교가 중광되던 기유년에는 규장각의

---

8) *Ibid.*, 49.

9) 고려 충렬왕 때 이승휴가 지은 『제왕운기』의 「入阿斯達山爲神」 주에 "今九月山也 一名弓忽又名三聖祠堂獨在"라 하여 삼성사가 옛날부터 있었던 것을 말한다.

10) 대종교 고유의 비전되어 내려오는 숨을 조절(調節)하여 목숨을 거두는 방법으로 폐기조천(閉氣朝天)이라고도 한다. 대종교에서는 죽음을 조천(朝天)이라고 한다.

부제학으로 취임하였다. 홍암과 비슷한 경로와 경력을 가지고 있다. 나라가 망하고 민족이 멸하는 한을 어디에 호소할 곳이 없어서 43세 되던 경술국치년 정월에 대종교에 입교하였다. 같은 해에 종2품 가선대부로 승계되었으나 관직을 버리고 대종교에 몸을 바치기로 했다. 무원 종사 김교헌은 "지존하옵신 한배님의 대종교가 어찌 왜정과 타협할 수 있으랴" 하고 이듬해인 정사년(1917년)에 대종교를 안고 만주 화룡현으로 망명하였다. 무원 종사는 망명 이듬해인 무오년(1918년)에 김규식, 박은식, 김동삼, 이승만, 이시영, 김좌진, 이동휘, 신채호, 조소앙, 안창호 등 독립운동 대표 39명의 동의를 얻어 대종교 총본사에서 11월에 무오대한독립선언서를 작성 발의하였다. 1919년 2월 8일 동경 유학생들에 의한 2·8 독립선언서와 3·1 기미독립선언서가 나올 수 있도록 만든 기폭제가 되었던 것이다. 단연히 대종교 총본사는 이때부터 독립운동의 본거지가 되었으며 구심점이 되었다. 1923년(단기 4256년) 11월 18일에 영안현 남관 총본사 수도실에서 「상교 윤세복 초로사교위임 경각부인」이란 유명을 남기고 56세를 일기로 병으로 조천하고 말았다.

제3대 교주 단애 윤세복은 1881년에 밀양에서 태어났고, 수학을 전공한 측량기사였다. 단애 종사는 홍암을 모시고 사흘 밤을 대화한 끝에 홍암으로부터 깊은 감명을 받고 대종교에 입교하였다. 입교하자마자 즉시 밀양으로 내려가 친형 윤세용과 상의하여 2,000석 사재를 팔아 가지고 만주로 망명하였다. 단애 종사는 환인현에 머물면서 포교와 교육에 열중하였다. 44세 되던 해에 단애 종사는 무원 종사 김교헌의 유명을 받고 정월 22일에 제3대 도사교로 취임한다. 단애는 일본 세력이 아직 미치지 못한 밀산 당벽진에 있는 대종교 대일시교당을 임시 총본사로 정하고 그곳에 은거하면서 수도에 정진하였다. 무력항쟁의 한계는 곧 내면적 수도생활로 향하게 했던 것이다.[11)]

1933년 계유년에 단애 종사는 선도시교(宣道施教)하라는 명령, 즉 수

11) 이을호·강수원, 『한 思想과 民族宗教』(서울: 일지사, 1990), 49.

도 은거의 안일을 박차고 일어나 나가라는 명령을 얻는다. 3월 대일시교당에서 행한 어천절 경학식을 마치고 이튿날 즉시 밀산을 향해 떠났다. 단애는 밀산을 떠나 영안까지 나오면서 5개의 사교당을 새로 만들었다. 1939년에는 만주국 정부로부터 교적(敎籍) 간행도 승인받았다. 1946년 정월 14일에 총본사 직원회의를 소집하고 17일에 단애는 환국을 결심했다. 그리하여 단애는 수행 교우 5명을 대동하고 동경성을 빠져나와 하얼빈을 거쳐 서울에 도착하였다. 이를 대종교의 환국이라고 한다. 망명 포교 36년 만의 귀국이었다. 단애는 22년 만의 귀국이었다. 후대 사가들은 "홍암 대종사는 단군대교를 일으켰고, 무원 종사는 교사를 찾았고, 백포 종사는 그 교리를 다듬었고, 단애 종사는 그 교단을 사수했다"[12]고 했다.

단애(윤세복)

대종교 교기(천기)

3. 경전

대종교의 경전은 초인간의 계시(啓示)인 계시경전과 인간의 작품인 도통(道統)경전으로 나눌 수 있다. 전자에 속하는 「삼일신고」(三一神誥)는 대종교의 창립과 중광을 이룬 경전으로서 대종교의 기본 경전이다.[13] 이는

12) 대종교 총본사, 『대종교』 강연집 2(서울: 대종교 총본사), 21.

13) 삼일신고(三一神誥)의 '삼일'(三一)은 '삼신일체'(三神一體), '삼진귀일'(三眞歸一)을 의미하고, '신고'(神誥)는 '신이 신명(神明)스럽게 하신 말씀'이라는 뜻을 지니고 있다. 즉, 한배검(神)이 성통공완(性通功完)의 공덕을 쌓아 홍익인간(弘益人間)의 이념을 구현하고, 지상천궁(地上天宮)을 세운다는 의미이다. 천훈에서는 천(天)의 무한

366자의 한자로 씌어져 있으며, 천훈(天訓)·신훈(神訓)·천궁훈(天宮訓)·세계훈(世界訓)·진리훈(眞理訓)의 5훈(五訓) 이외에 서문, 5훈에 대한 찬문(贊文), 삼일신고 독법(讀法), 삼일신고 봉장기(封藏記) 등이 수록되어 있다. 5훈은 하느님의 말씀이고, 서문은 발해의 대야발(大野渤)이 발해 태조 고왕(高王)의 명을 받아 지었으며, 찬문은 고왕이 친히 지어 불렀다고 한다.

「삼일신고」 이외에 계시경전으로 「천부경」(天符經)이 있다.[14] 「천부경」은 1909년 대종교가 중광(重光)될 당시에는 알려져 있지 않았다. 1916년 묘향산에서 수도하던 계연수(桂延壽)가 암벽에 새겨진 이 경전을 발견·탁본하여 서울의 단군교에 전함으로써 처음 세상에 알려졌고, 1975년 대종교 교무회의 결정으로 기본 경전이 되었다. 1983년에는 「대종교요감」(大倧教要鑑)이 발간되었는데, 이에 따르면 "천부경은 한배검께서 홍익인간의 이념으로 천하만민을 교화하는 데 있어 조화의 원리, 즉 우주창조의 이치를 81자로 풀이한 진경(眞經)으로 1에서 10까지의 수리(數理)로 천(天)·지(地)·인(人) 삼극(三極)의 생(生)·장(長)·노(老)·병(病)·몰(歿)의 무한한 반복의 경위를 설파한 것"이라고 한다. 이 경전은 상수(象數)에 의해 원리를 상징적으로 드러내고 있는데, 일(一)에서 삼(三)으로, 그리고 삼에서 일로라는 '일-삼, 삼-일'의 원리를 기본으로 하고 있다.[15] 이는 대종교의 기본

성을 전제함으로써 천체(天體)·천리(天理)·천도(天道)의 무궁함을 보여주고 있다. 신훈에서는 신의 절대성과 유일성을 밝혔다. 천궁훈에서는 한배검이 살고 있는 천궁에 이르는 성통공완의 길을 제시하고 있는데, 366가지의 모든 인간사에 공덕을 쌓은 사람만이 여기에 이를 수 있다고 한다. 세계훈에서는 우주창조의 과정을 설명하고 있다. 진리훈에서는 심감(心感)을 지감(止感)하고, 기식(氣息)을 조식(調息)하고, 신촉(身觸)을 금촉(禁觸)하는 삼법(三法)으로써 진리의 경지에 이르는 길을 제시하고 있다. 최동환 해설, 『삼일신고』(서울: 지혜의 나무, 2000).

14) 차옥숭, 『천도교 대종교』(파주: 서광사, 2000).

15) '삼'이란 수는 多자를 의미하는데, 『회삼경』의 풀이에 의하면 '삼'이란 수만 있으면 우주 전체를 다 설명할 수 있다고 한다. 이것은 '다'자 전체를 다 셈할 필요 없이 '삼'으로 그 '다'자 전체를 대표할 수 있다는 뜻으로, '일'자를 '다'자로 아무리 나누어도 그 근본 되는 일에는 늘어나고 줄어드는 변화가 없다고 한다. 金相日, 『한국종교사상사』(서울: 연세대학교출판부, 1992), 173.

교리인 '삼신일체'(三神一體)·'삼진귀일'(三眞歸一) 등을 말하는 것으로, 신도(神道)의 차원에서 홍익인간의 세계를 건설하는 것과 인간의 차원에서 광명세계(光明世界)를 이루는 것이 서로 상통한다는 내용이다. 「천부경」 81자는 대개의 경우 이러한 상통의 원리에 따라 다섯 부분으로 나뉘어 설명된다.

인간의 작품인 도통경전으로는 나철이 지은 「신리대전」(神理大典), 서일이 지은 「회삼경」(會三經), 윤세복이 대종교의 수행방법을 적은 「삼법회통」(三法會通)이 있다.

「신리대전」은 대종교(大倧敎)의 창시자 나철(羅喆)이 1917년에 지은 경전으로서, 대종교에서는 경전을 한배검의 계시에 의해 이루어진 계시경전(啓示經典)과 여러 종사(宗師)들이 계시경전을 주해한 도통경전(道通經典)으로 나누고 있는데, 이 「신리대전」은 근본 계시경전인 「삼일신고」를 주해한 도통경전의 하나이다. 대종교의 교리는 난해하고 상징적인 계시경전보다는 이를 체계적으로 설명한 도통경전에 기초하고 있다. 원래 나철이 지은 「신리대전」은 216자의 한자로 된 것이었으나 1923년에 서일(徐一)이 주석을 붙인 「신리대전」이 간행되었고, 1949년 윤세복(尹世復)에 의해 「한글리치」라는 이름으로 한글로 번역·출판되었다. 전체는 서문과 「신위」(神位)·「신도」(神道)·「신인」(神人)·「신교」(神敎)의 4장으로 구성되어 있다. 「신위」 편에서는 한얼님의 위격(位格)을 밝히고 있다. 한얼님은 환인(桓因)·환웅(桓雄)·환검(桓儉)으로서 각기 조화(造化)·교화(敎化)·치화(治化)의 3위(三位)로 분위된다. 조화란 창조주로서의 속성을 말하며 교화와 치화는 교정일치(敎政一致)의 이념을 나타내고 있다. 이와 같이 나누면 셋이지만 합하면 하나이므로 셋이면서 하나이고 하나이면서 셋이다. 「신도」 편에서는 한얼님의 도(道)는 모습 없이 나타내고 말이 없이 말하며 함이 없이 하므로 만물이 나지(生) 않음이 없고 되지(化) 않음이 없으며 이루지(成) 않음이 없다고 한다. 「신인」 편에서는 위와 같은 한얼님의 도가 인간세(人間世)에 있어서는 한얼사람(人)에 의해 실현됨을 밝히고 있다. 「신교」 편에서는 한얼님의 이치가 삼일사상(三一思想)으로 표현됨을 밝힌다. 하나만 있고 셋이 없으면 곧 쓰임(用)이 없게 되고, 셋만 있고 하나가 없으면 곧 본체(體)가 없게 된다. 즉, 하나는 셋의 본체이고 셋은 하나의 쓰임이다. 그러므로 한 뜻(一意)으로 되어 감은 곧 셋에 나아가는 것이고, 세 가지 참됨(三眞)으로 회귀(會歸)하는 것은 곧 하나에 나아가는 것이다. 이와 같이 셋에 나아가고 동시에 하나에 나아갈 때 비로소 한얼님과 합일(合一)할 수 있다고 한다.

또한 김교헌이 단군사적과 고유신교의 자취를 내외 문헌에서 뽑아 대종교의 역사를 밝힌 「신단실기」(神檀實記)는 대종교의 2대 교주인 김교헌(金教獻, 1868-1923)이 1914년 2월에 쓴 대종교의 경전이며 한국고대사에 관한 책이다.[16] 신인(神人) 단군(檀君)의 실제 기록이라는 뜻의 제목을 가진 이 책은 단군관계 사적과 신도(神道) 사상의 자취를 여러 문헌에서 뽑아 대종교의 역사적 연원을 밝힌 것이다. 본문은 20개 조항으로 되어 있고 각 조항마다 인용·고증한 책의 이름을 밝히고, 저자의 견해를 따로 서술했다. 특히 환인(桓因)·환웅(桓雄)·환검(桓檢, 단군)의 삼신일체(三神一體) 사상에 바탕을 두었다. 형식은 한문체이나 토를 달았다. 주요 내용은 여러 고대국가와 단군과의 역사적 계보를 중심으로 한 관련성, 3신의 정의(定義)와 권능, 신교(神教)의 내용, 불가사의한 신이성(神異性), 신도사상의 자취, 단군 이래 우리 민족이 지배하던 강역의 실상을 밝히고 오늘날 잘못 알려지게 된 원인, 고대사의 귀중한 사료가 없어진 원인과 잊혀진 「고조선비사」(古朝鮮秘詞)·「대변설」(大辨說) 등의 책 이름을 밝히고 있다. 이 책은 대종교 교단의 입장에서 그들의 원류를 대변해 주는 매우 중요한 책이며, 신흥무관학교 등에서 역사 교재로 채택되어 일제하 만주 지역에서 벌어진 민족운동에 기여하기도 했다. 이는 당시 대종교 교단이 본사를 만주로 옮겨 전개한 활동과 밀접한 관련이 있었다.

---

16) 김교헌/이민수 역, 『신단실기』(안양: 자유문고, 1987); 차용준, 『종교문화의 이해』(전주: 전주대학교출판부, 2002), 99-101.

4. 교리와 사상

근본 교리는 성(性)·명(命)·정(精)의 삼진귀일(三眞歸一)과 지(止)·조(調)·금(禁)의 3법이다. 대종교는 종교로 출발하였지만 그 시기가 바로 일제가 한국을 강점할 때였으므로, 종교로서보다는 항일독립운동으로서 더 많은 공헌을 했다고 볼 수 있다. 불교·유교·도교 등의 종교를 수용하기 이전부터 전해지는 민간신앙으로 단군을 국조(國祖)로 인식하고 숭봉(崇奉)하는 형태를 띤다. 단군신화에는 고조선의 생산력 수준, 자연인식 능력과 그에 연관된 세계관, 신앙 등이 반영되어 있다. 단군은 천제(天帝)인 환인(桓因)의 손자이며 그의 신하인 풍백(風伯)·우사(雨師)·운사(雲師)는 당시 농경사회를 지배하는 자연조건과 밀접한 관계가 있다. 즉, 단군과 그의 가계를 천손족(天孫族)의 위치로 신격화시켰으며 동시에 바람·비·구름 등의 자연물 신앙이 보조적으로 쓰였다. 그러나 현존 사료나 유물 중에는 고조선의 신앙이나 의례(儀禮)를 설명해 줄 자료가 거의 없다. 다만 부여의 영고(迎鼓), 고구려의 동맹(東盟), 예의 무천(舞天), 진한의 소도(蘇塗) 등에서 천신에게 제사드렸다는 기록이 있는 것으로 보아 고조선에도 그와 유사한 천제(天祭)의 전통이 있었을 것으로 추정될 뿐이다.

일제강점기에는 민족의 자주성을 지켜내기 위하여 민족주의 역사관이 강조되었고 이러한 맥락에서 단군신앙이 재조명되었다. 대표적 예로 신채호(申采浩)의 「조선상고사」(朝鮮上古史)의 저술을 들 수 있다. 1909년에는 대종교(大倧敎)를 비롯해 단군신앙을 바탕으로 한 많은 신종교가 생겨났다. 그러나 이러한 신종교는 단군만을 숭배하는 것이 아니라 동학(東學)의 최제우(崔濟愚)나 증산교(甑山敎)의 강일순(姜一淳) 등을 함께 숭배하는 경우가 많아서 전통적인 단군신앙단체로 보기는 어렵다. 단군신앙은 민족적 위기 때마다 민족을 결집시키는 집단적인 상징으로서 큰 역할을 했다. 고려 말이나 조선 후기에는 외세의 침탈에 맞서 민족의 자주성을 지키는 데 큰 힘이 되었으며, 일제강점기에는 대종교를 중심으로 항일무장투쟁을 한 것은 단군신앙이 낳은 큰 성과라고 할 수 있다.

대종교의 근본 교리로서 조화사상(造化思想)은 대종교의 신앙 대상을 조화신(造化神)인 환인(桓因: 上帝), 교화신(敎化神)인 환웅(桓雄: 神市), 치화신(治化神)인 환검(桓儉: 檀君)의 삼신일체(三身一體)로 명시하고 있으며, 이를 다른 말로 '세검한몸'이라고도 한다. 이 삼신일체는 삼신이 따로 있는 것이 아니라 주체는 한 몸이고 작용으로서 조화·교화·치화가 구분되는데, 이 중 조화의 원리에 대한 사상이 바로 조화사상이다.[17] 이러한 조화의 원리는 「천부경」(天符經)에 잘 나타나 있다. 「천부경」에서는 "하나란 우주의 근본으로서 만물이 비롯되는 수이니 하나보다 앞선 시작은 없다. 이를 나누어 보면 한울과 땅, 사람의 삼극(三極)이 되지만 그 근본은 다함이 없는 것이다"라고 하여 우주의 형성 과정을 숫자로 풀이하고 있다. 이러한 조화의 원리에 대한 보다 상세하고 구체적인 풀이는 「삼일신고」(三一神誥)에서 볼 수 있다. 「삼일신고」에서는 우주 생성의 과정을 생천(生天)·주재(主宰)·조물(造物)의 과정으로 설명하고 있다. 대종교에서는 이 중 생천과 조물의 개념을 현대 천체물리학의 우주폭발설 및 우주팽창설과 일치하는 것으로 해석하고 있다. 그러한 해석에 의하면, 「삼일신고」에서 '원리적 하늘을 낳았다'(生天)는 표현은 완성되어 있던 것의 갑작스런 탄생이라는 의미에서 우주폭발이라는 개념과 일치하며, 그로부터 천도를 통한 만물의 생성이라는 개념은 끊임없이 우주가 팽창되어 간다는 우주팽창설의 개념과 일치한다는 것이다. 이렇게 조물과 생천이라는 개념을 통해 한얼님의 신공성덕(神功聖德)을 설명하는 것이 대종교의 조화사상이다.

대종교는 고대 동방민족들의 원시신앙 가운데 하느님을 믿는 신도적(神道的)인 신앙체계를 가진 고유 신교로 천계(天界)·인계(人界)·하계(下界)의 중심축인 백두산을 신앙의 표상으로 삼고, 이곳을 중심으로 인류와 문화가 발생했다는 설을 기본 교리로 하여, 세검의 한 몸(三神一體)설을 믿고 있다. 세검은 곧 환인·환웅·환검인데, 환인은 우주·인간·만물을 주재

17) 차용준, 『종교문화의 이해』, 71.

하는 조화신이고, 환웅은 인간 세상을 널리 구제하기 위해 천부삼인을 가지고 운사·우사·풍백·뇌공 등을 거느리고 백두산에 내려온 교화신이며, 환검은 기원전 2333년 10월 3일에 삼천단부 민중들의 추대로 임금이 되어 배달나라를 최초로 세운 치화신(治化神)이다(조화사상). 그러므로 대종교의 신앙적 대상은 조화신인 환인과 교화신인 환웅과 치화신인 환검인데, 이들은 객체적인 세 신이 아니라 하나의 신이 세 가지의 작용으로 나타난 삼신일체의 한얼님, 즉 하느님이다. 또한 대종교의 천부(天父) 사상은 천신, 곧 하느님이 나를 낳아 주신 생부의 사상이기 때문에 한민족은 하느님의 피를 받은 천손천민(天孫天民)이다. 그리고 신라의 최치원이 쓴 「난랑비서」(鸞郎碑序)에 의하면 우리나라에는 유교·불교·도교의 3교를 합일한 풍류(風流, 부루도라고도 함)가 있는데, 대종교는 바로 이러한 맥을 잇는다고 한다.

한편 대종교의 신앙은 삼진귀일(三眞歸一)과 삼법수행(三法修行)으로 요약할 수 있다. 인간은 나면서 조화주로부터 성품(性)·목숨(命)·정기(精)의 3진(三眞: 세 가지 착함)을 받았으나, 살아가는 동안에 마음(心)·기(氣)·몸(身)의 3망(三忘: 세 가지 탈)이 뿌리박게 되니 욕심이 생기고 병이 나고 착함을 버리고 죄를 짓는 괴로움에 빠지게 된다. 3진과 3망 사이에는 감(感)·식(息)·촉(觸)의 3념(三念)이 생겨 생사고락이 뒤섞인다. 그러므로 지감(止感)하고 조식(調息)하며 금촉(禁觸)하여 수행한다면 3망을 돌이켜 3진을 회복함으로써 다시 사람의 본바탕으로 돌아가게 된다고 한다. 이처럼 대종교의 논리는 삼이일(三而一), 즉 '하나'의 원리이다. '하나'의 사상은 모든 것을 포괄·협동하고 조화시켜서 본래의 뿌리인 하나로 일치·통일시키는 원리이기 때문에 본래 상반되는 존재는 없고 서로 모여 공존할 수가 있다. 이 원리야말로 상쟁과 상극의 역사를 통일·지향하여 화합과 상생(相生)할 수 있는 이화세계의 역사를 이룬다.

5. 생활과 종교의식

1) 의식 · 제도

우리나라 시조 단군왕검이 고조선을 개국하고 즉위한 기원전 2333년을 원년으로 하는 단군기원(檀君紀元)의 연호를 사용한다. 줄여서 '단기'라고도 한다. 「삼국유사」가 인용한 「위서」(魏書)에는 "지금으로부터 2,000년 전 단군왕검이 도읍을 아사달(阿斯達)에 정하고 나라를 세워 조선이라고 부르니 중국의 고(高: 堯) 임금과 같은 때"라 했고, 같이 인용한 「고기」(古記)에는 "단군왕검이 당고(唐高: 唐堯)가 즉위한 지 50년이 되는 경인년(庚寅年)에 평양성에 도읍하고 조선이라 불렀다"고 했는데, 이것이 연대 환산의 기준이 된다. 그리고 단군의 건국 사실을 전해주는 우리 문헌으로는 「삼국유사」와 이승휴의 「제왕운기」(帝王韻記)를 비롯하여 「세종실록」 지리지, 「동국통감」, 권람(權擥)의 「응제시주」(應製詩註) 등이 있지만, 단군기원의 연대환산에 대하여 언급한 가장 오래된 기록은 고려시대 백문보(白文寶)이다.[18]

20세기에 들어 대종교(大倧敎)가 창설되면서 단군기원을 썼는데, 1909년(융희 3년) 1월 15일 나철(羅喆)이 천신에게 제사를 지내고 교리를 알리면서 시작되었고, 그 밖에 대종교에서 갈라선 단군교(檀君敎)에서도 단군기원을 썼다. 그러나 단군기원을 공식적인 국가연호로 처음 쓴 것은 대한민국정부 수립 후이다. 1948년 9월 25일 대한민국 법률 제4호 '연호에 관한 법률'에서 "대한민국의 공용연호는 단군기원으로 한다"라고 하고, 그 부칙

---

18) "하늘의 기수(氣數)는 순환하여 700년이 한 소원(小元)이 되고, 3,600년이 쌓이면 한 대주원(大周元)이 되니, 이것이 황제(皇帝)와 왕패(王覇)의 치난흥쇠(治難興衰)의 기회가 됩니다. 우리 동방은 단군부터 지금까지 이미 3,600년이므로 주년(周年)의 기회가 됩니다"라고 백문보가 『고려사』에서 공민왕에게 글을 올려 단군기원을 언급하였다.

에서 "본 법은 공포한 날로부터 시행한다"라고 법제화하여 단군기원을 국가공용연호로 쓰게 되었다. 그러나 5·16 군사정변 이후 1961년 12월 2일 법률 제775호 '연호에 관한 법률'에서 "대한민국의 공용연호는 서력기원으로 한다"라고 하고, 그 부칙에서 "본 법은 서기 1962년 1월 1일부터 시행한다. 법률 제4호에 관한 법률은 이를 폐지한다. 본 법 시행 당시의 공문서 중 단기로 표시된 연대는 당해 연대에서 2,333년을 감해 이를 서력연대로 간주한다"라고 법제화하면서 단군기원 대신에 서력기원을 쓰게 되었다.

2) 선의식(禪儀式)

대종교의 전통적 의식은 중국 「한서」, 「당서」 등의 「동이전」(東夷傳)에 기록된 민족의 10월 제천대회에서 찾아볼 수 있다. 대종교에서는 이러한 제천행사를 선의식이라 하여 행한다. 선의식은 사경절일(四慶節日)인 중광절(重光節)·어천절(御天節)·가경절(嘉慶節)·개천절(開天節) 아침 6시에 단군성상을 모신 천진전(天眞殿)에서 드리는 것인데, 절차는 홀기(笏記)에 따른다.[19] 제수(祭需)의 종류와 진설(陳設) 방법 및 절차를 나타내는 홀기(忽記)는 오늘날까지도 대체로 이어지고 있다.

선의식 식순[20]

① 개의식(開儀式) – 선의식의 시작. 도식이 개의를 선포하고, 홀기를 들고 소리를 가다듬어 부른다.

---

19) 중광절(음력 1월 15일)은 대종교(단군교)의 창시를 선언한 것을 기념하는 날이다. 어천절(음력 3월 15일)은 기원전 2448년 10월 3일 인간 세상에 강림한 한배검(단군)이 124년 동안의 교화와 93년 동안의 치화(治化)를 마치고(합 217년), 기원전 2241년 3월 15일 아사달(백두산)에서 다시 승천한 것을 기념하는 날이다. 가경절(음력 8월 15일)은 1916년 나철이 황해도 구월산 삼성사에서 한배검(단군)에게 제천의식을 올린 뒤 순명삼조를 남기고 자결한 것을 기념하는 날이다. 개천절(음력 10월 3일)은 단군왕검이 기원전 2333년 고조선을 세운 것을 기념하는 날이다.

② 전폐식(奠幣式) – 한배검께 올리는 폐백식으로 곡지(다섯 가지 곡식), 사지(세 가지 옷감), 화지(세 가지 돈)를 받들어 올린다.

③ 진찬식(進餐式) – 천찬을 드리는 것으로서 일반 제물인 천수, 천래, 천과, 천반, 천탕, 천채의 여섯 가지를 올린다.

④ 주유식(奏由式) – 한배검에게 그간에 있었던 일을 고하고 한배검의 은덕에 감사하는 고유문을 봉독한다.

⑤ 주악식(奏樂式) – 천악을 연주하여 올림으로써 한배검을 기쁘게 한다.

⑥ 원도식(願禱式) – 한배검을 찬양하고 그 은덕에 감사드리고 소망을 기원하는 기도식이다.

⑦ 사령식(辭靈式) – 한배검께 인사드리고 물러감을 뜻하며 봉향하고 네 번 절한다.

⑧ 폐의식(閉儀式) – 선의식의 모든 절차가 끝났음을 선포하고 차례로 물러간다.

경일 경배식순[21]

① 개식: 도식이 천고를 세 번 울리면 경배가 시작된다.

② 천진참알: 총전교가 분향하고, 모두 함께 천진을 향해 4배(4번 절함) 예식을 한다.

③ 깨닫는 말씀: 모두 꿇어앉아서 「깨닫는 말씀」을 세 번 외운다.

④ 원도: 예원이 천진전 앞에 나아가 경건하게 비는 시간. 원도 끝에 "거룩하시고 웅검하신 우리 한배검이시여!"를 세 번 함께 한다.

⑤ 한얼노래: 모두 함께 「한얼노래」를 부른다.

---

20) 예원이 선정되고 제폐와 제물과 제구가 준비되면 예원과 참사자의 자리와 신상을 마련하고 도식이 홀기를 봉독함에 따라 제천의식이 시작된다. 도식은 예원과 교인을 인도하는 예원이고, 주악은 한얼노래를 인도하는 예원이다. 대종교 홈페이지 http://www.daejonggyo.or.kr 참조.

21) 경일이란 대종교에서 경배드리는 날로 매주 일요일을 말하며, 경배식은 경일과 특정한 날에 올리는 신앙의식이다. http://www.daejonggyo.or.kr

대종교 선의식

⑥ 천경신고봉독: 모두 꿇어앉아서 예원의 천고 타고에 맞춰 「각사」, 「천부경」, 「삼일신고」를 정성 드려 외운다.
⑦ 한얼노래: 주악의 반주에 맞춰 모두 함께 부른다.
⑧ 한얼 말씀: 대종교 교리 강도(講道) 시간.
⑨ 포고 및 소개: 예원이 종단 소식이나 새 교우를 소개한다.
⑩ 부루 성금: 모두 함께 정성된 예물을 바치는 시간.
⑪ 송도: 예원이 한배검의 큰 은혜를 기리는 시간.
⑫ 읍례 및 폐식: 모두 함께 천진전을 향해 읍례하고 마친다.

3) 5대 종지와 5대 의무

'5대 종지'는 교인으로서 반드시 준행하여야 할 종문계율(倧門戒律)로 아래와 같다.

1. 공경으로 한얼님을 받들 것: 인물의 본원을 아는 일(敬奉天神)

단군의 제천지인 강화 마니산 참성단(출처: 인천관광공사)

2. 정성으로 성품을 닦을 것: 인생의 본심을 찾는 일(誠修靈性)
3. 사랑으로 겨레를 합할 것: 인세의 평화를 얻는 일(愛合種族)
4. 고요함으로 행복을 구할 것: 인간의 자유를 누리는 일(靜求利福)
5. 부지런함으로 살림에 힘쓸 것: 인류의 문명을 넓히는 일(勤務産業)

대종교인의 '5대 의무'는 교인으로서 지켜야 할 것으로 아래와 같다.

1. 교규(敎規)를 지킬 것(敎規遵行)
2. 교리(敎理)를 공부할 것(敎理硏修)
3. 교인(敎人)을 널리 천거할 것(敎人廣薦)
4. 경일(敬日)을 정성껏 지킬 것(敬日恪守)
5. 천곡(天穀) 또는 성금(誠金)을 정성으로 올릴 것(天穀獻誠)

백두산 천지

6. 교단 구조와 현황

총본사(總本司)는 종문(倧門)의 중앙기구(中央機構)이니 대일각(大一閣)과 원로원(元老院), 삼일원(三一園), 종무원(宗務院)으로 구성(構成)하고 그 산하(傘下)에 도본사(道本司), 시교당(施敎堂) 및 수도원(修道院)을 둔다. [홍범 제31조]

1) 대일각/총전교

대일각(大一閣)은 대종교(大倧敎)의 모든 교정(敎政)을 통솔(統率)하는 최고기관(最高機關)으로 총전교(總典敎)를 중심으로 하는 모든 전교(典敎)가 한 뜻으로 천진전(天眞殿)을 수호(守護)하며 수도청사(修道聽事)하는 집무기관(執務機關)이다. [홍범 제37조]

총전교(總典敎)는 종권(倧權)으로 상징(象徵)되는 위상(位相)에서 교통(敎統)을 이어 종문(倧門)을 대표(代表)하고 온 종문(倧門)을 통할(統轄)한다.[홍범 제38조]

2) 원로원

원로원(元老院)은 정교(正敎) 이상(以上)의 공선(公選)된 원로들로 구성(構成)하여 대일각(大一閣)의 자문(諮問) 역할(役割)을 한다.[홍범 제33조]

원로원(元老院)은 대일각(大一閣)의 자문기관(諮問機關)이며 회의체제(會議體制)로 운영(運營)한다. 원로원장(元老院長)이 의장(議長)이 된다.[홍범 제50조]

3) 삼일원

삼일원(三一園)은 도원(道園)으로서 교리(敎理)에 의한 신앙생활과 수도정진(修道精進)을 지도(指導)하며 종리연구(倧理硏究) 및 선도사업(宣道事業)의 기본방향(基本方向)을 제시(提示)하고 선도(宣道)를 담당(擔當)한다.[홍범 제34조]

삼일원(三一園)은 종문(倧門)의 교리(敎理)와 수도수행(修道修行)을 연구(硏究)·교육(敎育)하는 중추적(中樞的)인 도원(道園)으로서, 교리(敎理)의 통달(通達)과 삼법(三法)수행의 생활화를 토대로 화중성철(化衆成哲)하는 사명(使命)을 지니고 시교(施敎)·선도(宣道)와 성직자(聖職者) 양성(養成) 및 교리(敎理)·종사(倧史)의 연수(硏修)를 실시(實施)하고, 다음의 세 기구(機構)를 두고 있다. 삼원(종리원(倧理院)/선도원(宣道院)/수도원(修道院)[홍범 제68조])의 기능(機能)과 그 임무(任務)를 정해두고 있다.[홍범 제73조]

4) 종무원

종무원(宗務院)은 종문(倧門)의 중추행정기관(中樞行政機關)으로 종무원장(宗務院長)의 책임(責任) 아래 각 교사(敎司)를 지휘감독(指揮監督)한다.[홍범 제58조]

종무원(宗務院)에는 전리실(典理室) 전범실(典範室) 전강실(典講室)의 삼전실(三典室)을 두고 맡은 업무(業務)를 정하고 있다.[홍범 제60조]

대종교의 조직체계는 처음에는 백두산을 중심으로 단군조선 옛 강토의 4대 교구와 일본·몽골·중국 등 외도본사(外道本司)로 나누어졌으나(백두산 사진 참조), 8·15 광복 후 남도본사·교구 가운데 남한 조직만 남았다. 신도는 2015년 통계청 조사에 따르면 3,101명이다.[22] 대종교는 과거에 비해 활발한 활동을 하지 못하고 있다. 여러 가지 이유가 있겠지만, 외적으로는 독립운동을 주도하던 인물들이 8·15 해방이 되자 정치계에 대거 투신했으며, 교역자를 양성하기 위한 체계적인 과정과 기관을 확보하지 못했고, 서구문화의 팽창으로 민족의 고유 사상이 침식당한 데도 그 원인이 있다. 그러나 최근에는 고유한 민족문화에 대한 관심이 높아짐에 따라 대종교 측에서도 1971년 「대종교 60년사」 간행, 1983년 중창대회, 1984년 국립극장에서 개천절 봉축대제전 개최 등 많은 노력을 기울이고 있다.

7. 대화의 가능성과 과제

대종교의 경전인 『신사기』(神事記)에는 기독교의 창세기를 방불케 하는 인류 창생에 관한 기록이 있고, 문명의 기원에 관한 기록도 있다. 문명의 시초에 한 남자와 여자가 있었으니 나반(那般)과 아만(阿曼)이 있었는데,

22) kostat.go.kr 2017년 참조.

서로 동서로 나뉘어져 오랫동안 만나지 못하다가 세월이 지난 다음에 만나 짝이 되었다고 한다.[23] 구약 창세기와 다른 점은 신사기에는 두 남자와 여자를 창조했다는 기록이 없고, 다만 오랫동안 만나지 못하고 있었다고만 기록되어 있다.

또한 대종교의 조화는 기독교의 창조와 유사한 면이 있다. 다만 기독교의 창조가 절대 유일신인 야웨가 만물을 모두 만들어냈다는 것을 의미한다면, 조화는 한얼님(하느님)이 우주만물을, 천도를 통해 이룩해냈다는 의미에서 구별된다. 즉, 한얼님은 무한한 능력을 바탕으로 사물들을 하나하나씩 만들어낸 것이 아니라, 일종의 원소라고 할 수 있는 '광명'(光明)이라는 것이 일정한 기간 동안에 천도를 통한 작용으로 우주를 형성하고 만물을 이루게 했다는 것이다. 이런 의미에서 천지사물은 유형적(有形的)이지만 그것을 만들어낸 이는 무형적(無形的)이라고 하며, 후자가 한얼님이라면 전자는 사람과 만물이라고 한다.

그뿐 아니라 대종교에서 신앙의 대상으로 받아들이는 한얼님(하느님)은 조화(造化), 교화(教化), 치화(治化)의 3대 권능을 두루 갖춘 삼신일체(三神一體)의 존재로서 기독교의 삼위일체 신앙과 매우 유사하다고 하여 윤성범 교수는 이를 유형론적(typological)으로 깊이 연구하여 비교하는 데 심혈을 기울이기도 하였다. 또한 대종교의 가경절에는 나철이 인간의 죄악을 대속하기 위해 순교했다고 여기며 선의식과 경하식을 올리면서 이를 기념한다. 기독교에서는 예수 그리스도가 인류의 죄를 대속하기 위해 십자가에 달려 죽은 사건은 매우 중요시하며, 사순절 혹은 수난주간을 지킨다.

대종교는 한국에서 자생한 토속종교임에도 불구하고 기독교와 신앙과 교리 면에서 다른 종교에 비해 유사한 점이 많다. 그뿐만 아니라 민족과 역사 앞에서 책임 있는 삶을 강조하는 대종교와 하나님과 역사 앞에서 빛과 소금의 역할로 바르게 살며 하나님 나라를 이루어 가려는 기독교와 실

---

23) 대종교 총본사 편, 『譯解倧經四部合編』(서울: 대종교 총본사, 1946), 73-102; 『神事記』 造化記 참조.

천적인 면에서도 서로 협력할 수 있는 가능성이 매우 높다고 할 수 있다. 이러한 노력은 기독교가 더 이상 서구종교가 아니라 민족의 종교로서 뿌리내리며 토착화하는 데 기여할 수 있을 것이다.

한국은 여러 종교가 공존하고 있는 다종교 사회다. 그러나 정부는 한국 종교를 전통종교, 민족종교, 외래종교로 나누고, 불교와 유교는 전통종교, 천도교와 대종교는 민족종교, 천주교와 기독교는 외래종교로 규정한다. 이러한 구분 자체가 종교편향이 될 수 있으며, 종교 간 갈등의 원인이 될 수 있다. 따라서 종교 간의 갈등을 줄이려면 이런 구분 자체를 없앨 필요가 있다. 현행 중학교 사회과 교과서에서 한국을 불교 및 유교 문화권으로 설명하고 있는 것이나, 종교 분포를 그린 지도에서 한국을 불교국가로 표기하고 있는 것은 수정해야 한다.

한편, 기독교에서는 민족종교를 자부해 온 대종교가 미군정 3년 동안 기독교로 인해 받은 피해를 바르게 조사하여 다시는 그러한 역사를 반복하지 않도록 해야 할 것이다. 또한 한때 각 학교와 공공기관에 단군상이 건립되어 기독교와 잦은 마찰을 일으키기도 했으나, 이것은 대종교가 주도한 것이 아님이 밝혀지고 있다.[24] 따라서 서로의 오해를 줄이는 노력을 먼저 기울이고, 화해와 협력에 기본 바탕을 두고 서로 가능한 일부터 실천에 옮긴다면 두 종교는 물론 이 사회를 위해 크게 기여할 수 있을 것이다.

24) 단군상은 대종교에서 세운 것이 아니라 이승원이 조직한 '한문화'라는 사회단체에서 세웠다. 물론 단군상을 세울 때 대종교는 이를 허락한 적도 없고 '한문화'에서 찾아온 적도 없었다. 대종교의 교리나 경전을 찾아봐도 단군이라는 말 자체가 나오지 않는다. 이는 대종교의 제단에 단군화가 그려져 있어서 오해를 가져왔는데, 본래는 단군상이 아니라 위패로 모셨다가 추후에 단군화가 그려진 것이라고 한다.

참고문헌

김교헌/고동영 역. 『신단민사』. 서울: 한뿌리, 1987.

김교헌/이민수 역. 『신단실기』. 안양: 자유문고, 1987.

강만길. 『이조시대의 단군숭배－이홍직 박사 화갑기념논총』. 성남: 신구문화사, 1969.

강수원 편저. 『우리 배달겨레와 대종교의 역사』. 서울: 한민족문화사, 1993.

김교헌. 『삼일신화』. 서울: 대종교 총본사, 1912.

김상일. 『한국종교사상사』. 서울: 연세대학교출판부, 1992.

김홍철·김상일. 『한국종교사상사 1－증산교·대종교·무교 편』. 서울: 연세대학교 출판부, 1992.

대종교 총본사 편. 『대종교요감』. 서울: 대종교 총본사, 1983.

＿＿＿. 『역해종경사부합편』. 서울: 대종교 총본사, 1946.

대종교 종경종사편수위원회. 『대종교중광60년사』. 서울: 대종교 총본사, 1971.

박성화. 『천부경연구』. 서울: 민족정통사상연구위원회, 1993.

박영석. 『일제하 독립운동사 연구』. 서울: 일조각, 1993.

서영대 외. 『단군신앙의 연구』. 서울: 한국정신문화연구원, 1987.

서영대. 『단군신화 이해의 기본문제－장병길교수은퇴기념논총』. 서울: 집문당, 1985.

신철호. 『한국중흥종교 교조론 홍암 나철 대종사』. 서울: 한국새종교연구원, 1979.

우성조. 『제천민족』. 서울: 박물서관, 1989.

안호상. 『환웅과 단군과 화랑』. 서울: 사림원, 1985.

이은봉. 『한국고대종교사상』. 서울: 집문당, 1984.

이은봉 편. 『단군신화연구』. 서울: 온누리, 1984.

이을호·강수원. 『한사상과 민족종교』. 서울: 일지사, 1990.

정규훈. 『한국의 신종교』. 파주: 서광사 2001.

차옥숭. 『천도교 대종교』. 파주: 서광사 2000.

최동환 해설. 『삼일신고』. 서울: 지혜의 나무, 2000.

제3장

무교(샤머니즘)

1. 발생 배경과 시대적 상황

한국무교의 기원은 정확하지 않으나 기록상으로는 삼국사기와 삼국유사에 나오는 신라 제2대 왕, 남해왕(南解王, 4-24 재위)의 1세기 초가 된다.[1] 한국의 건국신화인 단군신화 자체가 샤머니즘의 소산이기 때문에 한국 역사는 샤머니즘과 함께해 왔다고 해도 과언이 아니다. 단군이 바로 무당이었고, 단군은 지금까지도 사용되고 있는 무당의 칭호 가운데 하나인 '단굴'의 어원이다. 이것은 몽고어 'Tengri'와 공통되는 말이며, '텐그리'는 천(天) 또는 숭배자, 곧 무당의 뜻을 가지고 있어서 단군은 제정일치(祭政一致) 시대의 정치적 수장인 동시에 종교적 사제라고 할 수 있는 무당이었다.[2]

그러므로 한국의 무(巫)의 역사는 문헌이 기록되기 이전의 시대로 거슬러 올라간다고 할 수 있다. 종교적 상징으로 장식된 왕관이나 지금도 동북아시아의 무당들이 즐겨 사용하고 있는 방울·칼·거울 등 각종 고고학적

1) 남해왕은 박혁거세(朴赫居世)의 맏아들이며, 어머니는 알영부인(閼英夫人)으로서 박혁거세에 이어 왕이 되었다.

2) 유동식, 『한국종교와 기독교』(서울: 대한기독교서회, 1991), 20.

유물자료들이 청동제로 제작되던 시기를 볼 때, 늦어도 기원전 1,000년 전부터는 그 지역에 널리 퍼져 있던 신앙 형태와 직접적으로 연결된 것으로 보인다. 중국 측의 기록인 『삼국지』(三國志) 「위지」(魏志) 동이전(東夷傳)은 고대 한민족이 세운 여러 초기 국가의 종교 상황을 비교적 소상하게 알려 주고 있다. 그 기록에 따르면 부여·고구려·예 등지에 각각 영고·동맹·무천이라는 종교적 축제가 있었고, 이들 행사는 대개 추수를 기원하거나 감사하는 농경사회의 제의적 성격을 가졌다고 볼 수 있다. 따라서 많은 학자는 이 축제가 천제(天祭, 하늘굿)이고 이를 주관한 것은 무당이며, 그 전통이 오늘날까지도 마을굿으로 이어져 오고 있다고 본다.[3)]

이런 종교적 전통은 삼국시대 초기 정교분리가 이루어지고 중국으로부터 유교·불교·도교 등의 외래종교가 들어오면서 변화하기 시작하였으나 서양과 같은 대규모 탄압 및 순교나 전쟁 등이 일어난 것은 아니었다. 불교가 인도식 샤머니즘이라고 할 정도로 그 면모를 갖추었고, 한국인들이 다신교적 전통을 가졌었기 때문에 자연스런 융합이 가능하였다. 삼국시대 말에는 도교가 전래되었는데, 이 역시 중국식 샤머니즘과 같았다.[4)] 도교는 한국의 샤머니즘에 쉽게 포용되어 오늘날 무(巫)에 옥황상제가 등장하고,

---

3) 유동식은 중국으로부터 유교, 불교, 도교가 한국에 들어오기 시작한 것은 4세기 이후의 일이며, 그 이전에는 한국에 재래종교는 홀로 샤머니즘뿐이었다고 하였다. 하지만 샤머니즘은 고유한 한국종교라기 보다는 시베리아를 중심으로 몽고, 만주, 한국, 일본 그리고 우랄 알타이족 사이에 널리 퍼진 원시종교라는 것이 일반적인 견해다. *Ibid.*, 15.

4) 무속은 무당이라는 사제자가 신에게 신도들의 소원을 빌어 주는 굿이라는 의례를 베풀면서 공동체를 형성하는 종교라고 정의할 수 있다. 무속을 샤머니즘이라고 부르는 사람도 많다. 샤머니즘이란 샤먼이라는 신들린 사람을 중심으로 형성된 시베리아 지방의 신앙 형태인데, 우리나라 일부 무당은 샤먼과 매우 유사하고 또 굿에서 신들림의 현상을 중요하게 여기기 때문이다. 그러나 무속은 샤머니즘과 다른 요소도 적지 않게 포함하고 있어서 이 둘을 동일시하거나 무속을 샤머니즘의 한 분파로 넣는 것은 많은 논란점을 가지고 있다고 할 수 있다. 그럼에도 불구하고 여러 가지 면에서 연관성을 지니고 있어서 둘을 완전히 따로 생각할 수 없는 것 또한 사실이다.

불교 사찰에 칠성각이 있는 것 등이 그 흔적이다.

고려로 넘어오면 팔관회와 연등회가 국가적 종교행사로 자리하게 된다. 이 두 행사는 겉으로는 불교행사인 것처럼 보이나 그 내용은 예로부터 전해오던 무(巫)의 축제 전통을 이은 것이다. 양자가 겉으로는 불교적 이름을 취하고 있으나 내용은 모두 호국적 시조제·기복제의 성격을 지니며 군신(君臣)과 백성이 함께 마시고 춤을 추고, 무당이 천신·용신·산신 및 하천신에게 제물을 바치는 등 토속적 신앙의 면모를 보인다. 송나라 사신으로 고려를 다녀간 서긍(徐兢)은 자신이 보고 들은 것을 기록한 『선화봉사고려도경』(宣和奉使高麗圖經)에서 "팔관회는 고구려의 동맹제(東盟祭)에서 유래한 것"이라 밝혔을 정도이다. 그러나 이러한 상황은 조선시대로 오면서 급변하여 굿을 단속하는 법을 만들어 세금을 거두고, 무당을 한양에서 쫓아냈으며, 급기야 무당은 노비·승려·백정 등과 함께 사회 최하층인 8천(賤)의 하나로 규정하고 박해하였다. 고려의 국가적 제례인 연등회와 팔관회를 낭비로만 본 까닭도 있지만 더 큰 이유는 유교 이외의 것을 인정하지 않는 배타적 세계관 때문이었다. 천민으로 떨어진 무당에 대한 사회적 천시는 매우 심각했고, 이에 함께 배척당하던 불교와의 융합이 쉽게 일어나게 되었다. 석가모니·무학대사·삼불제석 등이 주요한 신령으로 모셔지고 불교 역시 무(巫)로부터 많은 부분을 받아들이기 시작했다.

일제시대부터는 탄압이 심해졌다. 일본은 조선 침략기에 많은 학자를 동원하여 한국의 사회·역사·종교·풍속 등을 정밀히 조사했다. 그리고는 마을 단위의 굿이 한국인의 정신적 원형을 이루며 예부터 지역 주민의 유대감 형성에 원동력이 된다는 것을 알고는 더욱 심하게 박해하였다. 한편 교세가 늘어나던 기독교와 갈등도 점차 커지고 있었다. 일제에 의해 무(巫)와 함께 탄압받던 기독교 역시 굿을 마귀사탄을 섬기는 미신으로 몰아붙였기 때문이다. 무속인들에 의하면 이 당시보다 더 심했던 때가 바로 새마을운동으로 상징되는 박정희 정권의 조국근대화 시기였다. 당집이 폭파되고 무당등록증이 없으면 굿도 할 수 없었다. 굿과 무당은 단지 미신을 조장하는 근대화의 걸림돌로 인식될 뿐이었다.

일제시대와 해방 후 현재까지의 상황에서 나아진 것은 무당과 무(巫)가 학문의 대상으로 정립된 것이다. 1960년대부터 시작된 전국 및 각 도 단위의 민속예술경연대회와 무형문화재 제도는 굿을 전통문화로 인식하게 하는 중요한 계기가 되었다. 1980년대 이후에는 굿과 그 문화에 정통한 많은 무속인이 죽으면서 뛰어난 기예와 법도가 끊기게 되었고, 학습이 덜된 선무당이 많아지면서 변질되고 있는 현실이다.

2. 창시자

일반적으로 종교는 체계화되어 있고 경전을 갖춘 종교가 있는가 하면, 종교적 체계에는 미흡한 주술적 종교가 있다. 무교의 경우는 후자에 가깝지만 종교의 본질은 '성스러움'(Heilige)라고 볼 때, 무교에도 분명이 성(聖)과 속(俗)의 구분이 있는 하나의 종교라고 말할 수 있다.[5] '한국무교'의 기원은 분명하지 않지만, 아주 오랜 고대사회 때부터 한민족의 주요한 신앙형태였다는 점만은 분명하다.[6] 한국무교가 문헌상에 분명히 나타나는 것은 삼국시대로서 『삼국유사』에 신라 2대 임금인 남해왕을 차차웅(南解次次雄)이라고 불렀는데, 이것은 왕호(王號)이면서 속어로 무를 칭(巫稱)하는 의미다.[7] 이들 시대에 사용되었던 무가(巫歌)를 건국 서사시라고 하며, 주로 신

5) Rudolf Otto, *Das Heilige, Über das Irrationale in der Idee des Göttlichen und sein Verhältnis zum Rationalen*(München: Breslau, 1917).

6) '한국무교'라는 말은 1970년대 유동식에 의해 처음 사용되었다. 무교는 민간 계층의 관습을 뜻하는 무속(巫俗)과는 구별되는 종교적 특성을 강조하는 용어이다. 유동식, 15-39.

7) 무(巫)라고 불린 차차웅이 무엇을 어떻게 했다는 기록은 없다. 이런 까닭에 당시의 '무'와 오늘날의 '무당'이 같은 종교적 사제자인지는 불분명하다. 하지만 『삼국사기』에는 남해왕 3년(기원후 6년)에 처음으로 시조인 박혁거세의 묘를 세우고 제사를 지냈는데, 왕의 친누이동생인 아로가 주관하게 하였다는 기록이 있다. 시조에 대한 제사와 굿을 비교할 근거는 없지만 오늘날 무당의 대부분이 여자인 점을 생각할 때

화적인 내용을 담고 있다. 이 외에도 『삼국사기』에 단편적으로 무당의 기록이 보인다. 이렇듯 오랜 역사를 가진 무속은 오랜 세월의 흐름에도 불구하고, 오늘날까지 대다수 민중 속에서 크게 변질됨이 없이 존속되어 왔다.

무교는 특별한 창시자가 존재하지 않고, 다만 개개인의 신앙이 존재한다고 볼 수 있다. 그 이유는 신내림을 받는 무속인의 신이 각각 동일한 신이 아니라 개인에 따라서 다르며, 신이 그의 삶을 운영하는 방식 또한 제각각이기 때문이다. 그들에게는 신앙인으로서 꼭 해야만 하는 언행과 방식들이 체계화된 경전이 없으며, 그들이 받은 신 자체가 그들에게는 경전이 되는 셈이다. 이런 점에서 각 무속인이 그 무교의 성격을 결정짓는 창시자인 셈이다. 무속인의 형태는 지역에 따라 다소의 차이를 보이는데, 남부 지역은 혈통을 따라 대대로 무당의 사제권이 계승되는 세습무가 지배적인 데 비해, 중·북부 지역은 신(神)의 영력(靈力)에 의해 무당이 되는 강신무가 지배적이다. 무속인은 크게 이처럼 두 가지로 나누지만, 무속인의 성격 차이에 따라서 무속의 신관(神觀)·신단(神壇)·제의식(祭儀式) 등 전반에 걸쳐 대조적인 차이를 보이고 있다.

3. 경전

무속에는 문자화되고 체계화된 자료나 경전이 없다. 하지만 굿에 사용되는 절차와 주문을 기록한 법전이라는 자료는 문서화하여 보전하고 있다. 이 법전에는 무속 고유의 문서들도 존재하지만 일제강점기를 거치면서 많은 자료가 약탈당하고 소실되면서 이를 메우기 위하여 불교 경전을 많이 차용하였다. 그런 이유로 무속의 세계관은 불교의 세계관과 유사한 점이 매우 많다. 또한 대종교의 「천부경」, 「삼일신고」, 「참전계경」을 차용하는데, 이는 대종교가 단군왕검을 시조로 모시고 있고, 무교 또한 단군이 최초의

무속과의 관련성을 추론해 볼 수는 있다.

무당이기 때문으로 보인다. 굿에 사용되는 법문에는 부정경, 축원문, 해원경, 살풀이경, 사자풀이경, 전언, 무경 등으로 크게 나뉠 수 있으며 각각 세분화되어 무수히 많은 법문이 존재한다.

이러한 법문들을 차용하기는 하지만 무교에서는 정해진 경전에 의존하기보다는 각 무속인이 제사장의 기능을 수행한다고 보아야 한다. 그들은 각자 신들의 세계에 접근하고 접촉하여 그들과 대화하기도 하고, 신들의 도움을 얻어 악령을 쫓아내며 예언을 하며 과거의 일들을 말한다. 그러므로 무속인은 그들의 신화나 전설을 참고로 하지만 자신의 세계관에 따라 각자 자신의 것으로 내면화한 사고와 행동이 경전의 역할을 한다고 할 수 있다. 고대 단군과 주몽, 혁거세, 온조 등의 인명이나 차차웅, 니사금 등의 왕의 명칭이 모두 샤먼을 가리킨다고 볼 때, 고대 부족사회는 제정일치(祭政一致) 사회로서 제사장과 통치자가 동일한 인물이다. 이들은 초자연적 능력을 가진 신들과 상통하면서 그들의 도움을 받고 있는 제사장이 통치권을 행사하였다.

4. 교리와 사상

종교학자 엘리아데(Mircea Eliade)에 의하면 샤머니즘은 터키어에서 유래하였다고 한다. 그는 터어키 몽골어 'kam'의 의성어 변형에서 'sam'이라는 퉁구스어가 되었고, 이것이 러시아어를 경우하여 영어로 가면서 "샤먼"(Shaman), "샤머니즘"(Shamanism)이 되었다고 한다.[8] 한편, "샤먼"(Shaman)이 원래는 페르시아어 '세멘'(노드두)에서 왔는데, 그 뜻은 '우상'이나 '신사'(神寺)라는 말에서 '사제' 혹은 '병 고치는 자'로 그 의미가 바뀌었다는 주장도 있다.[9] 그런데 '샤머니즘'(shamanism)을 한국어에서는 무교(巫教)

8) Mircea Eliade/이윤기 역, 『샤마니즘』(서울: 까치, 1996), 24.

9) J. A. MacCulloch, *The Religion of the Ancient Celts*(London, NY, Bahrain: Kegan

라고 하는데, 한자 巫의 의미는 "하늘과 땅 사이를 연결(工)하는 춤추는 사람(人人)"으로서, 무(巫)의 기능이 무엇인지를 설명해 주는 말이다. 만주어에서 샤먼은 "흥분하는 자"(ecstasy)를 말하며, 엘리아데는 "흥분을 체험하는 자"라고 하였는데,[10] 이것은 신들과 인간의 사이에서 무당이 하는 기능을 중심으로 한 기능적 정의(functional definition)에 해당한다. 샤머니즘도 엄격한 의미에서는 애니미즘에 속한다. 세상에는 영적 힘을 가진 신들과 귀신들이 있어서 인간에게 유익을 주기도 하고 해를 끼치기도 한다. 때에 따라서는 그런 것이 어떤 사람에게 몰려들어서 그 사람을 초청해 가기도 하는데, 그때 그 사람은 무당이 된다는 것이다.

샤머니즘은 계층적으로 영적 존재를 인식한다. 최고 신(Supreme being), 범신들(gods), 영들(spirits), 죽은 조상의 영(living dead) 등이다. 한국 무속의 신(神) 개념은 지고신, 대기의 신, 토지신, 수신, 이름 없는 신, 그리고 조상신의 여섯 부류로 나눌 수 있다.[11]

1. 지고신(하날님, 하늘님)은 인간의 삶, 수확, 자연현상을 관장하는 만물의 궁극적인 원인이다. 칠성신은 제석이나 천신과 함께 하느님의 또 다른 모습이며, 고대에는 북두칠성이 지고신의 거주처로 믿어졌다. 칠성을 모시는 칠성각은 사찰 대웅전의 뒤쪽에 있다.

2. 대기의 신은 지고신의 바로 아래에서 그를 보좌하며 다섯 방위를 맡고 있는 오방장군이다. 각각의 방위는 각각의 색과 연결되어 있는데 청제장군(靑帝將軍)은 동쪽을, 백제장군(白)은 서쪽을, 적제장군(赤)은 남쪽

Paul, 2005).

10) 흥(興)이라는 말도 샤머니즘적 배경을 가진다. 즉, 땅(一)에 술(八)을 바치면 지신(地神)이 좋아서 춤을 주는 모습을 형상화한 것이기 때문이다. 결국 흥한다는 것은 춤추는 것이다.

11) 독일의 종교학자 프리츠 보스는 한국 샤머니즘의 신들의 계보를 8가지로 나눈다. 첫째, 하늘신으로 옥황상제, 제천(諸天), 둘째, 천계의 신으로 해, 달, 북두칠성, 남극성, 수성, 셋째, 지신과 귀신으로 나눈다. 그 뒤에 시조신, 조상신, 지신, 지방신, 도깨비와 동물신 등을 둔다.

을, 흑제장군(黑)은 북쪽을, 그리고 황제장군(黃)은 중앙을 지배한다. 오방장군에 예속되어 있는 부관인 신장(神將)의 수는 거의 8만에 이른다. 신장 아래에는 다시 사자(使者)와 같은 존재들이 있는데 이들이 천군(天軍)을 구성한다.

3. 토지신(지신)에 속하는 산신은 자애롭고 하얀 수염을 기른 노인으로, 그리고 소나무 밑에서 호랑이를 타고 앉아 있는 모습으로 묘사된다. 혹은 산신에게 불로주를 바치는 동자가 그려져 있는데, 이것은 도교적 영향이다. 이곳엔 아이를 낳기 바라는 여성들이 와서 소원을 빈다. 또한 천신은 땅의 비옥함과 관련이 있는 지신이다. 농부들이 들에서 점심을 먹을 때 음식의 일부분을 이 신에게 바치곤 하였다. 마을 입구에 마을의 수호신 역할을 하는 천하대장군과 지하여장군의 장승이 있다.

기타 가신(家神)인 성주는 대청의 대들보 위에 거꾸로 매달려 있는 솔잎 다발에 거주하며 가정을 지키는 최고의 수호신이고, 출산의 신인 삼신할머니는 내실에 보관되어 있는 흙으로 만든 쌀그릇에 거주하며, 터줏대감은 집의 안쪽을 경계해 주고, 조왕과 변소각시는 악귀로부터 부엌과 변소를 보호해 준다.

4. 수신(水神)들은 모두 용으로 믿어진다. 용은 강과 하천, 샘과 우물, 그리고 바다와 하늘에서 살며 비를 관장한다. 해왕(海王)인 용왕에게는 가뭄 때나 고기잡이 나갈 때 제사를 지낸다.

5. 이름 없는 신들로는 집 안의 조화를 위해 위무되는 신들이 있다. 대표적인 것으로 도깨비가 있는데, 집 안의 물건을 숨기거나 또는 부엌의 그릇을 깨는 것과 같은 장난을 좋아한다.

6. 조상신 가운데 단군신화에서 숭배되는 조상은 왕족의 조상, 나아가서 민족 전체의 조상이다.

사제인 샤먼은 마나(mana)를 소유하고 있다고 믿어진다. 타부는 힘을 가진 존재이며, 이 힘이 나타나는 것이 마나다. 샤먼은 초자연적 존재와 접촉해서 초자연적 존재가 가지고 있는 힘을 소유하거나 사용할 수 있는 사람이며, 그 존재와 만나는 방법은 황홀경(엑스타시)이다. 샤먼은 크게 두 종류인데, Black Shaman(흑샤먼)은 악령과 접촉하며, 병의 치료보다 사람을 저주하는 것이 중요한 역할이다. 또 White Shaman(백샤먼)은 선한 영과 접촉하며, 병을 고치거나 물건을 찾아주는 일에 쓰인다. 한 나라에 둘 다 존재하지 않고 한 나라의 샤먼의 흐름은 하나에 의해 영향을 받는다. 샤머니즘에는 조상의 혼에 대한 숭배가 있으며 조상들은 신들과 가까이 있기에 자신을 도와줄 수 있다고 믿는다.

5. 생활과 종교의식

1) 무속인

무속인은 크게 강신무와 세습무로 나눌 수 있다. 먼저 강신무는 신들린 무속인을 말하며, 특별한 이유 없이 병이 들어 고통을 겪고 환청이나 환영을 듣고 보는 신병(神病) 혹은 무병(巫病)을 앓는다.[12] 이 병은 일반 병과는 달리 병원에서조차도 해결되지 않으며 결국 가족들은 이 사람을 무속인에게 데려가게 되고, 곧 신이 지폈으니 내림굿을 받아야 한다는 선고를 받는다. 이때 만일 후보자가 이 신령을 끝까지 거부하고 버티려고 하면 '인다리'와 같은 현상이 생긴다고 한다. 인다리 현상은 신을 거부하는 후보자가 가깝게 지내거나 특히 사랑하는 인척들의 목숨을 몸주가 될 신령이 앗아가는 현상을 말한다. 그래서 결국 후보자는 대부분의 경우 신내림을 승낙하게 된다. 그러나 내림굿을 하고 무당이 되면 병은 낫고, 오히려 다른 사람의 병을 고쳐줄 수 있게 된다. 강신무에는 여자가 많고, 남자 강신무는 특

12) 신병은 강신무가 영력을 소지할 수 있는 영력의 계기가 됨과 동시에 무당이 망아(忘我) 상태에 빠져 영계로 몰입되어 가는 '엑스터시'의 근원이 된다. 신병은 세습무 계통을 제외한 강신무 계통 곧 무당, 박수, 선무당류, 명두, 태주 등의 점쟁이류가 공통적으로 체험하게 된다. 이 밖에 지역에 따라서는 독경자(讀經者) 곧 경꾼, 경쟁이류의 무경(巫經) 계통에서도 강신 초기에 신병을 체험하게 된다.

별히 박수(무당)라고 한다. 강신무가 제일 먼저 얻는 기능은 예언인데, 이를 '말문을 연다'고 한다. 무당이 되기 위해서는 반드시 굿이라는 무속의례를 학습해야 한다. 그렇지 않으면 점쟁이로 머물고 만다. 춤, 악기, 제물 차리는 법, 무가, 그 외의 절차들을 배워 숙련무가 되려면 보통 3년 이상이 걸린다. 강신무는 내림굿을 해준 무당과 신어머니, 신딸 또는 사제지간을 맺어 굿을 학습한다.

세습무는 신들리는 현상 없이 조상 대대로 무업(巫業)을 이어받아 형성된 무속인이다. 이들은 점치고 예언하는 강신무(降神巫)에 비해 순수한 사제자로서 무속의례를 집행한다.[13] 지역에 따라 세습무권과 강신무권으로 갈라지는데, 한강 이남과 태백산맥 동쪽이 세습무 지역이다. 세습무는 일정한 지역을 자신의 당골판으로 가지고 있어 당골판 내에 거주하는 주민들의 종교적 요구를 충족시켜 주는 의무를 지니며, 그 대가로 봄·가을에 곡식과 돈을 받는다. 세습무가 있는 지방에서는 무속인 가계의 신분이 부자(父子) 관계로 세습되고, 무속인의 자격은 고부(姑婦) 관계에서 학습되고 세습된다. 곧 무속인의 딸은 무속인의 아들에게 시집가서 시어머니로부터 학습 받아 무속 일을 세습한다. 세습무권에서는 여자만 무당으로 굿을 하고 양중·화랭이·산이[14] 등으로 부르는 남자는 악사로서 무악(巫樂)을 담당하고 진행을 돕는다. 동해안에서는 남자들이 촌극과 염불을 하기도 한다.

---

13) 세습무는 사제에만 그 기능이 국한되어 있기 때문에 영감이 전혀 없어서 이것에 의해 해결해야 하는 문제들은 전부 다 점쟁이에게 의존하고 있다. 곧 굿을 해야 하는 이유와 굿할 날짜의 택일을 점쟁이가 영력에 의해 결정해 주면 세습무는 이에 따라 굿을 한다. 점쟁이의 영점(靈占) 말고 세습무가 점에 준하는 일을 하기도 하는데, 이것은 영력에 의한 점이 아니고 책력을 놓고 육갑이나 일진을 짚어 신수를 보는 정도이다. 이와 같은 방법으로 굿할 날을 택일하는 예도 있지만 호남 지역에서는 영력에 관한 문제는 일단 점쟁이(점바치)에게 위임하는 이원적 분화체계가 서 있다.

14) 호남지방에서는 세습무를 '당골'이라 부르고, 영동지방에서는 '무당' 또는 '무당각시'라 부른다. 대개 무당의 남편들인 악사를 호남지방에서는 '공인', 영동지방에서는 '양중', '화랭이' 등으로 부른다. 한강 이남 경기지방에서는 '화랭이', '산이' 등으로 부른다.

신분제도가 해체되면서 세습무는 급속히 소멸되어 지금은 전라도 해안과 동해안 지역에 일부가 남아 활동하고 있을 뿐이다. 일본 오키나와(沖繩)에도 점쟁이이자 강신무인 유다와 세습무인 누루가 존재하는데, 현재 누루는 거의 소멸된 상태이다.

2) 굿

무속인이 하는 의례 가운데는 점(占)치는 것과 부적(符籍),[15] 굿이 있는데, 강신무들이 하는 가장 중요하고 주된 업무는 굿이라고 할 수 있다. 굿은 보통 세 명의 무당이 한다. 주무(主巫) 한 사람에 두 사람 정도의 보조 무당이 주무를 거들어 준다. 무구(巫具)들로서는 신령의 마음을 상징하는 명도(혹은 명두)라는 것이 있다. 놋쇠로 만들어진 둥근 모양의 것으로 아마 청동기 시대에 신령 정치가 행해질 때 정치적 수장자이며 종교적 사제였던 우두머리가 갖고 있던 성스러운 물건 가운데 하나였던 거울(다뉴세문경)에서 유래되어 이어져 내려온 것으로 생각된다. 이 유물 가운데는 청동으로 만든 방울도 있는데, 이것 역시 무구의 전통에 포함되어 특히 무당들이 점을 칠 때나 춤을 출 때 애용하는 중요한 도구 역할을 한다. 옛 기록에 의하면 진한에 있었다고 하는 소도, 즉 종교적으로 성스러운 지역인 소도에서는 기둥을 세우고 방울과 북을 매달았다고 하는데, 이것 또한 소도에 무당이 사제로서 살고 있었다는 것을 방증해 주는 것이다. 무당이 신령의 도움을 받고자 신령을 청할 때는 항상 방울을 사용한다. 그 외에 삼지창이나 월도 같은 무기들도 사용하는데, 이것은 잡귀를 내쫓을 때 위협을 주기 위한 것이다. 그중에서도 삼지창은 특히 굿에 정성이 제대로 들어갔는지 안 들어

15) 부적의 기원은 원시시대까지 거슬러 올라가며, 바위나 동굴에 해·달·짐승·새·사람 등 주술적인 암벽화를 그린 것에서 찾을 수 있다. 대체로 부적은 승려나 역술가, 무당들이 만든다. 부적은 사용 목적과 기능에 따라 두 가지로 나눌 수 있다. 하나는 주력(呪力)으로서 좋은 것을 증가시켜 이(利)를 성취할 수 있게 하는 부적이고, 다른 하나는 사(邪)나 액(厄)을 물리침으로써 소원을 이루는 부적이 있다.

전주 용왕제 굿(덕진공원)-작두 날 위에서 공수하는 무당

갔는지를 보려고 할 때 사용한다. 이를 위해 무당들은 독특한 실험을 한다. 삼지창을 쌀 위에 세워 놓고 창 위에 돼지머리를 걸어 놓아 이것이 쓰러지지 않아야 제대로 정성이 들어간 굿이라는 것이다. 또한 사람의 눈을 끄는 것으로 작두가 있다. 몇 시간을 갈아서 날을 잘 세운 작두 위에 무당이 맨발로 올라가 그곳에서 춤을 추거나 신의 말을 전하는데, 이론적으로는 분명히 발을 베어야 하는데 피가 나기는커녕 작두날 위에 올라간 무당은 평소보다 기분이 더 상쾌하다고 한다. 그것도 모든 무당이 다 하는 것이 아니라 작두대감이나 작두신을 모신 무당만이 할 수 있다고 한다. 마지막으로 굿 도중에 점을 칠 때 쓰는 오방신장기를 들 수 있는데, 이것은 검정, 파랑, 노랑, 흰색, 빨강 등 다섯 가지 색깔로 된 깃발로, 무당은 신도가 어떤 깃발로 무당은 신도가 어떤 깃발을 뽑는지에 따라 점을 쳐 준다.

굿은 크게 청신(請神)·오신(娛神)·송신(送神)의 과정을 거치는데, 곧 신령을 청하여 와서 신령이 즐겁도록 대접을 하고 돌려보낸다는 뜻이다. 이를 좀 더 자세히 풀면, 준비 과정이라 하여 부정을 물려 굿이 벌어지는

내림굿

장소를 정화시키고, 본 과정에서 신령을 초대하여 대접하고 신령의 말씀(공수)을 듣고 다시 대접한 후에 돌려보내며,[16] 종결 과정에서는 물리쳐진 잡귀잡신을 풀어먹이는 세 부분으로 나뉜다고 할 수 있다. 각 과정에서는 거리절차가 있는데, 각각의 거리절차에서 전체 굿의 이러한 틀이 되풀이되는 중층적 구조를 보이는 것이 한국 무(巫)의 특징이다. 굿에는 수많은 종류가 있으나, 그 목적에 따라 세 가지로 나눌 수 있다. 살아 있는 사람을 위한 굿, 죽은 사람을 위한 굿, 그리고 강신무가 되기 위한 내림굿이다.[17] 여

16) 강신무 문화권에서 행해지는 굿에는 무당이 신을 불러들일 뿐 아니라 신의 역할까지도 대행한다. 무당이 신의 역할을 하는 경우 무당의 입에서 나오는 말은 곧 신의 말로 간주되며, 그것을 '공수'라고 한다. 강신무는 신을 부르거나 신의 말을 할 때에 반드시 방울을 사용하며, 방울은 강신무의 상징이라 할 수 있다.

17) 첫째, 살아 있는 사람의 삶의 현실에서 재난을 예방하거나 물리치고 복을 불러들이기 위한 굿은 두 종류로 나뉜다. 가정 단위로 진행되는 집굿과 부락 단위의 마을굿이 그것이다. 집굿은 맞이굿, 안택굿이라고도 부르고, 지방에 따라서는 재수굿, 도신굿, 절기굿이라고도 한다. 집을 신축했을 때 하는 '성주맞이굿', 결혼을 앞두고 하

기에서는 치병(治病)과 관련된 대표적인 굿(내림굿, 재수굿, 우환굿)을 소개함으로써 굿의 일반적인 구조와 의미를 살펴보려고 한다.[18)]

재수굿

서구에서 질병은 가장 혐오스러운 대상이며 정복해야 할 대상이다. 왜냐하면 죽음은 이 세상에서 종말을 뜻하며, 존재의 기쁨을 해치기 때문이다. 그러나 동양의 무교에서는 질병을 반드시 부정적으로 보지 않고 고유의 역동성을 가지는 것으로 인정한다. 질병과 죽음은 타고난 육체의 슬기로움이며, 삶의 지혜로 여겨진다. 죽음과 저승에서의 체류는 삶으로부터의 회복과 재생이며, 질병은 일상생활에서 누적된 잘못된 습관과 생활방식에서 비롯된 티끌을 청소하는 것으로 이해된다. 무엇보다 죽음의 경험이나 중병의 체험은 샤먼이 걸어가는 인생 역정의 기본경험이다.[19)] 이들은 엄

는 '혼인여탐굿' 등도 여기에 해당한다. 마을굿은 도당굿·부군당굿(서울·경기), 별신굿(해안지방), 영등굿(제주) 등 대단히 다양하다. 둘째, 죽은 사람의 영혼을 위로하고 정화하여 좋은 곳으로 보냄으로써 떠도는 망령의 상태에서 벗어나 조상신이 되도록 하기 위한 굿에는 집안 단위로 행해지는 것이 원칙이다. 지역별로 이름은 다르나 기본적인 줄거리는 비슷하다. 진오기굿(서울·경기), 시왕굿(해서), 망묵굿(함경), 씻김굿(호남), 오구굿(동해안), 시왕맞이(제주) 등이 그것이다. 셋째, 강신무가 되기 위해 필요한 내림굿에는 입무제(入巫祭)와 강신무가 모시는 신들을 위한 진적굿(신굿) 등이 있다.

18) 여기에 나오는 굿의 내용은 김은수, "토속종교의 치유이해", 한국선교신학회 편, 『치유와 선교』(서울: 다산글방, 2000), 161-184를 재정리한 것이다.

19) 홀거 바이트/오세증 역, 『세계의 무당』(서울: 도서출판 문원, 1994), 100f. 참조. 홀거 바이트는 여러 문헌에서 질병을 통해 샤먼이 된 경우들을 상세히 소개하고 있다. 시베리아의 예스 근방의 퀴츠란 출신의 예를 들면 다음과 같다. "남편이 어떻게 샤먼이 되었느냐고요? 그건 질병 때문이었어요. 남편이 스물세 살 때 병이 들었는데

청난 고통과 질병, 그리고 죽음에 근접하였다가 다시 살아난 체험을 통해 질적인 삶의 변화를 가져오게 된다.[20] 따라서 질병은 정화 과정이며 예전에 있었던 나쁜 것과 비참한 것, 일상적인 나쁜 타성들을 마치 급류가 휩쓸고 지나가듯이 모두 쓸어버리는 것이며 삶의 새로운 관문이 되는 것이다.

무교에서 굿을 통해 질병이 치유된다는 것은 질병의 원인에 대한 이해에 그 근본 이유가 있다[21] 무교에서 질병의 원인은 '영혼의 유괴'로 가장 많이 이해된다. 즉, 영혼이 길을 잃거나 도둑맞을 때 그 영혼의 임자는 질병에 걸리게 된다. 따라서 질병을 치료하려면 우선 그 영혼을 찾아내고 이를 붙잡아 병자의 몸속에 되돌려 놓아야 한다. 또는 사람의 몸속에 주물이 들어가거나 영혼이 악령에 들릴 때 질병이 생긴다고 보기도 한다. 이 경우 그 주물을 뽑아내거나 악령을 쫓아내어야 한다. 따라서 샤먼은 주술을 통해 잃어버린 영혼을 찾아내는 일과 악령을 쫓아내는 이중의 치료법을 사용한다.[22]

서른 살이 되던 해 샤먼이 되었지요. 그러니까 병 때문에 모진 고생을 하고 나서 샤먼이 된 거지요. 남편은 7년간 병들어 있었어요. 그는 아픈 가운데 꿈을 꾸곤 했어요. 꿈속에서 숱하게 얻어맞기도 했고, 어떤 때는 낯선 곳으로 끌려가기도 했대요. 그는 꿈속에서 아주 먼 곳까지 다녔고 수없이 많은 일을 봤어요. 그렇지요. 질병이 그를 덮쳐버린 거지요. 그리고 그는 아주 오랫동안 아픈 상태였어요. 무병(巫病)에 걸린 자가 샤먼이 되지 않으면 그는 더욱 큰 고통을 겪어야 하지요. 미치든가 아니면 죽게 되기도 하지요. 그래서 사람들은 남편을 설득했어요. '자넨 무속을 인정해야 하네! 그래야 고통을 안 받는다고!'라고 말예요. '내가 샤먼이 된 것은 오로지 병으로부터 도망치기 위해서였어'라고 말하는 사람들이 있었지요."

20) *Ibid.*, 112f. "이금순이라는 한 여인은 남편이 일찍 죽자 다른 남자와 결혼했으나 죽은 연인이 꿈속에서 자꾸 나타나 병 증세가 드러나기 시작하였고 흰 수염의 노인을 만나 무당의 비의를 전수받고 치유가 되었으며, 오은숙이라는 여인은 남편을 사랑하지 않았는데 점차 먹지를 못하고 찬물만 마시다가 두통에 시달리기 시작하였다. 그 후 10년간 사람을 피해 오다가 40세 되던 해 천둥번개 속에서 나타난 백마를 탄 장군을 만나 함께 잠자리를 하고 난 뒤 치유되었고, 앞일을 예언하다가 47세에 무당이 되었다."

21) 차옥숭, 『한국인의 종교경험: 무교』(파주: 서광사, 1997), 19-20.

22) Mircea Eliade/이윤기 역, 『샤마니즘』(서울: 까치, 1996), 205f.

또한 질병의 원인을 귀신의 직접적인 관여나 이들에 의한 장난으로 보기도 한다. 즉, 병을 일으키는 원인이 귀신이기 때문에 질병을 유발시키는 이 귀신을 쫓아냄으로써 치유가 된다는 것이다.[23] 질병을 일으키는 원인이 영혼의 유괴이든 귀신이든 간에 환자를 치유하기 위해서 무당은 영혼을 부르기도 하고, 악령을 쫓아내거나 귀신을 달래거나 호통을 치기도 한다. 이 같은 치유의 과정이 바로 굿이며, 무교에는 각종 질병을 퇴치하기 위한 여러 가지 굿이 있다.

먼저, 신이 내린 병이라는 뜻에서의 신병, 혹은 무당이 되는 과정에서 앓게 된다는 의미에서의 무병이라고 하는 원인 모를 병을 치유하기 위해서는 '내림굿'을 해야 한다. 대부분의 강신무들은 성별이나 신분에 관계없이 신병을 앓게 되고 그 치료를 위해 내림굿을 하게 된다. 이러한 과정은 무당이 되는 통과의례로서 지금까지 살아온 삶의 양태가 전혀 다른 새로운 삶으로 전환되는 분기점이기도 하다.[24] 따라서 내림굿의 과정은 무당에 입문하는 자들이 겪어야 했던 생의 상처를 집약적으로 극화하고 있으며, 신행을 위한 부름과 이 같은 사실을 의지하는 내용을 전형화하고 있다.[25]

내림굿의 순서와 내용은 대체로 다음과 같다.[26] 1) 명받기(산맞이): 산에 올라가서 몸에 산신을 받는 절차이다. 입무자는 산신을 받아 모신 후 산

23) 최준식, 『한국의 종교, 문화로 읽는다』(파주: 사계절, 1998), 70f.

24) 김금화, 『김금화 무가집』(서울: 문음사, 1995), 315-316. 김금화에 의하면 옛날에는 정식 무당이 되기 위해 크게 셋으로 분류되는 허주굿, 내림굿 그리고 솟을굿을 했다. 허주굿은 허튼굿 또는 허침굿이라고도 하며, 이는 부정한 잡신들을 물리쳐 몸과 마음을 정하게 하는 굿이다. 허주굿을 하고 3-4개월 후에 내림굿을 하는데, 내림굿은 큰 신, 정한 신을 몸에 받아들이기 위한 굿이다. 내림굿을 한 어린 무당은 신어머니가 하는 굿판에 따라다니면서 굿을 익히다가 5-6년 뒤 제대로 된 만신의 면모를 갖추게 되면 신명의 위엄을 사방에 알리는 솟을굿을 했다고 한다. 이렇듯 세 차례의 굿을 거쳐야 신어머니와 신딸로서의 관계가 인정되며 비로소 새 무당이 탄생하게 되었다.

25) 김열규, "한국 여성의 전통적 종교 심성의 원형", 『한국 여성의 전통상』(서울: 민음사, 1985), 118.

26) 김금화, 『김금화 무가집』, 57-188, 318-341 참조.

에서 내려와 굿상을 차리고 굿을 준비한다. 2) 신청울림: 모든 굿의 처음 과정으로서 신에게 굿을 하겠다고 알리고 신이 내려오기를 비는 의식이다. 3) 상산맞이: 굿을 하는 마을에서 가장 높은 산의 산신과 마을 부군님을 모시는 굿이다. 4) 일월성신맞이: 입무자가 일월성신을 모시어 그 위력을 받아 크고 맑은 무당이 되기를 기원하는 굿이다. 5) 물베 바치기: 무당의 면모를 잘 갖추어 자주 불리게 될 것인지의 여부를 알아보는 의식이다. 6) 허주굿: 일종의 정화 의례로서 입무자의 몸에 있는 모든 잡신과 정신을 흐리게 하는 허튼 귀신을 몰아내고 올바른 신을 모심으로서 스스로를 정화시키고 신병이 완치되도록 기원하는 굿이다. 7) 내림굿: 신을 한 분 한 분 받아 모시는 의식으로, (가) 방울과 부채 감추기, (나) 신을 고하고 방울, 부채, 신복 찾기, (다) 말문 열기, (라) 무구 던져 주기, (마) 머리 풀고 다시 올리기, (바) 녹타기가 있다. 8) 초부정굿: 굿당의 부정을 씻어내어 정하게 한 뒤 제신들을 청배하여 즐겁게 놀려주고 제단에 좌정시키는 것이다. 9) 영정물림: 모든 영정을 대접하고 질병, 근심, 액운을 걷어내는 굿이다. 10) 칠성제석굿: 안방 귀신을 대접하여 인물을 많이 나게 하고 자손들의 명복을 기원하기 위한 굿이다. 11) 성주굿: 한 집안의 길흉과 복을 관장하는 성주신을 대접하고 집안이 길하고 복되기를 기원하는 굿이다. 12) 소대감놀이: 재물을 관장하면서 육식을 하지 않는 소(蔬)대감에게 명과 복을 기원하는 굿이다. 13) 성주거리: 만신이 모신 신을 청배하여 집안의 안전과 만복을 기원하며 잡귀를 물리치는 굿이다. 14) 대감놀이: 모든 재물을 관장하는 대감신에게 풍요를 기원하는 굿이다. 15) 서낭굿: 모든 일의 문을 열어 주고 길을 열어 나쁜 액을 물리쳐 달라고 기원하는 굿이다. 16) 조상굿: 조상님네들의 왕생극락을 축원하는 것으로, 그들의 영혼을 대접하고 맺힌 한을 풀어 위로해 주는 굿이다. 17) 솟을굿: 3미터 높이의 승전기를 마당 양쪽에 세우고 그 사이에 칠성단을 쌓아 놓은 후, 새 만신은 작두 위에 올라가 신을 받고 춤을 추며 산에서 넘어온 허물을 벗겨 주고 집안의 액사납고 수사나운 액운 등을 미리 막아 달라고 하는 굿이다. 18) 마당굿: 물리쳐져 있던 여러 잡신들을 풀어먹이는 굿이다.

위와 같은 내림굿을 통하여 입무자는 무당이 되고, 그들은 일반적인 종교의 사제들과 같은 역할을 수행하게 된다. 사제자와 예언자도 되지만 특별히 치병자의 역할이 대단히 중요하다. 치병의 원리는 조화에 있으며, 이것은 굿의 원리와 같다. 굿 과정의 각 거리마다 무당은 그에 해당하는 신령을 위한 제상 앞에서 그 신령을 상징하는 신복을 입고 음악에 맞추어 춤을 추면서 초대된 신이 무당의 몸에 실리면 그 신령의 몸짓으로 제갓집에 공수나 덕담을 내린다. 즉, 무당의 고객인 단골은 무당의 중재를 통해 신령을 만나고 이야기를 듣는 체험을 하게 된다. 이것을 통해 천(天)·지(地)·인(人) 합일의 조화를 이루게 된다.[27] 이 조화를 통해 개인의 문제나 집안의 부조화를 풀고 질병을 치유하게 된다. 치병이 조화의 원리에 기인하고 있음은 치유의 과정을 보면 잘 알 수 있다. 즉, 무당은 영혼이 유괴된 병자를 치료하기 위해서 잃어버린 그의 영혼을 찾아내고 이를 붙잡아 병자의 몸에 되돌려 놓아 원래의 조화를 찾게 함으로서 치료하게 된다. 또한 악령이 들린 환자에게도 무당은 그 악령을 병자로부터 쫒아내어 본래의 조화를 회복시킴으로서 치료하게 된다.

또한 무당이 병자들의 치유자가 될 수 있는 것은 자신 스스로가 신병을 경험함으로서 질병에 대한 높은 감수성을 가지게 되기 때문이다. 이러한 감수성을 가지고 무당은 그 역시 질병으로 인해 고통 받는 병자들이 자신에게 찾아올 때 그들이 어떤 악령이나 귀신들로 인해 고통 받고 있는지를 잘 알게 되고, 이들을 찾고 불러서 달래기도 하고 호통을 치기도 하여 치료하게 되는 것이다. 이들이 무당의 여러 가지 역할 가운데서도 특별히 치유자로서의 역할을 잘 감당하기를 소원하게 되는 것은 신어머니가 들려주는 무가나 어떠한 무당이 되고 싶은지를 고백하는 내용에서도 잘 알 수 있다. 무당이 치병자로서 질병을 고칠 때 그 기본 원리는 조화와 화해에 있으며, 이 원리는 하늘과 땅을 연결하고 신과 인간을 매개하는 무당의 역할

27) 차옥숭, 『무교』, 19; 조흥윤, "무(巫)의 구원관－개인적 차원", 『이성과 신앙』(수원: 가톨릭대학교출판부, 1995), 84-85.

을 가장 잘 표현하는 것이기도 하다.

다음으로, 재앙이나 일반적인 질병을 치료하기 위해서 무교에서는 '재수굿'을 하게 된다. 재수굿에는 정기적인 굿과 비정기적인 굿이 있다. 정기적인 굿은 해마다 혹은 3년에 한 번씩 정월이나 10월 상달에 햇곡식과 과일을 차려 놓고 신들을 대접하면서 감사드리는 일종의 추수감사제 형식의 경사굿으로서 개인적인 집안굿과 공동체적인 마을굿이 있다. 비정기적인 굿은 집안에 경제적인 여유가 생겼을 때 하기도 하지만 재앙이나 질병이 생겼을 때 많이 행하게 된다.[28)]

비정기적인 재수굿은 대개 다음과 같은 순서로 행하여진다.[29)] 1) 신청울림. 2) 일월성신맞이. 3) 칠성맞이: 칠성님을 맞이하여 명과 복 그리고 재수를 기원한다. 4) 세인굿: 아들을 발원하는 집에서 밤늦은 11시부터 새벽 2시경에 잡인을 들이지 않고 대문을 굳게 잠근 뒤 정성을 드리며 하는 굿이다. 5) 상산(부군)맞이. 6) 초부정, 초감흥굿. 7) 복잔내림: 굿을 하는 집 식구들에게 신령 받으신 술을 나누어주며 명과 복을 빌어주는 굿이다. 8) 제석굿. 9) 소놀음굿: 그 해 풍작이 되도록 소가 건강하고 일을 잘 하게 해달라고 기원하는 굿으로 황해도 연백 지방에서만 행해진다. 10) 성주굿. 11) 소대감놀이. 12) 도산말명 방아찜굿: 사람이 농사 지은 벼를 방아에 찧어 먹듯이 여러 말명님이 명과 복을 방아 찧어서 인간에게 내려주는 굿이다. 13) 사냥굿: 굿하는 집에 모신 신령들이 인삼 녹용을 구하러 산으로 사슴 사냥을 가는 놀이를 하는 굿이다. 14) 성주거리. 15) 별상거리: 비단을 받는 별상으로, 마마를 곱게 낫게 해달라고 기원하는 굿이다. 16) 타살 군웅굿: 여러 군웅과 군웅 할아버지를 모셔서 위로하고 대접하여 피를 흘리고 다치게 하는 살(煞)을 막아 달라고 기원하는 굿이다. 17) 먼산 장군거리: 멀고 가까운 여러 지역의 명산에 깃들어 있는 장군들을 청하여 용맹과 위용을 칭송하는 굿이다. 18) 대감놀이. 19) 서낭굿. 20) 조상굿. 21) 걸립 대감놀

---

28) *Ibid.*, 117-138, 285-287 참조.

29) *Ibid.*, 105-109; 김금화, 『김금화 무가집』, 32f. 참조.

이: 돈을 벌어들이고 모든 재물을 집안으로 들여 달라고 축원하는 굿이다. 22) 비수거리: '작두거리'라고도 하고, '솟을굿'과 같다. 23) 마당굿: '사신굿'이라고도 한다.

재수굿의 '재수'라는 말은 흔히 말하는 금전, 건강, 장수를 위한 좋은 운수만을 나타내는 데 국한된 것이 아니라, 재수굿의 원리인 잃어버린 조화를 찾고 부조화를 제거하여 새로운 조화를 얻음으로써 실현되는 궁극적인 구원을 뜻하는 것이다.[30] 인간이 살아가면서 여러 가지 재앙과 질병을 만나게 되는데, 이것을 무교에서는 부조화에서 비롯된다고 본다. 인간의 재수란 인간과 자연, 인간과 인간 그리고 신령과의 조화 속에서 가능하다고 보기 때문에 재수굿의 원리는 신령과 인간, 인간과 인간 사이의 조화로운 관계 회복에 있다. 또한 산 사람과는 물론이고 죽은 사람과도 화해를 시킴으로서 맺힌 한은 반드시 풀어내어 깨어진 조화를 회복시키는 것이 재수굿의 원리인 것이다.[31]

또한 중병에 걸렸을 경우 무교에서는 이를 치유하기 위해서 '우환굿'을 하게 된다. 우환굿은 재수굿과 기본적인 틀이 같고, 치병의 원리 또한 같다. 따라서 간단히 치료할 수 있는 병은 치유만을 위한 굿을 하지 않고, 재수굿을 벌이면서 함께 치르기도 한다. 치병에만 전념하기 위해 벌이는 우환굿은 병이 위중할 때도 행하지만 여러 가지 방법을 동원해서 치료를 받았으나 더 이상 치료가 불가능하다고 판단했을 때 베풀게 되는 경우가 많다.

우환굿의 순서와 내용은 일반 재수굿과 같고, 다만 공수의 내용이 다

---

30) 박일영, "무(巫)의 구원관 – 개인적 차원 논평", 『이성과 신앙』(수원: 가톨릭대학교 출판부, 1995), 100.

31) 재수굿의 목적이 개인적 기복만을 추구하는 것이 아닌 서로가 다함께 나누는 조화라는 것은 무당이 제갓집 식구에게 주는 공수의 내용에서도 잘 나타난다. "돈 들여 공 들여 굿하는 것보다 형제들이 우애하고 화목하는 것이 더 중요하다. 배고프면 같이 고프고 배부르면 같이 부른 것으로 생각하는 우애가…"(1996년 4월 4일 천마 약수암 재수굿에서). 차옥숭, 『한국인의 종교경험: 무교』, 110–111.

를 뿐이다. 이것을 간단히 소개하면 다음과 같다.[32] 1) 주당, 부정, 가망청배: 굿하는 집안의 주당살을 제거하여 제반 신령들에게 굿하는 목적을 알리고 제신들을 청배하여 제단에 좌정시킨다. 2) 불사거리: 무조의 조상인 가망신, 즉 죽은 무당의 영혼인 말명들을 모시고 불사, 천존, 일월성신, 칠성을 위하여 논다. 3) 산신도당거리: 굿을 올리는 지역의 산신령님께 치성을 드리게 됨을 알리고 소원하는 바를 기원하는 의식이다. 4) 전안거리: 무당이나 박수가 받들어 모시는 주신을 영신하여 제갓집의 기원하는 바를 알리고 소원을 기원한다. 5) 가망거리: 한민족의 시조 또는 한 가정의 시조신을 모시고 제갓집의 안녕과 화목을 기원하는 거리이다. 6) 조상거리: 제갓집의 친·외가 쪽 4대 조상을 차례로 초빙하여 대접하고 맺힌 한을 풀도록 위로함으로서 극락왕생을 축원하는 거리이다. 7) 상산거리: 고려 말의 충신 최영 장군을 신령으로 모시고 세상과 가정의 평온과 번영을 기원하는 거리이다. 8) 신장대감거리: 길흉과 재물을 관장하는 신장과 대감신에게 풍요를 기원하는 거리이다. 9) 제석거리: 자손들의 명복을 기원하는 거리이다. 10) 성주거리: 한 집안의 길흉과 제복을 관장하는 성주신을 대접하고 집안의 안녕과 길함을 기원하는 거리이다. 11) 창부거리: 신령들을 즐겁게 해주는 악사들을 신령화하여 '창부님'이라 하고 창부를 받들어 제갓집의 재수 대통을 기원하는 거리이다. 12) 뒷전: 굿장에서 물리쳐져 있던 여러 잡신을 풀어먹이고 태울 것은 태우고 굿장을 정리한다.

치병만을 위한 우환굿에서는 병의 원인을 찾는 것이 가장 중요하다고 할 수 있다. 병의 원인을 찾는 이 과정에서 인간들의 잘잘못이 하나하나 드러나고 모든 것이 밝혀지면 산 자와 죽은 자의 화해를 통해 치병이 되고 집안이 다시 하나가 된다. 또한 이 과정에서 사회 고발적인 기능을 하게 되기도 하고, 은폐된 역사적인 사실이 폭로되어 전승되기도 한다. 더 나아가 굿을 통해 감추어진 역사적 진실을 밝힘으로써 죽은 자의 무고함을 비호하고 그들의 원한을 풀어내어 구천을 떠돌던 죽은 자가 치유되어 좋은 곳으로

32) 차옥숭, 『한국인의 종교경험: 무교』, 188-190 참조.

천도되며, 그 원혼에 시달리고 있던 산 자가 치유 받게 된다.[33] 즉, 죽은 자와 산 자, 산 자와 산 자의 깨어진 조화를 회복함으로서 심각한 중병까지도 치유될 수 있다는 것이 우환굿의 원리이다.

한국의 각 지역에 현존하는 대표적인 굿으로는 강릉 단오굿, 서울 당굿, 경기도 도당굿, 제주 송당굿, 제주 신양 영등굿, 함경도 망묵굿이 있다.

6. 교단 구조와 현황

무속은 우리 역사의 초반부에서 이미 지배 계층에게 밀려나고 말았다. 그러나 서민들은 여전히 굿을 통해 종교적인 심성을 유지해 왔다. 조선조에 완전히 지배 이념과는 유리되는 서민들의 종교로 정착하게 된다. 조선조가 통치이념으로 삼은 유교는 관념적이고 형식성을 중시했기 때문에 현실적이고 충동적인 무속과는 처음부터 융화될 수가 없었다. 조선조에 들어와 나라굿은 없어졌지만 마을 단위로 하는 공동체굿은 여전히 성했다. 무속이 미신으로 규정되고 조직적인 탄압을 받게 된 것은 일제시대의 일이다. 일본은 이 땅을 식민지로 만들면서 무속종교가 우리나라 사람의 삶을 지배하는 중요한 요소임을 발견하게 되었다. 그리하여 무속신앙은 가장 중

---

33) 김성례는 제주도의 무속이 하나의 역사적 담론으로서 존재한다는 것을 그의 논문에서 밝히고 있다. "한 젊은 청년이 원인을 알 수 없는 병이 들어 죽을 지경에 이르고, 병원에서 나을 수 있다는 희망을 상실하게 되면서 급해진 환자의 고모가 심방(제주 무당)을 찾게 된다. 심방은 환자 고모의 방문을 받기 전날 밤 꿈에 흰옷 입은 부부가 입과 가슴이 칼에 찔려 피 흘리고 있는 모습을 본다. 따라서 심방은 방문한 환자의 고모에게 꿈 이야기를 전하고, 환자의 고모는 놀라며 환자의 부모가 4·3 때 죽창과 총에 맞아 죽었다고 실토한다. 꿈이 확인된 후 원혼은 심방의 입을 빌려(영계 울림) 환자인 아들에게 4·3 때 억울하게 죽은 자신들의 슬픔을 눈물로 이야기한다." Seong Nae Kim, "Chronicle of Violence, Ritual of Morning: Cheju Shamanism in Korea"(The Univeristy of Michigan, 1989), 4. 이러한 과정을 통해서 은폐된 역사의 진실이 밝혀지면서 죽은 영혼은 한을 풀고 굿을 통해 좋은 곳으로 천도되며, 환자인 아들은 병이 호전된다.

요한 탄압의 대상이 되었고 그 중에서도 공동체를 형성하고 유지하는 장치 역할을 해온 마을굿을 철저히 막았다. 그러나 무속 종교는 생존해 왔다. 고통이 많았던 시대였기 때문에 위로가 필요했고 그래서 굿은 더 없어질 수가 없었다.

일제가 민족문화 말살정책의 하나로 만들었던 미신타파가 새로운 운동의 중요한 과제로 다시 등장한 것이다. 주민들을 단결시키고 하나의 공동체로 묶는 기능을 했던 마을굿은 오늘날 거의 사라졌다. 대신에 개인 길복 위주의 굿이 성행하고 있음은 무속이 나라 굿에서 마을굿으로, 그리고 이제는 이기적인 목적을 지닌 개인 단위의 굿으로 변하고 있음을 보여주는 것이라 하겠다.

7. 대화의 가능성과 과제

무교에서는 질병의 원인을 '영혼의 유괴'나 악령의 장난으로 보고 있다. 따라서 그 치유의 방법은 영혼을 찾아내는 일과 악령을 쫓는 이중의 치료법을 사용하고 있다. 이처럼 영혼을 찾고 부르고 또한 달래고 어루만짐으로써 질병을 치유할 수 있다고 보기 때문에 무교에서는 주술적인 굿을 통해 치료를 하게 된다.[34] 질병의 원인에 대한 이 같은 무교적 이해가 일부 기독교의 목회자들에게도 꼭 같이 발견되고 있다. 즉, 이들은 무교와 마찬가지로 병을 일으키는 원인을 귀신이나 악령으로 보기 때문에 이들을 쫓아내면 치유 받을 수 있다고 믿는다. 이것은 한국의 무교적 영향으로 판단되며, 실제로 이들이 축귀를 통해 환자를 치유하는 과정을 보면 무교의 굿을 통한 치료 방법과 아주 흡사하다. 즉, 예배를 인도하는 목사가 질병을 가진 자들을 다 나오게 한 후, '너는 누구냐?'라고 호통을 치게 되면 그 위세에 질려 신도의 입을 통해 그 귀신은 자신의 신분을 알린다. 그러면 목사는

34) Mircea Eliade, 205f.

'이 귀신아! 물러가라'라고 소리 지르고, 그 충격에 신도는 쓰러진다. 어떤 때는 귀신으로부터 다시는 안 오겠다는 확약을 받기도 하는데, 이것으로 일단 귀신 쫓기(exorcism)는 끝이 난다. 얼마 후 신도는 깨어나고 귀신에서 해방되었음을 느끼면 열광적인 신도가 되기도 한다.[35)]

이와 같은 치병행위는 무당이 귀신과 대화하는 원리와 어떻게 다른지를 분명히 하여야 한다. 흔히 원한 맺힌 조상이 무당의 몸을 빌려서 말을 한다고 믿고 있지만, 실제로는 무당이 몸주로 모시고 있는 귀신이 그야말로 '귀신같이 조상의 목소리를 흉내'내고 있는 것이기 때문이다. 즉, 무당이 모신 귀신이 내는 목소리가 마치 죽은 조상의 원혼이 실제로 굿판에 살아 돌아와 말을 하는 것처럼 착각을 일으키게 하는 것이다.

일부 기독교 목회자들이 무당들과 마찬가지로 귀신 쫓기를 통해 환자를 치유하는 과정과 그 결과가 비슷하다고 해서 그 목적까지 같은 것은 아니다. 흔히 무교는 개인적인 복을 구하고 비역사적이며 탈사회적이라고 판단하기 쉬우나 병의 원인을 찾는 과정에서 은폐된 역사적인 진실이 밝혀지고 전승되는 사회 고발적인 기능까지도 하게 된다. 이에 비해 일부 목회자들의 축귀 행위는 자신의 권위를 높이는 수단으로 이용되거나 지극히 개인적인 치료와 기복의 수단으로만 사용되는 경우가 많다. 그러나 기독교에서 나타나는 질병의 치유나 기적은 세계 속에 하나님의 구원을 가져오는 개념으로 이해되어야 한다. 따라서 기적이 일어나는 것은 신적인 의미가 있으며 세계의 구원이라는 분명한 목적에서 이해되어야 한다. 왜냐하면 죄의 삯은 사망이며 구원 없는 세계는 잠시도 존재할 수 없기 때문이다.[36)]

또한 샤머니즘에는 옥황상제의 개념이 있다. 그가 하늘의 최고의 신으로서 우주 천상천하 만물의 존재와 운동을 주관한다는 사상은 기독교의 하나님의 절대주권과 전지전능의 개념을 이해하는 데 도움이 되는 유사개념

---

35) 최준식, 『한국의 종교, 문화로 읽는다』(파주: 사계절, 1998), 70f.

36) Cornelius van Tiel/위거찬 역, 『종교심리학』(서울: 기독교문서선교회, 1991), 190, 192. 성경에도 예수가 악령에 사로잡힌 병자를 고쳐주는 사건이 여러 번 소개되고 있어서 축귀 행위 자체가 비성서적이거나 반기독교적인 것은 아니다.

이다. 그리고 염라대왕이 선을 행한 자는 상을 주고, 악을 행한 자는 벌을 준다는 사상은 심판주 되시는 하나님 개념과 유사하다. 따라서 이러한 샤머니즘적 풍토가 한국에서 기독교를 받아들이는 데 도움이 되었다고 보기도 한다. 하지만 기능이 유사하다고 해서 그 본질까지 같은 것은 아니기 때문에 비록 샤머니즘과 유사한 개념으로 기독교 신앙을 받아들인 자에게도 후에는 전능하신 하나님과 구세주이신 예수그리스도의 사랑과 또한 선과 악에 대한 심판을 바르게 이해할 수 있도록 도와야 한다.

기독교가 처음 한국에 토착화하고 한국인들의 심성에 호소력을 가지게 되었을 때, 샤머니즘의 토양에 빚을 지고 있다는 것을 부인할 수 없는 사실이다. 따라서 샤머니즘과 한국의 문화정서 속에 흐르는 영성의 바탕을 잘 활용하여 기독교적 의미를 담아 복음을 한국에 뿌리를 내리게 한다면 풍성한 열매를 거둘 수 있게 하는 하나의 선교방안이 될 수 있을 것이다. 예를 들면, 무속인들이 매일 밤 11시에서 새벽 1시까지 기도하는 영성훈련이나, 음력 매월 1일에서 3일까지는 외부인과의 접촉을 삼가고 7일까지는 외출을 삼가는 성(聖)과 속(俗)의 구분, 즉 종교의 본질이 '거룩함'(Heilige)이라는 보편적 진리를 어쩌면 어떤 다른 종교보다 더 잘 보여주고 있기 때문이다. 이러한 수련과 수행이 5,000년 핍박의 역사 속에서도 오늘날 30여만 명에 이르는 한국의 무속인이 존재하게 만든 힘이 아니겠는가? 이들은 한국의 종교인들 가운데 가장 큰 몫을 차지할 뿐 아니라 줄잡아 성인 100명당 1명의 무속인의 생계비를 담당하는 단골(무속인의 고객)의 역할을 감당하고 있는 셈이다.[37] 이러한 통계는 또한 한국의 성인 여성 90%가 무속인을 찾아간 적이 있다는 사실을 뒷받침하고 있으며, 한국의 여성 크리스천의 3분의 2가 무속인을 찾았다는 심각한 사실을 동시에 증명하고 있는 것이다.

---

37) 무속인에 대한 통계는 통계청(http://kostat.go.kr/)에서도 집계가 되지 않고 있다. 좀 오래된 자료이기는 하나 2007년 7월 7일자 「뉴욕 타임스」는 한국 사회에서 활동하고 있는 샤머니즘 관련 직능 종교인들의 숫자를 30여만 명으로 보도하였다.

그러므로 무교와 관련하여 한국기독교의 첫 번째 선교적 과제는 타 종교 사상을 쉽게 수용하는 경향이 강한 샤머니즘과의 혼합주의(syncretism)이다. 샤머니즘은 체계적인 조직이나 교리를 형성하지 못하고 있으나 샤머니즘의 토양에 외래 종교가 유입되는 경우, 샤머니즘의 지도자들이나 신봉자들은 외래 종교의 본질과 의미를 파악하기도 전에 그들에게 유용한 양식들을 빌려와서 필요에 맞게 사용한다. 한국의 불교와 유교의 역사를 보면, 그 종교들이 민간 층에 파고드는 과정에서 그들의 신념 구조가 샤머니즘적 신념 내지 행위들과 혼합되어 왔다. 그 과정에서 그들 종교의 본래적인 의미는 상실되고 변질되었다. 한국 기독교도 샤머니즘과 혼합되는 전철을 답습할 가능성은 매우 높다. 특히 신유은사 등을 활용하는 선교 방식은 민간인들로부터 큰 인기를 끌어 왔는데, 이 경우 특히 혼합주의의 위험이 크다. 왜냐하면 민간인들에게 먼저 자리 잡은 샤머니즘의 영력이 기독교의 영력과 혼합되기 쉽기 때문이다.[38] 가령, 목회자의 심방을 받는 기독교 신도가 예배를 드리는 탁자 위에 먼저 헌금을 올려두는 일은 불교와 무교가 습합되어 만들어진 복채를 무속인 앞에 올려두는 것과 같기 때문이다.

두 번째 과제는 현세 중심적이며 비윤리적인 것이다. 샤머니즘에서는 하나님을 너무 멀리 떨어져 계신 분으로 우리 삶과는 관련이 없는 분으로 생각한다. 대신에 조상과 같은 영적 존재들이 우리 삶에 깊이 관여하고 영향을 끼치므로 그러한 존재들을 잘 대우함으로써 현세의 재난, 질병 등을 극복하고 부귀영화를 얻고자 한다. 이러한 배경이 하나님께 대해서는 멀게만 느끼는 반면 눈에 뜨이는 성령의 은사나 이적 등과 같은 가시적인 면에 집중하는 경향으로 나타날 수 있다. 성경이 말하는 하나님은 초월적이며 동시에 내재하는 분이다. 하나님은 우리를 사랑하시고 우리와 함께하시고 능력으로 도와주시는 분이지만 동시에 거룩하고 공의로우신 분이다. 하나

38) 한국의 많은 교인들이 은사를 추구하고 능력을 구하는 데에는 열심인 반면, 하나님의 보다 근본적인 뜻인 "그리스도의 장성한 분량이 충만한 데까지 이르도록"(엡 4:13) 자라나고 성장하는 데에는 소홀함을 볼 수 있다.

님의 내재성은 오늘날 우리 가운데 거하시는 성령 하나님의 사역 가운데 잘 드러난다. 그리스도인들은 그의 제자로서 하나님의 형상을 닮아 가는 성화(聖化)의 노력과 윤리적 실천이 있어야 한다.[39] 특히 자신의 목적을 달성하기 위해서 성령을 큰 소리로 부르며 능력을 끌어들이려는 것은 윤리적인 측면들에는 개의치 않는 샤머니즘적 방법이다. 왜냐하면 자신의 목적을 이루기 위해 신을 부르고 제물을 바치며 신을 달래는 것이 굿의 특성이기 때문이다. 예수는 좋은 나무가 좋은 열매를 맺는다고 하셨다(마 7:17-18). 그리스도 안에서 온전한 성품과 인격을 이루어 갈 때 결과는 자연히 따라오는 것이다.

셋째 과제는 잘못된 계급주의이다. 샤머니즘에서 무속인은 신의 말을 무속신앙에게 전해 준다(공수)는 생각에서 엄격한 계층 관계를 이룬다. 이처럼 기독교에서도 목회자는 하나님의 말씀을 대언(代言)하기 때문에 신도보다 계급적으로 우위에 있다고 오해한다. 이것은 샤머니즘적 문화와 깊은 연관성을 가진다. 굿을 할 때의 무속인처럼 목회자 가운데는 신도들을 마구 꾸짖으며 그들 위에 군림하는 자세를 취하기도 하지만, 이것은 바른 태도가 아니다. 자신에게 특별한 은사가 주어졌다고 해서 자신을 특별한 사람으로 여기는 것은 위험한 생각이다. 그보다는 은사를 주신 하나님께 감사하며 온전히 하나님을 섬기는 자세로 예수님의 말씀과 삶을 본받아 섬기는 자가 되어야 한다(막 10:42-45; 빌 2:6-8).

목회자는 자신을 통해서만 신도들이 하나님께 나아갈 수 있다는 생각은 잘못된 것이다. 기독교의 '믿음으로 구원에 이른다'는 기본 교리를 한국인들이 쉽게 받아들이게 된 것은 샤머니즘적 배경이 큰 역할을 하였다. 자신의 모든 운명은 천지신명이 좌우한다고 믿는 신앙적 의타(依他)성과 관련이 깊다.[40] 그래서 영적인 자신의 신앙마저도 무속인에게 일임해 버리고,

---

39) 무교의 영향을 받은 그리스도인들의 비윤리적인 신앙에 대해서는 유동식, 34 참조.
40) 삶에서 일어나는 환난과 역경을 모두 귀신의 소행으로 간주하는 것은 귀신론적 환원주의이다. 모든 것을 귀신의 작용으로 돌리고 귀신을 염두에 두는 신앙생활은 잘못된 것이다. 하나님은 사랑하는 자들을 징계, 연단, 훈련시켜서 소망에 이르도록

자신의 신앙적 결단보다는 신의 중개자(仲介者)인 무속인에게 자기의 운명을 맡기고 교제해 주기를 바라는 것이다. 이러한 샤머니즘적 의타성이 믿기만 하면 구원을 얻고 복을 받는다는 한국 그리스도인들에게 그대로 쉽게 적용되고 있다는 것이다.[41] 한국 그리스도인들의 지나친 목회자 의존성은 그리스도가 십자가에서 이룬 구원의 사건의 능력을 스스로 버리는 것이다. 모든 그리스도인들은 스스로 하나님의 은혜의 보좌 앞으로 나아갈 수 있는 특권과 선물이 주어졌다(히 4:16). 목회자와 신도들은 하나님 앞에서 동등하며, 단지 기능상의 구분이 있을 뿐이다. 모든 그리스도인들은 마음을 새롭게 하고 변화된 삶으로 이 세상을 밝히는 빛과 부패되는 것을 막는 소금과 같은 역할을 다해야 한다.

도쿄 시내의 귀신 제단

섭리하신다(롬 3:3-5). 고난과 환난에 처한 자들도 결코 낙심하지 말고 하나님의 더 크신 선하심이 이루어질 것을 믿고 소망으로 인내하도록 격려해야 한다(히 12:6-7).

41) 유동식, 34, 38,

참고문헌

Mircea Eliade/이윤기 역. 『샤마니즘』. 서울: 까치, 1996.

Seong Nae Kim. *Chronicle of Violence, Ritual of Morning: Cheju Shamanism in Korea*. The Univeristy of Michigan, 1989.

J. A. MacCulloch. *The Religion of the Ancient Celts*. London, NY, Bahrain: Kegan Paul, 2005.

Rudolf Otto. *Das Heilige, Über das Irrationale in der Idee des Göttlichen und sein Verhältnis zum Rationalen*. München: Breslau, 1917.

Cornelius van Tiel/위거찬 역. 『종교심리학』. 서울: 기독교문서선교회, 1991.

홀거 바이트/오세증 역. 『세계의 무당』. 서울: 도서출판 문원, 1994.

강동구. 『한국 종교사』. 서울: 민족사, 1995.

국립민속박물관. 『한국의 세시풍속 II』, 1998.

김광일. 『한국전통문화의 정신분석 – 신화 · 무속 · 종교체험』. 서울: 교문사, 1991.

김금화. 『김금화 무가집』. 서울: 문음사, 1995.

김열규. "한국 여성의 전통적 종교 심성의 원형." 『한국 여성의 전통상』. 서울: 민음사, 1985.

김은수. "토속종교의 치유이해." 한국선교신학회 편. 『치유와 선교』. 서울: 다산글방, 2000, 161-184.

김인회. 『한국무속사상연구』. 서울: 집문당, 1987.

______. 『황해도 지노귀굿』. 서울: 열화당, 1993.

김태곤. "巫俗硏究 半世紀의 方法論的 反省." 「한국민속학」 9. 한국민속학회, 1976, 27-46.

김태곤 외. 『한국인의 종교』. 서울: 정음사, 1988.

김태길. 『소설에 나타난 한국인의 가치관』. 서울: 정음사, 1986.

문화재관리국. 「한국민속종합조사보고서(무의식 편)」, 1983.

박일영. "무(巫)의 구원관 – 개인적 차원 논평." 『이성과 신앙』. 수원: 가톨릭대학교 출판부, 1995.

서울새남굿보존회. 『서울새남굿 신가집』, 1996.

유동식. 『한국무교의 역사와 구조』. 서울: 연세대학교출판부, 1988.
유동식. 『한국종교와 기독교』. 서울: 대한기독교서회, 1991.
이상일. 『굿, 그 황홀한 연극』. 도서출판 江川, 1991.
이보형. 『한국무속음악』. 서울 진오기굿. 서울: 열화당, 1993.
임석재. 『한국무속연구서설』. 한국민속연구논문선 III, 1995.
임재해. "일생의례 관련 물질자료들의 상징적 의미와 주술적 기능." 「한국민속학보」 8, 1997.
조흥윤. "무(巫)의 구원관 – 개인적 차원." 『이성과 신앙』. 수원: 가톨릭대학교출판부, 1995.
차옥숭. 『한국인의 종교경험: 무교』. 파주: 서광사, 1997.
최준식. 『한국의 종교, 문화로 읽는다』. 파주: 사계절, 1998.
최준식. 『한국 종교 이야기』. 파주: 한울, 1995.
최진아. "진도 씻김굿의 물질문화 연구." 한국학대학원 석사논문, 1999.

www.shamanism.co.kr/영상자료

제4장

원불교

1. 발생 배경과 시대적 상황

원불교는 우주의 근본원리인 일원상(一圓相, 즉 ○의 모양)의 진리를 신앙의 대상과 수행의 표본으로 삼는 종교로서, 진리적 신앙과 사실적 도덕의 훈련을 통하여 낙원세계를 실현시키려는 이상을 목표로 일제강점기에 설립되었다.

1916년 4월 28일(원기 원년) 소태산 박중빈의 대각으로 전라남도 영광군 백수읍 길룡리 영촌 마을에서 시작되었으며 법신불 일원상을 신앙과 수행의 요체로 삼고 있다. 법신불 일원상의 진리는 우주만유의 본원을 뜻하며 모든 성자들의 깨친바 진리로서 우주만유 삼라만상 모두가 여기에 포함되지 않은 것이 없으므로 이를 신앙의 대상과 수해의 표본으로 삼아 닮아 생활하자는 것이다. 원불교 교명이 가진 뜻을 해석하자면 원(圓)은 형이상으로는 언어와 명상이 끊어진 자리로 무엇이라 형용할 수 없는 것을 말하지만 형이하로는 우주만유가 다 이 원에 포함되지 않은 바 없으므로 만법의 근원인 동시에 만법의 실재를 가리키는 말이요, 불(佛)은 깨닫는다 혹은 마음이란 뜻으로 우주의 궁극적 진리를 깨달은 마음을 뜻하며, 교(敎)는 가르친다는 뜻이니, 종합하면 원불교는 우주의 궁극적 진리인 일원상의 진리를 깨달아 진리에 부합되는 생활을 하도록 가르치는 종교라는 뜻이다.

대종사는 대각 후 진리적 종교의 신앙과 사실적 도덕의 훈련을 표방하여 낙원세계 건설을 이루고자 저축조합운동과 방언공사, 혈인기도 등을 통하여 이소성대, 영육쌍전, 사무여한, 일심합력의 교단 창립 정신의 대체를 세우는 한편, 익산총부를 건설하여 전무출신 공동생활을 시작으로 낙원세계의 모델을 제시하였으며, 자신의 포부와 경륜을 담은 일원세계 건설의 지침서로 『원불교 정전』을 편찬하여 제자들에게 바른 신앙과 수행을 해나갈 수 있도록 하였다. 그는 28년간 교화, 교육, 자선 등 3대 사업을 통하여 일원세계 건설운동에 힘쓰다가 53세인 원기 28년(1943) 6월 1일 열반에 들었다.

소태산 대종사 영정(익산총부)

소태산 대종사의 뒤를 이은 정산 종사(송규, 1900-1962)는 우리나라가 해방이 되자 '불법연구회'로 불리던 교단의 명칭을 '원불교'라는 정식 명칭으로 고친 후 대종사가 친히 저술한 『원불교 정전』을 발간하고, 대종사의 일원주의 사상과 경륜을 이어받아 삼동윤리(三同倫理)를 제창하였다. 삼동윤리는 이 세상의 모든 종교와 교회가 그 근본은 하나 된 동원도리(同原道理)이며, 모든 인종과 생령은 그 근본이 하나의 기운으로 연계된 동기연계(同氣連契)이며, 모든 사업과 모든 주장이 다 같이 이 세상을 개척하는 동척사업(同拓事業)임을 말한다.[1] 정산 종사는 해방 후 혼란한 국내 상황 속에

1) 삼동윤리에 대해 정산 종사가 묻자 김대거가 답한 내용을 정리한 것이다. "정산 종

서 『건국론』을 저술하여 국가와 국민이 나아가야 할 길을 제시하였으며, 더불어 해외에서 귀국하는 전재동포와 월남동포들을 위해 서울, 부산, 이리 등지에서 전재동포 구호사업을 펴는 한편, 전국 각 교당을 통하여 한글보급과 민족문화찾기운동을 전개하는 등 각종 사업을 위해 노력하다가 원기 47년(1962) 열반에 들었다.

소태산 대종사 성탑(익산총부)

그 뒤를 이은 대산 종법사(김대거, 1914-1998)는 "진리는 하나, 세계도 하나, 인류는 한 가족, 세상은 한 일터, 개척하자 일원세계"라는 표어 아래 인류가 물질로부터 해방되고 정신의 자주력을 세움으로써 영원한 복락을 장만하자는 심전계발운동, 모든 인류가 정치·종교·사상·종족의 울을 넘어 상호교류를 통해 경제를 부강시키고, 자리이타로 상부상조하여 공영세계를 건설하자는 세계공동시장개척운동, 정교 간의 아집과 울을 트고 종교 본연의 사명이며 목표인 인류구원을 위하여 빈곤, 질병, 무지를 퇴치시키는 데 공동의 힘을 기울이자는 종교화합기구의 창설을 통한 종교연합운동(UR) 등을 주창하고 이를 실현시키기 위하여 노력하였다. 그는 1994년 교단 최초

사 법어" 유촉편 37장, 원불교 정화사 편, 『원불교 전서』(익산: 원불교출판사, 1999), 1015-1016. 정산 종사는 강증산의 후계자를 자처하는 차경석(보천교)을 모악산으로 찾아가 동원도리의 원리에 따라 같은 근본과 이치를 찾아보려 했으나, 보천교가 정교(正敎)가 아님을 확인하고 그에게서 배우기를 그만두고 돌아와 '불법연구회'를 '원불교'로 개명하였다고 한다.

정산 종사 성탑(익산총부)

의 대사식을 통하여 후계자를 세웠다.[2)]

제4대 좌산 종법사(이광정, 1936-)는 집안의 어른인 호산 이군일 선진의 안내로 정산 종법사를 뵙고 정산 종법사의 법문을 들으면서 그동안 마음속으로 혼자 고민해 오던 인생의 많은 문제에 대한 길을 찾을 수 있으리라는 믿음으로 출가하였다. 그는 인재육성, 체제정비, 경제기반 확립, 교서 번역, 방송국 설립, 국제교화 등 교단 각 분야의 발전을 위해 힘을 쏟았다. 좌산은 2기 곧 1994년부터 2006년까지 12년간 재위했고, 다시 선거에 의해 경산 종사가 선출되어 2006년(원기 91)부터 종법사직을 수행하고 있다.[3)]

---

2) 대산의 퇴임으로 좌산 종사가 다음 종법사에 피선되었다. 이때 신구 종법사의 퇴임과 취임을 겸한 대사식(戴謝式, 대사란 신임 종법사의 추대와 퇴임 종법사에 대한 사례의 의미)이 처음으로 행해졌다. 박광수, "종법사", 『원불교대사전』, 원불교100년기념성업회, http://www.won100.org

3) 종법사의 대수는 6년 단위로 산정한다. 다만 소태산 당대에는 선거를 하지 않았기

2. 창시자

교조 박중빈은 전라남도 영광(靈光)에서 출생, 어려서부터 우주와 인생에 대한 회의를 품기 시작하였는데, 그의 머리에 가득 찬 의문을 한학(漢學)공부로는 풀 수가 없었으므로, 범인(凡人)보다는 높은 차원의 경지에 있는 어떤 대상으로부터 의심의 해답을 얻고자 산상기도와 도사(道士)를 찾는 일에 열중하였다. 이 같은 그의 구도정신은 결국 그를 외부로부터의 문제 해결을 포기하고 독자적 수도 고행에 들어가게 만들었는데, 어떤 일정한 수행법을 택하지도 못한 채 망아(忘我)의 침잠(沈潛) 상태에서 깨어나지 못하는 폐인과 같이 되었다.

5년여의 침잠 끝에 1916년 4월 28일 마침내 깨달음을 얻고 깨어난 그에게는 우주와 세계의 새로운 질서가 뚜렷이 드러나 보였다는데, 그 질서를 "만유(萬有)가 한 체성(體性)이며 만법(萬法)이 한 근원"이라는 말로 표현하고, 불생불멸(不生不滅)과 인과응보(因果應報)의 진리를 천명하였다. 그 후 그는 유(儒)·불(佛)·선(仙) 3교의 경전을 비롯하여 기독교의 성서 등을 두루 섭렵하였는데, 특히 「금강경」(金剛經)이 자신이 깨달은 진리와 일치함을 깨닫고 근본 진리를 밝히는 데는 불법(佛法)이 제일이라고 생각하여 석가를 선각자로 존숭하는 동시에 불교와의 인연을 스스로 정하였다. 그러나 그는 자신이 깨달은 진리를 펴기 위하여서는 종래의 불교와는 크게 다른 새 불교 새 교단을 설립해야겠다고 생각하고, "물질이 개벽(開闢)되니 정신을 개벽하자"는 표어를 내걸었다. 동시에 그는 새 교단 창립과 새 세상 구제(救濟)의 대책을 법어(法語)로 발표하였다. 그 내용은 수신(修身)의 요법(要法), 제가(齊家)의 요법, 강자 약자(强者弱者)의 진화상(進化上)의 요

때문에 후에 제정한 「교헌」에 의해 소급해서 대수를 6년 단위로 확정하여 경산 종법사를 13대로 정했다. 그러나 보통 소태산을 1대, 정산을 2대, 대산을 3대, 좌산을 4대, 경산을 5대로 부르기도 하며, 교조인 소태산을 종법사 대수에서 제외하는 경우도 있다. *Ibid.* 참조.

법, 지도인(指導人)으로서 준비할 점 등으로 되어 있다. 이 같은 개교(開敎)의 기치 아래 최초의 법어로서 1916년 새 교단을 열 의사를 표명하자, 마을 사람들을 중심으로 인근에서 40여 명이 모였다.

그는 이 가운데서 8명을 선발하고 후에 정산(鼎山) 송규(宋奎, 후에 1대 종법사)를 맞아 도합 9명을 새 교단 창립의 첫 제자로 삼았다. 원불교에서는 이 해를 원기(圓紀) 1년으로 삼고 있다. 그는 불교의 현대화·생활화를 주장하면서 신앙의 대상을 불상(佛像)이 아닌 법신불(法身佛)의 일원상(一圓相)으로 삼고, 시주(施主)·동냥 등을 폐지하는 대신에 각자가 정당한 직업에 종사하며 교화사업을 시행한다는 이른바 '생활불교'를 표방하였다. 그리하여 1917년 저축조합의 조직을 필두로, 1918년에는 바다를 막는 간척사업을 시작하여 이듬해 2만 6,000평의 논을 조성하고, 그 후 엿공장·과수원·농축장·양잠·한약방 등 생산적인 경영을 하여 새 교단 창립의 경제적 기틀을 마련하였다.

한편, 1919년에는 9명의 제자와 함께 대기도(大祈禱)를 시작하여 3개월 후 최종 기도에서 '백지혈인(白指血印)의 법인성사(法認聖事)'라는 기적(奇蹟)을 낳고, 여기에서 무아봉공(無我奉公)의 정신적 기초를 확립하여 신성(信誠)·단결(團結)·공심(公心)을 더욱 굳건히 하였는데, 이것이 곧 교단 창립의 얼이 되었다. 1924년, 마침내 서중안(徐中安) 등이 발기인이 되어 전라북도 익산에서 불법연구회를 창설하고 중빈을 총재로 추대하였다. 1938년에는 『원불교정전』(圓佛敎正典)을 간행하여 기본 원리인 일원상의 진리를 포명(布明)하였으나, 일본 관헌의 탄압이 계속되어 겨우 교단을 유지해 나갔다. 1943년 교주가 열반한 후 정산 종법사(宗法師)가 교통(敎統)을 계승하고, 광복 후 1947년에는 교명을 원불교로 개칭하였다.

3. 경전

원불교 기본 경전은 『정전』(正典)과 『대종경』(大宗經)으로 편찬된 원불교

교전이 있다. 『정전』은 소태산 대종사의 친저로 사상과 경륜이 담겨 있고,[4] 『대종경』은 소태산 대종사의 언행록으로 친수제자에게 내린 법문이 서품, 교의품 등 총 15품으로 나뉘어 있다.[5] 이는 일원상 진리를 실천하는 데 요결이 되는 지침서라 할 수 있는데, 이외에도 「정산 종사 법어」, 「원불교 교헌」, 「원불교 예전」, 「원불교 성가」, 「원불교 교사」, 「불조요경」이 있으며, 이를 모두 합본한 『원불교 전서』가 있다. 「정산 종사 법어」는 정산 종사의 사상과 경륜을 담고 있으며, 「원불교 교헌」은 제도와 법규를 담고 있고, 「원불교 성가」는 원불교의 신앙과 수행을 노래한 성가집이다. 「원불교 예전」은 교법정신과 의식절차를 밝혀 놓은 것이며, 「원불교 교사(敎史)」는 원불교의 역사를 정리하여 놓은 것이며, 「불조요경」은 과거 부처님의 경전과 현성(賢聖)의 법문을 뽑은 참고 교서이다.

4. 교리와 사상

원불교의 기본 교리로는 물질이 개벽되니 정신을 개벽하자, 처처불상

4) 『정전』은 제1 총서편(總序編)에 이어 제2 교의편(敎義編)의 1장에는 일원상(一圓相)의 진리, 신앙, 수행, 서원문, 법어와 게송을 다룬다. 2장은 사은(四恩), 3장은 사요(四要), 4장은 삼학(三學), 5장은 팔조(八條), 6장은 인생의 요도와 공부의 요도(人生-要道 工夫-要道), 7장은 사대강령(四大綱領)을 다루며, 제3 수행편(修行編)의 1장은 일상수행의 요법(日常修行-要法), 2장은 정기 훈련과 상시 훈련(定期訓練-常時訓練), 3장은 염불법(念佛法), 4장은 좌선법(坐禪法), 5장은 의두요목(疑頭要目), 6장은 일기법(日記法), 7장은 무시선법(無時禪法), 8장은 참회문(懺悔文), 9장은 심고와 기도(心告-祈禱), 10장은 불공하는 법(佛供-法), 11장은 계문(戒文), 12장은 솔성요론(率性要論), 13장은 최초법어(最初法語), 14장은 고락에 대한 법문, 15장은 병든 사회와 그 치료법, 16장은 영육쌍전법(靈肉雙全法), 17장 법위등급(法位等級)을 다루고 있다. 원불교 정화사 편, 『원불교 전서』, 차례 참조.

5) 『대종경』(大宗經)의 15품은 서품(序品), 교의품(敎義品), 수행품(修行品), 인도품(人道品), 인과품(因果品), 변의품(辨疑品), 성리품(性理品), 불지품(佛地品), 천도품(薦度品), 신성품(信誠品), 요훈품(要訓品), 실시품(實示品), 교단품(敎團品), 전망품(展望品), 부촉품(附囑品)이다. *Ibid.* 참조.

사사불공(處處佛像 事事佛供), 무시선 무처선(無時禪 無處禪), 동정일여(動靜一如), 영육쌍전(靈肉雙全), 불법시생활 생활시불법(佛法是生活 生活是佛法), 이사병행(理事竝行)으로 나누어 설명할 수 있다.

먼저, 개교의 동기를 간략한 표어로 나타낸 "물질이 개벽되니 정신을 개벽하자"는 표현은 소태산 대종사가 대각 후 당시의 시국과 사회 상황을 살펴보고 물질문명과 정신문화의 균형 있는 발전을 천명한 것이다. 소태산 대종사는 제자들에게 다음과 같이 말하였다. "사람은 만물의 주인이요 만물은 사람의 사용물이다. 인도는 인의(仁義)가 주체요 권모술수는 그 방편이다. 사람의 정신이 능히 만물을 지배하고 인의의 대도가 세상에 서야 한다. 그러나 근래에 그 주체가 전락하고 권모술수가 세상에 횡행하여 대도 정의가 크게 어지럽다. 안으로 도학을 촉진하여 정신문화를 발전시키고, 밖으로 과학을 촉진하여 물질문명을 발전시켜야만 영육이 쌍전하고 내외가 겸전하여 바람직한 세상이 될 것이다. 물질문명에만 치우치면 육신은 완전하나 정신이 병든 불구자와 같고, 정신문화에만 치우치면 정신은 건전하나 육신이 병든 불구자와 같다. 그러므로 정신문화와 물질문명이 병진된 시대라야 평화안락한 세계가 될 것이다."[6]

둘째, '처처불상 사사불공'(處處佛像 事事佛供)은 이 세상 곳곳에 부처님이 계시니, 하는 일마다 불공의 정신으로 하자는 뜻으로서, 신앙과 수행을 병진하는 원불교의 특색을 잘 나타내 주고 있는 표어다. 처처불상은 신앙의 자세로서 이 세상 만물이 다 부처의 화신이라는 것이다. 사람뿐만 아니라 물건까지도 다 부처의 성품을 가지고 있으므로 우주만유는 다 진리불이요 부처의 화신이다. 따라서 처처불상의 신앙은 인생으로서 가장 경건하고 엄숙한 생활자세요, 항상 부처를 모시고 사는 생활을 말한다. 사사불공의 수행은 인생으로서 가장 성실하고 부지런한 생활 자세다. 처처불상이므로 사사불공이 아닐 수 없다. 인간의 육근 동작이 모두 불공이므로 항상 선업을 짓게 되고 언제나 헌신 봉공하는 생활이다. 처처불상이 견성이요 정

6) 『대종경』, 제2 교의품 31장; 『정전』, 총서편, 개교의 동기.

각이라면 사사불공은 솔성이요, 정행이다. 처처불상이 시불이요 기도하는 생활이라면 사사불공은 활불이요 성실한 생활이며 속이지 않고 부지런한 생활이다. 따라서 처처불상 사사불공은 신앙과 수행을 병진하려는 원불교인의 이상적 생활자세요, 가장 크게 완성되고 잘 조화된 종교인의 생활 태도다.

셋째, '무시선 무처선'(無時禪 無處禪)은 언제 어디서나 시간과 장소에 구애를 받지 않고 항상 계속하는 선공부 곧 생활 속의 선, 행동선, 활선, 상행삼매, 보행삼매, 유희삼매를 말한다. 순간순간, 동작 하나 하나가 모두 선이며, 걸어가는 것, 잠자는 것, 밥 먹는 것, 사무 보는 것, 노래하는 것, 주판 놓는 것, 밭 가는 것, 운전하는 것 등 모두 선 아님이 없다. "육근이 무사하면 잡념을 제거하고 일심을 양성하며, 육근이 유사하면 불의를 제거하고 정의를 양성한다." 이것이 무시선 무처선의 강령이 된다. 무시선 무처선 공부를 잘 하고 보면, 가는 곳마다 주인이 되고, 있는 곳마다 다 성지가 된다.[7]

넷째, '동정일여'(動靜一如)는 동과 정이 한결같아서 잠시도 도를 떠나지 않는 것을 말한다. 동은 육근이 일 있을 때, 정은 육근이 일이 없을 때, 일여는 동정 간 자성을 떠나지 않는 것을 말한다. 동과 정은 본래 서로 다른 것이 아니며 하나의 진리에 대한 표리 관계의 설명이다. 일원의 진리, 즉 자성 그 자체는 동이라고 할 수 없고 정이라고 할 수도 없다. 다만 그 진리를 체와 용으로 구별해 볼 때 그 체를 정이라고 하고 그 용을 동이라 한다. 그러므로 진공으로 체를 삼고 묘유로 용을 삼아 동하여도 동하는 바가 없고 정하여도 정하는 바가 없이 마음을 작용하면, 동하여도 분별이 착이 없고 정하여도 분별이 절도에 맞아 육근의 동정 모두가 다 공적영지의 자성에 부합된다. 이가 곧 동정일여의 경지이다. 동정일여의 공부법은 육근의 동과 정에 끌리거나 구애됨이 없이 끊임없는 삼학수행으로 삼대력을 얻어 나가는 무시선의 공부법이다.

다섯째, '영육쌍전'(靈肉雙全)은 정신과 육신을 아울러 건전하고 튼튼

7) 손정운, 『원불교입문』(익산: 원불교출판사, 1981), 117.

하게 하는 것으로서, 원불교의 생활종교적 특징을 잘 나타내 준다. 종교가 영혼구제에 치우치다 보면 육신관리를 소홀하게 되어 현실생활을 무시하게 되는 경향이 있다. 이에 대해 정신수양, 사리연구, 작업취사의 삼학으로서 영혼을 구제하고, 의식주의 풍부한 생활로서 육신관리를 잘 하자는 것이 원불교의 입장이다. 영육쌍전은 원불교의 실천적이고 실학적이며, 실증적이고 실용적인 면을 보여주고 있는 것이다.[8)]

여섯째, '불법시생활 생활시불법'(佛法是生活 生活是佛法)은 불법(佛法)으로서 생활을 더욱 향상시키고, 생활 속에서 불법의 진리를 찾아가자는 것이다. 생활과 불법을 분리해서 보지 않고 하나로 보아서 조화를 이루자는 것으로 소태산 대종사가 불교를 개혁한 뜻이 잘 나타나 있다. 불교가 오랫동안 현실도피적이요 현실생활과 유리된 점이 많은 것이 사실이다. 그래서 소태산 대종사는 생활 속의 불교를 표방했던 것이다. 생활불교란 사회생활과 불법수행의 이치 조화를 의미한다. 의식주를 구하려는 사회생활과 수양력, 연구력, 취사력의 삼대력을 얻으려는 불법수행이 서로 조화를 이룬다는 것이다. 따라서 불법수행을 위해서 생활을 떠나게 된다거나 불법을 세속생활로 끌어내리자는 뜻이 아니라 세속생활을 불법의 심오한 경지까지 끌어올리자는 것이다. 생활 속의 불법은 다시 말해서 생활 속의 종교다. 따라서 소태산 대종사는 불교의 개혁만이 아니라 종교의 개혁을 의도하였다. 결국 진리와 생활의 일치를 통한 종교의 생활화 생활의 종교화로 활불을 만들고 불국세계를 건설하려는 것이다.[9)]

끝으로, '이사병행'(理事竝行)의 사상은 종교의 생활화, 즉 생활종교의 방향을 제시하는 것이다. 종교수양과 일상생활의 조화발전을 가져오는 것을 말한다. 종교는 현실과 유리된 것도 아니고 현실 도피적이거나 현실에 대해 소극적이어서는 안 된다. 현실참여, 현실개조를 통한 생활종교라야

8) 김은수, "토속종교의 치유이해", 한국선교신학회 편, 『치유와 선교』(서울: 다산글방, 2000), 161-184.

9) 손정운, 114.

하는 것이다. 따라서 종교는 사회 발전의 방해요소가 아니라, 사회 발전의 선도자가 되어야 한다는 데 있다.

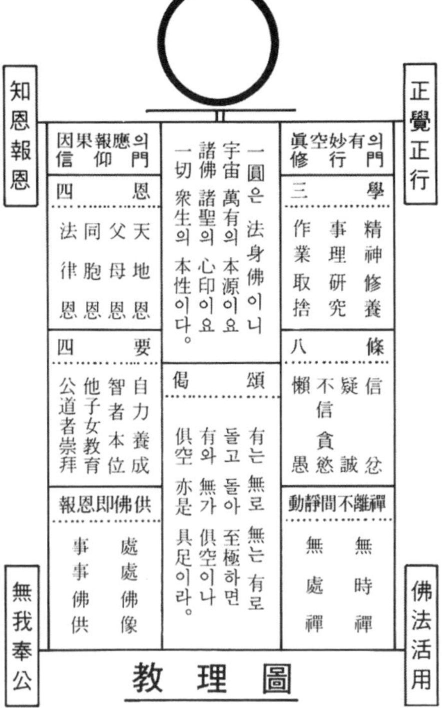

知恩報恩
正覺正行
因果報應의 信仰門
四恩
天地恩 父母恩 同胞恩 法律恩
四要
自力養成 智者本位 他子女教育 公道者崇拜
報恩即佛供
處處佛像 事事佛供
一圓은 法身佛이니 宇宙萬有의 本源이요 諸佛諸聖의 心印이요 一切衆生의 本性이다。
偈頌
有는 無로 無는 有로 돌고 돌아 至極하면 有와 無가 俱空이나 俱空 亦是 具足이라。
眞空妙有의 修行門
三學
精神修養 事理研究 作業取捨
八條
信 忿 疑 誠 不信 貪慾 懶 愚
動靜間不離禪
無時禪 無處禪
無我奉公
佛法活用
教理圖

원불교 교리도

원불교의 교리는 법신불 일원상에 근원하여 불법을 주체 삼아 한국의 전통 사상은 물론 기타 모든 종교의 교리도 원융, 활용하는 특징을 가지고 있다. 일원상의 진리는 어느 곳에 미치지 않는 것이 없으며, 어느 것 하나 포함하지 않은 것이 없기에 맑고, 밝고, 바르며, 삼라만상은 근본적으로 서로 의지하고 돕는 은혜의 관계 속에서 생성 변화하므로, 우주의 모든 존재는 법신불 일원상의 나타난다.

원불교는 법신불 일원상을 종지로 인과보응의 신앙문, 진공묘유의 수행문 체계를 갖추고 있다. 인과보응의 신앙문은 법신불 일원상의 모습인 천지·부모, 동포, 법률의 사은(四恩)에 대한 보은과 평등세계 건설의 방법인 자력양성(自力養成), 지자본위(智者本位), 타자녀교육(他子女教育), 공도자 숭배(公導者崇拜)의 사요(四要)실천으로 평화와 행복의 세계를 가꾸는 요결로서 '인생의 요도'라 한다. 진공묘유의 수행문은 법신불 일원상을 닮아 가고 본받는 것으로 정신수양, 사리연구(事理研究), 작업취사(作業取捨)의 공부인 삼학(學)과 이를 추진함에 근본이 되는 믿음, 의문, 분발, 정성

(信·忿·疑·誠)의 진행 4조(進行四條, 추진할 네 가지)로써 마장이 되는 불신, 탐욕, 나태, 우치(不信·貪慾·懶·愚)의 사연 4조(捨捐四條, 버려야 할 네 가지)를 물리쳐 8조의 실행으로 부처의 인격과 권능을 갖추자는 것이다. 이를 또한 '공부의 요도'라 한다. 인생의 요도와 공부의 요도를 병진하는 원불교의 교리체계는 정각정행(正覺正行), 지은보은(知恩報恩), 불법활용(佛法活用), 무아봉공(無我奉公)의 4대 강령을 표준으로 광대무량한 낙원을 개척하자는 것이다.

5. 생활과 종교의식

원불교 의식은 공경, 겸양, 계교하지 않는 원불교 예법정신과 진리와 사실, 간편을 위주로 하였다. 의식은 크게 셋으로 나누어 볼 수 있다. 즉, 모든 사람이 평상시에 행해야 할 통례(通禮), 출생에서부터 성년, 결혼, 회갑, 상장, 재(齋) 등 가정에서 이루어지는 가례(家禮), 교단 내에서 행해지는 교례(敎禮) 의식이다. 모든 의식은 본래 의미를 살리며 불필요한 낭비를 줄이고 간소하게 하여 허례허식에 흐르지 않도록 한다.[10] 가례 가운데 상장(喪葬)은 신도가 일생을 마치고 열반에 들어갈 때 드리는 의식을 말한다. 열반인이 바르고 복된 길을 찾아가도록 복제(服制)를 착용하고 천도(薦度)재를 드린다.[11] 사람이 죽으면 그 영혼이 대개 49일간 영계에 머물러 있다가 다시 몸을 받아 태어나는데, 모든 애착, 탐착, 원착을 놓아야 바른 길을 찾을 수 있다는 것이다. 49일이 지나면 종재를 지내고 복(服)을 벗게 된다. 절약된 경비는 공익사업에 쓰도록 권장하여 복락을 짓게 한다.

---

10) 각 교당에서 일요일마다 드리는 법회의 순서는 대체로 다음과 같다. 좌종 10타, 개회, 불전헌배, 입정, 일원상 서원문, 교가, 설명기도와 심고, 법어봉독, 일상수행의 요법, 성가, 경강 또는 설교, 묵상심고, 산회가, 폐회 등이다.

11) 복제는 가족과 3촌 이내는 전기복(前期服)을, 열반인과 가까운 사이는 반기복(半期服)을 착용한다. 원불교 정화사 편, 『원불교 전서』, 614-621.

원불교 기념일을 크게 경축일과 대재로 나누어 볼 수 있다.

1) 경축일

1. 신정절(新正節, 1월 1일): 새해를 축하하고 희망을 기원하는 경절

2. 대각개교절(大覺開敎節, 4월 28일): 소태산 대종사의 대각과 원불교의 개교를 경축하는 전교도 공동생일

3. 석존성탄절(釋尊聖誕節, 음력 4월 8일): 원불교의 연원불인 석가모니불의 탄생을 기념하는 경절

4. 법인절(法認節, 8월 21일): 소태산 대종사의 표준 9인 제자가 혈성의 기도로 법인성사를 나눈 것을 기념하는 경절

2) 대재

1. 육일대재(六·一大齋, 6월 1일): 소태산 대종사의 열반일을 당하여 거행하는 합동 향례로 원불교의 유공자, 모든 성현, 일체 부모, 일체 생령을 길이 추모하는 향례.

2. 명절대재(名節大齋, 12월 1일): 합동 향례로 대종사를 비롯해 본교의 유공자뿐 아니라 모든 성현, 일체 부모, 일체 생령 전에 추원보본(追遠報本)의 정성을 올리는 향례가 있다.

원불교 신앙은 법신불 일원상의 진리에 바탕한 은혜와 감사, 보은, 봉공의 생활을 말한다. 일원상의 진리는 불생불멸과 인과보응으로 우주만유, 삼라만상의 근원이다. 소태산 대종사는 이를 없어서는 살 수 없는 은혜로 밝혀 누구나 쉽게 진리에 합하고 위력을 얻도록 하였다. 신앙은 심고와 기도, 불공, 참회 등의 방법이 있다. 심고(心告)와 기도는 법신불 일원상 전에 청정한 마음과 서원, 발원을 올림으로써 위력과 감응을 얻는 것이다. 불공은 법신불 일원상의 모습인 사은(四恩) 당처에 실질적이고 직접적으로 부처님 모시듯 공경의 실천을 하는 실지불공과, 형상 없는 허공법계를 통하

여 기원하는 진리불공이 있다. 이 두 불공법은 때와 곳과 일에 따라 실행한다. 참회는 종교인의 공통된 신앙행위로, 법신불 사은전에 지난날의 잘못을 진심으로 뉘우치고 앞날의 선행을 다짐하는 것이다.

6. 교단 구조와 현황

원불교는 전라북도 익산에 있는 중앙총부(中央總部)에서 교단을 총괄 운영하고 지방에 교구(敎區)와 교당(敎堂)을 두고 있으며, 그 운영기구로서 종법사(宗法師)를 중심으로 수위단회(首位團會)·중앙교의회(中央敎議會)·교정위원회(敎政委員會) 및 교정원(敎政院)과 감찰원 등이 있다. 교당에는 교무(敎務)와 교도가 있는데, 교도는 10인을 1단으로 하는 10인 1단 교화단(敎化團)을 조직하는 것이 특색이다.

현재 원불교는 한국의 4대 종단의 하나로서 국가장례 등 의식에 대표로 참여하고 있으며, 군인들을 위한 군(軍) 교무를 파견하고 있다. 교화사업으로는 2014년 현재 전국에 13개 교구와 평양, 원산 교구 그리고 해외의 5개 교구로 이루어져 있으며, 교당은 총 585개의 교당으로 이루어져 있다.[12] 통계청 발표에 따르면 2015년 현재 종교가 있는 인구는 전체 인구

---

12) 원불교의 각 교구별 교당 수는 홈페이지 기준으로는 약 424개이다. 여기에 해외 교당은 정확히 파악이 되지 않는데 약 60개 정도의 교당이 있다고 한다(2014. 3. 28.).

교구	강원	경기인천	경남	광주전남	군종	대구경북	대전충남	부산울산	서울	영광	전북	제주	중앙	평양	원산
교당	20	41	34	15	2	35	36	55	74	1	88	15	1	1	1

교구	미주서부	미주동부	중국	유럽	일본
교당	1	1	1	1	1

원불교 최초 교당(대각전)의 내부(익산총부)

의 49.3%로 점차 감소하고 있고, 이 가운데 원불교인은 종교인의 0.4%로 나타나고 있으며, 시기별로 원불교인은 1995년 8만 6,000명, 2005년 12만 9,000명, 2015년 8만 4,141명으로 나타난다.[13)]

국제적인 종교활동은 세계종교자평화회의(WCRP), 아시아종교자평화회의(ACRP), 세계불교도회(WFB), 국제종교자유연맹(IARF), 국제연합비정부단체(NGO) 등에 정식회원으로 참가하여 국제 간 종교 협력 시대를 열어가고 있다.

교육사업으로는 세계를 진화시키고 인류를 문명케 하는 교육정신에 근거하여 원광대학교(圓光大學校), 영산원불교대학교(靈山圓佛敎大學校), 원광보건전문대학과 원광고등학교 외 7개의 중·고등학교와 선원(禪院) 3개처를 운영하고 있으며, 145개의 유아 교육기관을 두고 인재 양성과 장학사

13) 2015년 현재 기독교 인구는 967만 6,000명(19.7%), 불교 761만 9,000명(15.5%), 가톨릭 389만 명(7.9%)이다. 2005년에 비해 기독교는 늘어났고, 불교와 가톨릭은 줄어들었다. kostat.go.kr 2017년 참조.

익산총부 정문

업을 펼치고 있다. 자선사업으로는 삼동회를 설립하여 원광장애인종합복지관 등 사회복지활동을 매우 활발하게 운영하고 있다.[14] 교단 직영의 산업체로 제약회사를 비롯하여 4개의 농원과 정미소·원예원 등이 있고, 종합병원, 한방병원, 보화당 한의원 등 의료사업과 은혜심기운동을 전개하고 있다. 문화사업으로는 각종 회보와 원불교 신문, 원광(월간), 학술지, 논문집, 수필집 등 출판사업과 각종 예술활동(음악, 미술, 국악, 민속놀이)을 통해 문화창달을 도모하고 있다.

---

14) 요양원, 유치원, 중, 고등학교, 병원, 노인복지시설, 방송시설, 장애인복지관 등 국내·외 원불교 기관은 약 204군데에 달한다(2014. 3. 28.).

원불교 기관								
의료 (요양원 포함)	교육					복지	언론 (방송, 신문, 출판)	기타 (자체 종교, 사업 등)
	대학	고	중	유	대안			
30	7	8	7	1	1	72	10	66

여러 성인의 위패를 모신 영모전(익산총부)

7. 대화의 가능성과 과제

원불교는 생활 속으로 들어온 실천의 종교이다. 각자의 일터에서 성실하게 땀 흘려 일함으로써 얻는 기쁨을 통해 자기 수양은 물론 자기 성찰의 과정을 나타내는 것이 특징이다. 이들이 세상 속에서 빛의 역할을 하는 자선사업의 물줄기는 장애물을 만났을 때 결코 물러서지는 않지만 돌아가는 지혜를 발휘하는 저력을 가지고 있다. 다원화된 종교의 사회 속에서 기독교의 절대 진리를 내세워서 그들을 배척한다면 세상 속에서 그들이 더욱더 빛을 발하게 하는 아이러니의 기폭제 역할을 하게 될 것이다. 그러므로 이들이 주장하는 서민들의 애환과 고통을 공감하는 내려옴의 자세, 즉 섬김의 모습을 통해서 포교의 가능성을 제시하는 것은 하나님께서 인간의 자리에까지 내려와 구원을 이루신 그리스도의 모습과도 같다. 이러한 점에서 우리는 선교적인 접촉점을 찾을 수 있을 것이다. 특히 병원, 학교, 복지기관 등 사회복지를 통한 활발한 원불교의 포교활동은 오늘날 기독교에 요청되고 있는 통전적 선교(holistic mission)의 좋은 모범을 보여주고 있다. 인간을 향한 하나님의 구원은 인간의 영혼만이 아니라 우리가 살고 있는 현실의 불의한 세력에서의 구원도 포괄하기 때문에 개인의 영혼 구원에만 치중하는 것에서 벗어나 이제는 사회적 책임을 다하는 선교적 차원으로 나아가야 한다. 통전적인 선교는 인간화와 복음화의 어느 한쪽에 치우치는 것이 아니라 모두를 포괄하는 전인적인 구원을 의미하기 때문이다.

이것은 원불교의 영육쌍전(靈肉雙全) 사상과 그 맥을 같이한다. 즉, 정신문명을 촉진하여 도학을 발전시키고 밖으로 물질문명을 촉진하여 과학을 발전시켜야 영(靈)과 육(肉)이 함께 쌍전(雙全)하고 내외가 겸전하여 결함 없는 세상이 된다는 것으로서 원불교의 사상적 특징이며,[15] 영과 육이 가지는 두 경향성의 특징을 다 같이 잘 활용하여 조화를 이룸으로써 현실생활과 영혼생활을 다 원만하게 하고 온전하게 하자는 것이다.[16] 새로이 개벽될 세상에서는 수도를 통한 정신생활과 육신생활이 둘이 아니라 하나가 되어야 살아 있는 종교가 될 수 있기 때문에 육신생활 속에서 도를 구하고 구도하면서 육신생활을 진행하여 정신과 물질이 아울러진 건전한 인간생활을 이루어야 한다는 것이다.[17]

원불교에서는 개교 당시 영적 구원만을 중시하면서 현실의 생활을 무력하게 만들고 있었던 기성 종교에 대한 하나의 종교혁명의 표현으로 영육쌍전을 사용하고 있다. 그 사상적 근거는 진리의 본래 모습이 물(物)과 심(心)이 일원이며, 인간 존재란 영(靈)과 육(肉)의 양면을 지니고 있는 것으로 보기 때문이다.[18] 그러므로 영과 육 그 어느 하나만을 중시하고, 다른 하나는 소홀히 한다면 그것은 원불교의 진리에 어긋나는 생활이며, 인간은 영육의 양면적 조화체이기 때문에 그 어느 한 면만 결여되어도 건강한 사람

15) 『대종경』, 제2 교의품 31장; 『정전』, 총서편, 개교의 동기 참조.
16) 송천은, 『열린 시대의 종교사상』(익산: 원광대학교출판국, 1992), 479.
17) 원불교학교재연구회 편, 『종교와 원불교』(익산: 원광대학교출판국, 1998), 285-296.
18) *Ibid.*, 286.

이 아니라는 것이다. 이러한 맥락에서 대종사는 "영육쌍전의 견지에서 육신에 관한 의, 식, 주 3건과 정신에 관한 일심, 알음알이, 실행의 3건을 합하여 6대 강령"[19]이라고 하였으며, 인간은 영을 위한 정신적 수도와 육신을 위한 물질적 생활을 아울러 조화롭게 성장시켜 가야 한다는 사상에 근거하여 포교활동을 하고 있기 때문에 기독교의 통전적 선교와 함께 대화하며 협력할 수 있을 것이다.[20]

선교적 과제로서 타 종교와의 대화는 이스라엘의 선민의식 속에 있었던 자기교만과 우월의식을 내려놓게 만든 그리스도의 십자가 사건과 그 맥이 닿아 있다. 특히 기독교는 십자가의 은혜로 받은 구원을 겸손하게 나누어야 하기 때문이다. 다음의 몇 가지는 대화의 가능성을 보여준다.

원불교의 법신불(法身佛)은 우주의 궁극적인 진리로 만유의 본원이며, 유와무의 분별 이전의 세계인 동시에 유와 무를 총섭(크게 어우름)하는 본원세계로서 그에 의하여 만물이 생성 소멸되는 근원적인 존재이다. 법신불은 선악, 유무, 생사, 대소, 변 불변 등 일체의 차별현상을 총섭함과 동시에 그러한 일체 차별현상을 초월한 포월자(包越者)라고 이야기한다.[21] 이것은 바울이 아테네 아레오바고 광장에서 '알지 못하는 신'을 경배하는 시민들과 하나님과의 접촉점을 찾아 준 것과 유비된다고 할 수 있다(행 17:22-28). 하나님은 자신의 존재와 지혜 그리고 그 능력을 일반 자연계시를 통해서도 드러내신다(롬 1:19-20). 이런 점에서 원불교의 법신불 개념은 하나의 선교적 대화의 길을 보여준다. 또한 법신불은 일체 중생을 제도하기 위하여 여러 가지 중생의 모양으로 변신하여 나타나게 되는데 이를 '화신불'(化身佛)이라고 한다. 우주의 삼라만상 가운데 화신불이 존재한다는 것이다. 이

---

19) 『대종경』, 제2 교의품 18장.

20) 『대종경』, 제2 교의품 19, 32장.

21) 원불교학교재연구회, 『종교와 원불교』(익산: 원광대학교출판국, 2013), 209-210. 초월자는 실존주의 철학자 야스퍼스의 이론에 나오는 용어로서, 인간이 하나의 대상으로 대상화되어 인식될 수 없으나 모든 대상을 포괄하고 있는 초월적인 객관적인 존재를 말한다.

것은 '여호와의 영'(창 6:3), '그리스도의 영'(롬 8:9)인 성령이 '죄', '의', '심판'(요 16:7-8)을 깨닫게 하고, 우리를 진리로 인도하시는 성령과 기능적인 면에서 상통한다고 볼 수 있다(요 16:13-15).[22]

또 원불교에서 처처불상(處處佛像)이란 우주의 삼라만상에 다 부처님이 계시다는 뜻이다. 따라서 부처가 따로 있는 것이 아니라 내 곁에 있는 사람이 부처이고, 우주의 작은 생명 모두가 부처라는 것이다.[23] 하나님은 시공간을 초월하시며, 우리 마음과 만물 안에도 계신다(렘 23:24; 사 66:1). 공간을 초월하기도 하시고(무변성과 무량성), 공간 속에 계시기도 하시는(편재성) 무소부재(無所不在)하신 분이다.[24]

처처불상과 함께 표현되는 사사불공(事事佛供)이란 모든 일에 부처님께 불공하는 마음으로 하라는 말이 있다. 일상적인 일이나 하찮게 보이는 일이라 할지라도 부처님께 하는 일이라 여기면 그것이 곧 불공이라는 것이다. 이것은 그리스도인들이 "무슨 일을 하든지 마음을 다하여 주께 하듯 하고"(골 3:23), "먹든지 마시든지 무엇을 하든지 다 하나님의 영광을 위하여 하라"(고전 10:31)는 말씀과 일맥상통한다. 특히 예수의 최후심판에 대한 비유에서 "지극히 작은 자 하나에게 한 것이 곧 내게 한 것이니라"(마 25:40)는 말씀과 그 의미가 같다고 할 수 있다.

---

22) 핸드릭 크래머는 기독교 신앙과 타 종교와의 교리적인 연속성은 없으나 기능적인 연결점은 선교사의 입장과 태도에 의해 주어질 수 있다고 보았다. Hendrik Kraemer, *Die christliche Botschaft in einer nichtchristlichen Welt*(Zürich: 1940); 김은수, 『현대 선교의 흐름과 주제』(서울: 대한기독교서회, 2018, 개정증보 4쇄), 79-84.

23) 김덕권, 덕화만발 2. 시제불교, 뉴스천지, 2015. 6. 28.(http://www.newscj.com/news/articleView.html?idxno=296570). 소태산의 일화 가운데 불공을 드리러 올라오는 부부를 만나는 이야기가 있다. 그 부부가 며느리를 위해 법당에 불공을 드리러 간다고 하자, 소태산은 며느리가 곧 부처라 생각하고 불심을 다하라고 일러주었다고 한다.

24) 몰트만은 이것을 불교나 동양종교의 범신론과 구분되지만 유비되는 것으로 범재신론이라고 보았다. J. Moltmann, *Gott in der Schöpfung, Ökologische Schöpfungslehre* (München, 1985, 2. Aufl.). 역시 그의 *Zukunft der Schöfung, Gesammelte Aufsätze* (München, 1977); 김은수, 『현대 선교의 흐름과 주제』, 417-418.

원불교의 불법시생활 생활시불법(佛法是生活 生活是佛法)은 불법으로 현실생활을 더욱 향상시켜 나가고, 일상생활 속에서 불법의 진리를 깨쳐 나가자는 것이다.[25] 즉, 불법과 생활을 분리하지 않고 하나로 보아서 조화를 이루어 나가는 것이다. 당시 많은 종교인들이 종교적 삶을 세상과 단절하고 은둔생활이나 현실도피의 길을 걷는 것이라 생각했지만, 원불교는 세속의 생활을 불법의 심오한 경지까지 끌어올리고 궁극적으로 진리와 생활의 일치를 통한 종교의 생활화와 생활의 종교화를 이루고자 했던 것이다. 이것은 그리스도인들이 자신의 "몸을 하나님이 기뻐하시는 거룩한 산 제물"로 드리는 "영적 예배"(롬 12:1)와 유비된다. 산 제물로 드리는 영적 예배란 이웃 섬김을 통하여 하나님께 드리는 것이다. '영적 예배'란 '이성적'(reasonable)이고, '분별 있는'(sensible) '합리적인'(logical) 예배이다. 따라서 일상 삶에서 이웃 섬김이 없는 예배는 공허하며 비이성적이다. 예배 혹은 예전(λειτουργια)은 '사람'(λαο)과 '일'(εργον)을 뜻하는 그리스어의 두 단어에서 유래한 것으로서 공적인 일과 사업을 말한다.[26] 따라서 예배는 공동의 공적인 작업이며, 세상을 위한 일이고, 봉사이기 때문에 참 예배는 생활 속에서 이웃과 더불어 진리를 실천하는 삶이다.[27]

원불교의 무시선 무처선(無時禪 無處禪)은 언제 어디서나 시간과 장소에 구애받지 않고 항상 마음을 찾아 길들이는 공부를 계속하는 생활을 말한다.[28] 인간의 마음은 잠간 사이에도 변화무상하기 때문에 원불교에서는 선(禪)을 통해 흩어진 마음을 하나로 집중시켜 마음을 잔잔한 호수처럼 고요하게 한다. 천만 가지 '경계'(境界) 속에서 혼란해지는 마음을 맑은 거울이나 푸른 가을 하늘처럼 청명하게 하는 것이 선이다.[29] 이것은 성경의 평

---

25) 손정운, 114.

26) John N. Collins, *DIAKONIA; Re-interpreting the Ancient Sources*(New York: Oxford Uni. Press, 1990), 195ff.

27) 김은수, 『사회복지와 선교』(서울: 대한기독교서회, 2014), 48.

28) 손정운, 117.

29) '경계'란 불교 용어로서 인과응보의 이치에 따라 자기가 놓이게 되는 처지를 말한다.

화(shalom)로 이해될 수 있으며, 진리, 평강, 공동체, 평안 그리고 화평 등으로 불린다. 더 나아가 샬롬은 마음속의 평안만이 아니라 인간 사이에 일어나는 사건으로서 하나님의 뜻이 성취되는 가운데 이루어지는 인간 삶 전체를 포함한다. 하나님의 선교(missio Dei)는 이러한 하나님 나라의 평화를 확장하는 것이다.[30]

이 외에도 원불교의 신앙문 가운데 네 가지의 은혜가 있는데, 이것을 바울이 말하는 은혜와 비교하는 연구 등 다양한 주제와 내용으로 원불교와의 대화 가능성을 찾고 있다.[31]

참고문헌

교화부편수위원회(편). 『원불교는 어떤 종교인가?』. 익산: 원불교출판사, 1981.

김은수. "토속종교의 치유이해." 한국선교신학회 편. 『치유와 선교』. 서울: 다산글방, 2000, 161-184.

______. 『현대 선교의 흐름과 주제』. 서울: 대한기독교서회, 2018(개정증보 4쇄).

박건종. "원불교 본거지인 익산지역에서의 선교전략." 전주대학교 선교신학대학원 석사논문, 1998.

박광수. "종법사." 『원불교대사전』. 원불교100년기념성업회. http://www.won100.org

서경전. 『교전개론』. 익산: 원광대학교출판국, 1991.

기독교에서는 이것을 '시험' 혹은 '시험에 든다'라고 한다.

30) 김은수, 『현대 선교의 흐름과 주제』, 101, 317-324. 성경의 메시아는 평강(샬롬)이 될 분이며(미 5:5), 화평(peace)이고(엡 2:14), 복음은 평안(peace)의 복음이다.

31) 조귀삼, "소태산과 바울의 은혜사상의 비교분석을 통한 선교적 과제 연구", 「선교신학」 13(2006), 67-97.

성업봉찬회. 『원불교 70년 정신사』. 익산: 원불교출판사, 1989.
손정운. 『원불교입문』. 익산: 원불교출판사, 1981.
송천은. 『열린시대의 종교사상』. 익산: 원광대학교출판국 1992.
______. 『일원문화 산고』. 익산: 원광대학교출판국, 1994.
원광대학교 편. 『원불교학연구』. 익산: 원광대학교 원불교학연구회, 1986.
______. 『원불교사상』. 익산: 원광대학교 원불교사상연구원, 1976.
______. 『원불교학 개론』. 익산: 원광대학교 교양교재 편찬위원회, 1997.
원불교교무부 편. 『교리도해』. 익산: 원불교중앙총부, 1974.
원불교사상연구회 편. 『일원상진리의 제연구(상)』. 익산: 원광대학교출판국, 1989.
원불교교화연구회 편. 『원불교적 세계관의 실천』. 익산: 원불교교화연구회, 1990.
원불교 정화사 편. 『원불교 교전』. 익산: 원불교출판사, 1982.
______. 『원불교 전서』. 익산: 원불교출판사 1999.
원불교학교재연구회 편. 『종교와 원불교』. 익산: 원광대학교출판국, 1998.
원불교학회. 『원불교학』. 한국원불교학회, 1996.
조귀삼. "소태산과 바울의 은혜사상의 비교분석을 통한 선교적 과제 연구." 「선교신학」 13(2006), 67-97.
한덕천. 『교당조직과 교화의 연계에 관한 연구』. 익산: 원광대학교대학원, 1994.
______. "교당조직과 교화의 연계에 관한 연구." 원광대학교대학원, 1994.

제5장

증산교

1. 발생 배경과 시대적 상황

강일순(증산)은 근세 이후 민족적 불행과 민중의 비참한 삶을 보면서 시대 현실을 해석하고 개혁하여 이 땅에 새로운 이상세계를 종교로 실현하려고 하였다. 수많은 동학교도가 그 가족들과 함께 죽임을 당하고 국기(國基)가 흔들리는 상황 속에서 국가의 운명이 위태로웠다. 동학혁명의 실패로 민중이 갈팡질팡하고 있을 때 당시 주류 종교였던 유교는 허례허식에 사로잡혀 있었고, 불교 승려들은 불법을 내세워 민폐를 끼치는 일이 비일비재했다.

증산교는 근대 대표적 개혁운동인 동학과 연관성이 깊다. 지역적으로 동학이 왕성했던 전라도 지역에서 발생했고, 시기적으로 동학혁명 직후에 설립되었다. 신자들 대부분이 동학에 참여한 자들로서 외세의 개입으로 동학전쟁이 끝나자 '자연스럽게' 증산교에 참여하였다. 교리적으로 증산 스스로 동학과의 밀접한 연관성을 언급하였고, 증산교의 주문이나 신행도 동학에서 차용하였다. 또한 동학의 후천개벽 이념을 일관되게 유지하되 '개벽'과 이를 통한 '지상천국 건설'을 보다 구체적이고 실현가능한 방법으로 모색했다. 또한 무속(巫俗)과 선도(仙道)를 계승하여 민중들의 개인적 신앙의식을 인간 중심의 공동체신앙으로 승화하였고, 서도(西道)의 영향을 받

강증산이 30년간 임어했다는 김제 모악산 금산사 미륵전

아 인간계뿐 아니라 신명계까지 교조의 조화(造化)로 자유롭게 통제하는 절대권능을 행사하게 함으로써 핍박받는 민중에게 강력한 종교성을 제공하였다. 증산은 자신이 세운 종교를 '만고(萬古)에 없는 무극대도(無極大道)'라고 했으나, 훗날 그의 호를 따라 '증산교'라고 일컬어졌다.

1909년 증산 사후 추종자 몇 사람이 남아 장례식을 치렀고, 그의 후처인 고씨부인(본명 高判禮福)이 1914년에 선도교(仙道敎) 또는 태을교(太乙敎)를 창립했으며, 그 밖에 증산대도교, 제화교(濟化敎), 미륵불교, 보천교(普天敎) 등이 나타났다. 그중에서 차경석이 이끄는 보천교는 한때 600만 신도와 55만 간부로 성장하였고 그 절정은 1921년 9월의 고천의식이었다. 그 내용은 일본 군대의 포위망을 뚫고 황석산 정상에서 1,000여 명의 신도와 간부 신도들이 모여 제단과 촛불을 밝힌 가운데, 국호를 '시국'(時國)으로, 교명을 '보화'(普化)라고 선언하였고, 차경석(車京石)은 동양을 지배할 권력자라는 의미로 차천자(車天子)로 불리기도 했다. 하지만 일제의 탄압을 받아 위축되었고, 1936년 그가 병으로 죽자 사분오열되었다.

1901년 강증산이 대각한 모악산 대원사. 칠성각과 대웅전이 나란히 서 있는 것이 특이하다.

2. 창시자

창시자인 강일순(姜一淳)의 호는 증산(甑山)이며 자(字)는 사옥(士玉)이다.[1] 그는 1871년 9월 19일 오늘날 전라북도 정읍시 이평면 팔선리 서산마을에 있는 외가댁에서 태어나 정읍시 덕천면 신월리 신송마을의 친가에서 성장했다. 어릴 때부터 재능이 뛰어나고 총명했던 증산은 가세가 매우 빈곤하여 남의 집 머슴살이까지 하며 틈틈이 서당에 다니고 한문 공부를 했는데, 그 총명이 뛰어나 다른 소년들을 능가했고 이미 소년 시절에 학자로서 명망을 얻었다. 그가 21세 되던 해 전라북도 김제군 초처면 내주형 정씨 댁에 장가를 들었고 처가에서 서당 훈장 생활을 하면서 유교, 불교, 도

1) '甑山'은 솥과 시루를 가리키는 말로서, 설익은 편협하고 미완성인 인류문명을 익혀서 완성시킨다는 의미이다.

교의 여러 경전과 음양 술수, 풍수지리, 점복(占福)에 대한 여러 가지 책을 탐독하여 사람들은 그를 가리켜 도인이라고 했다. 고부 지방을 중심으로 성행한 동학운동에 증산도 가담한 바 있었으나 후에 동학의 실패를 예감하고 동학군의 뒤를 따라 청주병영까지 가면서도 싸움 구경만 하고 직접 가담치는 아니했다. 동학의 종교적 위력을 목격 체험한 증산은 동학을 대신할 말한 대도(大道)를 창설하겠다는 꿈을 품게 되었다.[2)]

마테오 리치(상제가 이 땅에 올 것을 예언했다 하여 증산교 2인자가 됨. 각주 6번 참조)

그 후 계속하여 증산은 유불선의 교의와 음양, 풍수, 의술, 점복 등 다방면의 연구를 하는 한편 도통 공부에 몰두했다. 그가 27세 되던 해 그는 세상인심을 체험하고 견문을 넓히기 위해 순례의 길을 떠났고, 3년 동안 방랑생활을 하면서 유명하다는 고승, 도사들을 만났다. 충청도 비인에서 만난 김경소로부터 얻은 태을주와 충청도 변산 사람 김일부에게서 배운 정역(正易)의 이론이 후일 증산이 성도(成道)하는 데 큰 몫을 했다. 1900년 증산이 30세 되던 해 가을 고향인 객망리에 들어와 송주수련의 도통 공부를 한 후 1901년 6월 26일에 입산수도를 결심하고 전주 모악산 대원사에 들어가 기도에 전념한 끝에 구도(求道) 9일 만에 성도했다고 한다. 도통한 증산은 1902년 4월 김제군 금단면 하운동 사람 김형렬을 첫 제자로 삼고 그의 집을 근거지로 포교활동을 펴고, 자신이 세상에 내려온 구천상제라고 하면서 제자들에게 태을주, 시천주, 칠성주, 운장주, 주역 등을 가르쳐 주고 천지공사라는 특이한 도통 공부를 시켰다. 증산은 외경의 박해와 핍박을 받아 가

2) 강일순은 동학혁명을 보고 광구천하를 다짐하였고(道典 1:30:1), 약 6년 후인 1900년 '모든 것이 나로부터 다시 새롭게 된다'(道典 2:13:5)라며 개벽세계를 선언하고, 1901년 모악산 대원사 칠성각에서 음력 7월 7일 도를 깨달았다(사진 참조).

면서 포교하다가 1909년 갑자기 자신의 죽음을 미리 예고하여 사방에 흩어져 있던 추종자들을 모이게 한 뒤 세상에 있는 모든 병을 대속하고 6월 24일 39세를 일기로 사망했다.

3. 경전과 팔관법

1) 대순전경(大巡典經)

증산교 교주 강일순의 행적과 가르침을 기록한 것으로, 1929년 이상호(李祥昊)·이정립(李正立) 형제가 편찬하였다. 이들은 강일순이 죽자 그 제자인 차경석(車京錫)이 분파하여 세운 보천교(普天敎)의 간부로 있다가 탈퇴한 뒤 증산교 교단을 창립하였다. 이들은 당시 구전되던 증산의 정확한 행적과 가르침을 수집, 정리하여 1926년 『증산천사공사기』(甑山天師公事記)를 편찬하였고, 이를 다시 수정 보완하여 1929년 『대순전경』(大巡典經) 초판(13장 499절 249면)을 출간하였다. 1947년 일제하에서 기록할 수 없었던 내용을 추가하여 제3판(9장 731절 362면)을, 그리고 1979년 제8판(9장 859절 431면)을 펴냈다.[3)]

제8판을 기준으로 내용을 살펴보면, 제1장 '천사(天師)의 탄강(誕降)과 유소시대'는 증산의 탄생, 성장 과정, 동학운동 때의 체험 등을 담고 있다. 제2장 '천사의 성도(成道)와 기행이적'은 깨달음을 얻는 과정과 그 이후 행했던 각종의 기적 내용을 싣고 있다. 제3장 '문도들의 추종과 훈회(訓誨)'는 주요 신도들의 추종 동기와 증산의 가르침을 기록하고 있다. 제4장 '천지공사'(天地公事)는 증산이 자신의 권능으로 낡은 하늘과 땅의 운행 법칙을 고

3) 경전이 증보되면서 증산교 교단 내에서는 각 판에 대한 평가가 엇갈리고 있다. 일각에서는 초판이 가장 신빙성 있다고 주장하며 이를 따르는 반면, 다른 이들은 제3판이나 혹은 제8판이 가장 믿을 만하다고 맞서고 있는 상황이다.

쳐서 말세의 재앙을 없애고 후천세계(後天世界)를 열어 인간과 신명(神明)을 구제하였다는 증산교 교리의 핵심을 상세히 적고 있다. 제5장 '개벽(開闢)과 선경(仙境)'은 우주의 계절이 바뀐다는 '개벽'과 그 이후에 다가올 후천세계의 지상선경, 그리고 장차 한반도를 중심으로 일어날 일들을 예언한 내용이다. 제6장 '법언'(法言)은 증산의 인존(人尊) 사상, 해원상생(解寃相生) 사상 그리고 민족주체사상과 관련된 설교를 싣고 있다. 제7장 '교범'(敎範)은 증산이 구성한 교단조직과 각종 주문 및 선교와 관련된 내용, 제8장 '치병'(治病)은 증산이 행했던 각종 치유의 기적, 제9장 '화천'(化天)은 증산이 죽을 때의 상황을 기록하고 있다.

2) 도전(道典)

『도전』은 초기의 『증산천사공사기』, 『대순전경』 초판, 그 후로 8판까지 거듭된 판본에 실려 있는 말씀들과 그 이후 『용화전경』 등 몇몇 2차 경전에 실려 있는 말씀들, 그리고 증산이 도통을 전수한 태모의 생애와 행적에 대한 모든 말씀을 집대성한 것이다. 특히 태모의 행적과 말씀이 증산 말씀과 더불어 최초로 편찬된 것이다. 증산도 도전 초판은 1992년 10월 26일 대전 충무체육회관에서 개최된 '제2회 증산도 개벽 대치성'에서 채택되었다.

『도전』의 각 편 제목은 1편 증산 상제님의 탄강(誕降), 2편 개벽(開闢)과 신도(神道), 3편 도문(道門)과 성도(聖徒), 4편 신도(神道)와 조화정부(造化政府), 5편 천지공사(天地公事), 6편 도통(道統)과 수부(首婦), 7편 후천개벽(後天開闢)과 선경(仙境), 8편 대두목(大頭目)과 일꾼, 9편 복록(福祿)과 수명(壽命), 10편 어천(御天), 11편 태모(太母) 고수부(高首婦)님이다.

3) 팔관법(八觀法)

증산교의 진리를 공부하는 기본 틀은 팔관법(八觀法)에 근거한다.

먼저 제1법이 **상제관**이다. 우주의 모든 변화는 궁극적으로 어떤 도(道)

가 있다. 그것을 이법(理法)이라고 하며, 이법을 다스리는 도의 주재자는 상제님이다. 따라서 도의 세계를 알려면 상제를 제대로 알아야 한다. 이 상제관을 한마디로 정의내리면 도의 궁극의 문제며 깨달음의 궁극의 문제로서 팔관법의 근본이다. 모든 진리가 상제로부터 나오기 때문에 우주가 상제로부터 새로 시작된다. 따라서 먼저 상제님의 삶에 대해 깊이 깨달아야 한다. 상제님이 인간으로 오셔서 어떤 삶을 사셨는지 주의 깊게 보고, 항상 마음속으로 상제님의 삶을 생각하고 체험해 봐야 한다. 그래야 상제를 보는 눈, 신안(神眼)이 열리는 것이다. 그렇게 되면 새 생명으로 태어나는 것이다. 그리하여 상제님의 삶을 인류에게 증언할 수 있는 것이다. 그렇게 되면 날마다 상제님 태모님께 청수 올리고 기도하고 절하는 것을 즐기게 된다.

제2법은 상제관과 음양 짝이 되는 **우주관**이다. 이 우주관의 구체적인 내용이 후천개벽이다. 이 우주에는 개벽이 있다. 우주의 모든 변화는 개벽을 통해 전개된다. 순간순간 어떤 새로운 질서로 변화해 나가는 것도 개벽이다. 그런데 그 개벽의 큰 마디가 있다. 우주의 시간 질서가 크게 틀어지는 마디, 그것을 우주 1년 4계절 개벽이라고 한다. 봄개벽, 여름개벽, 가을개벽, 겨울개벽은 근원적으로 우주질서가 바뀌는 것이다. 우주질서가 바뀌어 딴 세상이 온다는 것이다. 우주관의 근본은 우주의 이법을 깨닫는 것이다. 그런데 우주의 이법만 알아서는 안 되고 신도를 체험해야 한다. 신도는 이법을 바탕으로 있는 것이다. 이신사(理神事)의 논리로 보면 이(理)가 더 근원적이다.

제3법은 **인간론**이다. 후천개벽, 원시반본, 해원, 상생, 보은, 정음정양도수, 신인합발, 인존문화, 진법, 일심사상 등이 상제님이 전해 준 새로운 삶의 원리다. 증산도에서 전하는 기본 가르침을 물을 때 바로 제3법인 인간론을 묻는 것이다. 인간의 삶의 존재 의미를 바로 이 3법에서 깨우치는 것이다. 이 근본 사상 가운데 첫 번째가 후천개벽사상인데, 후천개벽사상의 정신이 원시반본이다. 즉, 근본으로 돌아가야 한다는 것이다. 그리고 원시반본을 실현하는 구체적인 삶의 지침이 해원, 상생, 보은이다. 모든 생명이 원을 맺고 죽었고, 하늘땅이 개벽된 이래로 모든 생명이 원을 맺고 살다 죽었다. 원과 한을 인간의 마음속에 응어리져 있다. 이 원과 한을 모르고는 인간을 알 수 없다.

제4법이 **신관**과 **수행관**이다. 신의 세계를 체험하는 것, 신과 하나 되는 것, 그 방법이 수행이다. 그래서 여기에 신관과 수행관이 함께 들어간다. 그리고 태을주 문제가 나온다. 신의 세계를 체험하기 위해서, 그리고 신적인 지혜, 영성을 체득하고 갖추기 위해 수행을 한다. 그것을 가능케 해주는 증산도 수행법, 그것이 태을주 수행이다. 최종적으로 태을주를 안 읽으면 이 개벽 때에 못 산다. 인간의 한계를 무너뜨려 신성을 회복하고, 나아가 우주 가을개벽을 극복하여 넘어서는 길, 그게 태을주 수행이다.

제5법은 **세계관**이다. 세계관에는 천지공사와 민족관, 역사관이 포함된다. 상제님이 옛 성자들과 가장 크게 다른 것은 천지공사를 집행하셨다는 것이다.[4] 이 천지공사에서 나머지 일곱 가지 관법을 다 볼 수 있다. 상제님이 이 땅에 오신 목적이 천지공사에 들어 있다. 따라서 천지공사에 대한 체계적인 이해 없이 강증산의 후천개벽을 알 수 없다. 상제님이 하늘도 뜯어고치고 땅도 뜯어고쳐 이 천지를 개벽하신 것이 곧 천지공사다. 상제님이 인간의 자리에서 우주 자연 질서를 바꾸어 새로운 세계를 건설하는 것, 새로운 문명을 여는 것, 그게 바로 천지공사다. 이 공사를 크게 보면 세계 질서가 돌아가는 세운공사와 상제님의 도운이 전개되어 나가는 도운공사가 있다. 이 세운공사와 도운공사가 오선위기라는 틀에 뿌리를 두고 세 번의 큰 변혁을 거쳐서 개벽으로 들어간다.

제6법은 **구원론**이다. 증산도의 구원론은 구체적으로 후천개벽과 의통성업이다. 가을의 시간대는 천지의 환경이 우리가 이제까지 살던 선천 세상과는 근본적으로 다른 구조를 갖는다. 선천에서 후천으로 가는 과도기적인 과정에서 대변혁이 온다. 지축이 서면서 지구촌 사람들 수억이 순간에

---

4) 천지공사와 관련된 경전의 내용으로 다음을 들 수 있다. "내가 이제 천지를 개벽하여 물샐틈없이 도수를 정하였느니라"(道典 4:48:4). "나의 일은 천지를 개벽함이니 곧 천지공사니라"(道典 5:3:2).

죽고 나머지는 상씨름 문제로, 그리고 병겁으로 넘어간다. 이때 상제님이 전해 주신 의통으로 사람을 살려야 한다. 선천 세상을 마무리 짓는 것이 구원론이다.

제7법이 **수부론**, 종통관이다. 수부론은 증산도의 여성론이다. 인류 역사를 보면 여자를 남자만큼 여기지 않는 심각한 문제가 있어 왔다. 그것은 인간의 본질 문제인데, 상제님이 수부론으로 여자가 안고 있는 모든 문제를 풀어주셨다. 상제님의 여성문화를 개벽하신 정음정양 도수나 수부론은 이를 잘 보여준다. 또한 수부론은 상제님의 도통을 계승한 종통 문제의 핵심이 되기도 한다. 결론적으로 수부가 없이는 새 우주를 열지 못한다.[5]

제8법은 상제님의 뜻을 성취하는 **일꾼론**이다. 일꾼론을 다른 말로 하면 대두목관이다. 일꾼들의 머리가 되는 큰 스승을 대두목이라고 한다. 그리고 상제님의 일꾼에 대한 심법 전수가 여기에 들어간다. 일꾼들이 일하는 법, 개벽천지와 신천지의 일꾼이 되는 법, 상제님 사람이 되는 법 등 새 생명으로 태어나는 데 있어 아주 중요한 비법을 말한다. 일꾼들이 해야 할 일은 스승을 모시고 심법을 잘 닦아 상제님 세상을 건설하는 것, 후천선경을 건설하는 것이다.

4. 교리와 사상

1) 증산교의 기본 교리

(1) 신앙의 대상

증산은 원래 하늘나라를 다스리던 옥황상제였는데, 삼계(三界)의 혼란

---

5) 증산교의 일파인 대순진리회에는 수부라는 개념 자체가 없기 때문에 증산교에서는 대순진리회를 종통과 뿌리를 완전히 부정하고 조작해서 신도들을 현혹하고 있다고 본다. 수부론에 죽고 사는 문제가 달렸다고 주장하기 때문이다.

으로 천도(天道)와 인사(人事)가 도수(都數)를 어기자 이마두(마테오 리치)를 대표로 한 불타와 보살들의 호소에 응해 서천서역대도국천계탑으로 내려와 삼계를 둘러보고 천하를 대순(大巡)하다가 이 동토(東土, 한국)에 1871년 인간의 몸으로 태어났다고 한다.[6] 또한 스스로를 미륵불이라 칭한 증산의 면모는 금산사 미륵불과 흡사했고, 탄생 시 불표(佛表)를 양 미간에 가지고 태어났다고 한다. 그는 도솔천에 있다가 신명들의 요구에 따라 이 세상을 구원하기 위해 하강했음을 시사했고, 그가 살았던 용화동을 용화회상(龍華會上)의 기지라고 했다. 이런 증산을 증산교인들은 미륵불의 화신으로 신앙한다.

(2) 증산교의 우주관 – 삼계(三界)

증산 교설에 나오는 삼계(三界)는 원래 불교 용어이며, 욕계(欲界), 색계(色界), 무색계(無色界), 즉 시·공간적 우주 전체를 표현하는 개념이다. 그러나 증산은 이 삼계를 분명하게 밝히지 않고, 다만 천상, 지하, 지상이 있음을 시사했다. 이에 대해 배용덕, 임영창 등은 삼계를 천계, 지계, 인계로 해석한다. 천계는 구천(九天)으로, 지상 가까운 곳으로부터 한 층 한 층 올라가 아홉 단계의 하늘이 있다는 것이다. 이것은 전 우주 공간을 통칭하며 무형의 신들이 살고 있다. 지계는 인간을 비롯한 만물이 사는 지상세계이다. 여기에는 유형의 존재와 무형의 신이 공존하고 있고, 특히 증산의 천지공사의 결과에 따라 앞으로 이룩될 선경의 기지가 된다. 인계는 인간세상으로, 인간도 지계에 속하지만, 만물의 영장인 인간의 세계를 특별하게

---

6) 마테오 리치는 증산교에서 한 명의 서양 선교사가 아니라, 후천 시대에 기독교의 종정(宗正) 곧 대표로 선임되었고, 나아가 증산교 교리 체계에서 증산 다음 위치까지 격상되어 있다. 왜냐하면 마테오 리치는 기독교의 하나님을 '상제'(上帝)로 번역했으며, 이 상제는 곧 강일순을 가리키는 것으로서 그의 강림 수백 년 전에 예언한 것으로 보기 때문이다. 증산은 그의 공로에 대해 "이마두는 세계에 많은 공덕을 끼친 사람이라. 그러나 그 공덕을 은연중에 끼쳤으므로 세계는 이를 알지 못하느니라"라고 말하였다(사진 참조).

생각하여 인계를 따로 구상한 것이다. 여기서 주목할 것은 인계(人界)와 신계(神界)의 관계이다. 증산은, 인계(이승)인 사람의 세계와 인계에 살다 죽은 사람들의 영에 의해 건설된 신계(저승)의 세상과 상호 관련성을 갖고 있다. 따라서 "생유어사 사유어생"(生由於死 死由於生)(대 6:10)이라 하여, 인계의 일은 신계에 영향을 미치고, 신계의 일도 인계에 영향을 미치므로 신과 인간이 한데 어울려 존재한다고 묘사한다.

(3) 증산교의 신관(神觀)

증산교에서 거론하는 신의 이름은 115종에 이르는데, 이들 대부분은 사람이 죽어서 된 신, 곧 인간 영체의 다른 이름들이다. 그러나 증산 자신은 신관을 분석적으로 설하고 있지는 않았고, 다만 후대 증산교 사상가들이 신관을 이론적으로 정리했다.

가) 신명의 작용

이정립은 『대순철학』에서 신체로부터 분리된 영체의 작용을 원력(寃力) 작용, 원력(願力) 작용, 연력(練力) 작용 세 가지로 구분했다. 우선 원력(寃力) 작용은 원한을 풀지 못하고 죽으면, 그 원한으로 인해 정신이 역적(力的) 응결 또는 결정된 채 신체에서 분리되어 일정 기간 존속한다. 그동안에는 곳곳에서 해악 작용을 일으키게 되는데, 이런 영체가 원귀(악귀)이다.[7] 다음으로 원력(願力) 작용은 대원대망(大願大望)을 달성치 못한 채 죽을 때, 그 원망의 열정으로 인해 정신이 역적의결(力的凝結) 또는 결정된 채 신체에서 분리하여, 일정 기간 존속하는 동안 그 원망을 향한 작용을 일으키게 된다. 이런 영체를 명신(明神)이라 한다. 마지막으로 연력(練力) 작용은 수련 정신에 의하여 정신이 통일되어 광적(光的) 작용과 역적(力的) 작용을 일으켜 응결 또는 결정을 가져오니, 이렇게 된 정신체는 신체로부터

7) 인간 영혼은 혼(魂)과 백(魄)으로 구성되어 있으며, 혼은 하늘로 올라가 신(神)이 되고, 백은 땅으로 돌아와 귀신(鬼神)으로 변한다고 보고 있다.

분리와 타(他)에의 이식이 임의 자재하며, 괴력의 운용이 가능한 고급 영체가 된다. 이런 영체는 문명신으로 어느 교단에 종교력의 중심적 작용을 하기도 한다.

나) 신명의 종류와 역할

문명신은 각 문명을 대표하는 신으로, 주로 종교 창시자의 신명이다. 이 신명은 이상과 연력의 결정체로서 힘을 지니는데, 여기에 추종자들의 원력(願力)이 가미되어 강력한 중추력을 형성한다. 공자, 노자, 석가, 예수 등이 문명신이다. 지방신은 각 씨족의 대표 신이다. 최초의 씨족 집단은 원시 족장에 대한 숭앙심을 고취하고, 그것이 대대로 내려오면서 과장되어 결국 신격에까지 도달한다. 중국의 반고, 조선의 환인, 일본의 천조대신, 유태인들의 여호와 등이다. 그런데 문물이 전 지구적으로 교류되는 시대가 되자 경계를 넘어서게 된 지방신들로 인해 신명계가 혼란을 일으켰고, 이에 증산이 자기의 대 연력을 중심으로 지방신단을 결성한 것이다. 조상신명은 조상들이 죽어서 된 신명(선영신)이다. 선영신은 후손의 대를 잇기 위해 많은 공을 들이고 있고, 얻은 후손들을 계속 보호한다. 그러므로 인간세상에서 사람들끼리 싸우면 천상의 선영신들도 싸우게 되고, 결국 천상 싸움이 끝나야 인간 싸움도 끝나게 된다. 원신은 원한에 사무쳐 죽은 사람의 신명이요, 역신은 정의를 위해 반역을 도모하다가 뜻을 이르지 못하고 죽은 신명이다. 그 시작은 당효(唐堯)의 아들 단주(丹朱)로부터 비롯하여, 그 원의 뿌리가 시대 변화에 따라 더욱 깊어져 천지에 가득하게 되었다고 한다. 기타 신은 이상의 신들 외에 자연신, 천신, 지신, 수신 등 수많은 신들이다.

(4) 증산교의 인간관

증산교는 인간의 존재를 가장 의미 있게 보고 있다. 증산교는 인간을 위대한 존재로 보는데, 이 인간이 스스로의 인격을 비하하면 금수와 같아지고, 반대로 그것을 발달시키면 천(天)이나 신이 된다. 이것은 인간 각자가 지닌 '마음'에 의해 결정된다. 따라서 증산은 마음을 강조했다. 현무경에서 "천지의 중앙은 마음이다. 때문에 동서남북에 몸이 마음에 의지한다"라고 하며, 또 '심령신대'(心靈神臺)라 하여 마음이 신임을 밝혔다. 그러므로 인간은 마음을 지켜서 깨끗이 하고 바로 해야 한다. 한편 "선천 영웅시대에는 죄로써 먹고 살았으나 후천 성인시대에는 선으로써 먹고 살 것"이라고 선과 악을 설명했다. 따라서 권선징악은 후천선경이 오는 과도기에만 필요한 것이고, 후천선경이 오게 되면 모든 사람이 다 선인으로 변화되어 살기 좋은 낙원이 된다.

(5) 천지공사(天地公事)

천지공사는 증산이 1901년부터 1909년까지 종도들에게 가르치고 행한 행적들에 대한 표현이다. 이를 이정립이 『대순전경』을 편집하면서 천지공사장을 두어 신정정리공사, 세운공사, 교운공사로 분류했다.

가) 신정정리공사

해원공사는 천지공사의 출발로, 만고신명을 해원시키는 것이다. 이 해원은 맺힌 원한을 푸는 것으로, 단주로부터 시작한 인류의 원한의 역사를 푸는 것이다. 신단통일공사는 지방신들의 혼란으로 인한 인간세계의 혼란을 정리하기 위해 세계지방신단을 집결하고, 여기에 문명신단과 원신, 역신으로 조성된 신단을 취합하고, 여기에 증산의 대연력으로 통일신단을 형성한 것이다.

나) 세운공사

세운공사는 인류의 미래에 다가올 변천 과정과 발전 양상을 미리 설계하여, 한국을 신세대운의 발상 기점이 되도록 짜 놓은 3단계 공사이다. 1단계는 유럽인의 유린으로부터 동아(東亞), 특히 한국을 구출하는 공사이다. 유럽인의 세계 지배 의도 앞에 당시 중국이나 조선은 방어를 위한 힘을 기르고 있지 않았으므로, 일본을 내세워 그 책임을 맡겼다. 2단계는 조선의 지방신을 서양으로 보내 열강의 내분과 대란을 일으키고, 그동안 약소민족이 갱생할 수 있게 하는 것이다. 서양 열강들의 전쟁인 1차 세계대전이 그것이다. 3단계는 일본이 패망하고 조선을 구출하는 것으로, 일본의 패망과 한국의 분단, 그리고 6·25 전쟁과 미군 철수까지 이어지는 한국의 운도를 밝혔다.

다) 교운공사

증산의 사상과 가르침에 의한 신생 종단의 탄생 도수를 정한 것이 교운공사이다. 증산은 "먼저 난법(亂法)을 낸 뒤 진법(眞法)을 내리라" 하여 27년의 난법도수를 정했는데, 이것이 교운공사의 1단계이다. 난법의 도수란 1909년 4월에서 1936년 3월까지 27년간 증산교 내부의 혼란과 일제의 강압 등이다. 2단계는 진법의 출현을 위한 작업을 진행하는 때이다. 3단계는 1936년에 난법도수를 거두고, 이어 10년간 병화가 일어남과 동시에 교단의 어려움이 더욱 심화되는 것을 말한다. 4단계는 최후의 의통으로서 세계 대겁액을 극복하고 진법도수가 나오게 한 것이다.

라) 천지공사의 4대 이념

첫째, 맺힌 원한을 풀고 새로운 원한을 맺지 않는 해원이념이다. 증산은 선천의 '상극지리'(相剋之理)로 인해 원한이 맺히고, 그것이 삼계에 살기로 넘쳐나 재앙을 일으킨다고 했다. 그러므로 신도(神道)를 바로잡아 '해원상생'(解寃相生)의 도(道)로 선경(仙境)을 열고, 조화정부를 세워 세상을 고치는 공사를 하고자 했다. 원신들을 종장으로 등용하고, 그들의 주문들(김경흔의 태을주, 수운의 시천주) 등을 쓴 것 등이 그 실천이었다. 여기에서 해원 이념이 인간의 생활, 미물 곤충에게까지 확장한 것을 주목해야 한다(대 4-49).

둘째, 한 그릇 밥이라도 감사한 마음으로 먹어야 하며, 그러한 마음으로 보면 어느 것 하나 은혜롭지 않은 것이 없다는 보은이념이다. 그러므로 만약 배은망덕을 하면 만 번이나 죽게 된다(背恩忘德萬死身)고 했다. 이 보은에 있어 조상들의 은혜에 보답하는 것이 중요하나 가장 큰 보은행은 도통하여 천지의 은혜를 갚는 것(道通天地報恩)이다(대 4-139).

셋째, 대립과 갈등과 원망을 풀고 협력, 화합하는 상생이념이다. 그것은 천리(天理)와 인사(人事)가 합치되는 이상적인 인도(人道) 원리로서 '남 잘 되게 하는 것이 나 잘 되는 길'이라는 공존공영의 법리이다.

넷째, 조화이념으로 증산은 삼계대권을 주재하여 조화로서 천지를 개벽하고 선경을 열어 중생을 구하고자 했다(대 2-5). 이것은 신도로서 다스리는 것인데, 신도의 원리란 신이 사물을 주재하는 마음을 따라 신이 응하는 섭리, 영육병진(靈肉竝進), 신인합발(神人合發), 신판신결(神判神決)의 섭리를 말한다. 이러한 조화는 종도들도 가능하다(대 2-116).

(6) 후천선경(後天仙境) 건설

『대순전경』에 나타난 후천선경은, 천하가 한 집안이 되고, 형벌이 없고, 분의에 넘치는 폐단이 없고, 백성의 원통, 한, 상극, 사나움, 탐심, 음탕, 노여움, 모든 번뇌가 그치고, 사람들은 부드러운 말과 미소에 화기가 무르녹고, 동정어묵(動靜語默)이 도덕에 합하며, 불로불사하고, 빈부 차별이 철폐되고, 음식과 좋은 옷이 요구하는 대로 나타나며, 모든 일은 자유 욕구에 의하여 신명이 수종을 들어 주고, 운차를 타고 공중을 날아 먼 데와 험한 데를 다니며, 하늘이 나직하여 오르내림을 뜻대로 하고, 지혜가 밝아서 과거, 현재, 미래의 시방세계의 모든 일을 통달하고, 수화풍(水火風) 삼재가 없어지고 청화명려한 낙원으로 화한다(대 5-16)는 것 등으로 묘사되는 지상낙원이다. 그러나 후천선경이 오기 전에 대시련을 겪게 된다. 증산은 전대미문의 병겁을 예언했는데, 이 질병은 전라북도 군산 지역에서 발생하여 삽시간에 천하에 퍼진다는 것이다. 이에 그 치료법을 비밀리에 전했는데, 그것이 의통(醫統)이다. 그는 교화 초기부터 구릿골에 만국의원을 설립, 수많은 사람을 치료했다. 그는 병을 치료할 뿐만 아니라 병을 대신 앓아 주기도 했다. 『대순전경』 치병장에는 60건에 달하는 치병 실적이 있는데, 증산이 치병을 중시했음을 증명한다.[8]

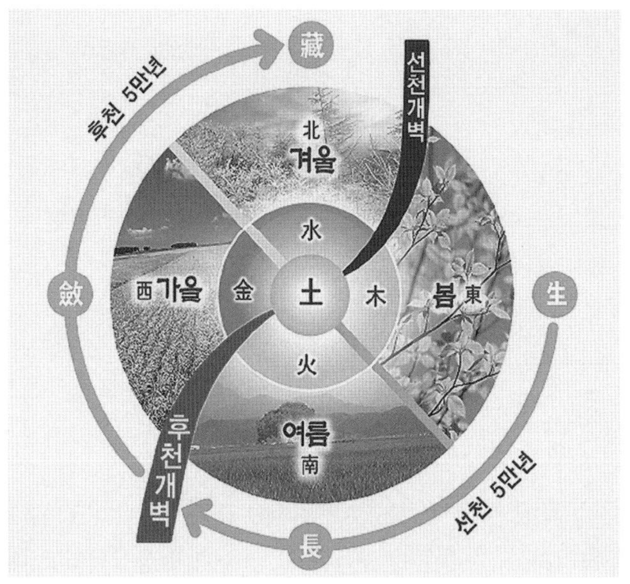

증산도 우주1년(선천개벽과 후천개벽)

2) 증산사상의 특징

(1) 후천개벽사상

증산은 음양조화 이법에 따라 필연적으로 예정되어 있는 것이 운도(運度)이며, 이 운도의 법칙에 따라 선후천이 교역된다고 했다. 그런데 증산은 상제의 권능으로 말세 운에 처한 한국의 운명을 뜯어고치는 천지공사를 하여 천지개벽을 위한 도수를 보았다. 이 개벽은 지구나 생명의 '소멸'이 아니라 '갱생'(개조)의 의미였다. 이 개벽을 위한 공사는 천개조공사, 지개조공사, 인존공사였다.

---

8) 이러한 병겁과 의통 이면의 정신은, 세상의 병든 모습을 도덕적 타락으로 진단하고, 그 치료법을 도덕성 회복으로 제시하는 것이다. 그가 "대인대의무병"(大仁大義無病)이라고 하여 치병에 있어 인(仁)과 의(義)를 중시해서, 작은 병은 약으로 되지만 큰 병은 안심안신(安心安身)으로 낫는다고 한 것에서 잘 나타난다(대 4-129).

(2) 선(仙) 우위적 종교합일사상

증산은 서학에 대해서는 "취할 것이 없다"(대 3-11)고 했고, 유교에 대해서도 "부유"(腐儒, 대 4-12)라 비판했다. 불교에 대해서는 다소 호의적인데, 그보다는 선(仙)을 더 우위에 두었다(대 5-3). "불로장생의 선경"(대 2-5), 많은 도교적 신장 언급, 자신을 불로장수하는 신선이라 자처한 점 등을 통해 알 수 있다. 그러나 증산은 유불선 삼교를 부정하면서도 동시에 과거 종교들의 장점을 십분 활용하여 천지공사 중에 그는 각 종교의 대표자들을 불러들여 통합 활용하였다.

(3) 민족주체사상

증산은 발달된 서구 물질문명의 위력을 뿌리치지 않으면 그들의 지배를 면치 못하리라고 경고했고, 중국은 그 영향력이 상실되었고(대 6-132), 일본을 근원적으로 부정했다. 다만 밀어닥치는 서세에 대해 일본을 일시적으로 용인하였을 뿐이다. 증산교파에서 단군을 처음으로 받든 이는 증산의 제자인 김병선인데, 조상 숭배와 전통을 중히 여겨야 된다는 증산의 교설을 단군숭배로 표명한 것이다. 증산은 상제의 자격으로 천권(天權)을 펼 장소로 택한 조선을 세계 상등국으로 만들려 했고, 이는 한민족의 메시아적 구원의 사명 의식을 의미한다.

(4) 인간중심사상

증산은 신명보다 인간을 더 높여 인간으로 하여금 신명을 통제, 지배하며, 신명이 인간에게 봉사하도록 하는 신명공사를 했다. "천존과 지존보다 인존이 크니 이제는 인존(人尊) 시대"(대 6-26)라고 하여, 신명이 인간을 공대하고 받드는 인간 존엄의 절정을 제시하였다.

(5) 사회개혁사상

증산교는 동학과는 달리 직접적 탄압의 대상이 되지 않았는데, 이는 사회, 정부에 대한 증산의 관망적 태도(동학혁명 시기 관망, 일제에 대한 잠정적 묵인)와 관련이 있다. 그 이유는 모든 것이 운도에 따른다고 보기 때문이다. 그러나 증산의 사회개혁 방향은 민중들 속에서 행해졌다. 증산은 빈천하고 병들고 무식하고 '반항조차 할 수 없을' 정도로 짓눌린 사람들에 대한 관심과 애정을 나타냈고, 그들을 해방시키기 위해 하강했다고 한다. 그것을 위한 증산의 구체적 사회개혁 방안은 만민평등이었다.

5. 수행생활과 종교의식

수행의 문자적 의미는 '닦는다, 고친다, 수리한다, 잘못된 것을 바로잡는다'로서, 곧 몸과 마음의 잘못된 것을 바르게 한다는 것이다. 그러므로 수행의 제1뜻은 자기 참회, 자기반성이다. 천지자연의 이법에 따르지 못한 것을 다시 천지자연의 운행에 합치되도록 바로 잡음으로써 몸과 마음이 자연과 하나가 되도록 하는 것이 수행의 요체라고 할 수 있다. 그래서 수행서의 비조격인 『참동계』 같은 서적에서는 수행의 원리를 해와 달이 교류하는 모습으로 규명하고 있다. 해와 달의 영향 아래 생장하는 만물에게는 오로지 해와 달, 즉 일월의 운행 법도가 가장 중요하다는 것이다. 그 일월의 운행하에 다시금 천지의 근원자리인 건곤을 회복한다는 것이다. 건곤과 일월이 우주만유의 체(體)와 용(用)이 된다는 사실을 간파하였다. 건곤(乾坤)은 천지무형을 주재하고 감리(坎離)인 일월은 유형의 만유를 지배한다.[9]

정(精)을 기화(氣化)시켜 신화(神化)시키는 것이 수행의 핵심이다. 정미(精微)한 핵심 이론으로 중요한 것이 정기신(精氣神)의 변화이다. 전 우주 변화의 핵심 골수는 곧 신(神)의 조화이며 신의 변화 모습임을 보게 되면

---

9) 이러한 예로 퇴계가 선조에게 올린 「성학십도」 중에서 자연과 더불어 새벽에 일어나서 어떻게 행동해야 하는지를 설명한 "숙흥야매잠도"(夙興夜寐箴圖)나 저녁에 잠 잘 때는 어떻게 해야 하는지를 써놓은 "서명도"(西銘圖)를 들 수 있다. 이는 곧 우주 변화의 원리가 수행의 절대 기준이 되는 것을 말한다.

수행의 일차 목표를 성취하게 된다고 볼 수 있다. 정기신(精氣神)에서 정(精)은 '수토'(水土)의 모습이요, 신(神)은 '화토'(火土)의 모습이라고 할 수 있다. 정(精)이 맑고 깨끗해야 신(神)이 밝아진다. 정을 어떻게 기화(氣化)시켜 신화(神化)시키는지가 문제의 핵심이다.[10)]

깨달음은 천지부모(天地父母)의 마음에 있다는 것이다. 선가에서는 심(心)을 다스려 기화시킨다. 심파가 안정되면 저절로 기화가 된다고 보았다. 호흡조절 등을 통해 심을 안정케 하고 신체를 조절하고자 하였다. 이는 인체의 오행을 하나로 통일시키고자 하는 것이며, 그것은 곧 깨달음으로 이어진다. 깨달음이란 무명(無明)이 열리고 다듬어지고 성숙되는 수행의 열매 같은 것이라고 볼 수 있다. 아무리 흉악한 살인강도 같은 사람도 자기 자식만은 진실 되고 거짓 없이 살기를 바라며 자기같이 되기를 원하지 않는다. 부모의 이런 심정으로 돌아가면 모든 사리가 분명해지고 그 속에 깨달은 부처가 들어 있다는 것이다. 일개 가정의 부모 마음도 그러한데 천지부모이신 상제님, 태모님의 마음을 이해하고 체득하면 그것이 천지를 깨닫는 열쇠이다.

동공(動功)과 정공(靜功)은 동정(動靜)의 문제이다. 옛적에는 불가에서 앉아 있는 것, 즉 가만히 있는 것을 정(靜)이라고 했고, 수행은 그런 정을 유

10) 수행자들이 정을 기화(氣化)하여 신화(神化)시키고자 하였던 것을 설두지송(雪竇持誦)을 통해 짐작할 수 있는데, 스님들도 외우고 다닐 정도로 유명한 글귀다. "해저니우 함월주 곤륜기상 로사견"(海底泥牛 含月走 崑崙騎象 鷺絲牽, 바다 밑 진흙 속의 소가 달을 머금고 달리니 곤륜산에서 코끼리를 타고 백로가 실을 끌어당긴다). 이는 불가의 화두 같지만, 단순한 화두가 아니다. 해저는 바로 하단전 밑의 회음혈(會陰穴)을 가리키는 것이며, 진흙소는 하단전의 정(精)인 생명의 에너지를 의미한다. 소라고 표현하기도 하고 용이라고 하기도 한다. 달을 머금었다는 것은 곧 감(坎)괘인 양 신장을 의미하며 곤륜은 머리를 뜻한다. 코끼리도 소와 같은 의미이며 백로가 실을 이끈다는 것은 상단전으로 기화시킨다는 의미라고 볼 수 있다. 불가의 심우도(尋牛圖), 목우도(牧牛圖) 등에 나타나는 소는 곧 정기신의 기화작용을 의미한다고 볼 수 있다. 소가 상징하는 것은 대단히 중요하다. 태을주도 소울음 "훔"으로 시작하고 있다. 소는 축(丑)에 속하며 축(丑)은 양기(子)를 끌어올리는 일을 한다.

지하는 것이라고 보았다.[11] 주역 「계사전」에 "적연부동(寂然不動) 감이수통(感而遂通) 천하지고(天下之故) - 고요히 움직이지 않다가 느끼어 드디어 천하의 일을 통한다"라는 구절이 나오는데 이때의 적연(寂然)도 정(靜)의 상태를 이른다. 그러나 이 정(靜)은 기실 동(動)이 극(極)하여 통일되어 일어나는 상황으로 실지는 동(動)의 최대의 상태이다. 동이 극에 이르면 순간 조용해지는 그런 고요함(靜)이다. 가령, 어린애들이 2시간가량 운동하고 나면 그 다음날 벌떡 잘 일어나지만 2시간 동안 컴퓨터 게임 등에 몰두하면 다음날 잘 일어나지 못한다. 그것은 몸을 움직이지 않고 뇌인 양기를 모손시킴으로써 몸의 원기가 모손되고 따라서 몸도 쇠약해지기 때문이다.

천지는 쉬지 않고 변하므로 순수한 정(靜)은 있지 않으며 동정(動靜)은 변화의 모습일 뿐이다. 문제의 핵심은 신(神)의 조화이다. 인간의 양신(火土)은 음형(水土)에 갇혀 있으므로 음형 내의 양신을 잘 보존 보양하여 중(中)의 조화를 얻는 것이 중요하다. 불가는 마음만 강조하고 몸을 무시하나 선가는 몸의 직접 단련으로 인체에 단(丹)을 맺고자 하여 동공을 강조하였다. 이는 마음이란 몸에 실려 있기 때문에 동공을 통해 몸도 튼튼해지고 또한 무아지경에도 쉽게 이르기 때문이라고 본 것이다. 그래서 양신을 기른다고 하였다.

---

11) 정(靜)은 주문(呪文)을 읽어 심신의 건강과 평화를 얻는 수행이다. 대표적 주문은 '태을주' 22자(字) "훔치 훔치 태을천 상원군(들숨), 훔리치야도래 훔리함리사파하"(들숨)이다. '훔'은 산스크리트어로서 생명의 근원 소리이다. '치'는 훔의 생명력을 생성시키는 소리이며, 창조가 형상화되는 소리이다. '태을천 상원군'은 인간과 우주만유 생명의 뿌리 되는 지존의 성신이며, 태을천은 상원군이 머물며 온 우주에 생명수를 뿌려 주는 가장 높은 하늘이다. '훔리치야도래 훔리함리사파하' 이 열세 자 주문은 도교, 불교와 연관이 있다. '사파하'는 산스크리트어로서 불교에서 기원하며, 나의 모든 서원이 크게 이루어지는 것을 믿는다는 뜻이다. '이 주문을 읽는 모든 사람이 태을주를 통해 소원을 성취한다. 생명을 회복하고 모든 병이 낫고, 깨달음을 얻어서, 이 대우주가 개벽해서 새로 태어나는 그때, 우주와 함께 영원한 생명으로 새로 태어난다' 이런 뜻을 담고 있다.

심고문(心告文)

하늘 보좌에서 인간으로 오시어
우주일가의 후천선경을 열어 주신
개벽장 하느님이시며, 미륵존불이시며,
삼계대권을 주재하옵신 증산 상제님이시여,
억조창생의 생명의 어머니이신 태모 고수부님이시여.
제가 의롭고 진실한 참 도인이 될 수 있도록
전생과 이생에서 범한 모든 죄와 허물을 사하여 주옵시고
모든 척신과 복마의 발동으로부터 끌러 주옵시고
저의 조상을 해원시켜 주시어
선령과 후손을 새 운수의 길로 인도하여 주시옵소서.

난법 해원시대가 끝나고
곧 닥칠 대환란으로부터 부모형제를 구원하고,
반석 같은 믿음 위에 굳건히 서서 정성과 공경을 다하여,
원시반본하여 군사부일체하는
거룩하신 상제님의 상생의 대도를 일심으로 잘 닦아
괴로움에 신음하는 억조창생을 널리 건져
후천 오만 년 조화선경세계로 나아갈 수 있도록
성령의 은광으로 보살펴 주옵소서.

6. 교단 구조와 현황

증산의 뒤를 이은 차경석이 죽은 후 보천교 내에서 계속 분파가 일어나 동화교(東華敎)·태을교·무을교(戊乙敎)·삼성교(三聖敎)·천인교(天人敎)·보화교(普化敎)·인천교(人天敎) 등이 생겨났으며, 다른 증산 계통에서도 증산

교본부·순천교(順天教), 태극도(太極道)·법문파(法文派)·김사모파(金師母派)·오동정이파 등이 분파되어 일제강점기에는 100여 개에 이르던 교단이 1938년 조선총독부의 '유사종교 해산령'으로 해산되거나 지하화되었다가 해방 이후 새로이 재건되기 시작했다. 그러나 정통성을 주장하는 많은 증산교단이 발흥하여 난맥을 이루었으며, 일부에서는 교단통합운동을 펴기도 했으나 뚜렷한 성과를 거두지 못했다.

해방 이후 이들은 증산교단통정원, 증산대도회, 동도교, 증산종단친목회, 증산종단협회, 증산종단연합회 등의 이름으로 여러 차례 연합조직을 형성했으나 교파 통일에는 별 도움이 되지 못했다. 1950년 후반에는 태극도에 의해 주도된 말세론적 신앙이 사회의 비난을 받았고, 1960년대에는 자체 정비와 도태 과정을 겪는 한편, 이상호·이정립 형제에 의하여 경전 발행 작업이 진행되었다. 1970년대 이후 한국학 연구가 활발해지면서 한국의 정신문화유산을 간직하고 있다고 해서 학계의 주목을 받기 시작했다. 이때 증산사상연구회가 주도하여 1975년부터 「증산사상연구」를 발간하기 시작했고, 대학생 조직을 중심으로 활동하는 '증산도'는 경전(耕田) 안중건(安重建)이 1980년 대법사증산교(大法社甑山教)에서 개명하고 종정(宗正)으로 취임하면서 활발해져서 대학 내의 동아리와 강연회를 통해 포교활동을 벌이고 있다.

증산교 계통의 주요 교단으로는 증산교본부, 태극도, 대순진리회, 증산진법회, 증산도 등이 있다. 현재 최대 종단인 대순진리회 외에는 통계청에서도 신도수를 정확히 파악하지 못하고 있는 실정이다.[12] 증산교 계통의 종단 분화를 요약하면 다음과 같다.

---

12) kostat.go.kr 2017년 참조.

증산교계 종단 분화표[13)]

계파	분화 교단	관련 종단 및 비고
고수부(고판례)	선도교(1914/태을교, 1918/동화교, 1931/동화교회수양소)-1933/교파 통합→**선도교**(고사모파, 고민환파, 이용기파, 백윤화파)	증산교 최초 교단. 고판례는 강증산 부인
차경석	보천교(1922)→**보천교 신파**(차용남), **보천교 구파**(전종대) 태을교(1921/신현철), 대법사(1945/최위석), 삼성교-천인교-신농사(1924/채경대), 객망리파(해방 후/신원목)	인천교(한병수), 원군교(박인택) 등
-이상호	동화교(1926/이상호), 대법사-증산대도회-동도교증산교회(1945/이정립)→**증산교본부**, 용화사(김종용)-대법사증산교(1974/안운산)→**증산도**(1984/안경전)	임무교(1954/김종렬)
-강승태	무극대도(1930), 단군성주교(1953)→**동도법종금강도**(1936/강승태)	
-김환옥	무극대도(1930/무극대도보화교, 1946/동도교보화교회)→보화교(김명환)-진동학대도문(김동규)-진동학제교회→**제화동대도**(1962/김대봉, 동학계)	
-여처자	선도교(1945/5파로 분립)-모악교(1937/이영우파) 외	
-김계주	무교(1942/무을교, 1946/미륵종)→**대한불교미륵종**(1963/김홍현)	무을교(이동옥)
-서상근파	서상근파(1962/김기태), 약방파(최근봉)→**증산대도일화장**	
-서백일	금산사미륵불교포교소(1931/조제승, 1953/용화사)→**대한불교용화종**(1963)	
김형렬	미륵불교(1918)	
-장기준	순천교(1920/장기준)→**순천도법문파**(해방 후 10여 개파 분립: 박일문파, 송월학파, 정동옥파, 박봉완파, 주대영파, 왕순철파, 김갑진파, 안양원파, 채계봉파, 나승열파, 정장오파, 주종윤파, 이교현파 등)	

13) 한국종교학회, 『한국신종교실태조사보고서』, 1985; 김홍철, 『한국신종교대사전』(서울: 도서출판 모시는사람들, 2016) 외 관련 웹사이트 참조.

-유제봉	미륵계(1935/미륵불승봉회, 최선애)→**대한불교법상종**(1970)	
문공신파	증산교문공신파	
박공우파	태을교(1916/증산교인암파)	
이치복	제화교(1916)-삼덕교(1920/허욱)-(1961/동도교삼덕교회)→삼덕교	
김광찬	도리원파→용화교(1926/이근하)	
안내성파	태을교(1914)-(1925/증산대도교)-오동정이파(1941/김낙원)	
조철제	(1923/무극대도교)-(1948/태극도)→**대순진리회**(1969/박한경, 태극도 구파), **태극도**(신파), **양산도**(1978/유철규), **정도교**(1982/이정원), **청우일신회**(1988/연동흠)	
강순임	증산향원(1947/증산선불교)-(1953/동도교법종교회)→**증산법종교**(1961), **청도대향원**(1964/김삼일)	강순임은 강일순 딸. 모악 본부에 부모 안장(사진 참조)
정인표	미륵불교(1950)-미륵불영원회(1954/정공일)→**미륵불교**(1962/김홍수)	
기타 종단	**증산진법회**(1973/배용덕), **증산사상연구회**(1974), **범증산종교연구원**(1985/홍범초), **풍류도원용화도장**(1986/차장량), **영세종주도**(1993/정대오), **태을도**(1998/이훈오), **대진성주회**(1999), **풍류도**(2000/김준걸), **태을선도**(2004/배승환), **천지조화정부**(2009), **증산법륜도**(2013/이석남, 정연준), **증산참신앙**(2016/노상균)	
통합운동	증산교단통정원(1949)-증산대도회(1955)-동도교(1961)-용화불교향도회(1965)-증산교인친목회(1970)→증산종단통일회(1973)→**증산종단연합회**(1975)	

7. 대화의 가능성과 과제

개인의 실존까지 뒤흔든 20세기 초반 민족의 위기상황에서 "왜?"라고 절규하는 민중 가까이에서 납득할 만한 설명을 해줄 수 있던 이들은 높은

증산법종교 영대(김제 모악산 본부)

벼슬에 올라 있던 정치가나 기득권 개혁사상가들이 아닌, 증산, 수운, 소태산과 같은 신종교 운동가들이었다. 기독교 역시 구한말 한국에 전파되어 민중의 고통을 함께 나누며 그들에게 희망을 주었던 역사를 공유하고 있다. 특히 증산이 '역사'에 관심을 가지며 탈현실적 신비주의자가 아닌 민중종교 운동가였다는 사실에 주목할 필요가 있다. 따라서 하나님을 역사의 주인으로 고백하는 그리스도인들은 역사라는 맥락을 떠나지 않고 참여하고자 하였던 증산의 가르침에서 접촉점을 가질 수 있으며, 역사에 책임적인 존재로서 함께 대화할 수 있을 것이다.

또한 증산교의 천지공사와 후천개벽사상은 기독교의 하나님 나라 운동, 특히 천년왕국과 맥을 같이하는 부분이 있다. 새 하늘과 새 땅의 도래를 위해 이 땅에 하나님 나라를 이루어 가며, 천년왕국이 임하기를 기원하는 그리스도인들은 후천개벽을 꿈꾸며 천지공사를 이루기 원하는 증산교 신도들의 간절한 종말적 신앙을 충분히 이해하며 협력할 수 있을 것이다. 따라서 이 땅의 평화와 정의, 인권과 자유를 위해 협력함으로써 책임 있는

증산과 그의 부인의 묘(법종교 영대 내부)

신앙인으로서 오늘의 민중들에게 희망을 줄 수 있을 것이다.

증산교는 예수회 신부 마테오 리치를 매우 높이 평가한다.[14] 그 이유는 다음과 같다. 먼저, 마테오 리치가 주축이 된 신명들의 간절한 호소로 인해 증산이 지상에 출세(出世)하게 된 것이다. 다음은, 그가 증산의 천하대순(天下大巡)에 유일한 동행자로 선임된 것과 '동양과 서양의 만남을 가능케 하고, 인간계와 신계의 경계를 없앤 최초의 인물'로서 '현대문명의 아버지'이다. 끝으로, 기독교의 하나님을 '상제'로 번역하고 증산이 이 땅에 올 것을 미리 예언했기 때문이다. 이것들은 자의적인 해석이지만 기독교의 성육신(incarnation)의 특징을 받아들여 증산이 세상을 구원하기 위하여 강림(降臨)하였고 인류의 모든 질병을 대속(代贖)한다고 주장한다. 이는 예수가

14) "매양 옛 사람을 評論하실 때 강태공, 석가모니, 관운장, 이마두를 칭찬하시니라", "天師 가라사대 이마두[마테오 리치 신부]는 現 해원시대에 神明界의 주벽이 되며, 항상 내 곁에서 나를 보좌하여 모든 것을 맡아보고 있나니, 이를 아는 자는 마땅히 경홀치 말지니라"라고 한 증산의 말씀에 근거한다.

세상의 모든 죄를 대속하고 하나님 나라를 세우기 위해 강림하였다는 것과 대단히 유사한 접촉점이 있다.

기독교의 예수와 매우 유사하게 강증산은 인류 구원을 위해 이 땅에 온 구세주(Messiah)라는 것이다. 그들도 하나님 나라가 가까이 왔으며 인류 심판의 날이 눈앞에 다가오고 있다고 하며, 예수 그리스도의 초림과 재림을 강증산이라고 주장한다. "증산상제님이 오심으로 해서 예수의 말씀이 현실로 다가왔습니다. 구세주이신 증산상제님이 하늘과 땅을 뜯어고치시고 대병겁으로부터 인류를 구원하러 오셨습니다. 그러나 인류는 이러한 사실을 전혀 믿지 않으려 합니다. 살아날 방법을 알려 주는데도 받아들이지 않는 안타까운 현실에 상제님께서 지극히 통탄하시는 모습"을 이훈오는 전하고 있다.[15]

실제로 증산은 서학을 서쪽에 있던 대성인(大聖人)의 가르침을 집대성한 종교로 평가하고 있다. 기독교는 동학과 마찬가지로 성인의 가르침에 의해 이루어진 체계이며 진리의 한 부분을 공유하고 있는 종교라는 것이다. 즉, 동일한 진리의 다른 표현이며, 구원의 절대자에 대한 호칭만 다를 뿐이라는 것이다.[16] 기독교가 예수의 재림을 기다리는 구원의 종교이듯이 증산교 역시 증산의 재림을 기다리는 종교로서 새로운 세상(기독교는 새 하늘과 새 땅, 증산교는 후천선경)을 꿈꾸고 있는 것이다.

증산교는 민족종교로서 사람이 사람답게 살고 진정한 평화와 평등, 선을 추구하는 것이라고 한다면, 기독교는 예수 그리스도의 인간에 대한 지극한 사랑과 이 땅에 평화와 모든 화해를 이루기 위해 자신을 내어 주었다

---

15) 증산이 하루는 벽을 향하여 돌아 누우셨더니 문득 슬퍼하시며 가라사대 "전 인류가 진멸지경에 이르렀는데 아무리 하여도 전부 다 건져 살리기는 어려우니 어찌 원통하지 아니하리오" 하고 울었다고 한다. 이훈오, 『강증산과 태을도』(서울: 도서출판 진리탐구, 1999), 31-32.

16) 증산이 하루는 종도들에게 말하였다. "예수교도는 예수의 재강림을 기다리고, 불교도는 미륵의 출세를 기다리고, 동학신도는 최수운의 갱생을 기다리나니, 누구든지 한 사람만 오면 각기 저의 스승이라 하여 따르리라"(道典 2:40:1-4).

는 점에서 충분한 대화의 가능성을 가진다. 또한 원한을 풀고 함께 상생하기를 원했던 증산의 가르침은 원수까지도 사랑하며 용서하라는 그리스도의 가르침과 일맥상통한다. 이러한 대화는 교리적이고 신학적인 대화보다는 신앙인으로서 사람과 사람과의 대화, 이 땅의 평화를 위한 기능적인 점에서의 대화가 유익할 것이다. 왜냐하면 종교적인 체계와 교리에서 비록 유사점을 찾았다고 하더라도 그 내용으로 깊이 들어가면 결코 동일하지 않기 때문에 각각 다른 종교로 존재하고 있는 것이다.

참고문헌

김방룡. "증산교와 진묵대사." 「신종교연구」, 2001, 135-158.

김탁. "한국종교사에서의 증산교와 민간신앙의 만남." 「신종교연구」, 1999, 197-263.

김홍철 · 김상일. 『한국종교사상사 1 – 증산교 · 대종교 · 무교편』. 서울: 연세대학교 출판부, 1992.

김홍철. "수운 · 증산 · 소태산의 유 · 불 · 선 삼교관." 「한국종교」 4, 5. 원광대학교 종교문제연구소, 1980.

______. "수운 · 증산 · 소태산의 비교연구 – 몇 가지 특징적 관점을 중심으로." 「한국종교」 6. 원광대학교 종교문제연구소, 1981.

______. 『증산교사상사』. 한국종교사상사 3. 서울: 연세대학교 출판부, 1992.

______. 『한국신종교대사전』. 서울: 모시는 사람들, 2016.

노길명. "증산의 민족주체사상." 증산사상연구회. 「증산사상연구」 6. 증산사상연구회, 1980.

노길명. 『한국의 신흥종교』. 서울: 가톨릭신문사, 1991.

박용옥. "증산의 남녀평등사상." 증산사상연구회. 「증산사상연구」 6. 증산사상연구회, 1980.

배종호. “한국사상사에서 맥락에서 본 증산사상.” 증산사상연구회. 「증산사상연구」 7. 1981.

이상호. 『증산천사공사기』. 경성: 상생사, 1926.

이상호. 『대순전경(大巡典經)』. 甑山教本部, 1975.

이태호. “전봉준과 강증산의 사회사상.” 「공동체문화」 1. 공동체, 1984.

이현희. “증산사상의 민족사적 위치 – 그의 민중의식적 측면.” 「증산사상연구」 7. 1981.

이훈오. 『강증산과 태을도』. 서울: 도서출판 진리탐구, 1999.

장병길. 『증산종교사상』. 서울: 한국종교문화연구소, 1976.

______. “강증산의 종교사상 구조에 관한 연구.” 증산사상연구회. 「증산사상연구」 2(1976).

증산도 편집실. 『개벽의 문을 열고』. 성남: 대원출판사, 1991.

증산사상연구회 편. 『증산의 생애와 사상』. 서울: 대순진리회출판부, 1980.

洪凡草. 『甑山教史』. 서울: 한누리, 1988.

제6장

천도교(동학)

1. 발생 배경과 시대적 상황

천도교가 발생하게 된 요인을 몇 가지로 살펴보면, 먼저 사회적으로 조선은 유교를 정치이념으로 삼으면서 양반 계층의 정치 경제적 독점과 착취가 날로 심해졌다. 양반들의 고리대로 인한 착취가 심하여 당시 채권에 관한 소송이 성행하였다.[1] 또한 삼정 가운데 전정(田丁)의 문란은 극심하였다. 본래 20년마다 실시하던 양전이 철종 때는 그 이전부터 130여 년이나 중단되어 전지의 경제의식마저 혼돈 속에 있었다.[2] 그 피해는 고스란히 농민 대중에게 파급되어 지배계급에 대한 항거로 이어졌다. 종교적으로는 조선조의 일관된 배불정책(排佛政策)으로 불교의 쇠퇴와 유교의 타락과 역기능을 들 수 있다. 이와 관련하여 동학교조 최제우는 "유(儒)도 불(佛)도 수천 년에 운(運)이 역시 다했던가?"[3]라고 물었다.

---

1) 「哲宗實錄」(철종실록), 「備邊司謄錄」(비변사담록), 哲宗(철종) 3年 5月 14日.

2) 「哲宗實錄」(철종실록), 哲宗(철종) 10年 5月 17日. "민생이 도탄에서 허덕이기에 비록 어떤 좋은 계책이 있어도 수습할 수 없었다"는 말이 그 심각성을 잘 보여준다. 특히 곡창지대였던 호남에서의 착취가 심했다. 「備邊司謄錄」(비변사담록), 哲宗 11年 2月 7日.

3) 최제우, 『동경대전』(東經大典), 「교훈가」(敎訓歌)(서울: 정민사, 1991) 참조. 교훈가는 1860년에 최제우가 지은 가사로서, 고향의 교도들에게 수도에 힘쓰라고 교훈을

국제정치적으로는 청나라가 1860년 영국·프랑스 연합군에 의해 북경이 함락되고 남경조약, 천진조약으로 관동(関東)은 공동점령지로, 대련(大连)은 영국에게, 지부(芝罘)는 프랑스에 양도되면서 서양 세력에 굴복하였다. 일본도 1854년에 미국·영국 등에 의하여 강제로 개항되면서 이러한 사건들을 조선에 대한 점령의 징조로 받아들였다. 이를 피하기 위한 방도로서 일부 사람들은 서양 군인들이 그리스도인들만은 해치지 않을 것이라고 기대하여 천주교 성경과 의식용 비품(catholic paraphernalia) 등을 구입하였고, 관리들은 천주교에 대한 과거 80년간의 적개심과 불친절한 태도를 하루아침에 바꾸면서 1860년 천주교의 존재를 인정하였다. 이러한 민심의 소요와 아노미 현상을 극복하기 위해 최제우가 호국종교로서 동학을 창도하였다. 동학의 유래에 대해 그는 다음과 같이 말했다.

> 1860년에 지상에 커다란 소란이 있었으니(북경 공황) 민심은 동요되었고 백성들은 갈팡질팡하였네. 이상한 소식이 또 들리니 그것은 바로 외국의 종교(천주교 혹은 서학)는 전쟁에서 승리를 거둘 수 있는 주술을 가졌고 서구인들은 그 종교를 가지고 무엇이든지 뜻하는 대로 성사할 수 있으나 어떠한 적도 그들을 대항할 수 없어 패배하고 만다는 이상한 풍문이 돌고 있네. 중국은 서구인들에 의해 패망하였고 그 다음은 조만간 우리들의 패망이 올 것인데, 왜 서구인들은 그렇게 막강할까? 그것은 곧 그들의 종교의 힘 때문일 것이다. 그리고 그 종교는 서학이라고 불리는데 그 교도의 생활은 하느님을 섬기는 데에 있는 것이다. 그리고 그들은 그들의 교리와 교회 조직을 합하여 '거룩한 교회'라고 불렀으니 그들이 하느님이 정해준 때와 사물을 득(得)함은 극히 당연한 일이 아닌가? 그리고 또 하느님의 명(命)을 받았다는 것도 당연한 일이 아닌가?[4]

내리는 내용이다.

4) 최제우, 『동경대전』(東經大典), 「논학문」(論學文) 참조. 논학문은 동학의 교리를 체계적으로 서술한 것으로서 1860년 4월 5일 천주로부터 도를 받는 종교체험 과정, 포덕을 위해 마련된 21자 주문의 뜻, 천지조화와 천도의 이치가 설명되어 있다.

최제우는 이러한 보국안민의 긴박함을 당하여 "사대부로서 서양학이 떨치는 것을 차마 보지 못하여" 경천순천(敬天順天)의 호국종교인 동학을 창도하였다.

동학은 오랫동안 진행된 서구 기독교와의 접촉으로 파생된 충격과 갈등, 그리고 반기독교를 표방하는 문화혁신운동이었다. 그러나 자아문화 형태를 서구문물에 대한 강력한 거부 혹은 반기독교주의로 복고하지 않고, 도리어 자신들을 억압한 그 집단의 문화로부터 종교, 신앙, 교리, 의식 및 기타 그들의 상징체제와 문화요소들을 선별하여 취사선택하였다. 그 이유는 흐트러진 사회에 겨레의 단결과 민족의 소망을 부여하고 서구사회와 동등한 위치를 확보하기 위해 서구문화를 선택하여 한국사회의 문화와 구조를 새로이 개조하려고 하였기 때문이다.

몰락 양반의 후예이자 서자였던 최제우는 당시 사회에서 입신출세할 수 없었다. 그러한 자신의 상황을 한탄하면서 40세가 될 때까지 여러 곳을 돌아다니다가 1860년 4월 5일 전통적인 무속에서의 신병체험과 유사한 일종의 강신체험(降神體驗)을 했다. 이 체험을 통해 한울님의 존재를 인정하게 되었고 이 한울님을 마음에 성심껏 모시는 것이 바로 도를 깨우치는 것이라고 주장했다. 그리고 한울님으로부터 받은 도를 일반 백성들에게 전파하기 위해 자신이 깨달은 도를 논리적으로 정립하는 일에 착수했다. 그래서 한문으로 되어 나온 것이 『동경대전』(東經大全)이고 일반 대중들을 위해 한글 가사체로 쓴 것이 『용담유사』(龍潭遺詞)이다. 이 과정에서 동학교도들은 점차 늘어나 교도들을 조직하고 관리할 필요성이 대두되어 각 지역의 동학교도들을 통솔할 책임자로 '접주'(接主)들을 임명했는데, 그 지역을 '접소'(接所)라고 명했다. 동학 세력이 확대되자 조선 정부는 동학을 위험한 세력으로 간주하고 최제우를 혹세무민의 죄로 1864년 3월 10일 대구에서 참수형에 처하였다.

그러나 동학 세력은 약화되지 않았다. 오히려 교조의 억울한 죽음을 풀어 보려는 신원(伸寃)운동이 지속적으로 전개되었다. 최제우에 의해 1863년 8월 14일 도통(道統)을 이어받은 제2대 교주 최시형(崔時亨)을 비롯한 많은 동학교도가 1890년대에 본격적인 교조신원운동을 벌이기 시작했다. 그들의 주장은 교조 최제우는 결코 서학의 모리배가 아니었으며 그가 펼친 동학은 서학과는 완전히 다른 것으로 동학교도의 정당한 종교활동을 보장해 달라는 것이었다. 이러한 주장에 대해 조선 정부는 매우 미온적인 반응을 보였고, 이에 대해 동학교도들의 의견이 두 가지로 갈라졌다. 남접을 중심으로 한 동학교도들은 동학을 합법화시키기 위해서는 부패한 봉건정부를 폭력적으로 타도하는 수밖에 없다고 하는 강경론을 폈고, 최시형을 중심으로 한 북접 세력은 현 단계에서 동학이 해야 할 일은 정부당국에 대한 직접적 공격보다는 지속적인 교세 확장으로 힘을 키워야 한다는 온건론을 주장했다. 그리하여 두 파 사이에는 단순한 의견대립을 넘어 상대방에 대한 비방과 비난이 행해지기도 했다. 삼정(三政)의 문란으로 대표되는 조선 말기의 사회적 부패와 억압적 상황은 혁명적 상황을 예고하고 있었다.

마침내 1894년 전라북도 고부에서 일어난 농민봉기가 기점이 되어 전국적인 농민항쟁이 일어났다. 이 전쟁에서 동학교문(東學敎門)이 매우 중요한 역할을 했다. 즉, 남접이 주장하던 봉건정부의 타도를 통한 동학교문의 합법화와 사회개혁의 논리가 이 농민항쟁의 원동력이 되었던 것이다. 당시 북접 세력은 전쟁의 초기 단계에는 가담하지 않았으나 동학교도에 대한 정부의 무차별한 공격으로 말미암아 마침내 전쟁에 참여하게 되었다. 그리하여 전쟁의 전반부에서는 동학교도를 중심으로 한 농민군 측이 파죽지세로 정부군에 승리를 거두었으나, 후반부에 이르러 청과 일본의 지원을 받은 정부군에 대패했다. 전쟁에 참패한 동학교도들은 그 후 지하에서 동학교단의 재건을 추진해 나아갔다. 전쟁에서 잔존한 북접 접주들을 중심으로 한 동학교단은 1900년 손병희(孫秉熙)를 제3대 교주로 내세워 천도교라는 합법적 교단으로 탈바꿈하였다. 그러나 손병희를 중심으로 한 천도교가 과연 과거의 동학을 진정으로 계승한 것인지에 대한 논쟁이 벌어져 천도교에 반대해 별도의 교단이 생겨나기도 했다. 손병희는 교정일치론을 강조하며 조직의 재정비와 여러 가지 개혁적인 시도를 감행하였다. 그는 관헌의 추적으로 1901년 도일하였고, 그해 9월 잠시 귀국하였다가 일본에 머무르

동학농민혁명(부조)

게 되었다. 손병희의 일본 체류가 결과적으로 일본 제국주의에 대한 동학교도들의 민족적 저항력을 약화시키게 되어, 동학교도들이 기존 정치체제의 개혁세력으로 참여하기 위해 1904년 9월부터 전국적으로 조직하였던 '일진회'가 친일단체화하기에 이르렀다. 이에 손병희는 정교분리의 원칙을 내걸고 종교로서의 동학을 고수하고자 1905년 2월 1일 교명을 천도교로 개칭하였다.

1906년 귀국하여 교회를 재조직하기 시작하였으며, '천도교대헌'을 반포하고 새로운 교단 조직을 확립하였다. 새로운 교리와 체제가 확립되자 1910년부터 포교활동과 함께 출판·교육 등의 문화운동을 전개하여 교세가 비약적으로 발전하였다. 3·1 운동을 통하여 많은 교도들이 옥고를 치르고 일제의 탄압을 받았으나, 1919년 9월 천도교 청년 교리 강연부를 설립하고 이듬해 이를 천도교 청년회로 개편하여 전국 지부를 결성하였다. 1920년에 종합잡지 「개벽」을 비롯하여 「신여성」, 「학생」, 「어린이」 등의 월간잡지를 간행하였는데, 특히 「개벽」은 일제 탄압으로 1926년 통권 72호로 폐간될 때까지 천도교 교리를 통해 민중의 주체적 자각과 근대문물 섭취에 크게 이바지하였다.

2. 창시자

1905년 의암(義菴) 손병희(孫秉熙)에 의해 창시되었다. 천도교 지도자이며 3·1 운동 민족대표 33인 중의 한 사람이다. 본관은 밀양, 초명은 응구(應九)·규동(圭東), 호는 소소거사(笑笑居士), 도호(道號)는 의암(義菴)이다. 1860년 수운(水雲) 최제우(崔濟愚)에 의해 창도된 동학을 모태로 하고 있다. 현재 천도교에서는 제1대 교주인 최제우를 대신사(大神師), 제2대 교주인 해월(海月) 최시형(崔時亨)을 신사(神師), 제3대 교주인 손병희를 성사(聖師)라고 각각 호칭하고 있다. 이것은 천도교가 동학의 연장선상에 있음을 밝히고 있는 것이다. 그러나 천도교가 동학의 근본정신을 정통적으로 계승했는지에 대해서는 천도교 등장 당시부터 논란이 많았고, 현재에도 천도교가 동학의 근본정신을 벗어났다고 주장하는 동학의 분파들이 많이 있다. 사실 천도교가 등장할 때 손병희를 중심으로 한 개화파와 김연국(金演局) 등을 중심으로 하는 국내파 사이에는 상당한 갈등이 있었고, 결국 손병희 측에서 김연국·이용구 일파를 일진회(一進會) 사건을 계기로 하여 출교(出敎) 처분함으로써 동학은 천도교와 시천교(侍天敎)로 분립되었다.

천도교 궁을기

그 후 천도교는 손병희를 중심으로 하여 중앙집권적인 대도주(大道主) 체제로 유지되다가 후계자 문제 등으로 내적 갈등을 겪게 되었다. 그 결과 오지영을 중심으로 하여 급진적인 의회주의적 분권제를 주장했던 연합교회파(聯合敎會派)가 먼저 분립해 나가게 되었다. 교회에 남았던 파들은 결국 중앙집권적인 대도주 체제를 폐지하고 민주적인 중의제(衆議制)를 채택하게 된다. 그러나 다시 제4세 교주로 춘암(春菴) 박인호(朴寅浩)를 인정할 것인지 등의 문제로 신파와 구파로 분열하게 되었다. 그 후 양파는 합동과 재분열의 과정을 겪다가 1940년 최종적으로 합동하게 되었다. 8·15 해방 후 분단으로 인해 당시 천도교의 90% 이상의 교인이 살고 있었던 북쪽의 교단을 상실하게 되었다. 그 결과 천도교는 동학시절이나 일제강점기에 300여만 신도에 이르렀던 교세가 점차 약화되어, 2005년 통계청 자료에 의하면 신도수가 45,835명으로 집계되었다.[5)]

손병희 동상(서울 탑골공원)

3. 경전

천도교의 경전에는 대신사가 쓴 한문으로 된 『동경대전』과 한글 가사체로 된 『용담유사』, 그리고 제2대, 제3대 스승이 설법한 말씀을 모아 수록한 『해월신사 법설』과 『의암성사 법설』이 있다.

---

5) 통계청 http://www.kostat.go.kr/ 참조.

1) 동경대전

『동경대전』(東經大全)은 동학의 제1대 교주 최제우(崔濟愚)가 지은 순 한문체로 된 동학의 경전이다.[6] 제2대 교주인 최시형(崔時亨)이 1880년(고종 17년) 5월 9일 강원도 인제군 남면 갑둔리에 경전간행소를 설치하여 그해 6월 14일에 완간했다. 체제는 각 판본마다 약간의 차이가 있으나 「포덕문」·「논학문」·「수덕문」·「불연기연」의 4편이 중심을 이루고 있다. 그 외 축문(祝文)·입춘시(立春詩)·강시(降詩)·좌잠(座箴)·화결시(和訣詩)·탄도유심급(歎道儒心急)·결(訣)·우음(偶吟)·팔절(八節)·제서(題書)·영소(詠宵)·필법(筆法)·통문(通文) 등으로 구성되어 있다.

「포덕문」(布德文)은 1861년 최제우가 전라북도 남원에 있는 선국사(善國寺, 또는 용천사)에 들어가 한 암자를 '은적암'(隱寂庵)이라 이름 짓고 그곳에서 수도하면서 지은 것으로 525자의 한문으로 되어 있다. 그는 당시 사람들이 각자위심(各者爲心)의 상태에 빠져 천명을 돌보지 않고 천리에 순종하지 않음을 개탄하면서 천주교의 잠입과 서세동점을 간파했다. 그래서 여기에는 '서학'에 대항해 '동학'을 선포하는 보국안민(輔國安民)·광제창생(廣濟蒼生)의 정신과 이 도를 천하에 널리 전파해야만 하는 당위성이 잘 나타나 있다.

「논학문」(論學文)은 동학의 교리가 체계적으로 서술되어 있는 것으로 총 1,338자로 되어 있다. 1860년 4월 5일 천주로부터 도를 받는 종교체험 과정이 묘사되어 있으며, 포덕을 위해 마련된 21자 주문의 뜻이 유학자와의 문답으로 해명되어 있고, 천지조화의 무궁한 운수와 천도의 무극한 이치가 설명되어 있다.

「수덕문」(修德文)은 1862년 각지의 교도들에게 수덕에 힘쓸 것을 당부한 글로 1,060자로 되어 있다. 동학의 극의(極意)는 '수심정기'(守心正氣)의

---

6) 『동경대전』은 한국 근대 토속종교의 최초 경전으로 창시자가 직접 기록한 세계 유일의 경전이다.

네 글자에 있으므로 하늘 조화의 참된 마음을 공경하고 믿을 것을 명하고 있다. 「주역」의 괘에서 대정수(大定數)를 살피고 하(夏)·은(殷)·주(周) 3대에 걸쳐 하늘을 공경한 이치(敬天之理)를 자세히 외우며, 궁을기형(弓乙其形)의 불사선약(不死仙藥)을 가슴에 간직하고 21자의 장생주(長生呪)를 입으로 암송하며, 원형이정(元亨利貞)의 네 가지 덕은 천도의 떳떳한 이치요, "유일중집(唯一中執)은 인사의 살핌을 먼저 알아야 한다"라고 지적했다.

「불연기연」(不然基然)은 최제우가 처형되기 바로 이전 해인 1863년에 지은 총 524자로 된 글로 사상적으로 가장 완숙하고 심오한 인식론적 근거를 펼친 글이다. 이 네 편 이외의 글들은 교도들의 수도생활에 필요한 지침을 간략하게 언급하고 있다.

2) 용담유사

『용담유사』(龍潭遺詞)는 동학의 창시자 최제우가 1860-1863년 한글로 지은 포교가사집(布敎歌詞集)으로 동경대전과 함께 동학의 기본경전이다. 모두 아홉 편의 가사를 싣고 있다.[7] 서양세력이 밀려오는 데 대해 깊은 우려를 나타내며, 이에 맞서는 정신적 자세로서 동학을 내세우는 내용으로 되어 있다. 평등사상에 입각하여 일반 민중과 부녀자를 독자로 삼았기 때

7) 아홉 편의 가사를 살펴보면, (1) 용담가(龍潭歌): 1860년 최제우가 득도하고 경주 용담의 경치와 득도의 기쁨을 읊었다. (2) 안심가(安心歌): 1860년 당시 사회에서 불안해하던 부녀자들을 안심시키려는 목적으로 지었다. (3) 교훈가(敎訓歌): 1860년 고향의 교도들에게 수도에 힘쓰라고 교훈할 목적으로 지었다. (4) 몽중노소문답가(夢中老少問答歌): 1861-1862년 최제우의 삶과 득도 과정, 내용을 나타낸 가사다. (5) 도수사(道修詞): 1861년 제자들에게 도 닦기를 간절히 당부하는 가사다. (6) 권학가(勸學歌): 1862년 동귀일체(同歸一體)할 것을 권유하는 가사다. (7) 도덕가(道德歌): 1863년 지벌(地閥)과 문필보다는 도덕이 중요함을 강조하는 가사다. (8) 흥비가(興比歌): 1863년 「시경」(詩經)의 노래체인 흥과 비를 이용하여 도를 닦는 법을 가르치는 가사다. (9) 검결(劍訣): 1861년 지었으며, 이 노래가 문제되어 최제우는 처형당하게 되었고, 「용담유사」에도 수록되지 못했다. 갑오농민전쟁 때 군가로 불리기도 했다. 최제우의 변혁의지가 잘 나타난 작품이다.

문에 한글 가사체의 형식을 택하고 있다. 1881년(고종 18년) 6월 최시형(崔時亨)이 충청북도 단양군 남면 천동 여규덕(呂圭德)의 집에서 처음 펴냈고, 1893년과 1922년에 재간행되었다.

4. 교리와 사상

최제우의 시천주(侍天主) 사상과 최시형의 사인여천(事人如天) 사상을 계승하여 인내천(人乃天)으로 종지(宗旨)를 삼았다. 최제우 시대에는 신앙 대상으로서의 하느님은 초월적·인격적 성격이 강한 '천주'로서 인간이 숭배 대상으로 모셔야 하는 존재로 받아들여졌다. 그러나 최시형 시대에는 이러한 하느님 개념이 '양천주'(養天主)나 '사인여천' 사상에서 잘 나타나듯이 상당히 내재적이고 비인격적인 성격으로 전환했다. 즉, 사람의 몸속에 이미 한울님을 모시고 있으니 그를 항상 힘써 섬기는 것이 양천주이며, 이것을 일상에서 실천하는 것이 사인여천이다. 천도교로 개편되는 손병희 시대에는 사람이 곧 하늘이라는 사상으로 전개되었다. 즉, 하느님 개념이 더 극단적으로 추상화되고 내재화되었다. 이때의 하느님은 상당히 비인격적 형태를 띤 '천'(天)으로서 성리학에서의 천 개념과 유사한 성격을 보이고 있다. 그 후 이돈화(李敦化)와 백세명(白世明) 단계에 이르러서는 하느님이 '한울님'으로 개칭되면서 범신론적인 형태를 취했다. 여기서의 한울님은 우주 자체를 지칭하며 변화·발전하는 생명체로 인식된다. 따라서 인간성 안에 내재한 한울님을 스스로 발견하고 깨치면 자기 자신이 한울님이 된다는 것이다. 이들은 당시 서구의 관념론 철학과 유기체적 진화론을 천도교 교리에 수용함으로써 천도교의 신관을 더욱 사변화, 관념화시켰다. 현재 천도교 교단에서는 최제우가 내세웠던 초월적인 하느님 사상으로 돌아가려는 움직임이 강하게 일고 있다. 천도교 교리는 신앙의 대상을 아득한 옛날부터 '신'을 뜻하던 '한울님'이라고 부른다.

1) 교리

1. 신관: '한울님'을 신앙의 대상으로 하며, 한울님이 내 몸에 모셔져 있어서 사람의 마음 본바탕이 한울님 마음이라는 시천주(侍天主)를 믿는다. 이는 사람이 곧 한울이라는 인내천(人乃天)의 새로운 신관을 보여준다. '초월과 내재' 또는 '인격성과 자연성'을 모두 포함하는 신관이다.[8)]

2. 우주관: 우주는 삼라만상(森羅萬象)이 편재되어 있으나 이들 모두는 이 우주에 가득 차 있는 한울님의 기운인 '지기'(至氣)와 함께 서로 유기적(有機的)인 연관을 맺고 있다. 나아가 이 모두는 궁극적으로 무궁한 우주와 함께 '하나의 커다란 생명'으로 되어 있다. 우주의 본체인 '지기'(至氣)의 '지'는 극(極)을 의미하는 무극(無極)으로서 우주의 근본이며, '기'는 허령(虛靈)으로 우주에 편만한 물질적, 영적, 정신적 본체이다.

3. 인간관: 사람은 태어나면서부터 신령한 한울님 마음을 가지고 있고, 이 한울님 마음이 우주에 가득 차 있는 한울님 기운과 끊임없이 교통함으로써 이루어진 것이 사람의 형체라는 것이다.

4. 내세관: 수운은 무극대도(無極大道)에 근거하여 "무궁한 이 울 속에 무궁한 내 아닌가"라고 말하고 세 가지 장생론을 말했다. 천인합일이 되면 사후에 성령이 이 세상에서 가족과 후학들의 심령에 융합되는 영적 장생, 수도를 생활화하여 천리 천명대로 살면 심화기화(心化氣化)가 되는 육적 장생, 정의롭게 살아 덕업을 쌓게 되면 그 자취가 없어지지 않는 덕업장생(德業長生)을 말한다.

5. 도덕관: 한울님 기운을 바르게 하는 수심정기(守心正氣)를 교지(敎旨)로 하고, 정성(誠), 공경(敬), 믿음(信) 세 가지를 도덕의 기본 덕목으로 한다.

---

8) 한울님관은 유신론적인 입장에서 보는 초월적인 신, 범신론적 입장에서 보는 내재적인 신이라는 관념을 반대 일치의 변증법적 논리로써 동시에 포용하고 있다. 즉, '한울님'은 천지만물을 창조하고, 만물 속에 있으면서, 모든 일을 주관하고 명령하는 무형의 이치 기운이며, 대우주의 대정신, 대생명이다.

천도교 신앙문(총부 대문)

2) 사상

1. 인내천(人乃天): 사람이 곧 한울이라는 뜻이며, 천인합일, 신인일체의 진리를 전개한 것으로 신 본위와 중심에서 사람 본위와 중심으로의 사상적 전환을 의미하는 천도교의 종지(宗旨)이다.

2. 시천주(侍天主): 시천주는 최제우가 경신년(庚申年, 서력 1860) 결정적인 종교체험 후 내놓은 천도교의 매우 중요한 용어다. 『동경대전』의 「논학문」(論學文) 중 '주문'(呪文)을 설명하는 자리에서 '시천주'를 말했다. 즉, 한울님이라는 우주적 존재가 다른 초월된 공간에 존재하는 것이 아니라 인간 내면에 모셔져 있다는 말이다.

사람은 누구나 태어날 때, 즉 하나의 생명체로 형성될 때 한울님을 내면에 모시게 되어 한울님의 성품을 그대로 지닌다는 의미다. 그러나 대부분의 사람은 이와 같은 본래의 품성을 지니고 있으면서도 이를 깨닫지 못하기 때문에 이러한 본성이 상실된 '각자위심'(各自爲心)의 삶을 사는 것이다.

따라서 타락한 심성을 극복하고, 본래 한울님으로부터 품부 받은 본성을 회복하는 것을 뜻하는 것이다.

또한 시천주는 심성을 회복하는 것만을 의미하는 것이 아니라, 회복한 심성에 의하여 훌륭한 삶을 영위하고 또 이러한 삶을 현실 사회에서 올바르게 실천하는 것을 의미한다.[9] 나아가 시천주는 모든 사람이 본원적인 면에서 평등하다는 만인평등주의를 내면에 지니고 있다. 따라서 이러한 평등주의적 종교사상은 조선조라는 봉건사회에서 매우 획기적이었다. 이 '평등의 가치'는 어떠한 기준이 없는 무작위의 평등이 아니라, 진정 평등할 수 있는 차원에 이르러야만 진정 그 평등이 의미를 지니는 것이기에 단지 평등의 사회가 아니라 본성을 회복하고 또 이를 실천해 실현시킬 수 있는 사회를 의미한다. 이와 같은 사회를 수운은 동귀일체(同歸一體)라고 불렀다. 즉, 동귀일체는 '나'라는 개인, 또는 개인이 지닌 이기주의적 성향을 벗어나, 본성의 회복을 통해 이를 실천하는 '우리'라는 일체(一體)의 삶으로 모두 같이 돌아간다는 의미다.

3. 개벽(開闢): '새로 열리는 것'으로서 이 우주는 암흑과 혼돈으로 부터 하늘과 땅이 개벽함으로써 시작되었다. 천도교에서는 인류 역사를 크게 두 시대로 구분하여, 창도 후의 새 시대를 후천이라고 하고, 구시대를 선천이라고 부른다. 대신사의 창도로 말미암아 이제는 인간의 존엄성을 바탕으로 새로운 역사, 새로운 문물의 지평이 열렸다고 본다. 개벽에는 정신개벽,

---

9) 시천주의 '시'(侍)에 관해 수운은 「논학문」(論學文)에서 풀이하기를 "侍者 內有神靈 外有氣化 一世之人 各知不移", 즉 "시라는 것은 안으로 신령(神靈)이 있고 밖으로는 기화(氣化)가 있어 온 세상 사람이 각기 깨달아 옮기지 않는 것"이라는 말이다. 즉, 안으로는 신령스러운 본래의 마음을 다시 회복하는 것이요, 밖으로는 무형의 생명에서 유형의 생명체로 형성되는, 포태(胞胎)의 그 순간을 다시 회복하는 것을 시천주의 시의 순간이라는 뜻이다. 그러나 이 순간이 지속적으로 현실생활 속에서 실천되어야 한다. 회복된 본성에의 사회적 실현과 실천이 없는 한 이는 엄밀하게 말해 올바른 실현이 아니다. 이와 같은 면 때문에 수운은 '侍'에 대한 설명으로 "一世之人 各知不移", 즉 온 세상 사람이 각기 자신의 본성을 깨달아 그 깨달은 본성을 다른 마음으로 옮기지 않는 것(不移)이 곧 시천주의 본뜻이라고 했다.

민족개벽, 사회개벽이 있으며, 이 세 가지 개벽을 구체화하여 실천 과제로 삼았다.

4. 보국안민(輔國安民): 민족주의 이념에 투철한 특성을 가지고 외세의 침략을 배척하며 보국안민을 내세움으로써 동학운동을 주도하는 기본 사상의 역할을 하였다.

5. 생활과 종교의식

1) 교인의 수행의례(修行儀禮)[10)]

(1) 심고(心告)

심고는 대신사가 득도한 후 교도들에게 신앙의 첫째 조목으로 가르쳐 준 도법이다. 한울님을 높고 먼 데서 찾지 않고 내 몸에 모신 한울님을 부모님 섬기듯 해야 한다는 가르침에 따라 크고 작은 일을 막론하고 시작할 때와 끝냈을 때 한울님께 정성껏 마음으로 고하는 것을 말한다. 심고에는 식사 때마다 드리는 식고와 통상심고, 의식심고의 세 가지가 있다. 1) 통상심고(通常心告): 통상심고는 출입·기거·동정(자고, 깨고, 가고, 오고, 일하고, 성미 뜨고) 등 행사가 있을 때마다 행사 전후에 한울님과 스승님께 감사한 마음으로 고하고 발원하는 것을 말한다. 2) 의식심고(儀式心告): 의식심고는 교회나 도가에서 봉행하는 일체의 의식에서 하는 심고를 말한다. 입교식, 복교식, 9시 기도(매일기도), 시일식, 기념식, 경축식, 각종 기도식, 혼례, 상례, 제례, 위령식, 탄신 및 환원 기도식, 특별기도식, 성묘 등 각종 의식을 봉행할 때마다 한울님과 스승님께 고하는 것이다.

---

10) http://www.chondogyo.or.kr/ 천도교 홈페이지 참조.

(2) 오관(五款)

오관은 주문(呪文), 청수(淸水), 시일(侍日), 성미(誠米), 기도(祈禱)의 다섯 가지 정성을 말한다. 천도교인은 오관을 반드시 실행해야 한다.

1. 주문(呪文): 천도교의 수행에서 가장 중요한 것은 '주문'(呪文)이며, 주문은 '한울님을 지극히 위하는 글'이기 때문이다. 즉, 한울님의 뜻에 따라 살아간다는 말이다.[11] 이 주문을 통하여 한울님과 합일(合一)을 이루어 한울님의 덕을 체득하고 실천하고자 하는 것이 곧 천도교의 종교적 수행이다. 천도교의 주문에는 강령주문(降靈呪文)으로 '지기금지 원위대강'(至氣今至 願爲大降)의 여덟 자와 본주문(本呪文)으로 '시천주조화정 영세불망만사지'(侍天主造化定 永世不忘萬事知)의 열세 자가 있다. 강령주문이란 한울님의 기운과 내 기운이 서로 융화일체(融化一體)가 되고자 하는 주문이고, 본주문은 천인합일의 경지에 이르러 한울님의 무궁한 가르침을 받고, 나아가 한울님의 덕(德)에 이르고자 하는 주문이다. 이 두 가지를 합하여 천도교에서는 통상적으로 '주문'(呪文)이라고 하며, 모두 '스물한 자'로서 천도교 교리의 가장 중요한 핵심이다.

2. 청수(淸水): 제1대 교조 수운대신사가 기도할 때에 청수를 봉전하였으며, 특히 포덕 5년 3월 10일 대구장대에서 참형당하기 직전에 청수를 봉전하고 기도한 후 순도하였다. 이에 따라 천도교에서는 모든 의식을 거행할 때 기도와 더불어 예식의 기본으로서 청수를 드리며 거룩한 마음을 되새긴다. 가령, 저녁 9시 매일기도, 시일식, 기념식, 경축식, 혼례, 상례, 제례를 비롯하여 가정에서 드리는 모든 예식에서도 청수와 기도를 드린다.

3. 시일(侍日): 시일은 교인들이 한자리에 모여서 한울님과 스승님을 모시고 함께 기도하고 감화를 받는 날이다. 천도교인들은 매주 일요일 오전 11시에 소속 교구 또는 인근 교당에 모여서 집단기도와 함께 교화를 받아 신앙을 더욱 돈독히 하고 교인 간의 기화를 도모하고 교회의 목적 달성을 위해 힘쓴다. 집례자와 설교자 경전 봉독자가 예복을 착용하고 단상에

11) 『동경대전』, 「논학문」 참조.

올라 순서를 봉행한다.

4. 성미(誠米): 성미는 천덕사은(天德師恩)에 감사하는 마음으로 천도교의 목적인 포덕천하, 광제창생, 보국안민, 지상천국 건설에 이바지하는 물질적 정성으로서, 교인의 가정에서는 매일 아침과 저녁, 밥쌀을 낼 때마다 식구 한 사람에 한 숟가락씩 생쌀로 떠서 일정한 성미기(誠米器)에 모아두었다가 월말에 소속 교구에 바친다. 이 성미를 월성(月誠)이라고도 한다. 쌀을 주식으로 하지 않거나 성미를 뜰 수 없는 경우에는 현금(現金)으로 대신한다. 성미를 월성(月誠)과 연성(年誠)으로 구분한다. 또한 천도교인은 한울님과 스승님 은덕에 보답하는 마음으로 매달 수입의 일부를 특성금으로 소속 교구에 바친다.

5. 기도(祈禱): 신앙생활 과정을 모두 기도라 할 수 있다. 기도에는 여러 가지가 있으나, 여기서 말하는 기도는 시일(侍日) 저녁에 행하는 시일기도 및 특별 기도를 말한다.

2) 수행과 신앙의 종교

기도와 심고는 주문과 함께 천도교의 중요한 종교적 행위다. 즉, 주문이 종교적인 수행을 행하기 위한 방법이 된다면, 기도와 심고는 기원과 서원을 담은 신앙체계다. 천도교는 '수행과 신앙' 두 가지의 종교적 행위를 겸하고 있다. 천도교에서는 그 실천 방법으로 성(誠)·경(敬)·신(信)을 강조하고 있다. 『동경대전』「좌잠」(座箴)에 이르기를 한울님에 대한 확고한 '믿음'(信)과 이 믿음을 통하여 끊이지 않고 '정성'(誠)을 드리고, '공경'(敬)을 생활 속에서 늘 실천해야 한다는 것이다. 이러한 종교적 수행을 통하여 수행과 신앙생활을 해나감으로써 천도교인은 한울님으로부터 품부(稟賦)받은 그 마음을 회복하고, 그 회복한 마음을 지키는 '수심(守心)의 경지'와 한울님의 지극한 기운과 융화일체를 이룬 기운을 올바르게 실천하는 '정기' (正氣)를 행하게 된다. 이것이 곧 '수심정기'(守心正氣)며, 이를 통해 잃어버린 본성(本性)을 회복하고, 우주적 섭리에 합일할 수 있는 올바른 삶을 살아가는 데 천도교 수행과 신앙의 궁극적인 목적이 있다.

6. 교단 구조와 현황

1919년 천도교는 3·1 운동의 중추적 역할을 담당하여 민족의 혼(魂)을 일깨워 주었는데 손병희의 죽음과 일제(日帝)의 탄압, 재정적 곤란으로 많은 난관을 겪게 되고 교단의 재정비가 논의되었다. 이리하여 1921년 교회의 중앙전제(中央專制)를 폐지하고, 지방대의제(地方代議制)로 개정하면서, 교주제(敎主制)를 중의제(衆議制)로 결정하였다. 1922년 500호(戶)를 一포(布)로 하는 기구를 만들고 포(布)의 구성을 5단계의 세포조직으로 하여 교도(敎徒) 확보에 한층 박차를 가하여 오다가 광복을 맞았다. 현재는 중앙총부(中央總部)는 재단법인체의 이사회를 구성하고 전위단체(前衛團體)로 동학회(東學會), 부인회(婦人會), 학생회(學生會)가 있고, 연차(年次) 교구대회(敎區大會)를 열고 있다.

동학 당시에는 접주(接主)를 중심으로 하는 포접제(包接制)가 있었다. 현재는 전도인(傳道人)과 수도인(受道人)의 인맥관계로 조직되는 연원(淵源) 조직과 지역 단위로 조직된 교구(敎區) 조직이 있다. 연원 조직은 동학이 사교(邪敎)로 탄압받던 비밀시대에 포교상의 비밀을 유지하기 위해 속인주의(屬人主義) 원칙에 근거하여 조직된 것이다. 그러나 천도교로 합법화된 이후에는 중앙총부(中央總部)가 새로이 설립되고 그 산하에 교구와 전교실(傳敎室)이 수직적으로 편제되는 속지주의(屬地主義)가 채택되었다. 따라서 포교활동 및 교단의 비밀활동은 연원주(主)를 중심으로 이루어지고, 교단의 운영이나 공개적인 활동은 교구를 중심으로 이루어지는 이원조직의 형태를 취하게 되었다. 일제강점기에 천도교가 3·1 운동에 대거 참여한 것은 교구 단위가 아니라 연원 조직에 근거하여 이루어진 것이다. 현재 중앙총부는 선거에 의해 선출되는 교령(敎領)을 최고 직책으로, 그 산하에 현기사(玄機司)·종무원(宗務院)·종의원(宗議院) 등을 설치하고 있다. 그리

천도교 총부와 중앙교당

고 모든 교직자는 임기 3년의 선거제에 의해 선출된다. 이러한 민주적인 선거제는 교단의 운영 활성화에 긍정적인 기능도 하지만 종교단체라고 하는 특성상 교단 분열 등의 여러 가지 부정적 기능도 나타나고 있다.

한편 연원제는 포교 성적에 따라 연원주가 신훈(信訓)·교훈(敎訓)·도훈(道訓)·도정(道正) 등으로 승급(昇級)하는 원리가 있다. 이것은 포교를 활성화시키는 긍정적인 역할도 하지만 연원 간의 갈등을 유발하는 부정적인 기능도 있다. 도훈 이상의 연원들로 구성된 연원회는 현재 교령 산하에 편입되어 있으므로 과거만큼 연원의 자율성이 많지 않다. 이러한 상황은 교단 분열을 막는 데는 일정한 기여를 하지만 교세 확장에는 그만큼 걸림돌로 작용하고 있다. 2015년 통계청 조사에 의하면 65,964명의 천도교 신도들이 있다.[12]

12) kostat.go.kr 2017년 참조.

동학혁명기념관 겸 천도교 전주교당

7. 대화의 가능성과 과제

천도교는 진리(眞理)의 본원(本原)인 천도를 밝히고 모든 종교의 진리를 내포하는 새로운 종교임을 표방하기 때문에 천도교인들은 다른 종교인에 대해서 배타심을 가지지 않는다. 왜냐하면 천도교 역시 선천의 기성 종교들이 지닌 문제들을 극복하면서 성장하여 이루어진 종교이기 때문이다. 특히 서학에 대비되는 동학에서 출발하였으나 여러 가지 면에서 그 당시 천주교의 유일신 교리와 비슷한 최고신인 천주의 개념을 가지고 있어서 천도교를 기독교의 한 종파로 보고 최제우를 참형시킬 때 그 이유를 서학이라고 오인하였다고 한다. 이런 점에서 천도교의 '한울님'과 기독교의 '천주' 개념에서 대화의 가능성을 찾을 수 있다. 마테오 리치는 창조주이면서 인격신(人格神)인 기독교 '하나님'을 중국인들이 사용하는 하늘의 주재자로서 '상제'라는 유가(儒家) 사상을 차용하여 '천주'라고 명명(命名)하였다. 그래서 로마가톨릭을 '천주교'라고 부르게 되었다. 하지만 '천주'를 동학에서는 '하늘님'으로 부른 것은 명사 '하늘'과 접미사 '님'의 결합으로 사용하였고, 기독교에서는 스스로 존재하는 자존자이며 무(無)에서 유(有)를 창조하는 전지전능한 주재자로서 명사와 명사의 결합어 '천주'이다. 따라서 교리적인 연속성은 부족하지만 기능적인 연결점은 있기 때문에 대화의 가능성은 열려 있다.[13)]

또한 천도교에서의 구원관에는 정치적 사회적 개혁이 내포되어 있다. 2대 교주 최시형 때는 동학혁명, 3대 교주 손병희 때는 3·1 운동이 일어났다. 특히 3·1 운동에서는 기독교도 적극 참여하여 민족 해방과 독립을 선교의 중요 과제로 삼았다. 이것은 그리스도의 주권을 전체 피조물 위에 세우려는 '하나님의 선교'(missio Dei)의 사회적 책임과도 같은 맥락이다.[14)] 따라서 민중(民衆)신학에서는 동학운동을 기독교의 메시아 운동으로 해석하였다.[15)] 새 하늘과 새 땅을 목표로 하는 천도교의 '개벽'과 기독교의 '천년왕국' 혹은 '메시아 운동'은 사회구원을 위한 좋은 접촉점이 될 수 있을 것이다.

최제우는 11년 동안 전국을 유랑하며 백성들이 새로운 사회와 질서, 학문과 사상, 종교와 세상을 간절히 바라고 있음을 관찰하였고, 그 스스로 이를 절감하던 중에 1860년 전통적인 신병체험과 유사한 강신체험을 하였다. 이 체험으로 그는 한울님의 존재를 인정하고 한울님을 마음에 성심껏 모시는 것이 곧 도(道)를 깨우치는 것이라고 하였다. 기독교 선교와 교리 형성에 가장 크게 기여한 바울 역시 다메섹으로 가는 도중에 부활한 예수를 만났다. 그는 이 체험으로 예수가 메시아이며 그리스도라는 것을 인정

13) 기독교신앙과 타 종교와의 연속성에 대해서는 Hendrik Kraemer, *Die christliche Botschaft in einer nichtchristlichen Welt*(Zürich: 1940) 참조.

14) 김은수, 『현대 선교의 흐름과 주제』(서울: 대한기독교서회 2018, 개정증보 4쇄), 122-146.

15) 김용복, "메시야와 민중", NCC신학연구위원회 편, 『민중과 한국신학』(한국신학연구소, 1982), 287-301.

하고 그를 전파하는 일을 일생을 바쳤다. 자신의 초월적 체험, 엘리아데에 의하면 성현(聖顯, hierophany)을 통해 가지게 된 신(神)과의 신앙적 관계를 일평생 유지하며 살았다는 점에서 종교현상학적인 대화의 가능성이 있다고 할 수 있다.[16]

최시형 시대(1863-1898)에 와서는 교도들에게 제사나 자연숭배를 포함한 어떤 형태의 우상숭배도 금하였는데, 그 당시 기독교에서 전파한 십계명의 우상숭배 금지와 관련이 있는 것으로 보인다. 또한 신도와 사회조직(교회)을 가지고 있었고, 장로회의 직제와 비슷한 육임제를 두었는데 이 기능을 통해 수차례에 걸쳐 교조의 신원과 동학의 공인을 얻기 위한 시위를 벌였다. 1905년 천도교로 개명한 뒤 천도교 교리강습소와 서구식 초·중·전문대학 교육과정을 창설하여 서당교육을 현대화하였고, 한국의 청소년과 여성 문화를 진흥시켰다.

또한 최시형은 "경솔히 아이를 때리지 말라. 아이를 때리는 것은 한울님을 때리는 것이니 한울님이 싫어하고 기운이 상하느니라"라고 가르치며 어린이를 인격체로 대하라고 하였다. 이러한 가르침에 근거하여 의암 손병희의 사위였던 소파 방정환은 어린이 운동의 이론을 마련한 김기전과 함께 '천도교 소년회'를 만들었다. 그들은 이를 구체화시켜 1922년 5월 1일 '어린이 날'을 만들어 성공적으로 행사를 마침으로써 전국적인 어린이 단체들이 만들어졌다. 1923년에는 방정환을 중심으로 '색동회'가 조직되어 '어린이 날' 행사를 벌임으로써 우리나라 어린이 운동의 시작이 되었다. 기독교에서도 예수가 어린이들이 자신에게 오는 것을 막지 않고 도리어 그들을 품에 안고 축복하였다. 그뿐만 아니라 천국은 어린아이와 같아야 들어갈 수 있다고 예수가 가르침으로써 어린이의 소중함을 일깨웠다. 이런 점에서 한국교회는 천도교가 제정한 어린이 날 행사를 가장 모범적으로 실천할 뿐 아니라 '어린이 성경학교' 등 활발한 어린이 운동을 벌이고 있다. 이러한 점에서 천도교와 기독교는 사회적이고 교육적인 대화의 가능성이 매우 크다

16) M. Eliade, *Image and Symbols*(London: Sheed and Ward, 1961), 84.

고 할 수 있다.

천도교의 핵심 사상 가운데 신분의 귀천이 없이 모두 '믿음의 형제'라는 동귀일체(同歸一體)는 그리스도인들이 주 앞에서는 만민이 평등하다는 사상에서 유래하였고, 태평성세의 도래에 대한 예언은 기독교의 천년왕국 사상과 그 맥을 같이한다. 그 외에도 기독교의 주기도문과 매우 비슷한 '강령주문' 21자가 있고, 기독교의 감사기도와 같은 통상심고, 각종 예식과 기도회와 비슷한 의식심고, 식사 때마다 드리는 식고 등이 있다. '강령주문' 21자 중 첫 부분 "至氣今至 願爲大降"(지기금지 원위대강)은 "지극한 기, 이제 여기 이 몸에 강림하시기를 기원하나이다"라는 뜻이다. 이것은 성령 하나님이 그리스도인들 가운데 강림하시기를 기도하는 것과 비슷하다. 강령주문의 핵심은 한울님 모시기를 기원하는 것인데, 이것은 생물학적으로 육체 안에 가두는 것이 아니라 영으로서 모시는 자의 생명 안에 내주(內住)하는 기독교의 의미와 유사하다. 천도교의 신체험은 기독교의 "하나님은 만유 위에 계시고, 만유를 통일하시고, 만유 안에 계신 이"(엡 4:6)와 대화가 가능하다.[17)]

오늘날 천도교는 젊은 층의 신도들이 아주 적고 교세가 미약하지만, 과거 우리 민족의 역사 가운데 큰 역할을 하였고, 민중의 고통에 함께 참여하였다. 한국기독교 역시 구한말과 일제강점기, 6·25 전쟁 등 민족의 시대적 아픔을 민중과 함께했던 역사를 가지고 있다. 이처럼 천도교와 기독교는 공통된 역사적 체험을 함께 공유하고 있기 때문에 서로 열린 마음으로 대화하고 협력한다면 민족의 가장 큰 과제인 평화통일을 위해서도 함께 일할 수 있을 것이다.

---

17) 김경재, 『이름 없는 하느님』(서울: 삼인, 2002), 212-215.

참고문헌

M. Eliade. *Image and Symbols*. London: Sheed and Ward, 1961.

Hendrik Kraemer. *Die christliche Botschaft in einer nichtchristlichen Welt*. Zürich 1940.

김용복. "메시야와 민중." 『민중과 한국신학』. 한국신학연구소, 1982, 287-301.

김월해. 『천도교사상』. 서울: 천도교중앙총부출판부, 1983.

김철. 『동학(천도교)이론의 실제』. 서울: 동선사, 1992.

문화체육부. 『한국 종교의 의식과 예절』. 서울: 화산문화, 1996.

백세명. 『동학사상과 천도교』. 서울: 동학사, 1956.

오익제. 『천도교교리요지』. 서울: 천도교중앙총부출판부, 1986.

오지영 · 이장희. 『동학사』. 서울: 박영사, 1974.

옥계산인. 『현대인의 동학경전 동경대전 용담유사』. 서울: 책과나무, 2013.

용담연원. 『동학 · 천도교약사』. 서울: 보성사, 1990.

윤석산. 『주해 동학경전 용담유사』. 서울: 동학사, 2009.

이강오. 『한국신흥종교연구』. 전주: 전북대학교출판부, 1975.

이돈화. 『천도교창건사』. 서울: 천도교중앙총부, 1933.

이현희. 『동학과 동학사상』. 서울: 청하출판사, 1984.

조동일. 『동학 성립과 이야기』. 서울: 홍성사, 1981.

천도교사편찬위원회. 『천도교백년약사』. 고양: 미래문화사, 1981.

천도교중앙총본부. 『천도교의절』. 서울: 천도교중앙총부출판부, 1991.

천도교중앙총부 편집부 편. 『천도교경전』. 서울: 천도교중앙총부출판부, 1985.

최동희. 『천도교』. 익산: 원광대학교, 1989.

최동희. 『한국동학 및 천도교사』. 고려대학교 민족문화연구소, 1970.

최제우. 『동경대전』. 서울: 정민사, 1991.

홍장화 편. 『천도교운동사』. 서울: 천도교중앙총부출판부, 1990.

NCC신학연구위원회 편. 『민중과 한국신학』. 서울: 한국신학연구소 1982.

천도교 홈페이지. http://www.chondogyo.or.kr/

김은수

독일 함부르크대학교에서 박사학위를 취득하고(Dr. theol.), 북독교회 협력 선교사와 한인교회 목사로 섬겼다. 전주대학교 선교신학대학원장을 지냈으며, 선교지원처장 재직 시에는 캄보디아국립기술대학(NPIC)을 위탁받아 운영했고, 한국선교신학회(KSOMS) 회장, 학회지 「선교신학」 편집위원과 편집위원장을 역임했다. 우수논문상(KAATS, KSOMS), 학술상(기독교학회) 그리고 우수연구상(전주대)과 저술상(전주대 2회 연속)을 수상했다.

현재 전주대학교 명예교수이며, 한국선교아카데미(KMA)와 전주애린교회를 설립하여 섬기면서 로잔교수회와 전국초교파신학대학원연합회 회장으로 활동하고 있다.

저서로는 *Missio Dei und Kirche in Korea*(독일 출간), 『신약성경과 선교』, 『현대 선교의 흐름과 주제』, 『비교종교학 개론』, 『사회복지와 선교』, 『예수의 말씀과 비유』, 『믿음의 눈을 열면 성경이 보인다』(이상 대한기독교서회), 『사랑 · 선교 · 청년』, 『예배 후의 예배』, 『문화와 선교』, 『성경이 보이면 행복해집니다』, 『성경인물 이야기』, 『한국교회 선교역사』(이상 전주대학교출판부), 『신학자와 떠나는 성경인물여행』, 『해외선교정책과 현황』, 『선교역사로 보는 교회사』, 『구약성경과 선교』(이상 생명나무) 등이 있고, *Korean Church, God's Mission, Global Christianity*(영국 출간), 『선교학 개론』 등의 공저와 『현대선교신학』(한들출판사) 등의 공역이 있다. "Missio Dei and Korean Church" 등 논문 70여 편을 발표하며 선교학의 여러 지평을 넓히는 데 열정을 쏟고 있다.